Les voix de l'Alliance
Une lecture contemporaine de la Torah
Genèse et Exode

Le Rav Jonathan Sacks

LES VOIX DE L'ALLIANCE

Une lecture contemporaine de la Torah

GENÈSE ET EXODE

TRADUIT DE L'ANGLAIS
Claire Darmon

Shofar
The Rabbi Sacks Legacy
Maggid Books

Les voix de l'Alliance
Une lecture contemporaine de la Torah
Genèse-Exode

Première édition française, 2023

Maggid Books
Une marque de Koren Publishers Jérusalem Ltd.
BP 8531, New Milford, CT 06776-8531, États-Unis et
BP 4044, Jérusalem 9104001, Israël
www.maggidbooks.com

Édition originale en anglais © Jonathan Sacks 2009
Édition en langue française © succession de Jonathan Sacks 2023
Traduction française © Shofar 2023
Illustration de couverture © Yoram Ra'anan, « Genèse »

Tous droits réservés. Aucune partie de cette publication
ne peut être reproduite, stockée dans un système de
recherche documentaire ou transmise, sous quelque
forme que ce soit, électronique, mécanique, photocopie, ou
autre, sans la permission préalable de l'éditeur.

ISBN 978-1-59264-667-8, *couverture rigide*

Imprimé et relié en Turquie

À l'occasion de la bat-mitsva de
Shirly Noa Stemmer
le 30 Tichri 5784 – 15 octobre 2023

et de la bar-mitsva de
Ariel Yossef Stemmer
le 18 Tevet 5784 – 30 décembre 2023

Leurs grands-parents
Ronith & Armand Stemmer
et leurs parents
Nathalie & Haim Stemmer
Tammy & Micky Stemmer
Leur oncle
Yair Stemmer

sont heureux d'éditer en français l'ouvrage du Rav Jonathan Sacks:
Les voix de l'Alliance

Conférencier de renom, éducateur et philosophe, le Rav Sacks, par sa sagesse et son érudition, a transmis à toute une génération un judaïsme de dialogue et d'ouverture dans le respect de la différence. Il nous a indiqué la centralité de l'éducation de nos enfants à une vie riche en spiritualité.
Sa lecture singulière et percutante du texte de la Torah apporte un éclairage nouveau sur l'interprétation des événements du monde et sur le rôle unique du peuple d'Israël parmi les nations.
Puissent nos enfants accomplir leur mission unique et puissent-ils s'inspirer du Rav Sacks pour éclairer le monde de leur Torah !

THE RABBI SACKS LEGACY

La fondation Rabbi Sacks Legacy a pour vocation de perpétuer
la sagesse intemporelle et universelle propre à Lord Jonathan Sacks,
enseignant de la Torah, maître parmi les maîtres et éminente figure morale.

Consultez les archives numériques contenant une grande partie des écrits,
émissions, cours et conférences du Rav Sacks,
ou apportez votre contribution au travail de la fondation
sur le site www.rabbisacks.org

Restez informé sur la fondation Rabbi Sacks Legacy
sur les plateformes sociales @RabbiSacks

Sommaire

Préface à l'édition française   xi
Vivre avec notre temps : la parasha   xiii

LE LIVRE DE BÉRÉSHIT

Béréshit
La foi de Dieu   3
La genèse de la justice   7
L'art d'écouter   13

Noé
Un drame en quatre actes   19
Le courage de vivre dans l'incertitude   23
Responsabilité individuelle et collective   27

Lekh Lekha
Le périple des générations   33
Être un parent juif   37
À quel point matriarches et patriarches étaient-ils parfaits ?   43

Vayera
Dieu et les étrangers   49
Le miracle de l'enfant   55
La ligature d'Isaac   59

Hayé Sarah
Entreprendre le voyage   65
Croire en l'avenir   69
Prière et conversation   75

Toledot
Clones et identité   81
L'amour d'un père   87
Jacob eut-il raison de s'emparer de la bénédiction ?   93

Vayetsé
Comment pénètre la lumière ?   101
L'échelle de la prière   105
L'amour ne suffit pas   111

Vayishla'h
Sois toi-même   117
Ressentir la peur   123
La parabole des tribus   129

Vayeshev
Comment changer le monde   135
Refuser la consolation et garder l'espoir   141
Quel est le thème des récits de la Genèse ?   145

Miketz
Celui qui écrit nos vies   151
Trois approches des rêves   157
Apparence et réalité   163

Vayigash
Choix et changement 169
La naissance du pardon 173
Recadrage 179

Vaye'hi
Amnésie et fécondité 185
Quand pouvons-nous mentir ? 189
Ne pas prédire l'avenir 195

LE LIVRE DE SHEMOT
Shemot
Faire de la malédiction une bénédiction 203
Ne pas obéir à des ordres immoraux 209
Qui suis-je ? 215

Vaéra
Monde matériel et monde spirituel 219
Le libre arbitre 225
Une poignée de poussière 231

Bo
Se libérer de la haine 237
Raconter sa propre histoire 241
L'École de la liberté 247

Beshala'h
Énergie renouvelable 253
Porter son regard vers le haut 257
Le visage du mal 263

Yithro
Un royaume de prêtres 269
Une nation sainte 277
La structure d'une société juste 287

Mishpatim
Grand projet et petits détails   293
Porter secours à son ennemi   297
Faire et entendre   305

Trouma
Contribution volontaire   311
L'architecture de la sainteté   317
Le don de donner   321

Tetsavé
Prêtres et prophètes   325
L'éthique de la sainteté   331
Inspiration et transpiration   339

Ki Tissa
Compter les Juifs   345
La proximité de Dieu   351
La compassion est-elle possible sans justice ?   357

Vayakhel
Le Shabbat, premier ou dernier jour ?   363
*Édification d'une nation :
réponse d'hier, problématique d'aujourd'hui*   367
L'animal social   375

Pekoudei
Intégrité dans la vie publique   381
La puissance de l'éloge   387
Le livre de l'Exode : structure narrative   393

Préface à l'édition française

Le message juif plurimillénaire peut-il éclairer une conscience moderne ?

C'est peut-être la question la plus brûlante pour le monde juif aujourd'hui.

Le Rav Sacks z"l fait partie des voix qui nous permettent d'y répondre d'un « oui » confiant et enthousiaste.

Une voix fidèle, brillante et actuelle, qui sait éclairer les problématiques les plus contemporaines à la lumière de la spiritualité et de l'éthique juives.

C'est un honneur pour nous de contribuer à la diffusion de sa pensée auprès du public francophone.

Shofar est profondément reconnaissant à la famille Stemmer pour son initiative et son engagement infaillible à nos côtés.

Un grand merci au « The Rabbi Sacks Legacy » ainsi qu'aux éditions Koren-Maggid pour ce partenariat.

Bonne étude !

Gabriel Levy
Fondateur du projet SHOFAR

Vivre avec notre temps : la parasha

I l faut vivre avec notre temps », disait le Rebbe.

Les disciples, assis autour de la table, perplexes, attendaient avec impatience les paroles du maître. « Vivre avec notre temps ? » N'était-ce pas ce que disaient toujours les détracteurs de la tradition : « Le passé est mort ; vive l'avenir ! » ? Nous sommes précisément convaincus du contraire : nous croyons que la parole divine est éternelle, que certaines choses sont immuables, et que les valeurs, les principes et les lois demeurent constants. Être Juif, n'est-ce pas être au-delà du temps ? Que voulait donc dire le Rebbe en affirmant : Il faut vivre avec notre temps ? »

« Ce que je veux dire, expliqua le Rebbe, c'est que nous devons vivre avec la *parashat ha-shavoua*, la section hebdomadaire de la Torah. »

Comme tant d'histoires juives, anciennes ou modernes, celle-ci, racontée à propos du sixième Rebbe de Loubavitch, recèle de profondes vérités. Où qu'ils se trouvent dans le monde, les Juifs lisent chaque semaine une section des livres de Moïse – la *parashat ha-shavoua*. Elle constitue la mélodie de l'année juive. À l'automne, c'est la Genèse (*Béréshit*) avec ses récits des commencements, de la naissance du monde, de l'humanité et du peuple juif. En hiver, c'est l'Exode (*Shemot*), l'histoire de l'exil et de la délivrance, de la servitude et de la liberté, et le début du long périple à travers le désert, en quête de la « Terre de la promesse ». Au printemps, nous lisons le Lévitique (*Vayikra*) avec ses lois sur les sacrifices, parfois bien éloignées d'une oreille contemporaine, mais empreintes de grandeur éthique, avec en leur cœur, les deux plus grands impératifs moraux qui soient – aimer son prochain comme soi-même et, le commandement bien plus difficile, mais encore plus important, d'aimer l'étranger, l'autre, celui qui n'est pas comme nous. Le livre des Nombres (*Bamidbar*) introduit Shavouot, la fête de la Révélation, avec en ouverture l'histoire des Hébreux dans le désert, un récit ponctué de chutes et de rechutes, ainsi que de rébellions, probablement le récit le plus réaliste jamais rapporté sur la naissance d'une nation. L'été, c'est le Deutéronome (*Devarim*), ce magnifique livre des discours de Moïse au cours du dernier mois de sa vie, sa vision – jamais égalée – de l'histoire juive et de son destin en tant que peuple de l'alliance, investi de la mission de vivre dans la fidélité à Dieu.

Le temps juif est à la fois cyclique et linéaire. Nous faisons partie intégrante de la nature et de ses rythmes – le cycle des saisons et celui d'une vie humaine – de la naissance, à la maturité, avant d'arriver à l'âge de la sagesse, ressentant parfois une certaine tristesse, en observant la génération suivante, celle qui perpétuera l'histoire lorsque nous ne serons plus là. Mais nous faisons aussi partie intégrante de l'histoire – un temps de successions d'événements qui ne se reproduisent pas, un périple où chaque étape diffère de toutes celles qui l'ont précédée ou qui suivront. Le temps juif se joue comme une fugue entre ces deux thèmes, l'éternel et l'éphémère, l'intemporel et le temporel. C'est, je pense, ce que le Rebbe voulait exprimer en nous exhortant à vivre la section biblique de la semaine. C'est cette rencontre hebdomadaire entre le présent et le passé, le moment et l'éternité, qui structure la conscience juive et nous confère ce sentiment si particulier de vivre une histoire, l'histoire biblique dont nous écrivons nous-mêmes le dernier chapitre.

En tout cas, c'est ainsi que j'ai tenté de vivre. Maintes fois, en périodes troublées, ou confronté à des décisions difficiles, j'ai découvert que les mots de la parasha de la semaine me guidaient – ou, inversement, que les événements eux-mêmes m'apportaient une meilleure intelligence du texte de la Torah. Car c'est la signification même du mot « Torah » : enseignement, instruction, guide. La Torah est un commentaire sur la vie, et la vie est un commentaire sur la Torah. Ensemble, elles établissent une conversation où chacune éclaire l'autre. La Torah n'est pas seulement un livre à lire, mais à vivre. L'une des choses qui nous donne le courage et la sagesse de frayer notre chemin dans la jungle de la vie, c'est de savoir que nous ne sommes pas seuls, que Dieu est devant nous dans une colonne de nuée et de feu, balisant notre route. La façon dont Il le réalise pour nous passe par les mots de la Torah dont chaque vie juive est un commentaire, et il incombe à chacun de nous d'inscrire sa propre annotation.

Les textes suivants, chacun dans sa brièveté et, je l'espère, dans sa simplicité, sont le reflet de ma façon de vivre avec notre temps, grâce à un dialogue avec la Torah. Chacun est indépendant ; mais, ensemble, ils constituent la rencontre d'une personne avec le texte qui a forgé l'identité d'un peuple et façonné son sens de la destinée. Les Juifs sont, par excellence, le peuple du Livre. Ils trouvent Dieu moins dans les mystères du cosmos ou les arcanes de l'âme que dans les mots, les mots prononcés par Dieu à notre intention et que, dès leur énonciation, nous nous sommes efforcés de déchiffrer et d'appliquer à nos vies. Partout où ils furent, les Juifs emportèrent la Torah avec eux. Ils la portèrent et elle les porta. La Torah devint, pour reprendre la belle expression de Heine, « la patrie portative » du Juif.

S'il y a un point commun à tous ces écrits, c'est que j'ai tenté de replacer le texte biblique dans le vaste contexte des idées. De nombreux commentaires traditionnels examinent la Torah au microscope : le détail, le fragment de texte isolé. J'ai voulu la regarder au télescope : l'image d'ensemble et sa place dans la constellation des concepts qui font du judaïsme un tableau de l'univers si fascinant, et aussi notre place en son sein.

En anglais, j'ai intitulé ce recueil *Covenant and conversation* littéralement : « Alliance et conversation » (que nous avons traduit : « Les voix de l'Alliance ») parce que c'est, selon moi, l'essence même de ce qu'est l'étude de la Torah – à travers les âges, et pour nous, aujourd'hui. Le *texte* de la Torah est notre alliance avec Dieu, notre constitution écrite en tant que nation placée sous Sa souveraineté. L'*interprétation* de ce texte fait l'objet d'une conversation ininterrompue depuis que les Juifs étudient la parole divine, une conversation commencée au Sinaï il y a trente-trois siècles et qui n'a jamais cessé depuis. Chaque époque a ajouté ses commentaires, et c'est aussi ce que doit faire la nôtre. Participer à cette conversation est un élément essentiel de ce qui fait un Juif. Car nous sommes le peuple qui n'a jamais cessé d'étudier le Livre de la Vie, le cadeau le plus précieux que nous ayons reçu du Dieu de la Vie.

Le rav Jonathan Sacks

Le livre de Béréshit
ספר בראשית

Béréshit

La foi de Dieu

Au cœur de la foi juive, se pose une question fondamentale, très rarement évoquée. Le récit d'ouverture de la Torah montre Dieu créant l'univers jour après jour, faisant émerger l'ordre du chaos, la vie de la matière inerte, la flore et la faune dans leur prodigieuse diversité. À chaque étape, Dieu regarde ce qu'Il a créé et le déclare bon.

Dès lors, qu'est-ce qui s'est déréglé ? Comment le mal s'est-il introduit dans le monde, déclenchant le drame dont la Torah – en un sens l'histoire dans son intégralité – fait le récit ? On peut répondre simplement que c'est l'homme, l'Homo sapiens, nous. Parmi toutes les formes de vie connues à ce jour, nous seuls disposons du libre arbitre, du choix et de la responsabilité morale. Les chats ne délibèrent pas de l'aspect éthique de la chasse aux souris. Les chauves-souris vampires ne deviennent pas végétariennes. Les vaches ne se soucient pas du réchauffement climatique planétaire.

C'est cette aptitude à parler, à réfléchir et à opérer des choix entre divers modes d'action, aptitude complexe s'il en est, qui constitue d'emblée notre gloire, notre fardeau et notre honte. Lorsque nous faisons le bien, nous nous situons un peu en deçà des anges. Lorsque nous faisons le mal, nous tombons plus bas que des animaux. Pourquoi donc Dieu a-t-Il pris le risque de créer une forme de vie capable de détruire l'ordre même qu'Il a façonné et déclaré bon ? Pourquoi Dieu nous a-t-Il créés ?

Telle est la question que pose la Guemara dans *Sanhedrin* :

Lorsque le Saint béni soit-Il décida de créer l'homme, Il réunit un groupe d'anges de bonté et leur demanda : « Reconnaissez-vous que nous devrions faire un homme à notre image ? »

Ils répondirent : « Maître de l'Univers, quelles seront ses actions ? »

Dieu leur montra l'histoire de l'humanité.

Les anges répliquèrent : « Qu'est-ce que l'homme pour que Tu songes à lui ? » [Que l'homme ne soit pas créé].

Dieu détruisit les anges.

Il créa un deuxième groupe d'anges et leur posa la même question, et ils donnèrent la même réponse.

Dieu les détruisit.

Il créa un troisième groupe d'anges et ceux-ci répondirent : « Maître de l'Univers, le premier et le deuxième groupe d'anges T'ont dit de ne pas créer l'homme, et cela ne leur a servi à rien. Tu n'as pas écouté. Nous ne pouvons rien dire d'autre que cela : l'Univers T'appartient. Fais comme Tu l'entends. »

Et Dieu créa l'homme.

Mais lorsqu'arriva la génération du Déluge, puis la génération de ceux qui édifièrent la tour de Babel, les anges dirent à Dieu : « Les premiers anges n'avaient-ils pas raison ? Vois l'étendue de la corruption de l'humanité. » Et Dieu répondit (Isaïe XLVI, 4) : « Jusqu'à votre vieillesse, je resterai le même, et jusqu'à votre âge extrême, je vous soutiendrai. » [Talmud de Babylone, Sanhedrin 38b]

Techniquement, la Guemara pose un défi stylistique au texte. Pour tous les autres actes de création contenus dans le premier chapitre de la Genèse, la Torah s'exprime ainsi : « Dieu dit, 'que soit'... Et ce fut... » Ce n'est que dans le cas de la création de l'humanité qu'on trouve une préface, un prélude. Dieu dit alors : « Faisons l'homme à notre image, à notre ressemblance... » Pourquoi ce pluriel ? Qui est ce « nous » ? Et pourquoi un préambule ?

À leur façon apparemment innocente et ingénue – en réalité subtile et profonde – les sages répondent aux deux questions en ces termes : (pour citer

Béréshit : La foi de Dieu

Hamlet), « devant une entreprise de cette envergure », Dieu se concerta avec les anges. Le « nous », c'étaient eux.

Mais la question devient alors extrêmement profonde. Car, en créant les hommes, Dieu a fait apparaître l'unique forme de vie, à l'exception de Lui-même, capable de liberté et de choix. C'est ce que signifie la phrase « Faisons l'homme à notre image, à notre ressemblance. » Or, ce qui est marquant, c'est que Dieu n'a pas d'image. Fabriquer une image de Dieu constitue l'acte d'idolâtrie par excellence.

Cela ne signifie pas seulement le fait évident que Dieu est invisible. Il ne peut être vu. Il ne peut être identifié à rien d'autre dans la nature : ni au soleil, ni à la lune, ni au tonnerre, ni aux éclairs, ni à l'océan, ni à d'autres objets ou forces auxquels les hommes vouaient un culte à l'époque. Selon cette approche superficielle, Dieu n'a pas d'image. Ce fut, écrivit Sigmund Freud dans son dernier livre *Moïse et le monothéisme*, la contribution la plus remarquable du judaïsme. En adorant un Dieu invisible, les Juifs firent pencher la balance de la civilisation du monde matériel au monde spirituel.

Mais l'idée que Dieu n'a pas d'image est bien plus profonde. Elle signifie qu'on ne peut conceptualiser Dieu, Le comprendre ou Le prédire. Dieu n'est pas une essence abstraite ; Il est une présence vivante. Telle est la signification de la définition de Lui-même que donne Dieu à Moïse au buisson ardent : « Je serai celui que Je serai », c'est-à-dire, « Je serai ce que je choisis d'être. » Je suis le Dieu de la liberté, qui octroie la liberté à l'humanité, et Je vais guider les enfants d'Israël de la servitude à la liberté.

Dire que Dieu fit l'humanité à Son image signifie qu'Il donna aux hommes la liberté de choisir, en sorte qu'on ne peut jamais préjuger totalement de ce qu'ils feront. Nous aussi – dans les limites de notre finitude et de notre nature de mortels – serons ce que nous choisissons d'être. Autrement dit, en offrant aux hommes la liberté de faire le bien, Dieu leur donne la liberté de faire le mal. Il est impossible, même pour Dieu, d'échapper à ce dilemme. Et il en fut ainsi. Adam et Ève fautèrent. Caïn, le premier enfant de l'homme, assassina le deuxième, Abel, et très rapidement, le monde fut rempli de violence.

Dans l'un des passages les plus impitoyables de tout le Tanakh, on lit à la fin de la *parasha* de cette semaine :

« Dieu vit que la méchanceté des hommes était grande sur la terre, et que toutes les pensées de leur cœur se portaient chaque jour uniquement vers le mal. L'Éternel regretta d'avoir fait l'homme sur la terre, et il fut affligé en son cœur. » (Genèse VI, 5-6)

D'où la question des anges, la question essentielle, celle qui est au cœur de la foi : pourquoi Dieu, connaissant les risques et les dangers, a-t-Il créé une espèce susceptible de se rebeller contre Lui – et c'est d'ailleurs ce qu'elle a fait –, une espèce capable de dévaster son environnement naturel, de chasser les espèces jusqu'à l'extinction, d'opprimer et de tuer son prochain ?

Imaginant une conversation entre Dieu et les anges, le Talmud évoque la présence d'un dilemme dans l'esprit de Dieu lui-même. La réponse que Dieu donne aux anges est extraordinaire : « Jusqu'à votre vieillesse, Je resterai le même, et jusqu'à votre âge extrême, je vous soutiendrai. », c'est-à-dire : Moi, Dieu, suis disposé à attendre. S'il faut attendre dix générations pour qu'un Noé émerge, et dix autres pour qu'apparaisse un Abraham, J'attendrai. Quel que soit le nombre de fois où les hommes Me décevront, Je ne changerai pas. Quel que soit le mal qu'ils feront dans le monde, Je ne désespèrerai pas. J'ai perdu espoir une fois, et J'ai provoqué le Déluge. Mais, après avoir constaté que les hommes ne sont que des hommes, Je ne déclencherai plus jamais de déluge.

Dieu a créé l'humanité parce qu'Il a foi en l'humanité. Bien plus que nous n'avons foi en Lui, Dieu a foi en nous. Nous pouvons faillir d'innombrables fois, mais à chaque fois, Dieu dit : « Jusqu'à votre vieillesse, je resterai le même, et jusqu'à votre âge extrême, je vous soutiendrai. » Je ne renoncerai jamais à l'humanité. Je ne perdrai jamais la foi. J'attendrai aussi longtemps qu'il le faudra pour que les hommes apprennent à ne pas opprimer, asservir d'autres hommes ou recourir à la violence à leur encontre. C'est, selon le Talmud, l'unique explication concevable à la création par un Dieu bon, sage, omniscient et tout-puissant, de créatures aussi faillibles et destructrices que nous. Dieu est patience. Dieu est clémence. Dieu est compassion. Dieu est amour.

Pendant des siècles, théologiens et philosophes ont appréhendé la religion de façon erronée, inversée : le véritable phénomène qui lui est propre – le mystère et le miracle –, ce n'est pas notre foi en Dieu, mais la foi de Dieu en nous.

Béréshit

La genèse de la justice

Il est des mots qui changent le monde, et aucuns davantage que ceux qui figurent dans le premier chapitre de la Torah, dans ces deux phrases :

> Et Dieu dit : « Faisons l'homme à notre image, à notre ressemblance, et qu'il domine les poissons de la mer, les oiseaux du ciel, le bétail, toute la terre et les créatures qui s'y meuvent. »
> Et Dieu créa l'homme à son image, c'est à l'image de Dieu qu'Il le créa. Mâle et femelle furent créés à la fois.

L'idée avancée ici, est probablement la plus révolutionnaire de toute l'histoire de la réflexion morale et politique. Parce qu'elle insiste de façon inédite sur l'individu et l'égalité, elle constitue le fondement de la civilisation de l'Occident. Lorsque Thomas Jefferson, dans la Déclaration d'Indépendance des États-Unis, proclame [et c'est sa propre traduction en français] : « Nous tenons pour évidentes pour elles-mêmes les vérités suivantes : tous les hommes sont créés égaux ; ils sont doués par leur Créateur de certains droits inaliénables… », ces vérités n'ont rien d'évident. Elles auraient été considérées comme absurdes par Platon qui estimait que la société devait se fonder sur le mythe de la répartition des hommes en êtres d'or, d'argent et de bronze, ce qui, selon lui, déterminait leur statut dans la société. Aristote pensait que certains sont nés pour diriger et d'autres pour être dirigés.

Les déclarations révolutionnaires n'opèrent pas leur magie du jour au lendemain. Comme l'explique le s *Le Guide des égarés,* il faut un temps considérable pour que les hommes changent. La Torah œuvre au fil du temps. Elle n'a pas aboli l'esclavage, mais elle a déclenché une série d'évolutions qui aboutirent à son abolition – la plus remarquable étant le Shabbat, qui suspend toutes les hiérarchies du pouvoir et fait bénéficier les esclaves d'une journée de liberté par semaine. Les hommes sont lents à comprendre l'implication des idées. Thomas Jefferson, défenseur de l'égalité, était lui-même propriétaire d'esclaves. Aux États-Unis, il fallut attendre les années 1860 et une guerre civile pour que l'esclavage soit aboli. Comme le souligna Abraham Lincoln, aussi bien les partisans que les ennemis de l'esclavage, invoquaient la Bible à l'appui de leur cause. Mais les mentalités finirent par évoluer, et ce, grâce à la puissance des idées inculquées il y a bien longtemps dans l'esprit de l'Occident.

Qu'est-il dit exactement dans le premier chapitre de la Torah ? Le premier point remarquable, c'est qu'il ne s'agit pas d'une expression unique, d'un récit sans contexte. Il s'agit en fait d'une polémique, d'une protestation contre une certaine façon de comprendre l'univers. Dans tous les mythes de l'Antiquité, le monde était expliqué en termes de combats de divinités luttant pour établir leur domination. La Torah rejette catégoriquement ce mode de pensée. Dieu parle et l'univers apparaît. Selon Max Weber, le grand sociologue du XIXe siècle, ce fut la fin du mythe et la naissance du rationalisme occidental.

Indubitablement, c'est ainsi qu'émergea une nouvelle réflexion sur l'univers. Au cœur de l'ancien monde du mythe comme au centre du monde moderne de la science se trouve l'idée de puissance, de force, d'énergie. C'est ce qui est remarquablement absent du premier chapitre de la Genèse. Dieu dit : « Que soit… », et cela s'accomplit. Il n'est nullement question de puissance, de résistance, de conquête ou d'un jeu de forces. Le mot clé du récit, qui figure à sept reprises, est totalement inattendu. C'est le mot *tov*, bien, bon.

Tov relève du registre moral. Dans le premier chapitre de la Genèse, la Torah énonce un principe absolu. La réalité à laquelle la Torah sert de guide (le mot « Torah » lui-même signifie « guide, instruction, loi ») est d'ordre *moral, éthique.* La question à laquelle entend répondre la Torah n'est pas « Comment l'univers est-il apparu ? » mais « Comment vivrons-nous ? » Telle est la mutation la plus paradigmatique induite par la Torah. L'univers que nous habitons, création de Dieu, n'a rien à voir avec la puissance ou la domination, ce qui importe, c'est le *tov* et le *ra*, le bien et le mal[1]. Pour la première fois, la religion portait l'empreinte de l'éthique. Dieu se soucie de justice, de compassion, de loyauté, de bonté, de la dignité de chacun et de l'incommensurable valeur de la vie.

Ce même principe, à savoir que le chapitre I de la Genèse est une polémique, fait partie d'une controverse se déroulant dans un certain contexte ; il est essentiel pour appréhender l'idée que Dieu a créé l'humanité « à Son image, à Sa ressemblance. » Ce discours n'aurait pas été étranger aux premiers lecteurs de la Torah. Ils le connaissaient fort bien. C'était un lieu commun dans les premières civilisations, celles de la Mésopotamie et de l'Égypte. On disait de certaines personnes qu'elles étaient à l'image de Dieu. Il s'agissait des rois des cités-États mésopotamiennes et des pharaons d'Égypte. Rien n'aurait pu être plus révolutionnaire que l'affirmation que les rois et les dirigeants n'étaient pas les seuls à être à l'image de Dieu. Nous le sommes tous. Aujourd'hui encore, l'idée est audacieuse, a fortiori à l'époque des maîtres absolus dotés d'un pouvoir absolu.

Ainsi interprété, le premier chapitre de la Genèse (versets 26-27) n'est pas tant une déclaration métaphysique sur la nature de l'être humain qu'*une protestation politique à l'encontre du fondement même des sociétés hiérarchiques fondées sur les classes ou les castes*, aussi bien dans l'Antiquité qu'à l'époque moderne. C'est ce qui en fait l'idée la plus révolutionnaire de la Torah. Fondamentalement, nous sommes tous égaux en dignité et en valeur, car nous sommes tous à l'image de Dieu, quelle que soit notre couleur, notre culture ou notre foi.

Une idée similaire apparaît plus loin dans la Torah lorsque Dieu invite les Enfants d'Israël à devenir un royaume de prêtres et une nation sainte. Dans le monde antique, toutes les nations disposaient de prêtres, mais aucune n'était « un royaume de prêtres. » Toutes les religions comptaient des individus saints, mais aucune n'affirmait constituer une nation dont tous les membres étaient saints. Cela aussi prit du temps pour se concrétiser. Pendant toute l'époque biblique, les sociétés étaient hiérarchisées. Il y avait des prêtres et des grands prêtres, une élite sainte. Mais, après la destruction du Deuxième Temple, chaque prière devint un sacrifice, chaque ordonnateur d'une prière un prêtre, et chaque

---

1. Mon interprétation de l'histoire d'Adam et Ève, ainsi que de l'arbre de la connaissance attendra. Pour le moment, voir Maïmonide, *Le Guide des égarés*, I, 2.

synagogue, une parcelle du Temple. Le profond égalitarisme sous-jacent à la Torah était à l'œuvre ; les rabbins le savaient et le vivaient.

Le verset « qu'il domine les poissons de la mer, les oiseaux du ciel » comporte une deuxième idée. Remarquons qu'il n'est nulle part mentionné que n'importe qui a le droit d'exercer une domination sur d'autres êtres humains. Dans *Le paradis perdu*, Milton, à l'instar du Midrash, affirme que telle fut la faute de Nimrod, le premier grand dirigeant de l'Assyrie, et par voie de conséquence le bâtisseur de la tour de Babel (voir Genèse X, 8-11). Milton écrit que, Adam, apprenant que Nimrod avait voulu « s'arroger un pouvoir indu », fut horrifié :

Ô fils exécrable ! aspirer ainsi à s'élever au-dessus de ses frères, s'attribuant une autorité usurpée, qui n'est pas donnée de Dieu :

> L'Éternel nous accorda seulement une domination absolue sur la bête, le poisson et l'oiseau : nous tenons ce droit de sa concession ; mais il n'a pas fait l'homme seigneur des hommes ; se réservant ce titre à lui-même, il a laissé ce qui est humain libre de ce qui est humain.
> [*Le paradis perdu*, Livre XII, 64-71, Traduction de Chateaubriand]

Remettre en cause le droit des hommes à diriger d'autres hommes sans leur assentiment, était à l'époque absolument inconcevable. Toutes les sociétés avancées fonctionnaient sur ce mode. Comment eut-il pu en être autrement ? N'était-ce pas l'ordonnancement-même de l'univers ? Le soleil ne régnait-il pas le jour ? La lune ne régnait-elle pas la nuit ? N'y avait-il, même dans les cieux, une hiérarchie des dieux ? Implicitement, on trouve là, d'ores et déjà, la profonde ambivalence manifestée en fin de compte par la Torah à l'égard de l'institution même de la monarchie, la domination « d'un homme sur d'autres hommes ».

La troisième implication réside dans le paradoxe absolu du dire de Dieu : « Faisons l'homme à notre image, à notre ressemblance. » En lisant ces mots, on oublie parfois que, dans le judaïsme, *Dieu n'a ni image ni ressemblance*. Produire une image de Dieu, c'est transgresser le deuxième des Dix commandements ; c'est se rendre coupable d'idolâtrie. Moïse souligne que, lors de la révélation au Sinaï « Vous ne perceviez aucune image, seulement le son des mots. »

Dieu n'a pas d'image parce qu'Il ne relève pas du monde physique. Il transcende l'univers physique parce que c'est Lui qui l'a créé. Il est donc libre, non entravé par les lois de la matière. C'est ce que Dieu entend signifier à Moïse lorsqu'Il lui dit que Son nom est « Je serai celui que Je serai ». Par la suite, après la faute du veau d'or, Il lui dit : « Je ferai grâce à qui Je ferai grâce ». Dieu est libre et, en nous créant à Son image, Il nous donne également le pouvoir d'être libres.

C'est, comme le précise la Torah, le don le plus implacable octroyé par Dieu. Détenteurs de la liberté, les hommes en font un mauvais usage. Adam et Ève désobéissent au commandement de Dieu. Caïn assassine Abel. À la fin de la parasha, on se retrouve dans le monde d'avant le Déluge, rempli de violence au point que Dieu regrette d'avoir créé l'humanité. Tel est le drame fondamental du Tanakh et du judaïsme dans son ensemble. Allons-nous recourir à notre liberté pour respecter l'ordre ou allons-nous en abuser et provoquer le chaos ? Allons-nous honorer ou déshonorer l'image de Dieu qui vit dans le cœur et l'esprit de l'homme ?

Il ne s'agit pas là de questions surannées. Elles conservent aujourd'hui autant de vitalité que par le passé. Depuis que Nietzsche a prôné l'abandon de Dieu et de l'éthique judéo-chrétienne, des penseurs ont posé la question de savoir si la justice, les droits de l'homme et la dignité inconditionnelle de la personne humaine pouvaient subsister sur des bases uniquement laïques. Nietzsche lui-même ne le pensait pas.

En 2008, Nicholas Wolterstorff, philosophe de Yale, publia un ouvrage magistral soutenant que notre concept occidental de la justice reposait sur la conviction que « nous avons tous une valeur égale, une valeur considérable : celle d'être créés à l'image de Dieu et d'être aimés par Dieu d'un amour infini et salvateur. » Il n'existe, insiste-t-il, aucune logique profane sur laquelle édifier une structure de justice semblable. C'est certainement ce que John F. Kennedy voulait dire dans son discours inaugural lorsqu'il évoqua « les convictions révolutionnaires pour lesquelles nos ancêtres ont combattu » que « les droits de l'homme n'émanent pas de la générosité de l'État, mais de la main de Dieu. »

Telles sont les idées qui ont fait de l'Occident ce qu'il est : les droits de l'homme, l'abolition de l'esclavage, la valeur égale des personnes, et la justice fondée sur le principe de la supériorité du droit sur la force. En définitive, tout provient de l'affirmation formulée dans le premier chapitre de la Torah selon laquelle nous sommes créés à l'image de Dieu et à Sa ressemblance. Aucun autre texte n'a exercé une influence aussi considérable sur la pensée morale, et aucune autre civilisation n'a jamais souscrit à une vision plus élevée de ce que nous sommes appelés à être.

Béréshit

L'art d'écouter

Quelle fut exactement la première faute ? Qu'était-ce que l'Arbre de la connaissance du bien et du mal ? Ce type de connaissance était-il néfaste au point qu'il ait fallu l'interdire et qu'il ne fut acquis que par la faute ? N'est-il pas essentiel pour l'être humain de connaître la différence entre le bien et le mal ? N'est-ce pas l'une des formes les plus nobles de la connaissance ? Dieu voudrait certainement que les hommes en disposent. Dès lors, pourquoi a-t-Il interdit le fruit produit par cet arbre ?

De toute façon, Adam et Ève n'avaient-ils pas déjà cette connaissance *avant* de manger le fruit, précisément parce ce qu'ils étaient « à l'image et à la ressemblance de Dieu » ? C'était assurément implicite dans l'injonction même qu'ils reçurent de Dieu : *Croissez et multipliez. Dominez la nature. Ne mangez pas de l'arbre.* Pour comprendre un commandement, il faut savoir qu'il est bien d'obéir et mal de désobéir. Ils avaient donc déjà, au moins potentiellement, la connaissance du bien et du mal. Qu'y eut-il donc de changé lorsqu'ils goûtèrent le fruit ? Ces questions semblent si profondes qu'elles risquent de rendre incompréhensible l'ensemble du récit.

Maïmonide en était bien conscient. Il aborde donc cet épisode presque au tout début du *Guide des égarés* (voir Livre I, chapitre 2). Sa réponse est cependant troublante. Avant de goûter le fruit, écrit-il, les premiers hommes connaissaient la différence entre la vérité et le mensonge. Ce qu'ils acquirent en mangeant le fruit, ce fut la connaissance de « choses généralement acceptées ». Mais qu'entend-il par-là ? Il est généralement accepté que le meurtre est mal, et qu'il est bien d'être honnête. Maïmonide veut-il dire que la moralité n'est qu'une simple convention ? Certainement pas. Ce qu'il veut dire, c'est qu'après avoir mangé le fruit, l'homme et la femme étaient gênés parce qu'ils étaient nus, et c'est là une simple question de convention sociale puisque tout le monde n'est pas embarrassé par sa nudité. Mais comment établir une équivalence entre le fait d'être gêné quand on est nu et la « connaissance du bien et du mal » ? Cela ne semble pas avoir le moindre rapport. Les conventions vestimentaires relèvent davantage de l'esthétique que de l'éthique.

Il n'est pas du tout clair, ou du moins ce ne l'était pas du tout pour moi jusqu'à ce que je tombe sur l'un des épisodes les plus fascinants de l'histoire de la Seconde Guerre mondiale.

Après l'attaque de Pearl Harbor en décembre 1941, les Américains savaient qu'ils allaient entrer en guerre contre une nation, le Japon, dont ils ne comprenaient pas la culture. Ils dépêchèrent alors l'une des grandes anthropologues du XXe siècle, Ruth Benedict, pour qu'elle leur explique qui étaient les Japonais, ce qu'elle fit. Après la guerre, elle publia un livre intitulé *Le chrysanthème et le sabre*[1]. L'une de ses idées principales portait sur la différence entre les cultures de la honte et les cultures de la culpabilité. Dans les cultures de la honte, la valeur suprême est *l'honneur*. Dans les cultures de la culpabilité, c'est la *droiture*, la justice. Avoir honte, c'est ressentir un malaise à l'idée de n'avoir pas répondu aux attentes d'autrui. La culpabilité, c'est ce que nous ressentons lorsqu'on n'atteint pas le niveau réclamé par notre propre conscience. On éprouve de la honte vis-à-vis d'autrui. De la culpabilité vis-à-vis de soi-même.

Des philosophes – entre autres Bernard Williams – ont souligné que les cultures de la honte sont généralement d'ordre visuel. La honte elle-même est liée à notre apparence aux yeux des autres (ou à l'idée qu'on s'en fait). La réaction instinctive à ce sentiment, c'est de souhaiter être invisible, ou se trouver ailleurs. La culpabilité, en revanche, relève beaucoup plus de l'intériorité. On ne peut y échapper en se rendant invisible ou en se rendant ailleurs. Votre conscience vous accompagne où que vous alliez, indépendamment du regard

---

[1]. Ruth Benedict, *The Chrysanthemum and the Sword*, Boston, Houghton Mifflin Harcourt, 1946. En français, *Le chrysanthème et le sabre*, traduit par Lise Mécréant, Picquier, 1998.

des autres. Les cultures de la culpabilité sont des cultures de l'ouïe, non de la vue.

Ce contraste nous permet désormais de comprendre l'histoire de la première faute. *Tout y est une question d'apparence, de honte, de vue et de vision*. Le serpent dit à la femme : « Dieu sait que le jour où vous en mangerez, vos yeux seront dessillés, et vous serez comme Dieu, connaissant le bien et le mal. » (Gen. III, 5). Et c'est ce qui se produit : « *Leurs yeux à tous deux se dessillèrent et ils connurent qu'ils étaient nus.* » (v. 7) C'est l'*apparence* de l'arbre que la Torah met en relief : « La femme *vit* que l'arbre était bon à manger et *attrayant à la vue*, et précieux pour l'intelligence. » (v. 6). L'émotion maîtresse dans ce récit, c'est la honte. Avant de goûter le fruit, l'homme et la femme étaient « nus, mais n'éprouvaient point de honte. » (II, 25). Après avoir mangé du fruit, ils ressentent de la honte et cherchent à se cacher. Chaque composante du récit – le fruit, l'arbre, la nudité, la honte – comporte l'élément visuel caractéristique d'une culture de la honte.

Mais dans le judaïsme, nous croyons que Dieu est *entendu*, non pas *vu*. Les premiers hommes « *entendirent* la Voix de Dieu parcourant le jardin avec la brise du jour. » (Gen. III, 8). Répondant à Dieu, l'homme dit : « J'ai *entendu Ta voix* dans le jardin ; j'ai eu peur parce que je suis nu et je me suis caché ». (v. 10) On remarquera l'ironie délibérée, voire le comique du comportement du couple. Ils entendent la voix de Dieu dans le jardin, et ils « se cachent de Dieu parmi les arbres du jardin. » (v. 8) Mais *on ne peut échapper à une voix ou s'en cacher*. Se cacher, c'est s'efforcer de ne pas être vu. C'est une réaction immédiate, intuitive, à la honte. Or, la Torah est l'exemple par excellence d'une culture de la culpabilité, pas de la honte, et on ne peut échapper à la culpabilité en se cachant. La culpabilité n'a rien à voir avec les apparences, et tout à voir avec la conscience, la voix de Dieu dans le cœur de l'homme.

La faute des premiers hommes dans le jardin d'Eden consista à avoir suivi leurs yeux, pas leurs oreilles. Leurs actions furent déterminées par ce qu'ils voyaient, la beauté de l'arbre, et non par ce qu'ils entendaient, à savoir la parole de Dieu leur ordonnant de ne pas en manger. Il en résulta qu'*ils acquirent certes une connaissance du bien et du mal, mais erronée*. Ils acquirent une éthique de la honte, pas de la culpabilité ; des apparences, non de la conscience. C'est, à mon avis, ce qu'entend Maïmonide par sa distinction entre vrai-et-faux et « choses généralement acceptées ». Une éthique de la culpabilité, c'est la voix intérieure qui vous dit : « C'est bien, c'est mal », tout aussi clairement que « c'est vrai, c'est faux ». Mais une éthique de la honte se soucie des conventions sociales. La question, c'est de répondre ou non à ce que les autres attendent de vous.

Les cultures de la honte sont essentiellement des codes de conformisme social et de conformité sociale. Ce sont celles des groupes humains où la socialisation s'opère sous la forme d'une intériorisation des valeurs du groupe, en sorte que vous ressentez de la honte – une extrême confusion – lorsque vous les enfreignez, sachant que si d'autres découvrent ce que vous avez fait, vous perdez l'honneur et « la face ».

Le judaïsme n'est précisément pas cette sorte de morale, parce que les Juifs ne se conforment pas à ce que fait tout un chacun. Abraham voulait, disent les sages, être d'un côté, alors que le reste du monde était de l'autre. Haman dit des Juifs : « Leurs coutumes sont différentes de celles des tous les autres peuples » (Esther III, 8). Les Juifs sont souvent iconoclastes, remettant en question les idoles de leur époque, les idées reçues, « l'air du temps », le politiquement correct.

Si les Juifs s'étaient ralliés à la majorité, ils auraient disparu depuis longtemps. À l'époque biblique, ils étaient les seuls monothéistes dans un monde païen. Pendant la majeure partie de l'époque biblique, ils vivaient dans des sociétés où leur foi n'était partagée que par une infime minorité de la population. Le judaïsme est une ardente protestation contre l'instinct grégaire. Dans le concert de l'humanité, nous sommes la voix discordante. L'éthique du judaïsme n'est donc pas une question d'apparence, d'honneur, de honte. C'est une question d'écoute et d'attention portée à la voix divine s'exprimant dans les profondeurs de l'âme.

Le drame d'Adam et Ève n'est pas une histoire de pommes, ni de sexualité, ni de péché originel, ni de « Chute » – interprétations que l'Occident non juif lui a données. Il a trait à quelque chose de bien plus profond. Il concerne le type de moralité qui doit inspirer nos vies. Devons-nous être gouvernés par ce que tout le monde fait, comme si la moralité était similaire à la politique : la volonté de la majorité ? Notre horizon émotionnel sera-t-il lié par l'honneur et la honte, deux sentiments fondamentalement d'ordre social ? L'apparence est-elle notre valeur primordiale : l'image que nous offrons de nous ? Ou s'agit-il de quelque chose d'autre, d'une volonté d'obéir à la parole et à la volonté de Dieu ? Adam et Ève dans l'Eden furent confrontés au choix humain par excellence entre ce que voyaient leurs yeux (l'arbre et ses fruits) et ce qu'entendaient leurs oreilles (l'ordre divin). Parce qu'ils choisirent les premiers, ils ressentirent de la honte, pas de la culpabilité. C'est l'une des formes de la « connaissance du bien et du mal », mais d'un point de vue juif, c'est une forme erronée.

Le judaïsme est une religion de l'écoute, non de la vue. Cela ne veut pas dire qu'il ne comporte pas d'éléments visuels. Il y en a, mais ils ne sont pas primordiaux. L'écoute est une tâche sacrée. Le commandement le plus connu du judaïsme est *Shema Yisrael*, « Écoute, Israël. » Ce qui différencie Abraham, Moïse et les prophètes de leurs contemporains, c'était qu'ils entendaient la voix qui, pour d'autres, était inaudible. Dans l'une des scènes les plus spectaculaires de la Bible, Dieu enseigne à Élie qu'Il ne se trouve ni dans la tornade, ni dans la secousse tellurique, ni dans un feu, mais dans le « doux et subtil murmure. » (1 Rois XIX, 12)

Il faut de la pratique, de la concentration et la capacité de créer du silence dans l'âme pour apprendre à écouter, aussi bien Dieu que les hommes. La vue nous montre la beauté du monde créé, mais l'écoute nous relie à l'âme de l'autre, et parfois à l'âme de l'Autre. Dieu lorsqu'Il nous parle, nous appelle, nous enjoint d'effectuer notre tâche dans le monde.

Si l'on me demandait comment trouver Dieu, je dirais : Apprenez à écouter. Écouter le chant de l'univers dans le gazouillis des oiseaux, le frémissement des arbres, le fracas ou le clapotis des vagues. Écouter la poésie de la prière, la musique des Psaumes. Écouter profondément ceux que vous aimez et qui vous aiment. Écouter les paroles divines de la Torah, et écoutez-les vous parler. Écouter les discussions des sages au cours des siècles lorsqu'ils s'efforçaient d'entendre les injonctions et les inflexions des textes.

Ne vous souciez pas du regard que portent les autres sur vous. Le monde des apparences est un faux monde de masques, de travestissements et de dissimulations. Il n'est guère aisé d'écouter. Je reconnais que c'est extrêmement difficile. Mais seule l'écoute peut combler l'abîme d'une âme à une autre, entre soi et l'autre et entre soi et le Divin.

La spiritualité juive, c'est l'art de l'écoute[2].

---

2. Le thème de l'écoute dans le judaïsme reviendra au cours des prochaines semaines, en particulier lorsque nous en arriverons à la *parasha* Bamidbar, « Le son du silence » et la *parasha* Ekev « La spiritualité de l'écoute. »

Noé

Un drame en quatre actes

La *parasha* de Noé clôture les onze chapitres qui précèdent l'appel à Abraham et le début d'une relation privilégiée établie entre ce dernier, ses descendants et Dieu. Au cours de ces onze chapitres, la Torah accorde une importance particulière à quatre récits : Adam et Ève, Caïn et Abel, Noé et la génération du Déluge, et la tour de Babel. Chacun de ces récits fait intervenir l'idée d'une interaction entre Dieu et l'humanité, et représente une étape supplémentaire dans l'évolution de l'humanité vers la maturité. Si l'on suit le cours de ces histoires, on découvre un lien autre que celui de la chronologie, une trame narrative illustrant l'évolution de l'humanité.

La première histoire est celle d'Adam et Ève, et du fruit interdit. Après l'avoir goûté, ils découvrent la honte, et Dieu leur demande ce qu'ils ont fait :

> Alors il dit : « Qui t'a appris que tu étais nu ? Cet arbre dont je t'avais défendu de manger, tu en as donc mangé ? » L'homme répondit : « La femme – que Tu m'as associée – c'est elle qui m'a donné du fruit de l'arbre, et j'ai mangé », L'Éternel-Dieu dit à la femme : « Pourquoi as-tu fait cela ? » La femme répondit : « Le serpent m'a entraînée, et j'ai mangé. » (Gen. III, 11-13)

Le livre de Béréshit

Confronté à cet échec primordial, l'homme accuse la femme, la femme accuse le serpent. Tous deux nient leur responsabilité *personnelle* : ce n'était pas moi ; ce n'était pas ma faute. C'est la naissance de ce que l'on appelle aujourd'hui la culture victimaire.

Le second drame est celui de Caïn et Abel. Tous deux apportent des offrandes. Celle d'Abel est agréée, celle de Caïn ne l'est pas. Les raisons importent peu ici[1]. Dans sa colère, Caïn tue Abel. On assiste de nouveau à un échange de propos entre un être humain et Dieu :

> L'Éternel dit à Caïn : « Où est Abel ton frère ? » Il répondit : « Je ne sais ; suis-je le gardien de mon frère ? » Dieu dit : « Qu'as-tu fait ! Le cri du sang de ton frère s'élève, jusqu'à moi, de la terre. » (IV, 9-10)

Apparaît une fois de plus le thème de la responsabilité, mais dans un sens différent. Caïn ne nie pas sa responsabilité *personnelle*. Il ne dit pas : « Ce n'était pas moi ». Ce qu'il nie, c'est sa responsabilité *morale*. « Je ne suis pas le gardien de mon frère. » Je ne suis pas responsable de sa sécurité. Oui, j'ai agi ainsi parce que j'en avais envie. Caïn n'a pas encore appris la différence entre « je peux » et « je dois ».

La troisième histoire est celle de Noé. Celui-ci est présenté comme un homme porteur de grandes espérances : « Il nous réconfortera » (V, 29) dit son père Lamekh, en lui donna son nom. C'est lui qui rachètera la faute de l'homme, qui apportera du réconfort à « la terre que Dieu a maudite. » Or, si Noé est un juste, ce n'est guère un héros. Noé ne sauve pas l'humanité. Il ne sauve que lui-même, sa famille et les animaux qu'il emmène avec lui dans l'arche. Le Zohar établit une comparaison entre Moïse et lui, en sa défaveur : Moïse pria pour sa génération, Noé ne le fit pas. Finalement, son échec à assumer une responsabilité pour les autres, le diminue aussi : dans la dernière scène, on le voit ivre et découvert dans sa tente. Selon le Midrash, « il se profana et en fut profané[2]. » On ne peut pas être le seul survivant et continuer à vivre. *Sauve-qui-peut* (que chacun se tire d'affaire comme il peut) n'est pas un principe du

---

1. Le thème de Caïn et Abel est développé dans le chapitre « Violence in the Name of God » du livre en anglais *Covenant and Conversation*, Maggid Books, 2009, p. 29.
2. *Bereshit Raba* 36 : 3.

judaïsme. Nous devons faire ce que nous pouvons pour sauver les autres, pas seulement nous-mêmes. Au test de la responsabilité *collective*, Noé a échoué.

Le quatrième récit est l'histoire énigmatique de la tour de Babel. La faute de ses bâtisseurs n'est pas claire, mais est évoquée par deux mots clés du texte. L'histoire est structurée, commençant et se terminant par l'expression *kol ha'aretz*, « la terre tout entière » (XI, 1-8). Entre les deux, se trouve une série de mots de même assonance : *sham* (là-bas), *shem* (nom) et *shamayim* (cieux). L'histoire de Babel est un drame autour des deux mots clés de la première phrase de la Torah : « Au commencement Dieu créa le ciel (*shamayim*) et la terre (*Eretz*) » (I, 1). Le ciel est le domaine de Dieu, la terre celui de l'homme. En voulant construire une tour qui « atteindrait le ciel », les bâtisseurs de Babel étaient des hommes qui aspiraient à être comme des dieux.

Cette histoire semble n'avoir guère de rapport avec le concept de responsabilité, et porter sur un sujet complètement différent des trois premières. Ce n'est cependant pas par hasard que le mot responsabilité s'apparente aux deux mots « *réponse* » et « *habilité* » (capacité). Le mot hébreu équivalent, *a'hrayout*, vient du mot *a'her* qui signifie « autre. » La responsabilité est toujours une *réponse* à quelque chose ou à quelqu'un. Dans le judaïsme, elle signifie réponse à une injonction divine. En tentant d'atteindre le ciel, les bâtisseurs de Babel disaient en fait : nous allons prendre la place de Dieu. Nous n'allons pas répondre à Sa loi ou respecter Ses limites ; nous n'allons pas accepter Son Altérité. Nous allons créer un environnement où nous dirigerons, pas Lui, où l'Autre est remplacé par le Moi. Babel, c'est l'échec de la responsabilité *ontologique* – l'idée que quelque chose au-delà de nous, nous lance un appel.

Ce qui se déroule dans les chapitres I à XI de la Genèse, c'est un drame en quatre actes, exceptionnellement bien structuré sur le thème de la responsabilité et de l'évolution morale, présentant la maturation de l'humanité, en écho à la maturation de l'individu. La première chose qu'apprend un enfant, c'est que nos actes relèvent de notre contrôle (responsabilité personnelle). Ensuite, que nous ne *devons* pas faire tout ce que nous *pouvons* faire (responsabilité morale). À l'étape suivante, nous réalisons qu'un devoir nous incombe, non seulement envers nous-mêmes, mais envers ceux que nous pouvons influencer (responsabilité collective). Enfin, nous apprenons que la moralité n'est pas une simple convention humaine, mais est inscrite dans la structure de l'existence. Il y a un Auteur de l'être ; il y a donc une Autorité au-delà de l'humanité, à laquelle nous obéissons lorsque nous agissons moralement (responsabilité ontologique).

C'est la psychologie du développement telle que nous la connaissons grâce aux travaux de Jean Piaget, Eric Erikson, Lawrence Kohlberg et Abraham Maslow. La subtilité et la profondeur de la Torah sont sidérantes. Ce fut le premier texte, qui demeure à ce jour le plus remarquable, sur la condition humaine et notre développement psychologique, de l'instinct à la conscience, de la « poussière de la terre » à un être moralement responsable, que la Torah appelle « l'image de Dieu. »

Noé

Le courage de vivre dans l'incertitude

Le périple spirituel de chacun de nous est jalonné de moments décisifs qui modifient le cours de notre vie et nous orientent vers une nouvelle voie. Pour moi, l'un de ces moments survint alors que j'étais élève-rabbin à l'École d'études juives de Londres. J'eus ainsi le privilège d'étudier avec l'un des plus grands sages de notre époque, le rabbin Nachum Rabinovitch.

C'était un géant, l'un des plus éminents spécialistes de Maïmonide de l'époque moderne, tout aussi à l'aise avec pratiquement toutes les disciplines profanes qu'avec l'intégralité des œuvres rabbiniques, et l'un des *poskim* (décisionnaires) les plus audacieux et les plus indépendants, comme en témoignent les nombreux livres de Responsa qu'il a publiés. Il a également montré ce qu'était le courage spirituel et intellectuel, lequel, malheureusement s'avère bien rare à notre époque.

L'occasion n'avait rien de spécial. Il nous dispensait simplement l'un de ses divré Torah habituels. C'était la semaine de la *parasha* de Noé. Mais le midrash qu'il nous cita était extraordinaire. Il était en fait assez difficile à découvrir. Il figure dans le volume Tan'houma édité en 1885 par Shlomo Buber, le grand-père de Martin Buber, à partir d'anciens manuscrits. C'est un texte très ancien – du

Ve siècle selon certains – et il recoupe en partie un ancien midrash dont nous n'avons plus le texte complet, appelé Midrash Yelamdenou.

Ce texte en deux parties est un commentaire des propos adressés par Dieu à Noé : Ensuite, Dieu dit à Noé, « Sors de l'arche. » Le midrash commente : « Noé se demandait : puisque je ne suis entré dans l'arche qu'avec la permission (de Dieu), puis-je la quitter sans permission ? Le Saint béni soit-Il lui dit : attends-tu une permission ? Dans ce cas, je te donne cette permission, comme il est dit : 'Alors Dieu dit à Noé, sors de l'arche'. »

Et le midrash d'ajouter : Rabbi Judah bar Ilaï a dit : « Si j'avais été là, j'aurais fracassé [les portes de] l'arche pour sortir. »

La morale qu'en tira le rav Rabinovitch – en fait la seule possible – était que, lorsqu'il est question de reconstruire un monde détruit, on n'attend pas de permission. Dieu nous donne la permission. Il attend de nous qu'on aille de l'avant.

Cela faisait certes partie d'une ancienne tradition mentionnée par Rashi dans son commentaire, et tout à fait centrale dans l'interprétation que donnent les sages du fait que Dieu établit le peuple juif, non à partir de Noé, mais à partir d'Abraham. Noé, dit la Torah, allait avec Dieu. Mais Dieu dit à Abraham, « Va devant moi… » Ce n'était donc pas nouveau, mais l'intensité dramatique et la puissance dégagées par le midrash étaient sidérantes.

Je compris soudain que c'est là une partie déterminante de ce qu'est la foi dans le judaïsme : avoir le courage d'être pionnier, d'innover, d'emprunter une voie moins fréquentée, de s'aventurer dans l'inconnu. C'est ce que firent Abraham et Sarah en quittant leur pays, leur foyer et la maison de leur père. C'est ce que firent les Hébreux à l'époque de Moïse, lorsqu'ils s'enfoncèrent dans le désert, guidés seulement par une colonne de nuées le jour et une colonne de feu la nuit.

La foi est précisément le courage de prendre un risque en sachant que « Dussé-je suivre la sombre vallée de la mort, je ne craindrais aucun mal, car Tu serais avec moi. » (Ps. XXIII, 4). Il fallait de la foi pour défier les religions du monde antique, alors même qu'elles étaient l'âme des plus grands empires de leur époque. Il fallait de la foi pour rester Juif aux époques hellénique puis hellénistique, alors que les Juifs et le judaïsme devaient sembler minuscules et étriqués, face à la culture de la Grèce antique et de l'empire d'Alexandre.

Il fallait la foi de Rabbi Yehoshoua ben Gamla pour bâtir, dès le Ier siècle, le premier système au monde d'éducation obligatoire et généralisée, et la foi d'un Rabban Yohanan ben Zakkaï pour réaliser que le judaïsme pourrait survivre à la perte de l'indépendance de la terre et du Temple, grâce à une académie de sages et une culture de l'étude.

À l'époque moderne, bien que nombre d'éminents esprits du judaïsme aient perdu ou abandonné leur foi, cet ancien réflexe a survécu. Comment autrement comprendre le phénomène d'une infime minorité de Juifs en Europe et aux États-Unis capable de produire tant de cerveaux qui façonnent l'esprit moderne, chacun étant un pionnier dans son domaine : Einstein en physique, Durkheim en sociologie, Levi-Strauss en anthropologie, Mahler et Schönberg en musique, et toute une série d'économistes novateurs, depuis David Ricardo (théorie des avantages comparatifs) à John von Neumann (théorie des jeux), en passant par Milton Friedman (théorie monétaire), Daniel Kahneman et Amos Tversky (économie comportementale).

Ils dominaient les domaines de la psychiatrie, de la psychothérapie et de la psychanalyse, qu'il s'agisse de Freud et de son entourage ou de Viktor Frankl (logothérapie), Aaron T. Beck (thérapie comportementale cognitive) et Martin Seligman (psychologie positive). Les pionniers d'Hollywood et du cinéma étaient presque tous Juifs. Même dans la musique populaire, les réalisations sont stupéfiantes, depuis Irving Berlin à George Gershwin, Bob Dylan et Leonard Cohen, les deux grands poètes de la musique populaire au XXe siècle.

Dans de nombreux cas – tel est le lot des novateurs – les personnes concernées se sont heurtées à une avalanche de critiques, à un mur de mépris, d'opposition ou d'indifférence. Il faut se préparer à être seul, au mieux incompris, au pire vilipendé et calomnié. Comme le disait Einstein : « Si ma théorie de la relativité est prouvée, l'Allemagne me revendiquera comme allemand et la France déclarera que je suis un citoyen du monde. Mais si ma théorie est fausse, la France dira que je suis un Allemand, et l'Allemagne déclarera que je suis un Juif. » Pour être pionnier – comme l'ont appris les Juifs tout au long de notre histoire – il faut se préparer à passer beaucoup de temps dans le désert.

C'était bien sûr la foi des premiers sionistes. Très tôt, certains dès les années 1860, d'autres après les pogroms des années 1880, Herzl après le procès de Dreyfus, surent que les Lumières et l'Émancipation européennes avaient échoué, qu'en dépit de ses immenses réalisations scientifiques et politiques, le continent européen n'avait toujours pas de place pour le Juif. Certains sionistes étaient religieux, d'autres laïques, mais – et c'est ce qui importe – ils savaient tous ce que le midrash Tanhouma explique si clairement : dès lors qu'il est question de rebâtir un monde détruit ou un rêve brisé, on n'attend pas l'autorisation du Ciel. Le Ciel vous dit d'aller de l'avant.

Il ne s'agit pas d'avoir carte blanche pour faire ce que l'on veut. Les innovations ne sont pas toutes constructives. Certaines peuvent même être très destructrices. Mais ce principe « d'aller de l'avant », l'idée que le Créateur veut que nous, Sa principale création, soyons inventifs, rend le judaïsme unique en son genre, de par la valeur qu'il accorde à la personne et à la condition humaine.

La foi, c'est le courage de prendre un risque, pour Dieu ou pour le peuple juif ; d'entreprendre un voyage pour une destination lointaine en sachant que le chemin sera semé d'embûches, mais en sachant aussi que Dieu est avec nous, nous donnant la force pour peu que nous alignions notre volonté avec la Sienne. La foi n'est pas la certitude, mais le courage de vivre dans l'incertitude.

Noé

Responsabilité individuelle et collective

J'ai un jour eu l'occasion de demander à Paul Johnson, écrivain catholique, ce qui l'avait le plus marqué à propos du judaïsme tout au long de ses travaux qui aboutirent à sa magistrale *Histoire des Juifs*. Il répondit à peu près en ces termes : « Au cours de l'histoire, il y a eu des sociétés qui mettaient l'accent sur l'individu – comme l'Occident laïque d'aujourd'hui. Et d'autres qui mettaient l'accent sur la collectivité – la Russie communiste ou la Chine, par exemple. »

Le judaïsme, poursuivit-il, était l'exemple le plus réussi qu'il ait rencontré de cet équilibre délicat entre les deux – accordant un poids égal à la responsabilité individuelle et à la responsabilité collective. Le judaïsme était une religion d'individus forts et de communautés fortes. C'était, dit-il, un équilibre très rare et très difficile à atteindre, qui représentait l'une de nos réalisations majeures.

L'observation était judicieuse et subtile. Sans le savoir, il avait en effet paraphrasé l'aphorisme de Hillel : « Si je ne suis pas pour moi, qui le sera (responsabilité individuelle). Mais si je ne suis que pour moi, que suis-je (responsabilité collective) ? » Cette idée nous permet de considérer le thème de la *parasha* de Noé d'une façon qui, autrement, n'aurait pas été aussi évidente.

La *parasha* commence et se termine par deux grands événements, le Déluge d'une part, et la tour de Babel de l'autre. À première vue, ils n'ont rien en commun. Les échecs de la génération du Déluge sont patents. « Or, la terre s'était corrompue devant Dieu, et elle était remplie d'iniquité. Dieu considéra le monde, et il était corrompu, toute créature ayant perverti sa voie sur la terre. » (Gen. VI, 11-12). Cruauté, violence, corruption, perversion : registre de langue évoquant un échec moral systémique.

Par contraste, Babel semble presque idyllique : « Toute la terre avait une même langue et des paroles semblables » (XI, 1). Les bâtisseurs ont pour but de construire, non de détruire. Leur faute est loin d'être claire. Pourtant, du point de vue de la Torah, Babel constitue une autre évolution funeste, puisque, immédiatement après, Dieu ordonne à Abraham d'entamer un chapitre entièrement nouveau de l'histoire religieuse de l'humanité. Il n'y a pas de Déluge – Dieu a, de toute façon, juré qu'Il n'infligerait plus jamais un tel châtiment à l'humanité (« Désormais, Je ne maudirai plus la terre à cause de l'homme, car les conceptions du cœur de l'homme sont mauvaises dès son enfance ; désormais, Je ne frapperai plus tous les vivants comme Je l'ai fait », VIII, 21). Mais il est évident qu'après Babel, Dieu en arrive à la conclusion que les humains doivent vivre d'une autre manière.

Le Déluge et la tour de Babel n'en sont pas moins enracinés dans la trame historique, même si le récit n'est pas formulé en termes d'histoire descriptive. La Mésopotamie connaissait de nombreux mythes du déluge qui tous témoignent de la mémoire de terribles inondations, notamment dans les plaines de la vallée du Tigre et de l'Euphrate (voir Commentaire de R. David Zvi Hoffman sur Genèse VI [en hébreu, p. 140] qui laisse entendre que le Déluge s'était peut-être limité aux centres de peuplement, sans avoir recouvert toute la terre). Des fouilles effectuées à Shurrupak, Kish, Uruk et Our – lieu de naissance d'Abraham – révèlent la présence de dépôts argileux. La tour de Babel fut elle aussi une réalité historique. Hérodote parle de la clôture sacrée de Babylone au centre de laquelle se dressait une ziggourat ou tour de sept étages, haute de 300 pieds (plus de 90 mètres). On a retrouvé les vestiges de plus d'une trentaine de ces tours, principalement en Basse Mésopotamie, et la littérature de l'époque contient maintes références à ces tours qui « atteignaient les cieux ».

Les récits sur le Déluge et Babel ne sont pas simplement historiques, parce que la Torah n'est pas histoire, mais « enseignement, instruction. » Ils sont là parce qu'ils constituent une profonde vérité morale, sociale, politique et spirituelle sur la condition humaine telle que la Torah la conçoit. Ils représentent chacun précisément les échecs indiqués par Paul Johnson. Le Déluge nous montre ce qui arrive à une civilisation lorsque l'individu règne et qu'il n'existe rien de collectif. Babel nous enseigne ce qui se produit lorsque l'esprit de collectivité domine et que les individus lui sont sacrifiés.

Ce fut Thomas Hobbes (1588-1679), le penseur qui posa les fondements de la politique moderne dans son ouvrage *Léviathan* ((1651) devenu un classique, qui – sans mentionner le Déluge – lui donna sa meilleure interprétation. Avant que n'apparaissent les institutions politiques, dit Hobbes, les êtres humains étaient dans un « état de nature. » Il y avait des individus, des groupes, des bandes. Faute de dirigeant stable, de gouvernement efficace et de lois applicables, les hommes, en rivalité pour de rares ressources, demeuraient dans un perpétuel état de chaos violent – « une guerre de chacun contre chacun ». Ils vivaient dans une « peur continuelle d'une mort violente… ; une vie solitaire, misérable, cruelle, bestiale – et de courte durée. » De telles situations existent aujourd'hui dans maints pays en échec ou en déclin. C'est précisément la description que donne la Torah de la vie avant le Déluge. Lorsque la loi ne règne pas pour établir des limites, le monde est rempli de violence.

Babel est tout le contraire, et nous disposons aujourd'hui de témoignages historiques importants de ce que signifie exactement la phrase : « Toute la terre avait une même langue et des paroles semblables. » Cela ne désigne probablement pas l'aube de l'humanité avant la division des langues. En fait, dans le chapitre précédent, la Torah avait déjà établi : « De ceux-là se formèrent les colonies de peuples répandues dans divers pays, chacune selon sa langue, selon sa tribu, selon son peuple. » (Gen. x, 5. Le Talmud Yeroushalmi, Meguila I, 11, 71 b, fait état d'une controverse entre R. Eliezer et R. Jonathan, l'un soutenant que la division de l'humanité en soixante-dix langues se produisit avant le Déluge).

La référence semble concerner la pratique impériale des néo-Assyriens d'imposer leur propre langue aux peuples conquis. Une inscription de l'époque rapporte qu'Assurbanipal II « fit en sorte que la totalité des peuples parlent une seule langue. » Une inscription de Sargon II figurant sur un sceau-cylindre dit : « Les populations des quatre coins du monde, de langues étrangères, aux parlers différents… dont je me suis emparé sur l'ordre d'Assur, mon seigneur, par le pouvoir de mon sceptre, » [afin de leur faire accepter une seule voix]. Les néo-Assyriens affirmaient leur suprématie en insistant pour que leur langue soit la seule utilisée par les nations et les populations qu'ils avaient vaincues. Devant une telle lecture, le récit de Babel apparaît comme une critique de l'impérialisme.

Le livre de Béréshit

On en trouve même une allusion dans le parallélisme entre le langage des bâtisseurs de la tour de Babel et celui du Pharaon égyptien qui asservit les Hébreux. Dans le cas de Babel, ils disent : « Allons [*hava*], bâtissons-nous une ville, et une tour… pour ne pas [*pen*] nous disperser sur toute la face de la terre » (Gen. XI, 4). En Égypte, Pharaon dit : « Allons [*hava*] usons d'habileté avec eux, pour [*pen*] qu'elle ne s'accroisse pas encore. » (Ex. I, 10). La répétition de « Allons… pour ne pas » est trop prononcée pour être fortuite. Babel, comme l'Égypte, représente un empire qui a soumis des populations entières, foulant aux pieds leurs identités et leurs libertés.

S'il en est ainsi, il nous faut relire tout le récit de Babel de façon à le rendre beaucoup plus convaincant : L'enchaînement est le suivant : le chapitre X de la Genèse décrit la division de l'humanité en soixante-dix nations et soixante-dix langues. Le chapitre XI raconte comment une puissance impériale conquit des petites nations et leur imposa sa langue et sa culture, contrevenant directement au souhait divin que les hommes respectent l'intégrité de chaque nation et de chaque individu. Lorsque, à la fin du récit de Babel, Dieu « mêle les langues » des bâtisseurs, Il ne crée pas un nouvel état de choses, Il restaure l'ancien.

Interprété ainsi, le récit de Babel est une critique de la puissance de la collectivité lorsqu'elle écrase l'individualité – la spécificité des soixante-dix cultures décrites dans le chapitre X de la Genèse. (Petite touche personnelle : j'ai eu le privilège de m'adresser à 2 000 dirigeants de toutes les confessions du monde au Sommet de la paix du millénium organisé aux Nations unies en août 2000. Il s'avéra que 70 traditions exactement – chacune avec ses subdivisions et ses sectes – étaient représentées. Il semble donc qu'il y ait toujours soixante-dix cultures de base). Lorsque l'autorité de la loi est utilisée pour réprimer les individus, supprimer leurs langues et traditions distinctives, c'est aussi une iniquité. Le miracle du monothéisme, c'est que l'Unité dans les cieux crée une diversité sur la terre, et Dieu nous demande (avec des conditions claires) de respecter cette diversité.

Bien que diamétralement opposés, les récits du Déluge et de la Tour de Babel, sont liés, et la parasha de Noah tout entière constitue une brillante étude de la condition humaine. Il y a des cultures individualistes et des cultures collectivistes ; toutes deux ont échoué, les premières parce qu'elles mènent à l'anarchie et la violence, les dernières parce qu'elles mènent à l'oppression et à la tyrannie.

L'analyse de Paul Johnson se révèle ainsi à la fois profonde et véridique. Après les deux grands échecs du Déluge et de Babel, Abraham fut appelé à créer une nouvelle forme d'ordre social qui confèrerait un honneur égal à l'individu et à la collectivité, à la responsabilité personnelle et à l'intérêt général. Cela demeure le don spécial fait au monde par les Juifs et le judaïsme.

Lekh Lekha

Le périple des générations

Mark Twain le dit de façon très concise : « Quand j'avais quatorze ans, mon père était tellement ignorant que je pouvais à peine supporter sa présence ; mais quand j'ai eu vingt-et-un ans, j'ai été stupéfait de constater tout ce qu'il avait appris en sept ans. »

Que Freud ait eu raison ou tort à propos du complexe d'Œdipe, il est incontestable que la puissance et la souffrance des adolescents résident dans leur aspiration à se définir en tant qu'individus différents, singuliers, *distincts* de leurs parents. Dans notre petite enfance, leur présence soutenait notre vie, notre sécurité, notre stabilité, notre source d'enracinement dans le monde.

La première terreur – et la plus marquante – que nous ressentons en tant que très jeunes enfants est l'angoisse de la séparation : l'absence, notamment de la mère. Les enfants en bas âge jouent joyeusement tant que leur mère ou la personne qui s'occupe d'eux demeure dans leur champ de vision. Sinon, ils paniquent. Nous sommes trop jeunes pour nous aventurer seuls dans le monde. C'est précisément la présence stable, prévisible des parents au cours de nos premières années qui nous donne un sentiment fondamental de confiance dans la vie.

Mais ensuite, arrive l'époque où nous nous approchons de l'âge adulte, lorsque nous devons apprendre à nous frayer notre propre voie dans le monde. Ce sont ces années de recherche et, dans certains cas, de rébellion qui rendent l'adolescence si difficile et si angoissante. Le mot hébreu désignant la jeunesse – la racine n-a-r – a ces connotations de « réveil » et d'« agitation ». Nous commençons à nous définir par rapport à nos amis, à nos pairs, plutôt que par rapport à notre famille. Souvent s'installent des tensions entre les générations.

Harold Bloom, le théoricien de la littérature, a écrit deux livres fascinants : *The Anxiety of Influence* (traduit en français, *L'angoisse de l'influence*), et *Maps of Misreadings*, dans lesquels, en style freudien, il explique que les bons poètes se font une place en interprétant leurs prédécesseurs délibérément à contresens ou de manière erronée. Sinon – si l'on était véritablement impressionnés par les grands poètes qui nous ont précédés – on serait paralysé par le sentiment que tout ce qui pouvait être dit l'a été, et mieux qu'on ne pourrait jamais le faire. Créer l'espace dont nous avons besoin pour être nous-mêmes implique souvent une relation conflictuelle avec ceux qui nous ont précédés, y compris nos parents.

L'une des grandes découvertes qui se renforce avec l'âge, c'est que nous commençons à réaliser qu'après avoir passé ce qui semble une éternité à fuir nos parents, nous en sommes arrivés à beaucoup leur ressembler, et plus nous nous en sommes éloignés, plus nous nous en rapprochons. Ce que Mark Twain avait parfaitement saisi. Il faut du temps et de la distance pour voir tout ce que nous devons à nos parents et à quel point ils vivent en nous.

La façon dont la Torah aborde ce point à propos d'Abraham (ou plutôt Abram comme il s'appelle alors) est remarquable de subtilité. *Lekh Lekha*, et en fait l'histoire juive, commence par les mots : « L'Éternel avait dit à Abram : 'Éloigne-toi de ton pays, de ton lieu natal et de la maison paternelle, et va au pays que Je t'indiquerai'. » (Gen. XII, 1). Tel est le commencement le plus audacieux du récit d'une vie dans la Bible hébraïque. Il semble venir de nulle part. La Torah ne nous donne aucune description de l'enfance ni de l'adolescence d'Abraham, de sa relation avec les autres membres de sa famille, de la façon dont il épousa Sarah, ni des qualités qui firent que Dieu le distingua et le fit devenir l'instigateur de ce qui allait devenir la plus grande révolution de l'histoire religieuse de l'humanité, qu'on appelle aujourd'hui le monothéisme abrahamique.

C'est le silence de la Bible qui a conduit à la tradition midrashique que nous avons presque tous appris enfants, à savoir qu'Abraham brisa les idoles dans la maison de son père. Ce fut Abraham le révolutionnaire, l'iconoclaste, l'homme des nouveaux débuts, qui renversa tout ce que son père avait représenté. C'est, en quelque sorte, l'Abraham de Freud.

Peut-être n'est-ce qu'en prenant de l'âge que nous sommes capables de revenir sur ce récit et prendre conscience de la signification du passage de la fin de la *parasha précédente* qui dit : « Terah emmena Abram son fils, Loth fils de Haran, son petit-fils, et Saraï sa bru, épouse d'Abram son fils ; ils sortirent ensemble d'Ur Kasdim pour se rendre au pays de Canaan, allèrent jusqu'à Haran et s'y fixèrent. (Gen. XI, 31).

Il s'avère donc qu'Abraham quitta la maison de son père *bien après* avoir quitté son pays et son lieu de naissance. Son lieu de naissance était Ur, dans ce qui est aujourd'hui le sud de l'Irak, mais il ne se sépara de son père qu'à Haran, dans l'actuel nord de la Syrie. *Tera'h, le père d'Abraham, l'accompagna pendant la première moitié de son voyage.* Il accompagna son fils au moins une partie du chemin.

Que s'est-il réellement passé ? Deux scénarios sont possibles. Selon le premier, Abraham reçut son appel à Ur. Son père Tera'h accepta alors d'aller avec lui, dans l'intention de l'accompagner jusqu'à la terre de Canaan, bien qu'il n'ait pas achevé le voyage, peut-être à cause de son âge. Selon le second, l'appel parvint à Abraham à Haran, auquel cas, *son père avait déjà entrepris le voyage de sa propre initiative*, en abandonnant Ur. Dans les deux cas, la rupture entre Abraham et son père fut beaucoup moins dramatique qu'on ne le pensait au départ.

J'ai expliqué ailleurs (dans mon nouveau livre Not in God's Name) que le récit biblique est bien plus subtil qu'on l'imaginait auparavant. Il est délibérément écrit pour être interprété à différents niveaux, à différentes étapes de notre développement moral. Il y a un récit de surface, mais il existe aussi souvent un récit plus profond que nous ne parvenons à remarquer et à comprendre que lorsque nous avons atteint une certaine maturité (j'appelle cela le contre-récit caché). Les chapitres XI et XII de la Genèse en offrent un exemple classique.

Enfants, nous écoutons le récit captivant – en fait stimulant – d'Abraham brisant les idoles de son père, avec son message implicite : un enfant peut parfois avoir raison et ses parents avoir tort, en particulier en matière de spiritualité et de foi. Ce n'est que beaucoup plus tard dans la vie que nous entendons la vérité plus profonde – cachée derrière une simple généalogie figurant à la fin de la *parasha* précédente : Abraham achevait en fait un voyage entrepris par son père.

Le livre de Béréshit

On trouve dans le livre de Josué (XXIV, 2) un verset que nous lisons dans le cadre de la Haggadah le soir du séder, disant : « Vos ancêtres habitaient jadis au-delà de l'Euphrate, jusqu'à Tera'h, père d'Abraham et de Na'hor. Ils servaient d'autres dieux. » Il y avait donc de l'idolâtrie dans les origines familiales d'Abraham. Mais la Genèse (ch. XI) précise que ce fut Tera'h qui emmena Abraham, et non Abraham qui prit Tera'h de Ur pour l'emmener dans le pays de Canaan. La rupture entre le père et son fils ne fut ni immédiate ni radicale.

En vérité, il est difficile d'imaginer comment il eut pu en être autrement. Abram – nom d'origine d'Abraham – signifie « père élevé, imposant ». Abraham lui-même fut choisi « pour qu'il prescrive à ses fils et à sa maison après lui d'observer la voie de l'Éternel » (Gen. XVIII, 19) – c'est-à-dire pour être un parent modèle. Comment un enfant qui a rejeté la voie de son père pourrait-il devenir le père d'enfants qui, à leur tour, ne rejetteraient pas sa voie[1] ? Il est plus logique de dire que Tera'h avait déjà des doutes à propos de l'idolâtrie et que ce fut lui qui inspira à Abraham l'idée d'aller plus loin, spirituellement et géographiquement. Abraham poursuivit un périple que son père avait entrepris, aidant ainsi Isaac et Jacob, son fils et son petit-fils, à élaborer leurs propres manières de servir Dieu – le même Dieu, mais rencontré de façons différentes.

Ce qui nous ramène à Mark Twain. Souvent, nous commençons par penser que nous sommes extrêmement différents de nos parents. Il nous faut du temps pour apprécier à quel point ils nous ont aidé à devenir ce que nous sommes. Même lorsque nous pensions les fuir, nous avons en fait poursuivi leur voyage. Pour une bonne part, ce que nous sommes, c'est grâce à ce qu'ils étaient.

---

1. Rashi (sur Gen. XI, 31) dit que c'était pour cacher la rupture entre le fils et son père que la Torah mentionne la mort de Tera'h avant l'injonction lancée par Dieu à Abraham. Voir cependant Rambam *ad loc.*

Lekh Lekha

Être un parent juif

L'homme le plus influent de tous les temps ne figure dans aucune liste des cents hommes les plus influents qu'il m'a été donné de consulter. Il ne régna sur aucun empire, ne commanda aucune armée, n'effectua aucun acte d'héroïsme spectaculaire sur le champ de bataille, n'accomplit aucun miracle, n'annonça aucune prophétie, ne prit la tête d'aucune foule de partisans et n'eut aucun disciple autre que son propre enfant. Pourtant, aujourd'hui, plus de six milliards d'habitants de la planète s'identifient comme ses héritiers.

Il s'agit bien sûr d'Abraham, considéré comme le fondateur de la foi par les trois grands monothéismes, le judaïsme, le christianisme et l'islam. Il ne correspond à aucun stéréotype conventionnel. Il n'est pas, comme Noé, qualifié d'unique dans sa génération. La Torah ne nous raconte aucune histoire sur les débuts de sa vie. Lorsque Dieu l'appelle, comme il le fait au début de la *parasha* de cette semaine, à quitter son pays, son lieu de naissance et la maison de son père, nous n'avons aucune idée de ce qui l'a distingué.

Pourtant, jamais promesse n'a été plus généreusement tenue que les propos que lui adresse Dieu lorsqu'Il change son nom d'Abram en Abraham :

« Car Je te fais père d'une multitude de nations » (Gen. XVII, 5).

On compte aujourd'hui 56 nations islamiques, plus de 80 chrétiennes, et un seul État juif. Abraham est véritablement devenu le père de nombreuses

Le livre de Béréshit

nations. Mais qui était Abraham ? Pourquoi fut-il choisi pour ce rôle exemplaire ?

Il existe trois portraits célèbres d'Abraham. Le premier est celui que nous avons appris, enfants. Abraham, laissé seul avec les idoles de son père, les brise avec un marteau qu'il laisse dans la main de la plus grande des idoles. Son père Tera'h arrive, constate le désastre, demande qui l'a provoqué, et le jeune Abraham répond : « Ne vois-tu pas ? Le marteau est dans la main de la plus grande idole. Ce doit être elle. » Tera'h répond : « Mais une idole n'est que du bois et de la pierre. » Abraham rétorque : « Alors, père, comment peux-tu leur rendre un culte[1] ? » C'est Abraham l'iconoclaste, le briseur d'images, l'homme qui, très jeune, se rebella contre le monde païen, polythéiste de demi-dieux et de démons, de superstition et de magie.

Le deuxième est plus troublant et plus énigmatique. Le midrash compare Abraham à un homme qui, au cours de son voyage, aperçoit un palais en flammes.

Il se demande : « Se peut-il que le palais n'ait pas de propriétaire ? » Le propriétaire du palais regarde au dehors et dit : « Je suis le propriétaire du palais ». Abraham dit alors : « Se peut-il que le monde n'ait pas de dirigeant ? » Dieu le regarde et lui dit : « Je suis le dirigeant, le Maître de l'univers[2]. »

C'est là un passage extraordinaire. Abraham voit l'ordre de la nature, le raffinement de la conception de l'univers, semblable à un palais. Un tel univers devait avoir été fait par quelqu'un pour quelqu'un. Mais le palais est en feu. Comment est-ce possible ? Le propriétaire devrait éteindre l'incendie. On ne laisse pas un palais vide et sans surveillance. Or, le propriétaire du palais l'appelle, comme Dieu a appelé Abraham, lui demandant de l'aider à combattre les flammes.

Dieu a besoin de nous pour lutter contre l'instinct destructeur qui réside dans le cœur de l'homme. C'est Abraham, le combattant contre l'injustice, l'homme qui voit la beauté de l'univers naturel défigurée par les souffrances infligées aux hommes par les hommes.

Enfin, Moïse Maïmonide propose une troisième image :

Après avoir été sevré, encore enfant, Abraham commença à réfléchir. Nuit et jour, il réfléchissait et se demandait : « Comment est-il possible que cette sphère céleste puisse guider le monde continuellement, sans personne pour la

---

1. Midrash Béréshit Rabbah 38:13
2. Midrash Bereshit Rabbah, 39:1

diriger et la faire tourner, car enfin, elle ne peut pas tourner d'elle-même ? »
Il n'avait ni maître, ni personne pour lui enseigner quoi que ce soit. À Ur en
Chaldée, il était entouré de stupides idolâtres. Son père et sa mère, comme la
population tout entière, adoraient les idoles, et lui aussi. Mais son esprit était en
activité et en réflexion constante, jusqu'à ce qu'il parvienne à la vérité, découvre
le mode de réflexion adéquat et comprenne qu'il n'y a qu'un seul Dieu, Celui
qui agence les sphères célestes et crée tout, et que, parmi tout ce qui existe, il
n'est d'autre Dieu que Lui.

C'est Abraham le philosophe, avant Aristote, recourant à un argument
métaphysique pour prouver l'existence de Dieu [après l'avoir éprouvée aurait
ajouté F. Rosenzweig, N.d.T.].

Trois images d'Abraham ; trois versions, peut-être, de ce que c'est qu'être
Juif. La première voit les Juifs comme des iconoclastes, remettant en cause les
idoles de l'époque. Même les Juifs laïques qui se sont coupés du judaïsme comptèrent parmi les penseurs modernes les plus révolutionnaires, les plus connus
étant Spinoza, Marx et Freud. Thorstein Veblen écrivit dans un article sur « la
prééminence intellectuelle des Juifs », que le Juif devient « un perturbateur de
la paix intellectuelle... un promeneur dans le no man's land des intellectuels,
cherchant un autre endroit pour se reposer, plus loin sur la route, quelque part
vers l'horizon. »

La seconde conçoit l'identité juive en termes de *tsédek oumishpat*, un
engagement à créer une société juste. Albert Einstein désignait « l'amour de la
justice presque fanatique » comme l'une « des caractéristiques de la tradition
juive qui me fait remercier les astres d'en faire partie. »

La troisième nous rappelle que les penseurs grecs Théophraste et Cléarque,
disciples d'Aristote, parlent des Juifs comme d'une nation de philosophes.

Ces conceptions sont toutes marquées du sceau de la profondeur et de la
vérité. Elles ont en commun un seul défaut. Il n'y aucune preuve de ces conceptions dans la Torah. Josué rappelle que le père d'Abraham, Tera'h, était idolâtre
(Jos. XXIV, 2), mais ce n'est pas mentionné dans Béréshit. Le récit du palais
en flammes se fonde probablement sur la contestation d'Abraham concernant
la destruction de Sodome et des villes de la plaine : « Le juge de toute la terre
ne rendrait pas justice ? » Pour Abraham comme pour Aristote, cela se fonde
sur une ancienne tradition selon laquelle les philosophes grecs (notamment
Pythagore) puisaient leur sagesse auprès des Juifs, mais de nouveau la Torah
n'y fait allusion nulle part.

Le livre de Béréshit

Que dit alors la Torah à propos d'Abraham ? La réponse est inattendue et très émouvante. Abraham fut choisi simplement pour être un père. Le « *Av* » dans Avram / Avraham signifie « père ». Le seul verset de la Torah qui explique le choix d'Abraham dit : « Si Je l'ai distingué, c'est pour qu'il prescrive à ses fils et à sa maison après lui d'observer la voie de l'Éternel, en pratiquant la vertu et la justice ; afin que l'Éternel accomplisse sur Abraham ce qu'il a déclaré à son égard. » (Gen. XVIII, 19).

Les grands moments de la vie d'Abraham – l'attente d'un enfant, la naissance d'Ismaël, la tension entre Sarah et Hagar, la naissance d'Isaac, et la ligature – concernent tous son rôle de père (la semaine prochaine, je traiterai de l'épisode troublant de la ligature).

Plus que toute autre foi, le judaïsme perçoit la parentalité comme le plus formidable des défis. Le premier jour de Rosh Hashana – anniversaire de la création – on lit dans la Torah les passages sur deux mères, Sarah et Hannah, ainsi que les naissances de leurs fils respectifs, comme pour dire : Chaque vie est un univers. Donc, si vous souhaitez comprendre la création de l'univers, pensez à la naissance d'un enfant.

Abraham, le héros de la foi, est tout simplement un père. À la fin de *Une brève histoire du temps*, Stephen Hawking a écrit cette phrase célèbre : si nous disposions d'une théorie scientifique complète, d'une « théorie de tout », nous « saurions l'esprit de Dieu. » Nous pensons autrement. Pour connaître l'esprit de Dieu, nous n'avons nul besoin de physique théorique. Il nous suffit de savoir ce que c'est que d'être un parent. Le miracle de la mise au monde d'un enfant est ce qui nous rapproche le plus de la compréhension de la créativité de Dieu qui apporte avec amour une nouvelle vie dans le monde.

Le livre de Yossi Klein Halevi sur les chrétiens et les musulmans en terre d'Israël, *At The Entrance to the Garden of Eden*, comporte un passage fascinant. Visitant un couvent, il s'entend dire par une religieuse, Maria Teresa :

« J'ai observé les familles qui se rendent ici en fin de semaine, comment les parents se comportent envers leurs enfants, leur parlent avec patience et les encouragent à poser des questions intelligentes. C'est un exemple pour le monde entier. La force de ce peuple, c'est l'amour des parents pour leurs enfants. Pas seulement les mères, mais aussi les pères. Un enfant juif a deux mères. »

Le judaïsme prend ce qui est naturel et le sanctifie ; ce qui est physique, il y investit de la spiritualité ; ce qui ailleurs est considéré comme normal, il le perçoit comme un miracle. Ce que Darwin voyait comme l'instinct de reproduction, ce que Richard Dawkins appelle « le gène égoïste », est pour le judaïsme un art religieux, rempli de noblesse et de beauté. Abraham le père, et Sarah la mère, sont nos modèles éternels de parents : ils savent que c'est un don de Dieu et notre plus noble vocation.

Lekh Lekha

À quel point matriarches et patriarches étaient-ils parfaits ?

Dans une extraordinaire série d'observations sur la *parasha* de cette semaine, le Ramban (Nahmanide, 1194-1270) critique âprement Abraham et Sarah. La première concerne la décision d'Abraham de quitter le pays de Canaan pour se rendre en Égypte parce qu'« une famine sévissait dans le pays » (Gen. XII, 10). Le Ramban commente :

> Sachez qu'Abraham notre père, parce qu'il craignait pour sa vie, commit involontairement une grande faute en plaçant sa femme vertueuse dans une situation dangereuse. Il aurait dû mettre sa confiance en Dieu, savoir qu'Il le sauverait lui et sa femme et tous ses biens, car Dieu a bien évidemment le pouvoir d'aider et de sauver. Son abandon du Pays pour cause de famine fut aussi une faute, car Dieu l'aurait sauvé de la mort. C'est à cause de cet acte que fut décrété pour ses descendants l'exil dans le pays d'Égypte aux mains de Pharaon[1].

---

1. Ramban, Commentaire de Genèse XII : 10, fondé sur le Zohar, Tazria, 52 a.

Le livre de Béréshit

Selon le Ramban, Abraham aurait dû rester dans le pays de Canaan et avoir foi en Dieu qui l'aurait soutenu en dépit de la famine. Non seulement Abraham a eu tort de partir, mais il a en outre fait peser un risque moral pour Sarah puisque, en se rendant en Égypte, elle fut contrainte de mentir, prétendant être la sœur d'Abraham et non sa femme : elle fut alors emmenée dans le harem de Pharaon où elle aurait pu, contrainte et forcée, devenir une femme adultère.

C'est un jugement extrêmement sévère, aggravé encore par l'affirmation du Ramban que ce fut à cause de ce manque de foi que les descendants d'Abraham furent condamnés à l'exil, des siècles plus tard.

Plus loin, dans la *parasha*, le Ramban critique aussi ce que fait Sarah. Dans son désespoir de n'avoir pas d'enfants à elle, elle demande à Abraham de prendre sa servante Hagar dans l'espoir que celle-ci pourra lui donner un enfant. Abraham accepte et Hagar tombe enceinte. Le texte dit alors que Hagar « se mit à mépriser sa maîtresse » (Gen. XVI, 4). Sarah se plaint à Abraham, puis, « humilie » Hagar (Gen. XVI, 6) qui s'enfuit dans le désert. À ce sujet, le Ramban écrit :

> Notre mère Sarah a commis une faute en infligeant cette humiliation, tout comme Abraham en la laissant faire [il aurait dû agir en conciliateur]. Et l'Éternel entendit la souffrance d'Agar, aussi lui donna-t-Il un fils *onagre parmi les hommes* qui humiliera plus tard la descendance d'Abraham et Sarah par maintes souffrances. [Ramban, Commentaire de la Genèse XVI, 22]

Ici, le jugement moral est plus facile à comprendre. La conduite de Sarah semble versatile et cruelle. La Torah elle-même dit que Sarah « humilia » Hagar. Or, le Ramban semble dire que ce fut cet épisode d'un passé lointain qui explique, à une époque bien plus tardive, les souffrances des Juifs soumis aux musulmans (descendants d'Ismaël).

Il n'est guère difficile de justifier l'attitude d'Abraham et Sarah à ces occasions, et d'autres commentateurs ne s'en sont pas privés. Abraham ne pouvait pas savoir que Dieu accomplirait un miracle et les sauverait de la famine, Sarah et lui, s'ils étaient restés en Canaan. Pas plus qu'il ne savait que les Égyptiens menaceraient sa vie et placeraient Sarah dans un dilemme moral. Aucun d'eux ne s'était rendu en Égypte auparavant. Ils ne savaient pas ce qui les attendait.

De même pour Sarah et Hagar : bien qu'un ange ait fait revenir Hagar chez ses maîtres, par la suite, alors qu'Ismaël et Isaac étaient nés, Sarah renvoie de nouveau Hagar. Cette fois, Abraham proteste et Dieu lui ordonne de faire ce que dit Sarah. On peut donc aisément répondre aux critiques du Ramban. Dès lors, pourquoi les a-t-il formulées ?

Le Ramban n'a certainement pas émis ces critiques à la légère. Il était, je pense, conduit par une autre considération, à savoir la justice de l'histoire. Pourquoi les Hébreux ont-ils souffert de l'exil et de l'esclavage en Égypte ? Pourquoi, à l'époque du Ramban, les Juifs étaient-ils la cible d'attaques des Almohades, ces islamistes radicaux qui mirent fin à l'Âge d'or en Espagne, époque plus tolérante sous le règne des Omeyades.

Le Ramban pensait, comme nous disons dans nos prières, qu'« à cause de nos fautes, nous avons été exilés de notre pays », mais, à l'époque de Jacob, quelles fautes les Hébreux avaient-ils commises pour mériter l'exil ? Il pensait également que les « actes des pères sont un signe pour les fils » (Commentaire sur Gen. XII, 6), et que ce qui arriva aux patriarches présageait ce qui arriverait à leurs descendants. Qu'avaient-ils fait à Ismaël pour mériter le mépris des musulmans ? Une lecture attentive du texte biblique orienta le Ramban vers l'idée du traitement réservé à Hagar par Sarah.

Les commentaires du Ramban correspondent à sa lecture de l'histoire juive. Mais non sans difficultés. La Torah précise explicitement que Dieu peut punir « les enfants et leurs enfants pour la faute des parents jusqu'à la troisième et quatrième génération » (Ex. XXXIV, 7), mais pas au-delà. Les rabbins ont, par la suite, restreint cette règle aux cas où « les enfants continuent dans la voie fautive des parents. » (Rashi sur Ex. XXXIV, 7, Jérémie XXXI, 28 et Ézéchiel XVIII, 2). Jérémie et Ezéchiel affirment tous deux que personne ne dira plus : « les parents ont mangé du verjus et les dents des enfants en ont été agacées. » Le transfert des fautes d'une génération à une autre pose problème, tant sur le plan juif que sur le plan éthique.

Ce qui est extrêmement intéressant dans l'approche du Ramban concernant Abraham et Sarah, c'est sa volonté de dénoncer les imperfections de leur comportement. Cela répond à une question fondamentale quant à notre compréhension des récits de la Genèse. Comment juger nos ancêtres bibliques lorsque leur comportement semble troublant : Jacob s'emparant de la bénédiction d'Ésaü par un artifice, par exemple, ou la violence de Shimon et Levi venus au secours de leur sœur Dina ?

Les récits de la Genèse semblent souvent moralement déconcertants. La Torah rend rarement un verdict explicite et sans équivoque sur la conduite des hommes. Il est donc parfois difficile d'enseigner ces récits comme un guide de bonne conduite. Ce qui a mené les rabbins à une réinterprétation systématique dans le Midrash, afin que le noir et le blanc prennent la place de subtiles nuances de gris.

Par exemple, les mots « Sarah vit le fils de Hagar l'Égyptienne... se livrer à des railleries » (Gen. XXI, 9), furent interprétés par les sages comme signifiant qu'Ismaël, âgé de treize ans, était coupable d'idolâtrie, de relations sexuelles illicites ou de meurtre. De toute évidence, ce n'est pas le sens littéral du verset. C'est plutôt une interprétation justifiant l'insistance de Sarah pour l'éloignement d'Ismaël.

Le rabbin Zvi Hirsch Chajes explique que tout le Midrash a tendance, pour des raisons éducatives, à faire apparaître les héros comme parfaits et les méchants comme complètement mauvais. Le mot *Torah* signifie « enseignement » ou « instruction » et il est difficile d'enseigner l'éthique par des récits dont les personnages présentent complexité et ambiguïté.

Pourtant la Torah décrit ses personnages en nuances de gris. Pour quelles raisons ? Le rabbin Chajes en donne trois.

La première, c'est que la vie morale n'est pas compréhensible d'emblée en profondeur. Enfant, nous entendons des histoires de héros et de méchants. Nous apprenons des distinctions de base : le vrai et le faux, le bon et le mauvais, le permis et l'interdit. En grandissant, nous commençons à réaliser à quel point certaines décisions sont difficiles. Me rendrai-je en Égypte ? Resterai-je en Canaan ? Montrerai-je de la compassion pour l'enfant de ma servante au risque qu'il exerce une mauvaise influence sur mon enfant qui a été choisi par Dieu pour une mission sacrée ? Quiconque pense que de telles décisions sont simples n'est moralement pas encore mûr. Ainsi, le meilleur moyen d'enseigner l'éthique, c'est de le faire par des récits susceptibles d'être lus à différents niveaux, à différentes étapes de notre vie.

La seconde, c'est que ce ne sont pas seulement les décisions qui sont difficiles. Les êtres aussi sont complexes. Personne, dans la Torah, n'est décrit comme étant parfait. Noé, le seul personnage du Tanakh à être appelé juste, finit ivre et débraillé. Moïse, Aaron et Myriam sont tous trois punis pour leurs fautes. Le roi David également. Salomon, le plus sage des hommes, finit sa vie comme un dirigeant singulièrement compromis. De nombreux prophètes connurent des nuits sombres de désespoir. « Il n'est pas d'homme juste sur la terre, dit Kohelet, qui fasse le bien sans jamais faillir. » Aucun texte religieux n'a été aussi loin de l'hagiographie, de l'idéalisation et du culte du héros.

Au contraire, même les non héros ont des qualités qui les rachètent. Ésaü est un fils aimant, et lorsqu'il revoit son frère Jacob après une longue séparation, ils s'étreignent, s'embrassent et repartent chacun de leur côté. Levi, blâmé par Jacob pour sa violence, compte Moïse, Aaron et Myriam parmi ses petits-enfants. Même Pharaon, l'homme qui asservit les Hébreux, avait pour fille une héroïne de la morale. Les descendants de Kora'h chantèrent des psaumes dans le Temple de Salomon. Cela aussi, c'est de la maturité morale, à des années-lumière du dualisme adopté par bien des religions, y compris certaines sectes juives (comme la secte de Qumran des rouleaux retrouvés près de la mer Morte), qui divisent l'humanité en enfants de la lumière et enfants des ténèbres.

Enfin – et c'est bien plus important – plus que tout autre texte religieux, la Torah établit une distinction absolue entre la terre et le ciel, Dieu et les êtres humains. Parce que Dieu est Dieu, il y a de la place pour que les hommes soient des hommes. Dans le judaïsme, la ligne qui les sépare n'est jamais floue. Walter Kaufmann a souligné à quel point c'était rare :

> En Inde, le Jina et le Bouddha, fondateurs de deux nouvelles religions au VIe siècle avant l'ère chrétienne, finirent par être adorés par leurs adeptes. En Chine, Confucius et Lao-Tseu en arrivèrent à être divinisés. Pour les non-chrétiens, Jésus semble représenter un cas similaire. En Grèce, on pensait que les héros du passé avaient été engendrés par un dieu ou étaient nés de déesses, et la ligne de démarcation entre les dieux et les hommes devint floue. En Égypte, le Pharaon était considéré comme un dieu[2].

En Israël, dit Kaufmann, « aucun homme ne fut jamais adoré ni ne reçut jamais un statut de demi-dieu. C'est l'un des faits les plus extraordinaires de la religion de l'Ancien Testament[3]. » Il n'y a jamais eu de culte de Moïse, ni d'aucun autre personnage biblique. C'est pourquoi « jusqu'à ce jour, aucun homme ne connaît l'endroit de la sépulture de Moïse » (Deut. XXXIV, 6), afin qu'elle ne devienne jamais un lieu de pèlerinage.

---

2. Walter Kaufmann, *The Faith of a Heretic*, Princeton, NJ, Princeton University Press, 2015, p. 187-188.
3. *Ibid.*, p. 188

Aucune religion n'a placé l'humanité plus haut que le Livre qui nous dit que nous sommes chacun à l'image et à la ressemblance de Dieu. Aucun cependant, n'a été plus honnête sur les faiblesses, même du plus grand. Dieu ne nous demande pas d'être parfaits. Il nous demande plutôt de prendre des risques dans la quête du juste et du bien, et de reconnaître les erreurs que nous ne manquerons pas de commettre.

Dans le judaïsme, la vie morale consiste à apprendre et à s'améliorer, sachant que même les plus grands, et même les pires d'entre nous, ont de bons côtés qui rachètent leurs défauts. Cette conception exige humilité envers nous-mêmes et générosité envers les autres. Cette combinaison unique en son genre, d'idéalisme et de réalisme, est la moralité à son niveau d'exigence et de maturité le plus élevé.

Vayera

Dieu et les étrangers

> *L'Éternel se révéla à lui parmi les chênes de Mamré, tandis qu'il était assis à l'entrée de sa tente, dans la chaleur du jour. Comme il levait les yeux et regardait, il vit trois hommes debout près de lui. En les voyant, il courut à eux du seuil de la tente et se prosterna contre terre…* (Gen. XVIII, 2)

La *parasha* Vayera s'ouvre ainsi par l'une des scènes les plus célèbres de la Bible : la rencontre d'Abraham avec trois mystérieux étrangers. Le texte parle d'hommes. Nous découvrons par la suite qu'il s'agissait en fait d'anges, chacun avec sa propre mission.

Au premier abord, ce chapitre semble simple, presque comme un conte. Il se révèle en fait complexe et ambigu. Il comprend trois sections :

Verset 1 : Dieu apparaît à Abraham
Versets 2-16 : Abraham rencontre les hommes / anges.
Verset 17-33 : Dialogue entre Dieu et Abraham à propos du sort de Sodome.

La relation entre ces trois sections est loin d'être évidente. Représentent-elles une seule scène, deux ou trois ?

La réponse la plus simple est trois. Chacune des sections constitue un événement distinct. D'abord Dieu apparaît à Abraham, comme l'explique Rashi,

« pour rendre visite au malade[1] » après la circoncision du patriarche. Puis les visiteurs arrivent avec la nouvelle que Sarah donnera naissance à un enfant. Enfin, se déroule le grand dialogue sur la justice et l'imminent châtiment des habitants de Sodome.

Selon Maïmonide, il n'y a que deux scènes : la visite des anges, et le dialogue avec Dieu. Le premier verset ne décrit pas du tout un événement : il s'agit plutôt d'une *tête de chapitre*[2] annonçant que les événements suivants font partie d'une révélation prophétique, d'une rencontre entre Dieu et un homme.

La troisième possibilité consisterait à dire que nous n'avons à faire qu'à une seule scène. Dieu apparaît à Abraham, mais avant qu'Il ne puisse parler, Abraham aperçoit les passants et demande à Dieu d'attendre pendant qu'il leur sert à manger. Ce n'est qu'à leur départ – au verset 17 – qu'il se tourne vers Dieu, et la conversation commence.

L'interprétation de ce chapitre a des incidences et repose sur la façon dont nous traduisons le mot *Adonaï* dans la supplique d'Abraham, et elle en dépend : « *Adonaï*, si j'ai trouvé grâce à tes yeux, ne passe pas ainsi devant ton serviteur ! » (XVIII, 3). *Adonaï* peut être une référence à l'un des noms donnés à Dieu. Il peut aussi être lu comme « mes seigneurs » ou « messires ». Dans le premier cas, Abraham s'adresserait à Dieu. Dans le second, il parlerait aux passants.

La même ambiguïté linguistique apparaît dans le chapitre suivant (XIX, 2), lorsque deux des visiteurs d'Abraham – désormais décrits comme des anges – se rendent chez Loth à Sodome :

> Les deux envoyés arrivèrent à Sodome le soir. Loth était assis à la porte de Sodome ; à leur vue, il se leva au-devant d'eux et se prosterna la face contre terre. « Ah ! de grâce, *adonaï*, venez dans la maison de votre serviteur, passez-y la nuit, lavez vos pieds ; puis, demain matin, vous pourrez continuer votre route. » (XIX, 1, 2)

Comme aucun élément contextuel ne laisse entendre que Loth aurait pu s'adresser à Dieu, il semble évident, dans ce cas, qu'*adonaï* se rapporte aux visiteurs.

Le plus simple serait de lire uniformément les deux textes – celui qui porte sur Abraham et celui qui porte sur Loth – « mes seigneurs ». Plusieurs

---

1. Rashi sur *Béréshit* XVIII, 1 ; *Sotah* 14 a.
2. *Moreh Nevouhim* II, 42.

traductions adoptent effectivement cette approche. Voici, par exemple, la Bible du Semeur, d'obédience protestante évangélique :

> L'Éternel apparut à Abraham… Il regarda et aperçut soudain trois hommes qui se tenaient à quelque distance de lui. Dès qu'il les vit, il courut à leur rencontre depuis l'entrée de sa tente et se prosterna jusqu'à terre. « Mes seigneurs, leur dit-il, faites-moi la faveur de ne pas passer près de chez votre serviteur sans vous arrêter ! »

La tradition hébraïque, elle, ne partage pas cette approche.

En général, les différences d'interprétation du récit biblique n'ont pas d'implications halakhiques. Elles font l'objet d'un désaccord légitime. Cependant, dans le cas de l'interlocuteur d'Abraham, la situation est inhabituelle, parce que si nous traduisons *adonaï* par « Dieu », c'est un nom saint, et aussi bien l'écriture du mot par un scribe que la façon dont nous traitons un parchemin ou un document le contenant, sont soumises à des règles très rigoureuses dans la loi juive. Si, en revanche, nous traduisons par « mes seigneurs » ou « messires », le terme ne revêt aucune sainteté particulière. La loi juive établit que, dans la scène avec Loth, *adonaï* se lit « mes seigneurs », mais dans le cas d'Abraham, il se lit « Dieu ».

C'est là un fait extraordinaire, parce qu'il laisse entendre qu'*Abraham interrompit en fait Dieu au moment où Il allait parler, Lui demandant d'attendre pendant qu'il s'occupait des visiteurs*. Selon la tradition, le passage devrait être lu ainsi :

> Le Seigneur apparut à Abraham… Il leva les yeux et vit trois hommes debout près de lui. En les voyant, il courut à eux du seuil de la tente et se prosterna contre terre. [S'adressant à Dieu] il dit : « Mon Dieu, si j'ai trouvé grâce à Tes yeux, ne passe pas ainsi devant Ton serviteur [c'est-à-dire, attends je te prie, que j'ai accordé l'hospitalité à ces hommes] » [Il se tourna alors vers les hommes et dit :] « Qu'on aille quérir un peu d'eau que vous puissiez laver vos pieds, et reposez-vous sous cet arbre[3]… »

Cette interprétation audacieuse est devenue la base d'un principe dans le judaïsme : « L'hospitalité est plus importante que l'accueil de la Présence divine[4]. »

---

3. Voir *Shabbat* 127 a.
4. *Ibid.* Voir également *Shavouot* 35 b.

Le livre de Béréshit

Confronté au choix d'avoir à écouter Dieu ou à offrir l'hospitalité à ce qui semblait être des hommes, Abraham choisit cette dernière. Dieu accéda à sa requête ; Il attendit qu'Abraham apporte à manger et à boire aux visiteurs avant d'engager avec lui le dialogue sur le sort de Sodome.

Comment peut-il en être ainsi ? Il semble au mieux irrespectueux, au pire hérétique de placer les besoins d'êtres humains avant l'accueil de la Présence divine.

Ce passage transmet cependant un message d'une immense profondeur. Les idolâtres de l'époque d'Abraham adoraient le soleil, les étoiles et les forces de la nature comme des dieux. Ils rendaient un culte à la puissance et aux puissants. Abraham savait cependant que Dieu n'est pas *dans* la nature, mais *au-delà* de la nature. Il n'y a qu'un seul élément de l'univers sur lequel Il a déposé Son image : la personne humaine, toute personne, puissante ou non.

Les forces de la nature sont impersonnelles ; c'est la raison pour laquelle ceux qui les adorent finissent pas perdre leur humanité. Comme le dit le livre des Psaumes :

> Leurs idoles sont d'argent et d'or, œuvre de mains humaines.
> Elles ont une bouche et ne parlent point,
> des yeux, et elles ne voient pas ;
> elles ont des oreilles et elles n'entendent pas,
> des narines, et elles n'ont point d'odorat…
> Puissent leur ressembler ceux qui les confectionnent,
> tous ceux qui leur témoignent de la confiance ! (Ps. CXV, 4-8)

On ne peut adorer des forces impersonnelles et demeurer une personne compatissante, humaine, généreuse, indulgente. Justement parce que nous croyons que Dieu est en rapport personnel avec nous, quelqu'un à qui nous pouvons dire « Tu », nous honorons la dignité humaine, et lui accordons un infini respect.

Abraham, père du monothéisme, connaissait cette vérité paradoxale : vivre la vie de la foi, c'est retrouver la trace de Dieu sur le visage de l'étranger. Il est aisé de recevoir la Présence divine lorsque Dieu apparaît en tant que Dieu. Ce qui est difficile, c'est de percevoir la Présence divine lorsqu'elle survient sous le couvert de trois passants anonymes. Ce fut la grandeur d'Abraham d'avoir su que servir Dieu et offrir l'hospitalité à des étrangers étaient une seule et même chose.

Dans l'un des plus beaux commentaires de cet épisode, le rabbin Shalom de Belz fait remarquer qu'au verset 2, les visiteurs sont décrits comme se tenant debout au-dessus d'Abraham (*nitzavim alav*), alors qu'au verset 8, c'est Abraham qui est représenté comme se tenant debout au-dessus d'eux (*omed aleihem*). Au début, les visiteurs étaient en situation plus élevée qu'Abraham, parce qu'ils étaient des anges, et lui, un simple être humain. Mais, lorsqu'il leur eut donné nourriture, boisson et abri, il se retrouva plus haut que les anges[5].

En choisissant la plus radicale des trois interprétations possibles du chapitre XVIII de la Genèse, les sages nous donnent à entendre l'un des principes les plus fondamentaux de la vie de la foi : nous honorons Dieu en honorant Son image, l'humanité.

---

5. Dover Shalom *ad loc.* ; cité in *Peninei Ḥassidout*, Jérusalem, 1987, sur *Béréshit* XVIII, 2.

Vayera
Le miracle de l'enfant

Au cœur de l'existence juive, réside une énigme gravée dans les premiers mots de notre histoire.

Les premières paroles de Dieu à Abraham furent : « Quitte ton pays, ton lieu de naissance et la maison de ton père… Et Je te ferai devenir une grande nation… »

Le chapitre suivant comprend une autre promesse : « Je rendrai ta descendance semblable à la poussière de la terre, tellement que si l'on peut nombrer la poussière de la terre, ta descendance aussi pourra être nombrée. »

Deux chapitres plus loin, une troisième promesse est faite : « Dieu le fit sortir en plein air et dit : 'Regarde le ciel et compte les étoiles – peux-tu en supputer le nombre. Ainsi, reprit-Il, sera ta descendance'. »

Enfin, la quatrième promesse : « Ton nom sera Abraham, car J'ai fait de toi le père de nombreuses nations. »

Quatre promesses graduées : Abraham sera le père d'une grande nation, aussi nombreuse que la poussière de la terre et que les étoiles dans le ciel. Il sera le père non pas d'une seule nation, mais de plusieurs.

Mais quelle était la réalité ? Dès le début du récit, nous lisons qu'Abraham était « puissamment riche en bétail, en argent et en or. » Il avait tout sauf… un enfant. Puis Dieu apparaît à Abraham et dit : « Ta récompense sera très grande ».

Jusqu'alors, Abraham avait gardé le silence. Ici, quelque chose en lui se brise, et il demande : « Que me donnerais-tu alors que je m'en vais sans postérité ? » Les premiers mots d'Abraham à Dieu rapportés par la Torah sont une requête pour que surviennent de futures générations. Le premier Juif craignait d'être le dernier.

Puis un enfant est né. Sarah donne à Abraham sa servante Hagar, espérant qu'elle lui donnera un enfant. Elle donne en effet naissance à un fils nommé Ismaël, ce qui signifie « Dieu a entendu ». La prière d'Abraham a été exaucée, pensons-nous. Mais dans le chapitre suivant, cet espoir est anéanti. Oui, dit Dieu, Ismaël sera béni. Il sera le père de douze princes et une grande nation. Mais il n'est pas l'enfant de la destinée juive, et un jour, Abraham devra s'en séparer.

La douleur d'Abraham est profonde. Il plaide : « Si seulement Ismaël pouvait vivre sous Ta bénédiction. » Par la suite, lorsque Sarah éloigne Ismaël, nous lisons : « La chose déplut fort à Abraham, à cause de son fils. » La décision n'en fut pas moins maintenue.

Dieu insiste : Abraham aura un fils avec Sarah. Tous deux rient. Comment est-ce possible ? Ils sont âgés. Sarah est ménopausée. Or, contre toute probabilité, le fils est né. Il est nommé Isaac, ce qui signifie « il rira » :

> Sara dit : « Dieu m'a fait rire, et quiconque l'entendra rira avec moi. » Et elle ajouta : « Qui eut dit à Abraham que Sarah allaiterait ses enfants ? Eh bien, j'ai donné un fils à sa vieillesse. »

L'histoire semble bien se terminer. Après toutes les promesses et les prières, Abraham et Sarah ont enfin un enfant. Puis viennent les mots, qui, au cours des siècles, n'ont rien perdu de leur puissance :

> Après ces faits, Dieu éprouva Abraham. Il lui dit « Abraham ! » Il répondit : « Me voici ». Il reprit : « Prends ton fils, ton fils unique, celui que tu aimes, Isaac ; achemine-toi vers la terre de Moria et là, offre-le en holocauste sur une montagne que Je te désignerai. »

Abraham prend son fils, voyage pendant trois jours, escalade la montagne, prépare le bois, ligote son fils, prend le couteau et lève la main. Alors une voix se fait entendre du haut du ciel : « Ne porte pas la main sur le jeune homme. » L'épreuve est terminée. Isaac vit.

Pourquoi toutes ces promesses et toutes ces déceptions ? Pourquoi l'espoir est-il si souvent suscité, si souvent inaccompli ? Pourquoi tarder ? Pourquoi Ismaël ? Pourquoi la ligature ? Pourquoi faire subir à Abraham et Sarah cette effroyable souffrance de les laisser croire que le fils si longtemps attendu va mourir ?

Notre tradition propose de nombreuses réponses, mais l'une l'emporte sur toutes les autres. *Nous chérissons ce que nous attendons et ce que nous risquons le plus de perdre.* La naissance d'un enfant est un miracle. Mais c'est précisément parce que ces choses sont naturelles que nous les considérons comme allant de soi, oubliant que cette nature a un architecte, et l'histoire un auteur.

Le judaïsme est une discipline au quotidien qui ne considère pas la vie comme allant de soi. Nous sommes le peuple né dans la servitude afin que nous connaissions la valeur de la liberté. Nous avons toujours été une petite nation, afin que nous sachions que la force ne réside pas dans le nombre, mais dans la foi qui suscite le courage. Nos ancêtres ont marché dans la vallée de l'ombre de la mort afin de ne jamais nous laisser oublier l'incommensurable valeur de la vie.

Tout au long de l'histoire, les Juifs ont fait grand cas des enfants. Tout notre système de valeurs repose sur cet amour des enfants. Nos citadelles sont les écoles, notre passion, l'éducation et nos plus grands héros, les enseignants. Le *seder* de Pessa'h ne peut commencer qu'avec les questions posées par un enfant. Le premier jour du Nouvel an, nous ne lisons pas le récit de la création de l'univers, mais les récits de la naissance d'un enfant, Isaac fils de Sarah, Samuel fils de Hannah. Notre foi est centrée par excellence sur l'enfant.

C'est pourquoi, à l'aube de l'histoire juive, Dieu fait subir à Abraham et Sarah ces épreuves – la longue attente, l'espoir déçu, la ligature elle-même – afin que ni eux ni leurs descendants ne considèrent jamais les enfants comme allant de soi. Tout enfant est un miracle. Être parent est ce qui nous rapproche le plus de Dieu – donner la vie par un acte d'amour.

Aujourd'hui, où trop d'enfants vivent dans la pauvreté et l'analphabétisme, meurent soit faute de soins médicaux, soit parce que des dirigeants s'attachent à mener des combats du passé plutôt que de préparer un avenir sûr, c'est une leçon que le monde n'a pas encore apprise. C'est le sort de l'humanité qui est en jeu : la situation est dramatique, et il est déjà bien tard.

Vayera
La ligature d'Isaac

« Prends ton fils, ton fils unique, celui que tu aimes, Isaac ; achemine-toi vers la terre de Moria et là, offre-le en holocauste sur une montagne que Je te désignerai. » (Gen. XXII, 2)

Ainsi commence l'un des épisodes les plus célèbres de la Torah, mais aussi l'un des plus problématiques sur le plan moral. Selon la lecture traditionnelle de ce passage, Abraham devait montrer que son amour pour Dieu n'avait pas de limites. Il allait le prouver en étant prêt à sacrifier le fils qu'il avait attendu toute sa vie.

Pourquoi Dieu a-t-Il besoin de mettre Abraham à l'épreuve, alors qu'Il connaît le cœur humain mieux que nous ne le connaissons nous-mêmes ? Maïmonide répond que Dieu n'avait pas besoin d'Abraham pour prouver l'amour qu'il Lui portait. L'épreuve était plutôt destinée à établir à tout jamais jusqu'où doit aller la crainte et l'amour de Dieu[1].

Ce principe fut peu discuté. Le récit porte sur la crainte révérencielle et l'amour de Dieu. Kierkegaard, qui a traité de ce thème[2], souligne le caractère universel de l'éthique. Celle-ci consiste en règles générales. Mais l'amour de

---
1. *Guide des égarés* III, 24.
2. Søren Kierkegaard. *Fear and Trembling*, et *The Sickness unto Death*, Garden City, NY, Doubleday, 1954. En français, *Crainte et tremblement*, traduit par Charles Le Blanc, Rivages, 2000. *La maladie à la mort*, traduit par Paul-Henri Tisseau, Nathan, 2006.

Le livre de Béréshit

Dieu est particulier. C'est une relation personnelle entre le Je et le Tu. Ce qu'a vécu Abraham pendant l'épreuve fut, dit Kierkegaard, une « suspension théologique de l'éthique », c'est-à-dire une volonté de laisser l'amour de Dieu Je-Tu annuler les principes universels qui relient les êtres humains les uns aux autres.

Le rav Soloveitchik a expliqué l'épisode de la ligature d'Isaac – et sa description des caractères de la vie religieuse est bien connue – en termes de dialectique entre victoire et défaite, majesté et humilité, homme-maître-créateur et homme-serviteur-obéissant[3]. Il est des époques où « Dieu dit à l'homme de renoncer à tout ce qu'il désire le plus[4]. » Nous devons connaître la défaite aussi bien que la victoire. La ligature d'Isaac n'est donc pas un seul et unique épisode, mais plutôt un paradigme de la vie religieuse dans son ensemble. Quelles que soient nos passions – manger, boire, relations intimes – la Torah fixe des limites à la satisfaction de nos désirs. Précisément parce que nous sommes fiers de nous-mêmes pour notre capacité à raisonner, la Torah inclut des *'houkim*, des statuts, impénétrables à la raison.

Ce sont là les lectures classiques qui représentent le courant général de la tradition. Comme il existe cependant « soixante-dix facettes de la Torah », je voudrais avancer une interprétation différente. Si je m'y risque, c'est que l'un des tests de la validité d'une interprétation réside dans sa cohérence avec le reste de la Torah, le Tanakh et le judaïsme dans son ensemble. La lecture classique pose quatre problèmes :

1. Nous savons, grâce au Tanakh et à des preuves indépendantes que, dans le monde antique, les hommes offraient volontiers leur enfant en sacrifice. C'était monnaie courante. Le Tanakh indique que Mesha, roi de Moab, agit ainsi. De même que Yifta'h, le dirigeant le moins admirable du livre des Juges. Deux des plus mauvais rois du Tanakh, Akhaz et Ménashé, introduisirent cette pratique en Judée, raison pour laquelle ils furent condamnés. Il existe des preuves archéologiques – les os de milliers d'enfants – que le sacrifice d'enfants était fréquent à Carthage et dans d'autres sites phéniciens. C'était une pratique du paganisme.
2. Le sacrifice d'enfants est considéré avec horreur tout au long du Tanakh. Le prophète Mikha demande sur un mode rhétorique : « Offrirai-je mon

---

3. Joseph B. Soloveitchik, « Majesty and Humility », *Tradition* 17, 2, printemps 1978, p. 25-37.
4. *Ibid.*, p. 36

premier-né pour ma faute, le fruit de mon corps pour la faute de mon âme ? » (Mic. VI, 7), et répond : « Homme, on t'a dit ce qui est bien, ce que le Seigneur demande de toi : rien que de pratiquer la justice, d'aimer la bonté et de marcher humblement avec ton Dieu ! » (Mic. VI, 8) Comment Abraham aurait-il pu servir de modèle s'il était disposé à faire ce que ses descendants reçurent l'ordre de ne pas faire ?
3. Abraham fut choisi précisément pour être un modèle en tant que parent. Dieu dit de lui : « Si Je l'ai distingué, c'est pour qu'il prescrive à ses fils et à sa maison après lui d'observer la voie de l'Éternel, en pratiquant la vertu et la justice. » (Gen. XVIII, 19) Comment aurait-il pu servir de modèle de père s'il avait été prêt à sacrifier son fils ? Au contraire, il aurait dû dire à Dieu : « Si Tu veux que je te prouve l'importance de l'amour que je Te porte, prends-moi en sacrifice, pas mon enfant. »
4. En tant que Juifs – en fait en tant qu'êtres humains – nous devons rejeter le principe de Kierkegaard de « suspension théologique de l'éthique ». Cette idée donne carte blanche aux fanatiques religieux qui commettent des crimes au nom de Dieu. C'est la logique de l'Inquisition et des auteurs d'attentats-suicides. Ce n'est pas la logique du judaïsme[5]. Dieu ne nous demande pas d'être contraires à l'éthique. Nous pouvons ne pas toujours comprendre l'éthique du point de vue de Dieu, mais nous pensons qu'« Il est notre rocher, Son œuvre est parfaite, toutes Ses voies sont la justice même » (Deut. XXXII, 4).

Pour comprendre la ligature d'Isaac, nous devons prendre conscience qu'une part importante de la Torah, la Genèse en particulier, est un réquisitoire contre les conceptions du monde que la Torah considère comme païennes, inhumaines et fausses. Une institution à laquelle s'oppose la Genèse est la famille antique, telle que la décrit Fustel de Coulanges[6] et récemment réaffirmée par Larry Siedentop dans *Inventing the Individual*[7].

Avant l'émergence des premières villes et civilisations, l'unité sociale et religieuse de base était la famille. Comme le précise de Coulanges, dans l'Antiquité, il existait un lien fondamental entre les trois points suivants : la religion

---

5. Pour plus de précisions sur ce sujet, voir Jonathan Sacks, *Not in God's Name*, NY, Schocken, 2015.
6. Fustel De Coulanges, *The Ancient City: A Study on the Religion, Laws, and Institutions of Greece and Rome*, 1864, Garden City, NY, Doubleday, 1956. En français, *La cité antique*, 1864, Flammarion, 2009.
7. Larry Siedentop, *Inventing the Individual*. Londres, Penguin, 2014.

domestique, la famille et le droit de propriété. Chaque famille avait ses propres dieux, entre autres les esprits des ancêtres décédés dont elle recherchait la protection et auxquels elle offrait des sacrifices. L'autorité du chef de famille, le pater familias, était absolue. Il avait droit de vie et de mort sur sa femme et ses enfants. Invariablement, au décès du père, l'autorité passait à son fils aîné. Entre-temps, tant que le père vivait, les enfants avaient le statut d'un bien plutôt que d'une personne à part entière. Cette idée persista même au-delà de l'époque biblique dans le principe du droit romain de *patria potestas*.

La Torah s'oppose à chaque élément de cette conception du monde. L'anthropologue Mary Douglas souligne que l'une des caractéristiques les plus frappantes de la Torah, c'est qu'elle ne comporte aucun sacrifice en l'honneur des ancêtres morts[8]. La recherche du contact avec l'esprit des morts y est même expressément interdite.

On remarquera également le fait que, dans les premiers récits, la succession ne passe pas à l'aîné : non pas Ismaël, mais Isaac ; non pas Ésaü, mais Jacob, non pas la tribu de Ruben mais Levi (la prêtrise) et Judah (la royauté), non pas Aaron, mais Moïse.

Le principe auquel s'oppose l'intégralité de l'histoire d'Isaac, de la naissance à la ligature, est l'idée qu'*un enfant est la propriété de son père*. Tout d'abord, la naissance d'Isaac est miraculeuse. Sarah est déjà ménopausée lorsqu'elle conçoit. À cet égard, le récit de la naissance d'Isaac est parallèle à celui de la naissance de Samuel, fils de Hannah qui, à l'instar de Sarah, ne pouvait pas concevoir de façon naturelle. C'est pourquoi, à la naissance de Samuel, Hannah dit : « C'est pour obtenir cet enfant que j'avais prié, et le Seigneur m'a accordé ce que je Lui avais demandé. Alors maintenant c'est *moi qui le voue au Seigneur. Toute sa vie, il sera voué au Seigneur.* » (1 Sam. 1, 27) Ce passage est déterminant pour comprendre le message du ciel disant à Abraham d'arrêter son geste : « Maintenant, je sais que tu crains Dieu, toi qui ne M'as pas refusé ton fils unique » (cette déclaration figure à deux reprises dans Gen. XXII, 12 et 16). L'épreuve ne portait pas sur le point de savoir si Abraham sacrifierait son fils, mais s'il *le consacrerait* à Dieu. »

Le même principe revient dans le livre de l'Exode. Tout d'abord, la survie de Moïse est de l'ordre du miracle puisqu'il naquit à l'époque où Pharaon avait décrété que tout enfant mâle hébreu devait être mis à mort. Ensuite, au cours de la dixième plaie, alors que tous les premiers-nés égyptiens mouraient, les premiers-nés

---

8. Mary Douglas, *Leviticus as Literature*. Oxford, Oxford UP, 1999.

hébreux furent miraculeusement sauvés. « Consacre-moi tout premier-né mâle, toutes prémices des entrailles parmi les enfants d'Israël, homme ou animal, *m'appartiennent.* » Les premiers-nés étaient à l'origine destinés à servir Dieu en tant que prêtres, mais ils perdirent ce rôle après la faute du veau d'or. Il reste cependant un souvenir de ce rôle d'origine dans la cérémonie du *pidion haBen*, le rachat d'un fils premier-né.

Ce que Dieu faisait en demandant à Abraham de lui offrir son fils n'était pas un sacrifice d'enfant, mais quelque chose de totalement différent. Il voulait qu'Abraham *renonce à être propriétaire* de son fils. Il voulait établir un principe intangible de la loi juive : *les enfants ne sont pas la propriété de leurs parents.*

C'est pourquoi trois des quatre matriarches se sont retrouvées incapables de concevoir autrement que par un miracle. La Torah veut que nous sachions que les enfants qu'elles portèrent étaient les enfants de Dieu plutôt que la conséquence naturelle d'un processus biologique. Par la suite, toute la nation d'Israël allait être appelée les enfants de Dieu. On retrouve une idée parallèle dans le fait que Dieu choisit pour porte-parole Moïse, qui n'était pas un homme « habile à parler » (Ex. IV, 10) Il était bègue. Moïse devint le porte-parole de Dieu parce que le peuple savait que les mots qu'il prononçait n'étaient pas les siens, mais étaient placés dans sa bouche par Dieu.

La preuve la plus évidente de cette interprétation est apportée par la naissance du tout premier enfant. En donnant naissance pour la première fois, Ève dit : « Avec l'aide du Seigneur j'ai acquis [*kaniti*] un homme. » Cet enfant, dont le nom vient du verbe « acquérir » était Caïn, qui devint le premier meurtrier. Si l'on cherche à posséder ses enfants, ceux-ci risquent de se rebeller avec violence.

Si l'analyse de Fustel de Coulanges et Larry Siedentop est exacte, il en découle quelque chose de fondamental. *Tant que les parents estimaient posséder leurs enfants, le concept d'individu ne pouvait pas émerger.* L'unité fondamentale était la famille. La Torah représente la naissance de l'individu comme l'élément central de la vie morale. Parce que les enfants – tous les enfants – appartiennent à Dieu, être parent, ce n'est pas avoir un droit de propriété, mais un devoir de tutelle. Dès qu'ils atteignent l'âge de la maturité (traditionnellement douze ans pour les filles, treize pour les garçons), les enfants deviennent des êtres moraux dotés de leur propre dignité et liberté[9].

---

9. Ce n'est probablement pas par hasard que le personnage le plus célèbre qui enseigna cette idée du « droit de l'enfant au respect » ne fut autre que Janusz Korczak, fondateur de l'orphelinat bien connu de Varsovie

Le livre de Béréshit

Sigmund Freud, on le sait, s'est également exprimé à ce sujet. Il soutint que l'un des moteurs principaux de l'identité humaine est le complexe d'Œdipe, le conflit entre père et fils, illustré dans la tragédie d'Eschyle[10]. *En créant un espace moral entre père et fils, le judaïsme propose une résolution non tragique de cette tension.* Si Freud s'était inspiré de la Torah pour sa psychologie, plutôt que du mythe grec, il serait parvenu à une conception plus encourageante de la condition humaine.

Pourquoi alors Dieu dit-Il à Abraham, en parlant d'Isaac : « Offre-le en holocauste » ? Afin qu'il soit bien clair pour toutes les générations futures que, si les Juifs condamnent le sacrifice des enfants, ce n'est pas parce qu'ils manquent de courage. Abraham est la preuve qu'ils ne manquaient pas de courage. S'ils ne se livrent pas au sacrifice d'enfants, c'est parce que Dieu est le Dieu de la vie, non de la mort. Dans le judaïsme, comme le montrent les lois de pureté et le rite de la vache rousse, la mort n'est pas sacrée. La mort souille. La mort profane.

La Torah est révolutionnaire, non seulement en ce qui concerne la société, mais également en ce qui concerne la famille. Certes, la révolution opérée par la Torah ne fut pas pleinement réalisée à l'époque biblique. L'esclavage n'avait pas encore été aboli. Les droits des femmes n'étaient pas encore pleinement respectés. Mais l'émergence de l'individu – l'intégrité de chacun de nous en tant qu'être moral de droit – fut l'une des révolutions morales les plus remarquables de l'histoire.

---

qui choisit de périr avec les orphelins à Treblinka. Voir Tomek Bogacki, *The Champion of Children: The Story of Janusz Korczak*, 2009.

10. Dans *Totem et Tabou,* Freud soutint que le complexe d'Œdipe jouait un rôle central également dans la religion.

Hayé Sarah

Entreprendre le voyage

Il y a un certain temps, le journal britannique, *The Times*, a interviewé un éminent membre de la communauté juive, membre de la Chambre des Lords – appelons-le Lord X – à l'occasion de son 92e anniversaire. Le journaliste dit : « La plupart des gens, lorsqu'ils atteignent leur 92e anniversaire, envisagent de ralentir. Vous semblez accélérer votre rythme. Pourquoi cela ? »

Lord X répondit : « Quand on parvient à 92 ans, on commence à voir la porte se fermer, et j'ai tant de choses à faire avant que la porte ne se ferme, que plus je vieillis, plus je dois travailler dur. »

Dans la *parasha* de cette semaine, Abraham donne une impression similaire. Sarah, sa fidèle compagne tout au long de leurs périples, est décédée. Il est âgé de 137 ans. Nous le voyons pleurer la mort de Sarah puis reprendre l'action. Il engage une négociation délicate pour acheter un terrain où l'enterrer. Comme le précise le récit, la tâche n'est pas simple. Il déclare aux habitants du lieu, les Hittites (ou Héthéens), qu'il est « un étranger domicilié parmi vous » (Gen. XXIII, 4) entendant par là qu'il sait qu'il n'a pas le droit d'acheter de la terre. Pour ce faire, il faudra une concession spéciale de leur part. Les Hittites tentent poliment, mais fermement de le décourager. Il n'a pas besoin d'acheter un terrain : « Nul d'entre nous ne te refusera sa tombe pour inhumer ton mort. » (Gen. XXIII, 6) Il peut enterrer Sarah dans le cimetière de quelqu'un d'autre. Tout aussi poliment, mais avec non moins d'insistance, Abraham explique qu'il est déterminé à acheter un terrain. Finalement, il le paie un prix exorbitant (400 sicles d'argent).

L'acquisition du caveau de Makhpelah revêt de toute évidence une signification extrêmement importante puisqu'elle est rapportée en détails et en termes éminemment juridiques, non seulement ici, mais à trois reprises par la suite dans la Genèse (ici, XXIII, 17, puis XXV, 9 ; XLIX, 30 ; et L, 13), chaque fois avec le même formalisme. Voici, par exemple, Jacob sur son lit de mort, s'adressant à ses fils :

> « Ensevelissez-moi auprès de mes pères dans le caveau qui fait partie du domaine d'Éfron le Héthéen ; dans ce caveau qui appartient au territoire de Makhpela, en face de Mamré, dans le pays de Canaan, territoire qu'Abraham acheta d'Éfron le Héthéen, comme sépulture héréditaire. Là furent enterrés Abraham et Sara son épouse ; là furent enterrés Isaac et Rébecca son épouse et là j'ai enterré Léa. L'acquisition de ce territoire et du caveau qui s'y trouve a été faite chez les Héthéens. » (Gen. XLIX, 29-32)

Il y a là une allusion à un élément important ; sinon, pourquoi spécifier à chaque fois où exactement se trouve le champ et à qui Abraham l'a acheté ?

Immédiatement après le récit de l'acquisition du terrain, on lit : « Abraham était vieux, avancé dans la vie ; et l'Éternel avait béni Abraham en toutes choses. » (Gen. XXIV, 2) De nouveau, le récit donne l'impression d'une vie qui se termine, non du prélude à une nouvelle action, et de nouveau, on est déconcerté. Abraham se lance dans une nouvelle entreprise, cette fois pour trouver une femme digne de son fils Isaac, âgé désormais d'au moins 37 ans. Abraham ordonne à son serviteur le plus fidèle de se rendre « dans mon pays natal, en mon lieu de naissance » (Gen. XXIV, 2), pour trouver la femme qui convient. Il veut pour Isaac une épouse qui partagera sa foi et son mode de vie. Abraham ne spécifie pas qu'elle doit venir de sa propre famille, mais il semble que ce soit implicite.

Comme pour l'achat du champ, cet enchaînement d'événements est décrit avec plus de détails que partout ailleurs dans la Torah. Le moindre échange de propos est rapporté. Le contraste avec le récit de la ligature d'Isaac ne pourrait être plus marqué. Dans ce dernier, presque tout – qu'il s'agisse des réflexions d'Abraham, des sentiments d'Isaac – relève du non-dit. Ici, tout est dit. De nouveau, le style mobilise notre attention sur la signification de ce qui se passe, sans préciser ce dont il s'agit.

L'explication est simple et inattendue. Tout au long de l'histoire d'Abraham et de Sarah, Dieu leur promet deux choses : des enfants et une terre. La promesse de la terre (« Lève-toi, parcours cette contrée en long et en large ! car c'est à toi que je la destine », Gen. XIII, 17) est répétée pas moins de sept fois. La promesse d'enfants intervient à quatre reprises. Les descendants d'Abraham seront « une grande nation » (Gen. XII, 22), aussi nombreux que « la poussière de la terre » (Gen. XIII, 16) et « les étoiles dans le ciel » (Gen. XV, 5) ; il sera le père non d'une seule nation, mais de plusieurs (Gen. XVII, 5).

Malgré tout, à la mort de Sarah, Abraham ne possède pas un pouce de terre, et il n'a qu'un enfant qui perpétuera l'alliance, Isaac, pas encore marié. Aucune des promesses n'a été tenue. D'où l'exceptionnelle minutie du détail dans les deux principaux récits de 'Hayé Sarah : l'achat de la terre et la recherche d'une épouse pour Isaac. Il y a là un enjeu moral, et la Torah ralentit le rythme du récit tout en accélérant celui de l'action, afin que nous ne manquions rien de l'essentiel.

Dieu promet, mais il nous incombe d'agir. Dieu promet la terre à Abraham, mais il doit acheter le premier champ. Dieu promet à Abraham une descendance nombreuse, mais celui-ci doit s'assurer que son fils épouse une femme qui partagera la vie de l'alliance, afin qu'Abraham ait, comme nous disons aujourd'hui, des « petits-enfants juifs. »

En dépit de toutes les promesses, Dieu n'agit pas et n'agira pas seul. Par l'acte même d'autolimitation (*tsimtsoum*) par lequel Il crée l'espace nécessaire à la liberté humaine, Dieu nous investit d'une responsabilité, et ce n'est qu'en l'exerçant que nous atteignons pleinement notre stature d'êtres humains. Dieu sauva Noé du déluge, mais Noé dut construire l'arche. Il donna la terre d'Israël au peuple d'Israël, mais celui-ci dut mener des batailles. Dieu nous donne la force d'agir, mais c'est nous qui devons agir. Ce qui change le monde, ce qui réalise notre destinée, *ce n'est pas ce que Dieu fait pour nous, mais ce que nous faisons pour Dieu.*

C'est ce que comprennent les dirigeants, et c'est ce qui fait d'Abraham le premier dirigeant juif. Les dirigeants assument la responsabilité de créer les conditions permettant la réalisation des projets divins. Ils ne sont pas passifs, mais actifs – même âgés comme Abraham dans la parasha de cette semaine. En effet, dans le chapitre qui suit immédiatement le récit de la quête d'une épouse

Le livre de Béréshit

pour Isaac, à notre grande surprise, nous lisons qu'Abraham se remarie et engendre huit autres enfants. Quelles que soient les autres interprétations – et elles sont nombreuses (la plus vraisemblable étant que ce remariage explique comment Abraham devint « le père de nombreuses nations ») – le message important est qu'Abraham demeura jeune à la façon de Moïse : « son regard ne s'était point terni, et sa vigueur n'était point épuisée » (Deut. XXXIV, 7). Si l'action requiert de l'énergie, elle nous en donne également. Le contraste entre Noé et Abraham, tous deux à un âge avancé, ne pouvait être plus marqué.

Mais le point, peut-être le plus important de cette parasha, c'est que les grandes promesses – un pays, d'innombrables enfants – s'ébauchent modestement. Les dirigeants commencent par se représenter l'avenir, mais ils savent aussi qu'un long trajet les attend avant d'y parvenir ; nous ne pouvons effectuer qu'un acte à la fois, au fil des jours. Il n'y a pas de raccourci miraculeux – et s'il y en avait un, il n'aiderait en rien. Le recours à un raccourci aboutirait à une histoire comme celle du ricin de Jonas qui poussa en une nuit, et mourut du jour au lendemain. Abraham n'acquit qu'un seul champ, et n'eut qu'un fils pour perpétuer l'alliance. Il ne se plaignit pas cependant, et mourut serein et satisfait. Parce qu'il avait amorcé un processus. Parce qu'il avait laissé aux futures générations des fondations pour continuer à construire. Tout grand changement est l'œuvre de plus d'une génération, et aucun de nous ne vivra pour voir pleinement le fruit de ses efforts.

Les dirigeants voient la destination, commencent le voyage et laissent derrière eux ceux qui le continueront. C'est suffisant pour conférer l'immortalité à une vie.

Hayé Sarah

Croire en l'avenir

Il avait 137 ans. Il avait vécu deux événements traumatisants affectant les personnes qui lui étaient les plus précieuses. Le premier impliquait le fils qu'il avait attendu toute sa vie, Isaac. Sarah et lui avaient perdu tout espoir ; or, Dieu leur dit qu'ils auraient un fils ensemble et que ce serait lui qui assurerait la continuité de l'alliance. Les années passaient. Sarah ne concevait point. Elle avait vieilli, et Dieu répétait qu'ils auraient un enfant.

Et enfin, c'est ce qui se produisit. Réjouissances. Sarah dit : « Dieu m'a donné à rire et quiconque l'apprendra rira avec moi. » (Gen. XXI, 6) Puis survient le terrible moment où Dieu dit à Abraham : « Prends ton fils, ton fils unique, celui que tu aimes… et offre-le en holocauste. » (Gen. XXII, 2) Abraham ne s'insurge pas, ne proteste pas, ne sursoit pas. Père et fils cheminent ensemble et ce n'est qu'au tout dernier moment que l'ordre survient du ciel, disant : « Arrête ! » Comment un père, sans parler d'un fils, survit-il à un tel traumatisme ?

Survient alors la douleur. Sarah, l'épouse bien-aimée d'Abraham, meurt. Elle avait été sa fidèle compagne, partageant le voyage avec lui alors qu'ils laissaient derrière eux tout ce qu'ils connaissaient : leur pays, leur lieu de naissance et leurs familles. À deux reprises, elle sauva la vie d'Abraham en prétendant être sa sœur.

Le livre de Béréshit

Que fait un homme de 137 ans – la Torah dit de lui qu'il était « vieux et avancé dans la vie » (Gen. XXIV, 1) – après un tel traumatisme et une telle perte ? On ne serait pas surpris qu'il passe le restant de ses jours dans la tristesse et les souvenirs. Il avait fait ce que Dieu lui avait demandé. Et pourtant, il ne pouvait guère dire que les promesses faites par Dieu s'étaient réalisées. Sept fois, le pays de Canaan lui avait été promis ; or, à la mort de Sarah, il n'en possède pas un centimètre carré, ni même un endroit où l'enterrer. Dieu lui avait promis de nombreux enfants, une grande nation, plusieurs nations, aussi nombreuses que les grains de sable du rivage et que les étoiles dans le ciel. Et il n'avait qu'un seul fils de l'alliance, Isaac, qu'il avait failli perdre, et qui n'était pas encore marié à l'âge de trente-sept ans. Abraham avait toutes les raisons de pleurer.

Ce n'est pas ce qu'il fit. Dans l'un des enchaînements de mots les plus extraordinaires de la Torah, sa douleur est décrite en seulement cinq mots en hébreu ; en français, « Abraham vint pour dire sur Sara les paroles funèbres et pour la pleurer. » (Gen. XXIII, 2) Et immédiatement après, nous lisons : « Et Abraham se leva de son deuil. » Dès lors, il se livre à une véritable frénésie d'activités avec deux objectifs en vue : tout d'abord acquérir un terrain où enterrer Sarah, ensuite trouver une femme pour son fils. On remarquera que ces objectifs correspondent précisément aux deux bénédictions divines : la terre et les descendants. Abraham n'attend pas que Dieu agisse. Il comprend l'une des vérités les plus profondes du judaïsme : *Dieu attend que nous agissions.*

Comment Abraham surmonta-t-il le traumatisme et le deuil ? Comment survivre lorsqu'on a failli perdre son enfant, qu'on a perdu sa compagne de toute une vie, et comment trouve-t-on encore l'énergie pour continuer ? Qu'est-ce qui donna à Abraham sa résilience, sa capacité à survivre ? Comment son esprit demeura-t-il intact ?

J'ai appris la réponse auprès de personnes qui sont devenues mes maîtres en courage moral, à savoir les rescapés de la Shoah que j'ai eu le privilège de connaître. Comment, me demandais-je, ont-ils pu continuer, sachant ce qu'ils savaient, voyant ce qu'ils avaient vu ? Nous savons que les soldats britanniques et américains qui libérèrent les camps n'oublièrent jamais ce dont ils avaient été témoins. Selon la nouvelle biographie de Henry Kissinger par Niall Ferguson[1], lorsque le jeune Kissinger entra dans les camps en tant que soldat américain, le

---

1. Niall Ferguson, *Kissinger: 1923–1968: The Idealist*, Londres, Penguin Books, 2015.

spectacle qui s'offrit à ses yeux transforma sa vie. Si c'était le cas pour ceux qui avaient seulement vu Bergen-Belsen et les autres camps, qu'en était-il a fortiori pour ceux qui y avaient vécu et avaient assisté à la mort de tant d'autres êtres. Pourtant, les rescapés que je connaissais s'accrochaient fermement à la vie. Je voulais comprendre comment ils continuaient à vivre.

Je finis par le découvrir. La plupart d'entre eux ne parlaient pas du passé, ni à leurs enfants, ni même à leur conjoint. Ils se consacraient plutôt à créer une nouvelle vie, dans un nouveau pays. Ils avaient appris sa langue et ses coutumes. Ils avaient trouvé du travail. Ils bâtissaient leur carrière. Ils se mariaient et avaient des enfants. Ayant perdu toute leur famille, les rescapés se constituèrent en une grande famille. Ils regardaient en avant, pas en arrière. D'abord, ils construisirent un avenir. Ce n'est que plus tard – parfois quarante ou cinquante ans après – qu'ils parlèrent du passé. C'est alors qu'ils racontèrent leur histoire, d'abord à leur famille, puis au monde. *D'abord vous devez construire un avenir. Après seulement, vous pouvez pleurer sur le passé.*

Dans la Torah, deux personnes regardèrent en arrière, l'une explicitement, l'autre implicitement. Noé, l'homme le plus juste de sa génération, finit sa vie en faisant du vin et en s'enivrant. La Torah ne nous dit pas pourquoi, mais nous pouvons le deviner. Il avait perdu tout un monde. Alors que lui-même et sa famille étaient sains et saufs dans l'arche, tous les autres – tous ses contemporains – avaient été noyés. Il n'est pas difficile d'imaginer cet homme juste submergé par la douleur et faisant défiler dans son esprit tout ce qui s'était passé, se demandant s'il aurait dû faire quelque chose pour sauver davantage de vies ou éviter la catastrophe.

La femme de Loth, contrevenant aux instructions des anges, regarda effectivement en arrière alors que les villes de la plaine disparaissaient dans les flammes, le soufre et la colère de Dieu. Elle fut immédiatement transformée en statue de sel, description imagée donnée par la Torah d'une femme tellement accablée par le choc et la douleur qu'elle en devient incapable d'avancer.

C'est le contexte de ces deux récits qui nous aident à comprendre Abraham après la mort de Sarah. Il établit un précédent : d'abord édifier l'avenir, et ensuite seulement pleurer sur le passé. En inversant l'ordre, on devient prisonnier du passé. On ne peut plus avancer. On devient semblable à la femme de Loth.

Cette profonde vérité a inspiré les travaux de l'un des rescapés de la Shoah les plus remarquables, le psychothérapeute Viktor Frankl. Il survécut à Auschwitz, se consacrant à insuffler aux autres détenus la volonté de vivre. Il raconte son histoire dans plusieurs livres dont le plus célèbre est *Découvrir un sens à sa vie*[2]. Il procéda en adaptant à chacun d'eux une tâche qui leur tenait à cœur, quelque chose qu'ils n'avaient pas encore fait, mais qu'eux seuls pourraient faire. En fait, il leur donna un avenir. Cela leur permit de survivre au présent et de détourner leur esprit du passé.

Frankl vivait ce qu'il enseignait. Après la libération d'Auschwitz, il ouvrit une école de psychothérapie appelée logothérapie, se fondant sur la quête de sens par l'homme. C'était pratiquement une inversion des travaux de Freud. La psychanalyse freudienne avait encouragé les gens à réfléchir sur leur passé le plus lointain, la petite enfance. Frankl enseigna aux gens à bâtir un avenir, ou plus précisément, *à entendre l'avenir les appeler*. À l'instar d'Abraham, Frankl vécut une longue et belle vie, fut reconnu dans le monde entier et mourut à l'âge de quatre-vingt-douze ans.

Abraham entendit l'appel du futur. Sarah était morte. Isaac n'était pas marié. Abraham n'avait ni terre ni petits-enfants. Il ne s'adressa pas à Dieu en criant sa colère ou sa détresse. Il écouta plutôt la petite voix calme disant : *La prochaine étape dépend de toi*. Tu dois créer un avenir que Je remplirai de Mon esprit. C'est ainsi qu'Abraham surmonta le choc et le deuil. Dieu préserve que nous connaissions de telles épreuves, mais si c'est le cas, tel est le moyen de survivre.

Dieu entre dans notre vie comme un appel en provenance du futur. C'est comme si nous l'entendions nous interpeler depuis l'horizon lointain du temps, nous exhortant à entreprendre un voyage et à nous charger d'une tâche pour laquelle, d'une façon que nous ne pouvons pas entièrement comprendre, nous avons été créés. Telle est la signification du mot *vocation*, littéralement, « un appel », une mission, une tâche qui nous est assignée.

Nous ne sommes pas ici par hasard. Nous sommes ici parce que Dieu l'a voulu, et parce qu'il y a une tâche que nous sommes destinés à accomplir. Il n'est guère aisé de découvrir laquelle, et cela prend souvent de nombreuses années, jalonnées de faux départs. Mais pour chacun de nous, Dieu a prévu quelque chose à accomplir, un avenir non encore accompli qui nous attend. C'est

---

2. Viktor E. Frankl, *Man's Search for Meaning: An Introduction to Logotherapy*, traduit par Ilse Lasch, Boston, Beacon Press, 1992. En français, *Découvrir un sens à sa vie grâce à la logothérapie, Le témoignage et les leçons de vie d'un grand homme*, traduit par Louise Drolet et Clifford J. Bacon, J'ai Lu, 2006.

cette orientation vers l'avenir qui définit le judaïsme en tant que foi, comme je l'explique dans le dernier chapitre de mon livre *Future Tense*[3].

Tant de colère, de haine et de ressentiments dans ce monde sont amenés par des gens obsédés par le passé et qui, à l'instar de la femme de Loth, sont incapables d'avancer. Ce genre d'histoire n'a jamais une fin heureuse ; elle apporte seulement plus de larmes et de drames. La voie choisie par Abraham dans 'Hayé Sarah est différente. D'abord construire l'avenir. Seulement alors peut-on pleurer le passé.

---

3. Jonathan Sacks, *Future Tense: Jews, Judaism, and Israel in the Twenty-first Century*, New York, Schocken Books, 2012.

Hayé Sarah

Prière et conversation

La première rencontre entre Isaac et sa future épouse est relatée par la Torah dans une scène fascinante. Abraham a envoyé son serviteur chercher une femme pour Isaac, ce qu'il fait, et il ramène Rebecca. Alors qu'ils arrivent de Haran, Isaac part à leur rencontre, car il était « sorti dans les champs à l'approche du soir pour méditer » (XXIV, 63). Le Talmud identifie ce moment comme ayant des implications historiques et halakhiques : la « méditation » d'Isaac était une prière ; « à l'approche du soir » signifie l'après-midi. Si le comportement d'Isaac a des implications normatives, cela signifie qu'il a institué *min'ha*, la prière de l'après-midi.

Cette identification fait partie d'une controverse de grande ampleur dans le Talmud, concernant l'origine des trois prières quotidiennes. Certains sages soutiennent qu'elles furent un substitut aux sacrifices qui avaient lieu dans le Temple. D'autres affirment que leurs sources remontent plus loin dans le passé d'Israël, aux patriarches et matriarches bibliques :

> Il a été établi : R. Yossé, fils de R. Hanina a dit : les prières ont été instituées par les patriarches. R. Joshoua, fils de Levi a dit : les prières ont été conçues pour remplacer les sacrifices quotidiens.
>
> Il a été enseigné en accord avec R. Yossé, fils de R. Hanina, et il a été enseigné en accord avec R. Joshoua, fils de Levi. Il a été enseigné en

accord avec R. Yossé, fils de R. Hanina : Abraham a institué la prière du matin comme il est dit : *Et Abraham se dirigea de bon matin vers l'endroit où il s'était tenu* (XIX, 27), et « s'était tenu » signifie prière, comme il est dit alors *Pin'has se leva pour prier* (Psaumes, CVI, 30).

Isaac institua la prière de l'après-midi, comme il est dit, et *Isaac sortit dans les champs à l'approche du soir pour méditer* (XXIV, 63) et « méditation » signifie prière, comme il est dit : *Prière d'un malheureux qui se sent défaillir et répand sa plainte devant l'Éternel* (Psaumes CII, 1)

Jacob institua la prière du soir, comme il est dit : *Et il rencontra (vayifga) un lieu* (XXVIII, 11), et *peguia* signifie prière, comme il est dit : *ne profère en sa faveur ni supplication ni prière, ne cherche pas à me fléchir (tifga)* (Jér. VII, 16).

Il a été enseigné en accord avec R. Yehoshoua fils de Levi : pourquoi disent-il que la prière du matin pouvait être récitée jusqu'à la mi-journée ? Parce que le sacrifice quotidien du matin pouvait être apporté jusqu'à la mi-journée. R. Yehouda, cependant, dit que ce peut être jusqu'à la quatrième heure, parce que le sacrifice quotidien du matin peut être apporté jusqu'à la quatrième heure.

Et pourquoi disent-il que la prière de l'après-midi peut être récitée jusqu'au soir ? Parce que l'offrande quotidienne de l'après-midi peut être apportée jusqu'au soir. R. Yehouda cependant dit qu'elle ne peut être apportée que jusqu'au milieu de l'après-midi, parce que l'offrande de l'après-midi ne peut être apportée que jusqu'au milieu de l'après-midi.

Et pourquoi disent-ils que, pour la prière du soir, il n'y a pas de limite ? Parce que les membres et la graisse non consumés sur l'autel vers le soir pouvaient être apportées toute la nuit. (Berakhot, 26 b)

Ce qui est en jeu, dans cette controverse, c'est bien autre chose que de la *halakha* et de l'histoire. C'est la nature même de la prière.

Il existe dans le judaïsme biblique deux traditions spirituelles distinctes. L'une est celle des patriarches et des prophètes. C'étaient, si l'on peut s'exprimer ainsi, des personnes ordinaires dotées de dons extraordinaires – et surtout du don de parler à Dieu et d'écouter Sa voix. Les patriarches étaient des bergers. Moïse également. Ils ne portaient aucun vêtement de fonction. Ils vivaient loin des villes établies à leur époque. Seuls – loin du tumulte de la civilisation urbaine – ils entendaient et écoutaient la parole de Dieu. Ils priaient en fonction de ce qu'exigeait la situation. Aucune prière n'était identique à une autre. Ils s'exprimaient des profondeurs de leur être à Celui qui est la profondeur de tout Être. Telle est la prière patriarcale et prophétique.

Il existe un autre type de personnalité religieuse : le prêtre. Lui, portait des vêtements de fonction. C'était un « homme saint », séparé des autres (telle est la signification de la racine *kadosh*, « saint », dans le judaïsme). Pour lui, *avoda*, « service » divin, signifiait principalement les offrandes. Tout ce qui concernait les sacrifices était soumis à des règles normatives détaillées. Les *temidim*, ou sacrifices quotidiens, avaient leur propre moment (matin et après-midi), leur propre lieu (le tabernacle, plus tard le Temple), et leur propre rituel précisément défini, sans la moindre variation, toujours le même. La spontanéité, essentielle au prophète, est désastreuse pour le prêtre. Les deux fils d'Aaron, Nadav et Avihou, pris d'un élan spontané, firent leurs propres offrandes lors de l'inauguration du tabernacle, et en moururent (Lév. x, 1-2).

Si le prophète représente le « maintenant », la réaction immédiate de la vie religieuse, le prêtre représente l'éternité. Ils s'adressent à différents aspects de l'âme, à différents besoins de la société. Sans spontanéité, l'esprit s'étiole ; sans structure, il sombre dans le chaos. Sans les prophètes, la foi d'Israël aurait décliné ; sans les prêtres, elle n'aurait jamais pu devenir le code d'une nation.

La question débattue entre Rabbi Yossé fils de Rabbi Hanina, et Rabbi Yehoshoua fils de Levi, était donc : à laquelle de ces traditions la prière appartient-elle ? Aux patriarches ou aux prêtres ? À la supplication ou au sacrifice ? La prière juive est-elle le dialogue personnel de l'âme ou le culte collectif de la nation ?

En fait, les deux. L'un des faits les plus remarquables et les moins connus dans le judaïsme, c'est qu'à ce jour, nous maintenons les deux aspects, récitant la *Amida* (prière dite debout) deux fois : une fois intimement et silencieusement en tant qu'individus, et une seconde fois en public et collectivement en tant que communauté (la répétition par le chantre). La prière silencieuse appartient au monde d'Abraham, Isaac et Jacob, Rachel et Hannah – elle est personnelle, d'ordre privé, et peut comprendre des requêtes individuelles. La répétition par le chantre suit la logique des sacrifices – elle est publique, collective et n'inclut aucune requête personnelle. C'est aussi la raison pour laquelle il n'y a pas de répétition dans le cas de *ma'ariv*, l'office du soir : car, dans le Temple, on ne faisait pas de sacrifices la nuit. Nous préservons ainsi les traditions aussi bien patriarcales que sacerdotales.

Relier les prières aux patriarches permet non seulement d'approfondir leur histoire et mettre en lumière la réaction individuelle qui leur est propre, mais également de souligner les différences entre les trois prières quotidiennes. La diversité des caractères et des histoires des patriarches confère une qualité unique à chacune de ces prières.

Mon prédécesseur, le regretté grand rabbin Lord Jacobovits, de mémoire bénie, rappelait souvent que la position du soleil aux différentes étapes du jour reflétait celle des patriarches eux-mêmes. Le matin, le soleil est à l'est – et Abraham commença sa vie en Orient, à Ur en Chaldée, c'est-à-dire en Mésopotamie. Au début de l'après-midi, le soleil est haut dans le ciel – nous rappelant qu'Isaac, qui a passé toute sa vie dans le pays de Canaan, devint par la suite Israël. Le soir, le soleil est à l'ouest, comme le fut Jacob qui termina sa vie en exil, en Égypte.

Les verbes associés à chacune des prières des patriarches sont eux aussi différents. Abraham « se lève de bon matin » et « se tient debout ». En matière de prière, c'est lui le précurseur. Reconnaissant n'être « que poussière et cendres » (XVIII, 27), il prononce cependant la prière la plus audacieuse de tous les temps : « Celui que juge toute la terre serait-Il un juge inique ? » (XVIII, 25). C'est la prière en tant qu'*Amida*, se tenir debout en présence de Dieu.

Jacob, en revanche, « rencontre ». Ce n'est pas lui qui cherche Dieu en fuyant sa demeure, mais Dieu qui le cherche[1]. La phrase qui figure dans la Torah juste avant la vision de Jacob, celle de l'échelle des anges et *vayifga baMakom*, ce qui, en hébreu rabbinique peut être lu comme « il tomba sur Dieu ». Il est des expériences spirituelles qui nous arrivent au moment où nous les attendons le moins – lorsque nous sommes seuls, effrayés, en train de réfléchir. Telle fut la vision de la prière chez Jacob. Dans la vie de l'esprit, tout n'est pas sous notre contrôle. Les grandes expériences qui nous transforment – l'amour, un soudain sentiment soudain de beauté, une vague de bonheur – surviennent de façon imprévisible, nous laissant, pour reprendre la célèbre expression de Wordsworth « surpris par la joie ». La gloire de l'épiphanie de Jacob réside en ce qu'elle se produit de nuit, dans la peur et la fuite. C'est une prière en tant que *peguia*.

Le troisième type de prière est celui d'Isaac « méditant » dans le champ – mais le mot *si'ha* signifie non seulement méditation, mais également et principalement conversation, entretien. Lorsque le Talmud dit, à propos

---

1. Voir également *Encountering God* et *The Ladder of Prayer*, p. 179-189.

d'Isaac, *ein si'ha ela tefilla*, on peut interpréter cette phrase par « l'entretien est une forme de prière », et profondément, c'est ce qu'elle est.

La prière est une conversation entre le ciel et la terre. Mais la conversation est aussi une prière – car, dans une conversation authentique, je m'ouvre à la réalité d'autrui. J'entre dans son monde. Je commence à appréhender des réalités d'un point de vue qui n'est pas le mien. Dans le contact de deux êtres, tous deux sont changés. On voit comment il est alors opportun qu'Isaac soit en train de prier immédiatement avant sa première rencontre avec la femme destinée à devenir son épouse. Abraham et Jacob sont seuls lorsqu'ils prient. Isaac est sur le point de rencontrer la femme avec laquelle il va partager sa vie. Pour lui, la prière est le prélude à une relation humaine. Notre ouverture à Dieu façonne et est façonnée par notre ouverture aux autres. Notre amour pour Dieu est, ou devrait être, inextricablement lié à notre amour pour les êtres humains. C'est, de toute évidence, la signification du livre intitulé *Shir haShirim*, Le Cantique des cantiques, un poème d'amour pour Dieu coulé dans la métaphore d'un dialogue entre deux amants.

Une authentique conversation est une préparation à la prière, et une version microcosmique de la prière. Car, dans la prière, je prête attention à la présence de Dieu, écoutant ou parlant, m'ouvrant à une réalité autre et infiniment plus vaste que la mienne, et je deviens en conséquence une personne différente. La prière n'est pas un monologue, mais un dialogue.

Avant chaque *Amida*, nous disons : « Ô Éternel, ouvre mes lèvres et que ma bouche dise Ta louange ». De fait, dans la prière, nous ne nous contentons pas de parler ; on nous parle. Dieu, et les traditions de la foi juive, s'expriment à travers nous. Les mots mêmes que nous prononçons ne sont pas les nôtres, mais le produit de milliers d'années de l'histoire de notre peuple, fruit de la réponse à d'innombrables rencontres avec Dieu. La prière est semblable à une connexion Bluetooth et, tant qu'elle dure, nous devenons un canal par lequel afflue l'énergie de l'univers et de l'histoire juive – la force de création et l'impulsion vers la rédemption. Tant qu'elle dure, nous faisons nôtres ces énergies. Telle est la prière en tant que *si'ha*.

Il y a donc trois modes de spiritualité, et nous les vivons chacune au cours d'une seule journée. Il y a la quête de l'homme (Abraham, la prière du matin), la rencontre avec le divin (Jacob, la prière du soir) et le dialogue (Isaac, la prière de l'après-midi). Ainsi, trois événements dans la vie des patriarches – le lever matinal d'Abraham, la méditation d'Isaac l'après-midi dans un champ, et la vision nocturne de Jacob – ne sont plus des événements isolés dans le passé, mais des perspectives pour ceux qui suivent leurs traces, guidés par leur précédent, inspirés par leur exemple, grandis par leur esprit, appelés vers leurs sommets.

Toledot
Clones et identité

Dans la trame des lacunes, des silences et des apparentes répétitions du texte biblique, le midrash tisse ses interprétations, enrichissant la parole écrite d'une exégèse orale, apportant au texte de nouvelles résonnances. Pour une oreille non exercée, le midrash semble souvent fantaisiste, très éloigné du sens littéral du verset. Mais dès lors qu'on a appris le langage et la sensibilité du midrash, on réalise la profondeur de sa teneur spirituelle et morale.

Le verset d'ouverture de la *parasha* de *Toledot* en offre un exemple :

Ceci est l'histoire d'Isaac, fils d'Abraham : Abraham engendra Isaac (XXV, 19)

Le problème est évident. La première moitié de la phrase dit qu'Isaac était le fils d'Abraham. Pourquoi alors le texte répète-t-il : « Abraham engendra Isaac » ? Observant l'apparente redondance du texte dans le contexte du récit sur Abraham-Isaac considéré comme un tout, les sages ont proposé l'interprétation suivante :

> Les cyniques de l'époque disaient : « Sarah était enceinte d'Avimélekh. Voyez combien d'années elle a vécu avec Abraham sans avoir pu avoir un enfant avec lui. » Que fit le Saint béni soit-Il ? Il fit en sorte que les traits du visage d'Isaac ressemblent exactement à ceux d'Abraham, afin qu'il devienne évident pour chacun qu'Abraham avait enfanté Isaac.

Le livre de Béréshit

> C'est la raison d'être des mots « Abraham engendra Isaac », la preuve qu'Abraham était le père d'Isaac[1].

C'est une interprétation ingénieuse, dans le cadre du récit pris dans son ensemble. Le chapitre XXI de la Genèse commence par la naissance d'Isaac, fils de Sarah. Juste avant, au chapitre XX, il était dit que Sarah avait été emmenée dans le harem d'Avimélekh, roi de Guérar. D'où l'hypothèse des sages sur des rumeurs de stérilité d'Abraham ; selon ces mêmes rumeurs, Avimélekh aurait été le père d'Isaac et la conception aurait eu lieu à l'époque où Sarah se trouvait dans le harem du roi de Guérar. Le verset insiste donc sur ce point à deux reprises : non seulement Abraham était *en réalité* le père d'Isaac, mais chacun pouvait le voir dans la ressemblance frappante entre le père et le fils.

Mais quelque chose de plus profond est en jeu. Pour le comprendre, il faut recourir à un autre midrash, cette fois portant sur le verset d'ouverture du chapitre XXIV de la Genèse :

> Or Abraham était vieux, avancé dans la vie ; et l'Éternel avait béni Abraham en toutes choses. (XXIV, 1)

De nouveau, se pose le problème d'une phrase apparemment superflue. Si Abraham était déjà âgé, pourquoi le verset précise-t-il qu'il était « avancé dans la vie » ? Les rabbins ont également mis en relief une autre particularité : Abraham et Sarah sont les premiers personnages de la Torah qualifiés de « vieux », alors que nombre d'autres personnages mentionnés dans la Bible vécurent beaucoup plus âgés. En rapprochant ces deux faits de la tradition qui rapporte l'extrême ressemblance d'Abraham et d'Isaac, ils parviennent à l'interprétation suivante :

> Jusqu'à Abraham, les êtres humains ne vieillissaient pas. Cependant [parce qu'Abraham et Isaac se ressemblaient] les gens qui voyaient Abraham disaient : « C'est Isaac », et ceux qui voyaient Isaac disaient : « C'est Abraham ». Abraham pria alors pour obtenir la vieillesse, et c'est ce que signifie [la phrase] « Et Abraham était vieux. » (Sanhédrin 103 b)

---

1. Rashi sur Béréshit, XXV, 19 sur la base de *Baba Metzia* 87 a.

La parfaite ressemblance physique entre Abraham et Isaac permettait de réfuter l'accusation soutenant qu'Abraham n'était pas le véritable père, mais elle soulevait une difficulté inattendue. Identiques en apparence, le père, comme le fils, souffraient d'une perte d'individualité. Ce n'est pas là une pure spéculation, c'est un aspect subtil mais important du récit. Un examen attentif de la Genèse montre qu'Isaac est le moins individualisé des patriarches. Sa vie se lit comme une réédition de celle de son père. Comme Abraham, la famine le contraint à se rendre dans le pays des Philistins[2]. Lui aussi rencontre Avimélekh. Lui aussi doit faire passer sa femme pour sa sœur. Il doit creuser à nouveau les puits que son père avait creusés. Isaac ne semble pas faire grand-chose qui le distingue spécifiquement.

Sensibles à cette question, les rabbins fournirent une explication d'une profondeur psychologique considérable. Les parents ne sont pas les enfants. Les enfants ne sont pas des répliques de leurs parents. Chacun de nous est unique et a sa propre destinée, unique. C'est pourquoi Abraham implora Dieu d'établir une différence nette et reconnaissable entre un père et son fils.

Ce midrash revêt, à mon avis, une actualité certaine, notamment en ce qui concerne une nouvelle technologie médicale : le clonage eugénique ou reproductif. Le clonage – méthode de transfert de noyau d'une cellule utilisée pour la première fois par le docteur Ian Wilmut dans l'expérience qui créa la brebis Dolly en 1997 – soulève de sérieuses questions d'éthique médicale, notamment pour les êtres humains.

Le clonage n'est pas seulement une nouvelle technologie. Elle pose des problèmes que ne posent pas d'autres formes de reproduction assistée comme l'insémination artificielle ou la fécondation in vitro. Le transfert du noyau cellulaire est une forme de reproduction asexuée. Nous ne savons pas pourquoi les créatures d'une certaine taille, dotées d'une certaine longévité, se reproduisent sexuellement. D'un point de vue évolutionnaire, la reproduction asexuée eut été bien plus simple. Or, aucun des grands mammifères ne se reproduit de façon asexuée[3]. Certains biologistes soutiennent que c'est seulement par une combinaison imprévisible de transmissions génétiques des parents et des grands-parents qu'une espèce génère la diversité dont elle a besoin pour

---

2. Le pays des Philistins faisait partie de ce qui allait devenir le pays d'Israël. Contrairement à Abraham ou à Jacob, Isaac ne fut pas autorisé à se rendre en Égypte (voir XXVI, 2-3).
3. Voir Matt Ridley, *The Red Queen: Sex and the Evolution of Human Nature*, Londres, Penguin, 1994 ; David M. Buss, *The Evolution of Desire*, New York, Basic Books, 1994.

survivre. L'histoire de la présence humaine sur terre est marquée par une destruction à grande échelle de la biodiversité. Il serait parfaitement irresponsable de mettre en péril notre propre avenir génétique.

Une autre objection au clonage porte sur la menace de l'intégrité des enfants conçus ainsi. Certes, il existe déjà des personnes génétiquement identiques ; c'est le cas de jumeaux identiques. Que ce phénomène survienne est une chose, le provoquer délibérément en est une autre. Le clonage représente un danger éthique ; ce qui n'est pas le cas lorsqu'il s'agit de l'apparition naturelle du phénomène. Des jumeaux identiques ne peuvent être créés afin que l'un serve de substitut ou de remplacement à l'autre. Le clonage peut nous amener à traiter des êtres humains comme des moyens plutôt que comme des fins. Il risque de réifier la vie humaine, de la transformer en marchandise[4]. Le clonage ne peut qu'altérer certaines caractéristiques fondamentales de notre humanité.

Les caractéristiques d'un enfant issu du mélange des données génétiques de deux parents sont imprévisibles, *semblables* à eux et cependant *dissemblables* de ceux qui l'ont mis au monde. Ce mélange de parenté et de différence est une caractéristique essentielle des relations humaines. Il est la base d'une croyance clé du judaïsme, à savoir que chaque individu est unique, non substituable et irremplaçable. Dans une célèbre mishna, les sages enseignent : « Lorsqu'un être humain fabrique plusieurs pièces dans le même moule, elles sortent toutes identiques. Dieu fait chaque être humain selon la même image, à l'image du premier homme, et pourtant ils naissent tous différents[5]. »

La gloire de la création réside dans ce que l'unité qui règne aux cieux crée de la diversité sur la terre. Dieu veut que chaque vie humaine soit unique. Comme l'a précisé Hilary Putnam, philosophe à Harvard : « Chaque enfant a le droit d'être une surprise totale pour ses parents » – c'est-à-dire de n'être le clone de personne[6].

Qu'en serait-il de l'amour si nous savions qu'en cas de perte de notre être cher, nous pourrions en créer une réplique ? Qu'adviendrait-il de notre « moi » si nous découvrions que nous avons été fabriqués sur commande ?

---

4. Certes, cela ne s'applique pas à tous les cas de clonage, notamment dans les situations où ce serait le seul moyen pour un couple d'avoir un enfant. Dans de telles circonstances, la *halakha* pourrait autoriser une telle procédure.
5. Mishna, *Sanhedrin* 4, 5.
6. Hilary Putnam, « Cloning People », in Justine Burley (éd.), *The Genetic Revolution and Human Rights*, Oxford, Oxford University Press, 1999, p. 1-13.

Le midrash sur Abraham et Isaac ne se rapporte pas directement au clonage. Même si c'était le cas, il serait problématique d'inférer une *halakha* d'une *aggada*, c'est-à-dire, de déduire une conclusion juridique d'une source non-juridique (*aggada* est le terme rabbinique désignant tout ce qui n'a pas trait à la loi). L'histoire n'est cependant pas dénuée de sous-entendus éthiques. Au début, Isaac ressemble comme un clone à son père. Par la suite, Abraham doit prier pour annuler cette ressemblance.

S'il est une énigme au cœur de la condition humaine, c'est *l'altérité* : l'altérité de l'homme et de la femme, d'un parent et d'un enfant. C'est l'espace que nous aménageons pour l'autre qui fait de l'amour autre chose que du narcissisme, et du statut de parent quelque chose de plus grand qu'une auto-réplication. C'est ce qui donne à tout enfant le droit d'être lui-même, de savoir qu'il n'est pas la reproduction de quelqu'un d'autre, construit en fonction d'un modèle génétique préprogrammé. Sinon, l'enfance serait-elle supportable ? L'amour survivrait-il ? Un monde de clones serait-il encore un monde humain ? Nous sommes chacun à l'image de Dieu, mais à l'image de personne d'autre.

Toledot

L'amour d'un père

Dans la *parasha* de cette semaine, Isaac apparaît comme le père de deux fils très différents.

> « Les enfants ayant grandi, Ésaü devint un habile chasseur, un homme des champs, tandis que Jacob, homme inoffensif, vécut sous la tente. Isaac préférait Ésaü parce qu'il mettait du gibier dans sa bouche ; mais Rébecca préférait Jacob. » (Gen. XXV, 27-28)

Il n'est guère difficile de comprendre pourquoi Rebecca aimait son fils Jacob. Elle avait reçu une prophétie de Dieu lui disant :

> « Deux nations sont dans ton sein et deux peuples sortiront de tes entrailles ; un peuple sera plus puissant que l'autre et l'aîné obéira au plus jeune. » (Gen. XXV, 23)

Jacob était le plus jeune. Rebecca semble en avoir déduit, à juste titre s'avéra-t-il, que ce serait lui qui perpétuerait l'alliance, qui resterait fidèle à l'héritage d'Abraham, et qui l'enseignerait à ses enfants, faisant avancer l'histoire dans l'avenir.

La véritable question est la suivante : pourquoi Isaac aimait-il tellement Ésaü ? Ne voyait-il pas que c'était un homme de la nature, un chasseur, non un contemplatif ou un homme de Dieu ? Est-il concevable qu'il aimait Ésaü simplement parce qu'il avait du goût pour le gibier ? Son appétit régissait-il son esprit et son cœur ? Isaac ne savait-il pas qu'Ésaü avait vendu son droit d'aînesse pour un bol de soupe, et qu'il avait par la suite « méprisé » le droit d'aînesse lui-même (Gen. XIX, 29-34). Était-ce à lui qu'on pouvait confier le patrimoine spirituel d'Abraham ?

Isaac savait certainement que son aîné était un homme de tempérament versatile, impulsif, qui vivait dans les émotions du moment. Même si cela ne le dérangeait pas, l'épisode suivant concernant Ésaü le perturba nettement :

> « Ésaü, âgé de quarante ans, prit pour femmes Judith, fille de Beéri le Héthéen et Bâsemath, fille d'Élôn le Héthéen. Elles furent une amère affliction pour Isaac et pour Rébecca. » (Gen. XXVI, 34-35).

Ésaü fonda un foyer parmi les Hittites. Il épousa deux de leurs femmes. Un tel homme n'était pas susceptible de promouvoir l'alliance abrahamique, qui impliquait le respect d'une certaine distance à l'égard des Hittites et des Cananéens, et de tout ce qu'ils représentaient en termes de religion, de culture et de moralité.

Et pourtant, Isaac aimait vraiment Ésaü. Non seulement le verset cité en premier le précise, mais la situation demeure identique par la suite. Le chapitre XXVII de la Genèse, avec le récit moralement problématique de la façon dont Jacob se vêtit comme Ésaü et s'empara de la bénédiction qui lui était destinée, est remarquable pour sa description de l'affection profonde et sincère qui prévaut entre Isaac et Ésaü. On le ressent au début lorsque le premier demande au second : « Apprête-moi un ragoût que je mangerai, et je te bénirai devant le Seigneur avant de mourir. » (XVII, 7) Il ne s'agit pas ici de l'appétit physique d'Isaac. Il souhaite se remplir de l'odeur et du goût qu'il associe à son fils aîné, afin de pouvoir le bénir dans un état d'esprit entièrement tourné vers l'amour.

C'est donc la fin du récit qui communique la profondeur du sentiment qui les lie. Ésaü entre avec le mets qu'il a préparé. Peu à peu, Isaac, puis Ésaü, prennent conscience de la duperie dont ils ont été victimes. Isaac « fut saisi d'une frayeur extrême ». Ésaü « poussa un grand cri amer. » (XXVII, 33-34)

Il est difficile d'exprimer la puissance de ces descriptions : l'essentiel se perd dans la traduction. La Torah est généralement peu prolixe quant aux émotions des personnages. Pendant toute la durée de l'épreuve de la ligature d'Isaac, le récit ne donne pas la moindre indication de ce qu'Abraham ou Isaac ressentaient dans l'un des épisodes les plus riches en suspense de la Genèse. Comme l'a dit Erich Auerbach, les narrations bibliques présentent « un arrière-plan », c'est-à-dire, que le non-dit est plus présent que le dit[1]. La profondeur du sentiment décrit par la Torah à propos d'Isaac et d'Ésaü à ce moment est quelque chose de rare et presque accablant. Le père et le fils partagent ce sentiment d'avoir été trahis, Ésaü aspirant ardemment à une bénédiction de son père, et Isaac s'exhortant à lui donner satisfaction. Le lien d'affection qui les unit est très fort. La question revient donc avec toute sa force : pourquoi Isaac aimait-il Ésaü malgré tout, malgré sa sauvagerie, sa versatilité et ses mariages exogamiques ?

Les sages ont donné une explication. Selon eux, la phrase « habile chasseur » signifie qu'Ésaü piégea et trompa Isaac. Il prétendait être plus religieux qu'il ne l'était[2].

Il existe cependant une tout autre explication, plus proche du sens littéral du texte, et très émouvante. Isaac aimait Ésaü parce qu'Ésaü était son fils, et que c'est ce qui caractérise les parents : ils aiment leurs enfants inconditionnellement. Cela ne veut pas dire qu'Isaac ne percevait pas les défauts du caractère d'Ésaü. Cela n'implique pas qu'il pensait qu'Ésaü était l'homme qui pouvait perpétuer l'alliance. Cela ne signifie pas non plus qu'il ne fut pas affligé lorsqu'Ésaü épousa des femmes héthéennes. Le texte précise explicitement qu'il le fut. Mais cela signifie qu'Isaac savait qu'*un père doit aimer son fils parce qu'il est son fils*. Ce n'est pas incompatible avec le fait d'être critique envers son comportement. Mais des parents ne désavouent pas leur enfant, même lorsque l'enfant déçoit leurs attentes. Isaac nous donne une leçon fondamentale sur la condition de parent.

---

1. Erich Auerbach, *Mimesis: The Representation of Reality in Western Literature*, traduit par Willard R. Trask, Princeton, Princeton UP, 1953. En français, *Mimésis : La représentation de la réalité dans la littérature occidentale*, traduit de l'allemand par Cornélius Heim, Gallimard, 1977.
2. Il lui posait des questions comme : « Père, comment prélève-t-on la dîme sur le sel et la paille ? » sachant pertinemment que ces deux produits n'étaient en fait pas concernés par la dîme. Isaac le croyait scrupuleux dans son observance des commandements (Rashi sur Gen. XXV, 27) ; Tan'houma, Toledot, 8.

Le livre de Béréshit

Pourquoi Isaac ? Parce qu'il savait qu'Abraham avait chassé son fils Ismaël. Il savait probablement combien cela avait fait souffrir le père et blessé le fils. Il existe une remarquable série de *midrashim* qui laissent entendre qu'Abraham rendit visite à Ismaël même après l'avoir éloigné, et d'autres qui disent que ce fut Isaac qui amena la réconciliation[3]. Il était déterminé à ne pas infliger la même épreuve à Ésaü.

De même, il connaissait au tréfonds de son être le coût psychologique subi par son père et par lui-même lors de l'épreuve de la ligature. Au début du chapitre sur Jacob, Ésaü et la bénédiction, la Torah précise qu'Isaac était devenu aveugle. Un midrash explique qu'il s'agissait des larmes versées par les anges tandis qu'ils regardaient Abraham attacher son fils et lever le couteau, larmes qui tombèrent dans les yeux d'Isaac et le rendirent aveugle dans sa vieillesse[4]. L'épreuve était certainement nécessaire, sinon, Dieu ne la lui aurait pas infligée. Mais elle laissa des blessures, des cicatrices psychologiques, et elle détermina Isaac à ne pas avoir à sacrifier Ésaü, son propre fils. D'une certaine façon, donc, l'amour inconditionnel d'Isaac pour Ésaü fut un *tikoun* de la rupture de la relation père-fils induite pas la ligature.

Ainsi, bien qu'Ésaü n'ait pas emprunté la voie de l'alliance, l'amour paternel donné par Isaac contribua à paver la voie de la génération suivante, dans laquelle tous les enfants de Jacob demeurèrent dans le cercle familial.

Une fascinante controverse entre deux sages de la Mishna a un rapport avec tout cela. Un verset du Deutéronome (XIV, 1) dit à propos du peuple juif : « Vous êtes les enfants de l'Éternel votre Dieu. » Rabbi Judah soutenait que cela s'appliquait seulement lorsque les Juifs adoptaient un comportement digne des enfants de Dieu. Rabbi Meir disait que c'était inconditionnel : que les Juifs se conduisent ou non comme les enfants de Dieu, ils sont toujours appelés les enfants de Dieu. (Kiddoushin 36 a).

Rabbi Meir, qui croyait en l'amour inconditionnel, agit conformément à cette optique. Son propre maître, Élisha ben Abouya, finit par perdre la foi et par devenir un hérétique, mais Rabbi Meir continua à étudier avec lui, à le respecter, soutenant qu'au tout dernier moment de sa vie, il s'était repenti et était revenu à Dieu[5].

---

3. Voir Jonathan Sacks, *Not in God's Name*, p. 107-124.
4. Béréshit Rabbah 65, 10.
5. Yeroushalmi Haguigah 2, 1.

Prendre au sérieux l'idée, centrale dans le judaïsme, d'*Avinou malkenou*, notre Roi est avant tout notre père, c'est introduire de profondes émotions dans notre relation avec Dieu. Dieu lutte avec nous, comme le fait un parent avec son enfant. Nous luttons avec Lui, comme un enfant le fait avec ses parents. La relation est parfois tendue, conflictuelle, voire douloureuse, mais ce qui lui confère son intensité, c'est de savoir qu'elle est inaltérable. Quoi qu'il arrive, un parent demeure un parent, et un enfant demeure un enfant. Le lien peut être gravement compromis ; il n'est jamais irrémédiablement brisé.

En continuant à aimer Ésaü si différent de lui, de par son caractère et sa destinée, sans jamais le rejeter, c'était peut-être ce qu'Isaac transmettait à toutes les générations – tout comme le Midrash dit qu'Abraham ne rejeta jamais Ismaël et trouva des moyens de lui communiquer son amour.

L'amour inconditionnel n'exclut pas la critique, mais il est d'une solidité à toute épreuve. C'est ainsi que nous devrions aimer nos enfants – car c'est ainsi que Dieu nous aime.

Toledot

Jacob eut-il raison de s'emparer de la bénédiction ?

Jacob eut-il raison de s'emparer de la bénédiction d'Ésaü par la ruse ? Eut-il raison de tromper son père et de voler à son frère la bénédiction qu'Isaac avait pensé lui donner ? Rebecca eut-elle raison d'imaginer le plan et d'encourager Jacob à le mettre en œuvre ? Ce sont là des questions fondamentales. Ce qui est en jeu, ce n'est pas seulement l'interprétation biblique, mais la vie morale elle-même. La façon dont nous lisons un texte façonne le type de personne que nous devenons.

Voici une façon d'interpréter le récit. Rebecca eut raison d'agir comme elle l'a fait et Jacob eut raison de suivre son conseil. Rebecca savait que ce serait Jacob et non Ésaü qui allait perpétuer l'alliance et réaliser la mission d'Abraham dans l'avenir. Elle le savait pour deux raisons différentes. Tout d'abord, elle l'avait entendu de Dieu Lui-même, dans la prophétie qu'elle reçut avant la naissance des jumeaux.

> « Deux nations sont dans ton sein,
> Et deux peuples provenant de toi seront séparés ;
> Un peuple sera plus puissant que l'autre,
> Et l'aîné obéira au plus jeune. » (Gen. xxv, 23)

Ésaü était l'aîné, Jacob le cadet. Ce fut donc Jacob qui vint au monde avec plus de force et fut choisi par Dieu.

Ensuite, Rebecca avait observé les jumeaux qui grandissaient. Elle savait qu'Ésaü était un chasseur, un homme de violence. Elle avait vu qu'il n'était ni posé, ni réfléchi, mais impétueux, versatile et impulsif. Elle l'avait vu vendre son droit d'aînesse pour un bol de soupe. Elle l'avait observé pendant qu'il « mangeait, buvait, se levait et sortait. C'est ainsi qu'Ésaü dédaigna le droit d'aînesse. » (Gen. XXV, 34). Quiconque méprise son droit d'aînesse ne peut se voir confier la garde d'une alliance destinée à être éternelle.

Enfin, juste avant l'épisode de la bénédiction, on lit : « Ésaü, âgé de quarante ans, prit pour femmes Judith, fille de Beéri le Héthéen et Bâsemath, fille d'Élôn le Héthéen. Elles furent une amère affliction pour Isaac et pour Rébecca. » (Gen. XXVI, 34) C'était là aussi la preuve qu'Ésaü ne comprenait pas ce que requiert l'alliance. En épousant des femmes héthéennes, il se révélait indifférent aussi bien aux sentiments de ses parents qu'à la retenue qui s'imposait dans le choix d'une épouse pour être l'héritier d'Abraham.

La bénédiction devait aller à Jacob. Si vous avez deux fils, l'un indifférent à l'art, l'autre amateur d'art et esthète, à qui remettriez-vous le Rembrandt qui fait partie du patrimoine familial depuis des générations ? Et si Isaac ne comprenait pas la véritable nature de ses fils, s'il était « aveugle » non seulement physiquement, mais aussi psychologiquement, n'était-il pas nécessaire de le leurrer ? Il était désormais âgé, et si Rebecca n'avait pas réussi, dans les premières années, à lui faire prendre conscience de la véritable nature de leurs enfants, était-il pensable qu'elle y parvienne maintenant ?

Après tout, il ne s'agissait pas seulement d'une question de relations au sein de la famille. Il s'agissait de Dieu, de destinée et de vocation spirituelle. Il s'agissait de l'avenir d'un peuple entier puisque Dieu avait dit à maintes reprises à Abraham qu'il serait l'ancêtre d'une grande nation, laquelle serait une bénédiction pour l'ensemble de l'humanité. Et si Rebecca avait raison, alors Jacob eut raison de suivre ses instructions.

Elle était la femme que le serviteur d'Abraham avait choisie pour être l'épouse du fils de son maître, parce qu'elle était attentionnée, parce qu'au puits, elle avait donné de l'eau à un étranger et aussi à ses chameaux. Rebecca n'était pas une Lady Macbeth agissant par favoritisme ou ambition. Elle était l'incarnation de la bonté et de la tendresse. Et si elle ne disposait pas d'un autre moyen de s'assurer que la bénédiction revienne à celui qui la chérirait et la ferait vivre, dans ce cas, la fin justifiait les moyens. C'est l'une des interprétations de ce récit, adoptée par plusieurs commentateurs.

Ce n'est cependant pas la seule[1]. Considérons par exemple la scène qui se produit immédiatement après que Jacob eut quitté son père. Ésaü revient de la chasse et apporte à Isaac le repas qu'il a demandé. Nous lisons alors :

> Isaac fut saisi d'une frayeur extrême et il dit : « Quel est donc cet autre, qui avait pris du gibier et me l'avait apporté ? J'ai mangé de tout avant ton arrivée et je l'ai béni. Eh bien ! Il restera béni ! »
>
> Ésaü, entendant les paroles de son père, poussa un grand cri amer et il dit à son père « Moi aussi bénis-moi, mon père ! »
>
> Il répondit : « Ton frère a usé de tromperie et il a enlevé ta bénédiction. »
>
> Ésaü dit alors : « Est-ce parce qu'on l'a nommé Jacob qu'il m'a supplanté deux fois déjà ? Il m'a enlevé mon droit d'aînesse et voici que maintenant il m'enlève ma bénédiction ! » Et il ajouta : « N'as-tu pas réservé une bénédiction pour moi ? » (Gen. XXVII, 33-36)

Il est impossible de lire le chapitre XXVII de la Genèse – le texte tel qu'il se présente, sans commentaires – et ne pas ressentir de la compassion pour Isaac et Ésaü plutôt que pour Rebecca et Jacob. La Torah se montre avare en matière d'expression des émotions. Elle demeure entièrement silencieuse par exemple sur les sentiments d'Abraham et d'Isaac cheminant ensemble vers l'épreuve de la ligature. Des expressions comme « frayeur extrême » et « grand cri amer » ne peuvent que nous affecter profondément. Voici un vieil homme qui a été dupé par son cadet, et un homme jeune, Ésaü, qui se sent spolié de ce qui lui revenait de droit. Les émotions déclenchées par cette scène s'imprègneront longtemps en nous.

Considérons alors les conséquences. Jacob fut contraint de séjourner loin de chez lui pendant plus de vingt ans, craignant pour sa vie. Puis, il fut victime d'un subterfuge presque identique à son encontre de la part de Laban qui lui

---

1. Des lectures critiques de la conduite de Rebecca ou de Jacob apparaissent dans plusieurs ouvrages midrashiques : *Béréshit Rabbah*, *Tanhouma* (Buber), *Yalkut Reuveni*, *Midrash ha-Neelam* et *Midrash Socher Tov* (sur le psaume LXXX, 6). Parmi les commentateurs critiques, citons R. Eliezer Ashkenzi, *Tzeda le-Derech*, et R. Yaakov Zvi Mecklenberg, *Ha-Ktav veha-Kabbalah*. Toutes ces interprétations se fondent sur les indications citées dans ce qui suit.

donna Léa au lieu de Rachel. Lorsque Jacob s'écria : « Pourquoi m'as-tu trompé [*rimitani*] ? » Laban répondit : « *Ce n'est pas l'usage*, dans notre pays, de marier la cadette avant l'aînée » (Gen. XIX, 25-26). Non seulement l'acte, mais même les mots supposent une punition, mesure pour mesure. « La duperie » que Jacob reproche à Laban, est exactement le mot qu'utilisa Isaac à propos de Jacob. La réponse de Laban apparaît comme une référence presque explicite à ce que Jacob avait fait, comme pour dire : « Dans notre pays, ce n'est pas l'usage de faire ce que tu as fait dans le tien. »

La tromperie de Laban fut une source d'amertume pour Jacob tout au long de sa vie : tension entre Léa et Rachel ; haine entre leurs enfants ; nouvelle duperie pour Jacob, de la part de ses fils cette fois, lorsqu'ils lui apportèrent la tunique de Joseph tachée de sang : autre tromperie d'un père par ses enfants impliquant l'usage de vêtements. Il en résulta que Jacob fut privé de la compagnie de son fils préféré pendant vingt ans, tout comme Isaac le fut de Jacob.

Interrogé sur son âge par Pharaon, Jacob répondit « Il a été court et malheureux, le temps des années de ma vie » (Gen. XLVII, 9). Il est le seul personnage de la Torah à faire une telle remarque. Il est difficile de ne pas lire ce texte précisément comme une affirmation du principe de mesure pour mesure : ce que tu as fait à autrui, autrui te le fera. La duperie apporta à tous ceux qui en furent victimes un profond chagrin, qui persista à la génération suivante.

Ma lecture du texte est donc celle-ci[2]. Dans la prophétie reçue par Rebecca, l'expression *ve-rav yaavod tsaïr* (Gen. XXV, 23) est en fait ambiguë. Elle peut signifier « l'aîné servira le plus jeune », mais aussi « le plus jeune servira l'aîné. » C'est ce que la Torah appelle une '*hida* (Nbres XII, 8), c'est-à-dire un message opaque, délibérément ambigu, polysémique. Ce message évoquait un conflit entre les deux fils et leurs descendants, sans qu'on sache qui l'emporterait.

Isaac comprenait parfaitement la nature de ses deux fils. Il aimait Ésaü, mais cet amour ne le rendait pas aveugle au fait que Jacob serait l'héritier de l'alliance. Isaac prépara donc deux séries de bénédictions, l'une pour Ésaü, l'autre pour Jacob. Il bénit Ésaü (Gen. XXVII, 28-29) des dons qui, selon lui, seraient appréciés : « Puisse-t-Il t'enrichir, le Seigneur, de la rosée des cieux et des sucs de la terre, d'une abondance de moissons et de vendanges ! »,

---

2. Pour une explication plus détaillée, voir Jonathan Sacks, *Covenant and Conversation Genesis: The Book of Beginnings*, Maggid Books, 2009, p. 153-158, 219-228.

autrement dit, la richesse. « Que des peuples t'obéissent ! Que des nations tombent à tes pieds ! Sois le chef de tes frères et que les fils de ta mère se prosternent devant toi ! Malédiction à qui te maudira et qui te bénira soit béni ! », autrement dit, le pouvoir. Ce ne sont *pas* là des bénédictions de l'alliance.

Les bénédictions de l'alliance que Dieu avait données à Abraham et à Isaac étaient complètement différentes. Elles concernaient les *enfants* et un *pays*. C'est cette bénédiction qu'Isaac donna par la suite à Jacob avant qu'il ne quitte la maison (Gen. XXVIII, 3-4) : « Le Dieu tout puissant te bénira, te fera croître et multiplier et tu deviendras une congrégation de peuples », c'est-à-dire des enfants. « Puisse-t-Il t'attribuer la bénédiction d'Abraham, à toi et à ta postérité avec toi, en te faisant possesseur de la terre de tes pérégrinations, que Dieu a donnée à Abraham », c'est-à-dire le pays. *Telle était la bénédiction qu'Isaac avait réservée à Jacob depuis le début.* Il n'était nul besoin de tromperie et d'artifices.

Jacob en arriva par la suite à comprendre tout cela, peut-être durant sa lutte avec l'ange, la nuit qui précéda sa rencontre avec Ésaü après leur longue séparation. Ce qui se produisit lors de cette rencontre est incompréhensible si nous ne parvenons pas à comprendre que Jacob restitua à Ésaü les bénédictions dont il s'était emparé indûment. L'énorme don de brebis, gros et petit bétail représentait « la rosée des cieux et les sucs de la terre », c'est-à-dire la richesse. En se prosternant à sept reprises devant Ésaü, Jacob réalisait à sa façon les mots : « Que les fils de ta mère se prosternent devant toi », c'est-à-dire le pouvoir.

Jacob restitua la bénédiction. En fait, il le dit explicitement. Il dit à Ésaü : « Accepte, je te prie, ma bénédiction [*birkati*] qui t'a été offerte, puisque Dieu m'a favorisé et que je possède suffisamment. » (Gen. XXXIII, 11) D'après cette interprétation du récit, Rebecca et Jacob commirent une erreur, pardonnable, compréhensible, mais une erreur tout de même. *La bénédiction qu'Isaac allait donner à Ésaü n'était pas la bénédiction d'Abraham.* Il avait l'intention de donner à Ésaü une bénédiction appropriée au personnage. Ce faisant, il agissait sur la base d'un précédent. Dieu avait béni Ismaël par les mots : « Je ferai de toi une grande nation. » (Gen. XXI, 18) C'était la réalisation d'une promesse faite par Dieu à Abraham plusieurs années avant qu'Il lui ai dit que ce serait Isaac et non Ismaël qui perpétuerait l'alliance.

Abraham dit au Seigneur : « Puisse Ismaël, à tes yeux, mériter de vivre ! » Le Seigneur répondit : « Certes, Sara, ton épouse, te donnera un fils, et tu le nommeras Isaac. Je maintiendrai Mon alliance avec lui, comme

> alliance perpétuelle à l'égard de sa descendance. Quant à Ismaël, Je t'ai exaucé : oui, Je l'ai béni ; Je le ferai fructifier et multiplier à l'infini ; il engendrera douze princes, et Je le ferai devenir une grande nation. »
> (Gen. XVII, 18-21)

Isaac savait sûrement tout cela car, selon la tradition midrashique, il se réconcilia avec Ismaël plus tard dans sa vie. Nous les voyons se tenir côte à côte devant la tombe d'Abraham (Gen. XXV, 9). Peut-être était-ce un fait que Rebecca ne connaissait pas. Elle associait la bénédiction à l'alliance. Peut-être n'avait-elle pas eu conscience qu'Abraham voulait qu'Ismaël soit béni, même s'il n'héritait pas de l'alliance, et que Dieu accéda à sa requête.

S'il en est ainsi, il se peut que les quatre personnages aient agi correctement en fonction de ce qu'ils comprenaient de la situation, mais le drame survint cependant. Isaac avait raison de souhaiter qu'Ésaü soit béni, comme Abraham l'avait voulu pour Ismaël. Ésaü agissait de façon respectueuse envers son père. Rebecca aspirait à préserver l'avenir de l'alliance. Jacob eut quelques scrupules, mais fit ce que sa mère lui ordonnait, sachant qu'elle n'aurait pas proposé une duperie sans avoir une impérieuse raison morale d'agir ainsi.

Avons-nous ici un récit avec deux interprétations possibles ? Peut-être, mais ce n'est pas la meilleure façon de le décrire. Ce que nous avons ici, et il en existe d'autres exemples dans la Genèse, c'est une histoire que nous comprenons d'une certaine façon la première fois que nous l'entendons, et d'une autre façon après avoir découvert tout ce qui se passa par la suite, et y avoir réfléchi. Ce n'est qu'après avoir lu ce qui arrive à Jacob chez Laban, la tension entre Léa et Rachel, ou l'animosité entre Joseph et ses frères que nous pouvons revenir en arrière et relire le chapitre XXVII de la Genèse, le chapitre de la bénédiction, sous un autre éclairage et avec plus de profondeur.

Il y a là une erreur honnête, commise en toute bonne foi, et c'est la grandeur de Jacob de l'avoir reconnue et d'avoir fait amende honorable à l'égard d'Ésaü. Dans leur grande rencontre, vingt-deux ans plus tard, les frères séparés se retrouvent, s'étreignent et se séparent amis, chacun suivant son chemin. Mais d'abord, Jacob avait dû lutter avec un ange.

La vie morale est ainsi. On apprend en commettant des erreurs. Nous avançons dans la vie, mais nous ne la comprenons qu'en regardant en arrière. Alors seulement, nous prenons conscience des mauvaises actions commises par inadvertance. Cette découverte est parfois notre plus grand moment de vérité morale.

Pour chacun de nous, il existe une bénédiction qui nous est propre. C'était vrai non seulement pour Isaac, mais aussi pour Ismaël, non seulement pour Jacob, mais aussi pour Ésaü. La morale ne pourrait être plus profonde. Ne recherchez jamais la bénédiction de votre frère. Contentez-vous de la vôtre[3].

---

3. Cela devint par la suite le dixième commandement du Décalogue.

Vayetsé

Comment pénètre la lumière ?

Pourquoi Jacob ? Telle est la question que nous nous posons continuellement en lisant les récits de la Genèse. Jacob n'était pas Noé : juste, irréprochable, parmi ceux de son temps, marchant avec Dieu. Il n'a pas, comme Abraham, quitté son pays, son lieu de naissance et la maison de son père en réponse à un appel divin. Il ne s'est pas, comme Isaac, offert lui-même en sacrifice. Pas plus qu'il n'a un sens ardent de la justice ou la volonté d'intervenir que nous constatons dans le portrait de Moïse au début de sa vie. Et pourtant, nous sommes définis à tout jamais comme les descendants de Jacob, les enfants d'Israël. D'où l'importance de la question : Pourquoi Jacob ?

La réponse, me semble-t-il, est annoncée au début de la *parasha* de cette semaine. Jacob était en voyage, passant d'un danger à un autre. Il avait quitté son foyer parce qu'Ésaü avait juré de le tuer après la mort d'Isaac. Il allait entrer dans la maison de son oncle Laban, ce qui présentait en soi d'autres dangers. Loin de chez lui, seul, il était à un moment d'extrême vulnérabilité. Le soleil se couchait. La nuit tombait. Jacob s'allongea pour dormir et vit cette vision majestueuse :

> Il eut le songe que *voici* : Une échelle était dressée sur la terre, son sommet atteignait le ciel et *voici* que des messagers divins montaient et descendaient le long de cette échelle. Puis, *voici* que l'Éternel apparaissait

> au sommet et disait : « Je suis l'Éternel, le Dieu d'Abraham ton père et d'Isaac ; cette terre sur laquelle tu reposes, Je te la donne à toi et à ta postérité. Elle sera, ta postérité, comme la poussière de la terre ; et tu déborderas au couchant et au levant, au nord et au midi ; et toutes les familles de la terre seront heureuses par toi et par ta postérité. *Voici*, Je suis avec toi ; Je veillerai sur chacun de tes pas et Je te ramènerai dans cette contrée, car Je ne veux point t'abandonner avant d'avoir accompli ce que Je t'ai promis. » Jacob, s'étant réveillé, s'écria : « Assurément, l'Éternel est présent en ce lieu et moi je l'ignorais ! » Et, saisi de crainte, il ajouta : « Que ce lieu est redoutable ! ceci n'est autre que la maison du Seigneur et c'est ici la porte du ciel. » (Gen. XXVIII, 12-17)

On remarquera la quadruple répétition de « voici », en hébreu *ve-hiné*, expression de surprise. Rien n'avait préparé Jacob à cette rencontre, ce qu'il souligne en disant : « L'Éternel est présent en ce lieu, et moi, je l'ignorais ! » Le verbe même utilisé au début du passage, « Il arriva dans un endroit », en hébreu *vayifga ba-makom*, évoque aussi une rencontre inattendue. Par la suite, en hébreu rabbinique, le mot *ha-Makom*, « le Lieu » signifia « Dieu ». Ainsi, sur un mode poétique, la phrase *vayifga ba-makom* pourrait être lue : « Jacob tomba sur – eut une rencontre inattendue avec – Dieu. »

Si on ajoute à cela la lutte nocturne de Jacob avec l'ange dans la *parasha* de la semaine prochaine, nous avons la réponse à notre question. *Jacob est l'homme qui traverse ses expériences spirituelles les plus profondes seul, de nuit, face à un danger, et loin de chez lui.* Il est l'homme qui rencontre Dieu au moment où il s'y attend le moins, alors que son esprit est occupé ailleurs, alors qu'il est en proie à la crainte, et peut-être au seuil du désespoir. Jacob est l'homme qui, dans un espace liminal, moment de transition et d'incertitude, au cours d'un voyage, découvre que « Assurément, l'Éternel est présent en ce lieu, et moi, je l'ignorais ! »

Jacob devint ainsi le père du peuple qui avait eu le privilège de la rencontre la plus proche avec Dieu dans ce que Moïse décrivit plus tard comme « une région déserte, dans les solitudes aux hurlements sauvages » (Deut. XXXII, 10). Seuls les Juifs survécurent à toute une série d'exils et, bien qu'au début ils aient dit : « Comment pouvons-nous chanter le chant du Seigneur dans un pays étranger ? », ils découvrirent que la *Shekhina*, la présence divine, était toujours avec eux. Bien qu'ils aient perdu tout le reste, ils n'avaient pas perdu le contact avec Dieu. Ils pouvaient encore découvrir que « l'Éternel est présent en ce lieu, et moi, je l'ignorais ! »

Abraham donna aux Juifs le courage de remettre en question les idoles de son époque. Isaac leur donna la capacité du sacrifice de soi. Moïse leur enseigna à devenir d'ardents défenseurs de la justice. Mais ce fut Jacob qui leur apprit que c'est précisément lorsque vous vous sentez le plus seul, que Dieu est avec vous, vous donnant le courage d'espérer et la force de rêver.

L'homme qui en a donné l'expression poétique la plus profonde est certainement David dans le livre des Psaumes. À maintes reprises, il appelle Dieu du tréfonds de l'obscurité, affligé, seul, meurtri, effrayé :

> Viens à mon secours, Ô Dieu,
> car les flots m'ont atteint, menaçant mes jours
> Je suis plongé dans la vase d'un gouffre ;
> pas un pouce de terrain pour y poser le pied !
> je suis descendu dans les eaux profondes,
> et les vagues me submergent. (Ps. LXIX, 2-3)

> Des profondeurs de l'abîme, je t'invoque ô Éternel (Ps. CXXX, 1)

Nos expériences spirituelles les plus profondes surviennent parfois lorsque nous nous y attendons le moins, lorsque nous sommes proches du désespoir. C'est alors que sont arrachés les masques que nous portons. Nous sommes au stade de vulnérabilité maximale – et c'est lorsque nous sommes les plus ouverts à Dieu que Dieu est le plus ouvert à nous. « L'Éternel est proche des cœurs brisés, Il prête secours à ceux qui ont l'esprit contrit. » (Ps. XXXIV, 19) « Mon sacrifice à Dieu, c'est un esprit contrit; un cœur brisé et abattu, ô Dieu, Tu ne le dédaignes point. » (Ps. LI, 19) Dieu « guérit les cœurs brisés et panse leurs blessures » (Ps. CXLVII, 3).

Rabbi Nahman de Bratslav disait : « Une personne doit appeler son Père dans les cieux d'une voix puissante, du tréfonds de son cœur. Alors, Dieu entendra sa voix et se tournera vers son appel. Et peut-être, par ce seul acte, tous les doutes et obstacles qui l'empêchaient de servir HaShem authentiquement tomberont et disparaîtront complètement[1]. »

---

1. Likoutei Moharan, 2 : 46.

Nous trouvons Dieu non seulement dans des lieux saints ou familiers, mais également en plein voyage, de nuit, seul. « Dussé-je suivre la sombre vallée de la mort, je ne craindrais aucun mal, car Tu serais avec moi. » (Ps. XXIII, 4) La plus profonde des expériences spirituelles, la base de toutes les autres, c'est la connaissance que nous ne sommes pas seuls. Dieu nous tient par la main, nous abritant, nous relevant lorsque nous tombons, nous pardonnant lorsque nous fautons, pansant les blessures de notre âme par l'intensité de Son amour.

Mon père, de mémoire bénie, n'était pas un Juif érudit. Il n'eut pas la chance d'en devenir un. Il arriva enfant en Grande-Bretagne, en tant que réfugié. Il dut quitter l'école très jeune, et d'ailleurs, à l'époque, les possibilités d'acquérir une éducation juive étaient limitées. La simple survie occupait la majeure partie du temps de la famille. Mais je l'ai vu marcher la tête haute, sans peur, voire provocant à l'occasion, parce que, lorsqu'il priait ou lisait les Psaumes, il ressentait intensément que Dieu était avec lui. Cette simple foi lui conférait une immense dignité et une grande force d'âme.

C'était son héritage de Jacob, comme c'est le nôtre. Bien qu'il puisse nous arriver de tomber, nous tombons dans les bras de Dieu. D'autres peuvent perdre leur foi en nous, il peut même nous arriver de perdre notre foi en nous-mêmes, Dieu ne perd jamais Sa foi en nous. Et, bien que nous puissions nous sentir totalement seuls, nous ne le sommes pas. Dieu est là, à nos côtés, en nous, nous exhortant à nous relever et à avancer, car il y a une tâche à accomplir que nous n'avons pas terminée, alors que nous avons été créés dans ce but. Un chanteur de notre époque a écrit : « Il y a une fêlure en toute chose. C'est par elle que pénètre la lumière. » Le cœur brisé laisse entrer la lumière de Dieu et devient la porte du paradis.

Vayetsé
L'échelle de la prière

À l'ouverture de la *parashat Vayetsé*, étant « sorti » du monde familier de ses parents à Beersheva, Jacob se retrouve dans ce qu'on appelle un espace liminal – l'espace intermédiaire, l'entre-deux[1] – entre le foyer qu'il quitte et la destination qu'il n'a pas encore atteinte, entre le danger connu de son frère Ésaü qu'il fuit, et le danger encore inconnu de Laban qui lui causera par la suite de graves préjudices.

Comme cela se reproduira vingt-deux ans plus tard, à son retour, lorsqu'il rencontre un étranger et lutte avec lui, Jacob connaît ses expériences les plus intenses, seul, de nuit, au milieu d'un voyage. C'est au cours de ces voyages de transition, alors que tout peut survenir de façon inattendue, que Jacob se

---

1. Sur la liminalité, voir Arnold van Gennep, *The Rites of Passage*, Londres, Routledge & Paul, 1960, en français, *Les rites de passage*, Paris, Picard, 1981 (1e édition en 1909) ; Victor Turner, *The Ritual Process: Structure and Anti-Structure*, Londres, Routledge & Paul, 1969, en français, *Le phénomène rituel, Structure et contre-structure*, traduit par Gérard Guillet, PUF, 1990. La liminalité est l'espace intermédiaire entre deux États ou territoires, entre votre point de départ et votre point d'arrivée. Elle représente la transition, et se caractérise par l'incertitude et la vulnérabilité. Turner soutient que le concept de liminalité éclaire la distinction fondamentale entre la société – un lieu de structure et de hiérarchie où chacun a son rôle – et la « *communitas* » – une communauté et une communion d'individus égaux. La liminalité est une expérience de *communitas*, où le rôle, le rang, le statut et la fonction disparaissent ; nous restons alors privés des éléments extérieurs comme l'âme, le soi, sans masques ni identités attribuées. Les expériences liminales tendent donc à associer humilité et sens de la sainteté, belle description de la rencontre de Jacob avec Dieu, et de notre expérience de la prière.

définit, par des rencontres liminales à la lisière du rêve et de la réalité. Sur le chemin du retour, il apparaît comme un homme nouveau, blessé et claudicant, mais doté d'un nouveau nom qui sonne comme une victoire. Et il eut la première vision que voici :

> Il eut un songe que voici : Une échelle était dressée sur la terre, son sommet atteignait le ciel et des messagers divins montaient et descendaient le long de cette échelle. Puis l'Éternel apparaissait au sommet... (XXVIII, 12-13)

Que signifie cette vision ? Les sages et les commentateurs ont donné plusieurs interprétations, mais la plus simple consiste à dire qu'il s'agit de la rencontre entre l'âme humaine et Dieu, rencontre que les générations ultérieures allaient connaître comme la prière.

> Jacob, s'étant réveillé, s'écria : « Assurément, l'Éternel est présent en ce lieu et moi je l'ignorais. » Et, saisi de crainte, il ajouta : « Que ce lieu est redoutable ! ceci n'est autre que la maison du Seigneur et c'est ici la porte du ciel. » (XVIII, 16-17).

En définitive, la maison de Dieu, ce fut la synagogue, car la prière est la porte des cieux. Et lorsque nous avons vraiment prié, le résultat le plus profond, c'est que nous ressentons nous aussi ce sentiment : « Assurément, l'Éternel est présent en ce lieu, et moi je l'ignorais. »

Le Zohar (I, 202 b) identifie l'échelle dressée dans la vision de Jacob à la prière : nous prions debout sur la terre, et pourtant nos prières atteignent les cieux, comme le dit Salomon dans la prière prononcée lors de l'inauguration du Temple : « Tu l'entendras du ciel, Ton auguste résidence » (I Rois VIII, 39).

Je voudrais montrer que cette vision primordiale ne nous donne pas seulement un paradigme de la prière : son impact est tel qu'elle parvient à influencer la *structure* même de la liturgie juive. Si nous examinons attentivement la prière juive, nous voyons que sa forme reflète précisément le modèle d'une échelle sur laquelle les anges montent et descendent.

Une étude minutieuse de la liturgie révèle la prévalence d'une structure ternaire symétrique, A-B-A qui revêt la forme suivante : (a) montée, (b) station debout devant la Présence, (c) descente. Par exemple, *sha'arit*, l'office du matin, commence par (a) des *pessouké dézimra*, une série de psaumes qui constitue une préparation à la prière. Il se poursuit par la prière proprement dite : le *Shema* avec ses trois bénédictions et la *Amida*, récitée debout. Il se termine par (c) une série de cantiques, notamment *Ashré*, qui est lui-même un élément clé des *pessouké dézimra*.

Cette structure ternaire se fonde sur une déclaration du Talmud (Berakhot 32 b) selon laquelle « les hommes pieux d'autrefois avaient l'habitude d'attendre une heure avant de prier, puis leur prière durait une heure, et ensuite, ils attendaient encore une heure. » Le Talmud recherche la base de cette coutume et répond en citant le verset d'*Ashré* : « Heureux ceux qui sont assis dans Ta demeure. » Il s'agit clairement de ce qu'on appelle une *asmakhta*, un verset qui corrobore, plutôt que de l'origine de la coutume elle-même (ce passage explique cependant sans le moindre doute pourquoi *Ashré* est récité dans la première et la troisième partie).

La structure ternaire de *Sha'harit* est reprise dans le microcosme de la structure de la *Amida* qui, elle aussi suit un modèle en trois parties : (a) *sheva'h*, louange, les trois premières bénédictions ; (b) *bakasha*, requête, les bénédictions du milieu, et (c) *hodaya* remerciements ou reconnaissance, les trois dernières bénédictions. Le Shabbat et les jours de fête, la partie du milieu est remplacée en général par une bénédiction – à Rosh Hashana, trois – liée à la « sainteté du jour », parce qu'on ne formule pas de requête les jours de repos.

Sheva'h est une préparation. C'est notre introduction à la Présence divine. *Hodaya* est notre façon de prendre congé. Nous remercions Dieu pour la bonté avec laquelle Il nous a préférés. La *bakasha*, partie centrale, c'est le fait de se tenir debout devant la Présence elle-même. Nous sommes comme des suppliants nous tenant devant le Roi et présentant nos requêtes. La forme spirituelle des premières et dernières actions – introduction et départ – est soulignée par le fait que nous avançons de trois pas, et, à la fin reculons de trois pas. Telle est la chorégraphie de la montée et de la descente.

Ce modèle apparaît de nouveau dans la *kedousha*, prière constituée autour des versets empruntés aux visions mystiques des prophètes, qui se réfèrent explicitement aux anges. Ses versets-clés sont les mots entendus par Isaïe et Ézéchiel, prononcés par les anges entourant le Trône de Gloire. Il est ici question d'anges : les *Serafim*, *Kerouvim*, *Ofanim* et saintes *'Hayot*. La *kedousha* est répétée à trois reprises dans l'office du matin². La première, appelée *kedoushat yotser*, figure dans les bénédictions récitées avant le *Shema* ; la troisième *kedousha deSidra*, est dite dans la partie finale des prières qui commence par *ouva leTsion*. La *kedousha* du milieu se trouve dans la répétition de la *Amida* par le chantre.

Il existe d'évidentes différences entre la première et la dernière version de la *kedousha* d'une part, et la deuxième de l'autre. La première et la troisième ne nécessitent pas de quorum, de *minyan*. Elles peuvent être dites en privé. Il n'est pas nécessaire d'être debout pour les dire. La deuxième requiert un *minyan* et doit être récitée debout.

Maïmonide explique cette différence. Dans la première et la troisième, nous *décrivons* ce que font les anges lorsqu'ils font l'éloge de Dieu. Dans la deuxième, nous *reproduisons* ce qu'ils font. En d'autres termes, la première et la troisième parties sont une préparation à l'événement, ainsi qu'une réflexion. La deuxième est l'événement lui-même, tel que nous le revivons³.

Il existe d'autres exemples, mais ceux-ci suffisent.

Les prières quotidiennes, telles que nous les disons aujourd'hui ont évolué au cours du temps. Les sages nous disent que les premiers artisans de cette prière furent les hommes de la Grande Assemblée à l'époque d'Ezra et Néhémie, au cinquième siècle avant l'ère commune. Une autre évolution importante pour la composition et la canonisation se produisit à l'époque de Rabban Gamliel à Yavné. Mises au point et remaniements se poursuivirent jusqu'aux premiers livres de prières, ceux du rav Amram Gaon et du rav Saadia Gaon, aux IXe et Xe siècles de l'ère commune.

Ce qui ressort des exemples ci-dessus, c'est qu'il existe une structure de base – une grammaire profonde – de la prière. Elle consiste en une montée – se tenir debout devant la Présence – et une descente. L'inspiration de cette structure ne pouvait être autre que la vision de Jacob.

La prière est une échelle s'étendant de la terre jusqu'au ciel. Sur cette échelle de mots, de réflexions et d'émotions, nous quittons progressivement le champ de gravitation de la terre. Nous passons du monde qui nous entoure,

---

2. Le shabbat, la troisième *kedousha* est reportée à l'office de l'après-midi, parce que le service du matin est plus long que dans la semaine. Sa véritable place est cependant dans *sha'harit*.
3. Cité in '*Hidousihim* au début de *Ma'ssé Rokea'h*, p. 1. Voir R. Nahum Rabinovitch, *Yad Peshouta* du Rambam, *Mishné Torah*, Hilkhot Tefila 7, 17, *Sefer Ahava*, voL. 1, Jérusalem, Maalyiot, 1984, p. 294-295 ; cité également in *Rambam LaAm*, Jérusalem, Mossad HaRav Kook, 1958, *ad loc.*

perçu par les sens, à une prise de conscience de ce qui réside au-delà du monde – le Créateur de la terre.

À la fin de cette montée, nous demeurons debout, en quelque sorte, directement dans la présence consciente de Dieu – que Maïmonide définit comme l'élément essentiel de la *kavana*, l'état intentionnel, la ferveur, essentiel à la prière[4].

Nous amorçons ensuite lentement notre retour sur terre – vers nos préoccupations ordinaires, scène des actions et interactions dans lesquelles nous vivons. Mais si la prière a été efficace, nous ne sommes pas les mêmes avant et après. Car nous avons vu, comme Jacob a vu, que « Assurément, l'Éternel est présent en ce lieu, et moi je l'ignorais. »

Si la première étape est l'ascension, et la deuxième se tenir debout dans les cieux, la troisième apporte donc un fragment du ciel sur la terre. Car, ce dont Jacob a pris conscience en se réveillant de sa vision, c'est que Dieu est en *ce* lieu. Le ciel n'est pas quelque par ailleurs, mais ici – même si nous sommes seuls et effrayés – pour peu que nous en prenions conscience. Et nous pouvons devenir des anges, des émissaires et des envoyés de Dieu ; en fin de compte, nous pouvons même lutter « avec Dieu et avec les hommes » (XXXII, 28), si, comme Jacob, nous avons la capacité de prier et la force de rêver, et l'ouverture nécessaire pour voir les transformations qui peuvent se produire dans les espaces périlleux de l'entre-deux.

---

4. Maïmonide, *Mishné Torah, Hilkhot Tefilla veNesiat Kapayim* 4, 15-16.

Vayetsé

L'amour ne suffit pas

Le judaïsme est, par excellence, une religion d'amour : trois amours. « Tu aimeras le Seigneur ton Dieu de tout ton cœur, de toute ton âme et de tout ton pouvoir. » (Deut. VI, 5) ; « Tu aimeras ton prochain comme toi-même » (Lev. XIX, 18) ; et « Vous aimerez l'étranger, car vous fûtes autrefois étranger dans un pays étranger. » (Deut. X, 19[1]).

Le judaïsme n'est pas seulement une religion d'amour. C'est aussi la première civilisation à placer l'amour au centre de la vie morale. C. S. Lewis et d'autres auteurs ont souligné que toutes les grandes civilisations renferment quelque chose de l'ordre de la règle d'or – Agis envers les autres comme tu voudrais qu'ils agissent envers toi[2], ou dans la formulation négative de Hillel : Ne fais pas à autrui ce que tu n'aimerais pas qu'on te fasse. (Shabbat, 31 a) C'est ce que les spécialistes de la théorie des jeux appellent l'altruisme réciproque ou un prêté pour un rendu. Une certaine forme de cet altruisme (notamment la variante conçue par Martin Nowak de Harvard, qualifiée de « généreux »)

---

1. Voir également Lévitique XIX, 33-34.
2. C. S. Lewis, *The Abolition of Man*, New York, 1947. En français, *L'abolition de l'homme : la voie perdue*, traduit par Irène Fernandez, Ad Solem, 2015.

s'est révélée dans une simulation par ordinateur être la meilleure stratégie pour la survie d'un groupe quel qu'il soit[3].

Le judaïsme est également justice. Albert Einstein parlait de « l'amour de la justice poussé à son paroxysme » qui le fit remercier sa bonne étoile d'être né Juif[4]. Au seul endroit de la Torah qui explique pourquoi Abraham fut choisi pour être le fondateur d'une nouvelle foi, il est dit : « Si Je l'ai distingué, c'est pour qu'il prescrive à ses fils et à sa maison après lui d'observer la voie de l'Éternel, en pratiquant la vertu et la justice. » (Gen. XVIII, 19). Dès lors, pourquoi cette association de la justice et de l'amour. L'amour seul ne suffit-il pas ?

Notre *parasha* contient un passage saisissant de quelques mots seulement apportant la réponse. Rappelons le contexte : Jacob, fuyant son foyer, trouve refuge chez son oncle Laban. Il tombe amoureux de Rachel, la fille cadette de Laban, et travaille pendant sept ans pour pouvoir l'épouser. Il est victime d'une ruse et, se réveillant de sa nuit de noces, découvre qu'il a épousé Léa, la sœur aînée de Rachel. Indigné, il interroge Laban qui répond : « Il n'est pas d'usage dans notre pays de marier la cadette avant l'aînée. » (Gen. XXIX, 26) Il explique à Jacob qu'il pourra épouser aussi Rachel, en contrepartie de sept autres années de travail.

On lit ensuite, ou plutôt, on entend, toute une série de mots véritablement poignants. Pour comprendre leur impact, il faut rappeler que, dans l'Antiquité, jusqu'à l'invention de l'imprimerie, les livres étaient rares. La plupart des fidèles (autres que ceux qui se tenaient debout près de la *bimah*) entendaient la Torah à la synagogue. Ils ne la *voyaient* pas imprimée. L'expression *kriat* haTorah signifie non pas *lecture* de la Torah, mais *proclamation*, ce qui en fait une déclaration publique[5].

Il existe une différence fondamentale entre la lecture et l'audition, toutes deux modes de transmission d'une information. En lisant, nous pouvons voir d'emblée tout un texte – une phrase, un paragraphe. En écoutant, c'est impossible. Nous n'entendons qu'un seul mot à la fois, et nous ne savons pas à l'avance

---

3. Voir par exemple Martin Nowak et Roger Highfield, *Super Cooperators: Altruism, Evolution and Mathematics (or, Why We Need Each Other to Succeed)*, Melbourne, Text, 2011.
4. Albert Einstein, *The World As I See It*, New York, Philosophical Library, 1949. En français, *Comment je vois le monde*, traduit de l'allemand par Maurice Solovine et Régis Hanrion, Flammarion, 2009.
5. Cette précision comporte des implications halakhiques. Selon la plupart des Rishonim, la *kriat ha-Torah* est une *'hovat ha-tsibbour*, une obligation communautaire plutôt qu'individuelle (contrairement à la lecture de la Meguila à Pourim).

comment une phrase ou un paragraphe se terminera. Dans une culture orale, les effets littéraires les plus puissants se produisent parfois lorsque le début d'une phrase nous conduit à attendre une certaine fin et ce n'est pas ce qui se produit.

Voici les mots poignants que nous entendons : « Et il [Jacob] aimait aussi Rachel » (Gen. XXIX, 30). C'est ce que nous attendions. C'est ce que nous espérions. Jacob a désormais deux femmes, des sœurs, situation qui sera par la suite interdite dans la loi juive, situation chargée de tension. Mais notre première impression, c'est que tout ira bien. Il les aime toutes les deux.

Cette attente est balayée par l'expression suivante, *mi-Léa*, « plus que Léa ». Ce n'est pas seulement inattendu. C'est aussi grammaticalement impossible. On ne peut avoir une phrase disant « X aimait *aussi* Y *plus que* Z. » Le « aussi » et le « plus que » se contredisent. C'est l'un des rares exemples chocs dans lequel la Torah recourt délibérément à une syntaxe bancale pour désigner une relation bancale[6].

Survient alors la phrase suivante, plutôt choquante. « Le Seigneur considéra que Léa était haïe » (Gen. XXIX, 31) Léa était-elle haïe ? Non. La phrase précédente vient de préciser qu'elle était aimée. Qu'entend alors la Torah par « haïe » ? Cela signifie que c'est ce que Léa ressentait. Oui, elle était aimée, mais moins que sa sœur. Léa savait, et elle le savait depuis sept ans, que Jacob aimait passionnément sa jeune sœur Rachel, pour laquelle, dit la Torah, il avait travaillé pendant sept ans, « qui furent à ses yeux comme quelques jours, tant il l'aimait. » (Gen. XXIX, 20).

Léa n'était pas haïe. Elle était moins aimée. Mais quelqu'un dans cette situation ne peut éviter de se sentir rejeté. La Torah nous contraint à entendre la douleur de Léa dans les noms qu'elle donne à ses enfants. Le premier s'appelle Ruben, c'est-à-dire « C'est parce que *le Seigneur a vu ma misère. À présent, mon époux m'aimera.* » Le second est nommé Shimon, « parce que *le Seigneur a entendu que j'étais dédaignée.* » Elle appelle le troisième Levi, c'est-à-dire : « Maintenant *enfin mon époux me sera attaché* » (Gen. XXIX, 32-35). C'est une réelle détresse qui ressort de ces propos.

C'est la même tonalité qui ressort plus tard lorsque Ruben, l'aîné de Léa, trouve des mandragores dans les champs. On pensait alors que les mandragores

---

6. L'exemple classique est le verset intraduisible du chapitre IV de la Genèse, verset 8, dans lequel Caïn tue Abel. La brisure des mots exprime la brisure d'une relation, qui aboutit à la brisure de la moralité et au premier meurtre.

avaient des propriétés aphrodisiaques, et il en apporte donc à sa mère, espérant ainsi rapprocher ses parents. Rachel, qui a connu une autre sorte de douleur, la stérilité, aperçoit les mandragores et les demande à Léa. Celle-ci dit alors : « N'est-ce pas assez que tu te sois emparée de mon époux, sans prendre encore les mandragores de mon fils ? » (Gen. XXX, 15). La souffrance est évidente.

Remarquez ce qui s'est passé. Tout commence par l'amour. Il est question d'amour tout au long du récit. Jacob aimait Rachel. Il l'aima au premier regard. Il n'existe aucune autre histoire d'amour similaire dans la Torah. Abraham et Sarah sont déjà mariés à l'époque où nous les rencontrons pour la première fois. La femme d'Isaac a été choisie par le serviteur de son père. Mais Jacob aime. Le sentiment joue dans sa vie un rôle plus important que dans celle des autres patriarches ; c'est là le problème. L'amour unit, mais aussi, il divise. Il laisse à la personne non aimée, voire moins aimée, le sentiment d'être rejetée, abandonnée, délaissée, seule. On ne peut donc édifier une société, une communauté, ni même une famille seulement sur l'amour. La justice-en-tant-qu'équité doit aussi compter.

Les onze occurrences du mot « amour », *ahavah*, dans le livre de la Genèse, nous conduisent à une extraordinaire découverte. Chaque fois que l'amour est mentionné, un conflit survient. Isaac aimait Ésaü, mais Rebecca aimait Jacob. Jacob aimait Joseph, le premier-né de Rachel, plus que ses autres fils. D'où les rivalités fraternelles les plus fatidiques de l'histoire juive.

Ces occurrences elles-mêmes semblent éclipsées par la première fois où le mot amour apparaît dans la Torah, dans les premiers mots de l'épreuve de la ligature d'Isaac : « Prends ton fils, ton fils unique, celui que tu aimes… » (Gen. XXII, 2). Rashi, s'inspirant du Midrash (lui-même inspiré par la comparaison évidente entre la ligature d'Isaac et le livre de Job) explique que le Satan, l'ange accusateur, dit à Dieu lorsque Abraham organisa une fête pour célébrer le sevrage de son fils : « Tu vois, il aime son enfant plus que Toi. » (Rashi sur Genèse XXII, 2) Telle fut, selon le Midrash, la raison de l'épreuve : montrer que l'accusation du Satan n'avait aucun fondement.

Le judaïsme est une religion d'amour. Il en est ainsi pour de profondes raisons théologiques. Dans le monde du mythe, les dieux étaient au pire hostiles, au mieux indifférents envers l'humanité. Dans l'athéisme contemporain, l'univers et la vie n'ont aucune raison d'être. Nous sommes des aléas de la matière, le résultat d'un hasard aveugle et de la sélection naturelle. L'approche du judaïsme est la plus belle que je connaisse. Nous sommes ici parce que Dieu nous a créés avec amour et indulgence, nous demandant d'aimer et de pardonner aux autres. L'amour, l'amour de Dieu, est implicite dans le fait même de notre existence.

Tant de nos textes expriment cet amour : le paragraphe récité avant le Shema, qui parle d'un « grand » et « éternel amour » ; le Shema lui-même avec son commandement d'aimer ; les bénédictions sacerdotales à prononcer avec amour ; le *Shir haShirim*, le Cantique des cantiques, grand poème d'amour ; le chant *Lekha Dodi*, « Viens, mon aimé », de Shlomo Alkabetz ; *Yedid Nefesh*, « Aimé de l'âme » d'Elazar Azikri. Si vous voulez vivre bien, aimez. Si vous aspirez à vous rapprocher de Dieu, aimez. Si vous voulez que votre maison s'emplisse de la lumière de la Présence divine, aimez. L'amour est là où Dieu réside.

Mais l'amour ne suffit pas. Vous ne pouvez pas construire une famille, et encore moins une société, sur l'amour seulement. La justice est nécessaire. L'amour est partial, la justice est impartiale. L'amour est personnel, la justice est universelle. L'amour s'adresse à telle personne et pas à telle autre, la justice s'applique à tous. Ce n'est pas un hasard si c'est le thème de plusieurs récits de la Genèse. La Genèse parle des personnes et de leurs relations, alors que le reste de la Torah porte principalement sur la société.

La justice sans amour est terrible. L'amour sans justice est injuste, ou semblera tel aux moins aimés. Mais connaître les deux en même temps est pratiquement impossible. Niels Bohr, prix Nobel de physique, découvrit un jour que son fils avait volé un objet dans un magasin du quartier. Il se rendit compte que, dans cette situation, deux réactions étaient envisageables : il pouvait considérer son fils du point de vue d'un juge (justice) ou du point de vue d'un père (amour), mais pas les deux simultanément[7].

Au cœur d'une vie morale, se trouve un conflit qui n'a pas de solution simple. Il n'existe pas de règle générale nous disant quand l'amour est la réaction appropriée et quand c'est la justice. Dans les années 1960, les Beatles chantaient « Tout ce dont vous avez besoin c'est d'amour ». Si seulement c'était vrai, mais ce n'est pas le cas. L'amour ne suffit pas. Aimons, mais n'oublions jamais ceux qui se sentent délaissés. Eux aussi ont des sentiments. Eux aussi sont à l'image de Dieu.

---

7. Jerome Bruner, *Actual Minds, Possible Worlds*, Cambridge, MA, Harvard University Press, 1986), p. 51. En français, *Cultures et Modes de pensée, L'Esprit humain dans ses œuvres*, traduit par Yves Bonin, Paris, Retz, 2000

Vayishla'h

Sois toi-même

J'ai souvent montré que l'épisode dans lequel le peuple juif a acquis son nom – lorsque Jacob a lutté, de nuit, avec un adversaire anonyme et reçu le nom d'Israël – est essentiel pour comprendre ce qu'est un Juif. Je montre ici que cet épisode est tout aussi essentiel pour comprendre ce que diriger signifie.

Il existe plusieurs théories concernant l'identité de « l'homme » qui lutta cette nuit-là avec le patriarche. La Torah parle d'un homme. Le prophète Osée le qualifie d'ange (Osée XII, 4-5). Les sages affirment qu'il s'agissait de Samaël, ange gardien d'Ésaü et force du mal[1]. Jacob lui, était persuadé qu'il s'agissait de Dieu. « Jacob appela ce lieu Peniel 'parce que j'ai vu un être divin face à face et que ma vie est restée sauve'. » (Gen. XXXII, 31).

À mon avis, nous ne pouvons comprendre ce passage qu'en rappelant ce que fut la vie de Jacob dans son intégralité. Jacob est né en tenant dans sa main le talon d'Ésaü. Il a acquis le droit d'aînesse d'Ésaü. Il a volé la bénédiction d'Ésaü. Lorsque son père aveugle lui demande qui il est, il répond : « Je suis Ésaü, ton premier-né. » (Gen. XXVII, 19) Jacob était l'enfant qui voulait être Ésaü.

Pourquoi ? Parce qu'Ésaü était l'aîné. Parce qu'Ésaü était fort, physiquement mûr, chasseur. Surtout, Ésaü était le préféré de son père : « Isaac préférait Ésaü parce qu'il mettait du gibier dans sa bouche ; mais Rébecca préférait

---

1. Béréshit Rabbah, 77 ; Rashi sur Genèse XXXII, 35 ; Zohar I, Vayishlach, 170 a.

Jacob » (Gen. XXV, 27-28). Jacob est le paradigme de ce que René Girard, anthropologue et théoricien de la littérature appelait le *désir mimétique*, c'est-à-dire la tendance à vouloir ce que quelqu'un d'autre veut, parce que nous voulons *être* ce quelqu'un d'autre[2]. D'où la tension entre Jacob et Ésaü. Cette tension monte à un niveau insupportable lorsque Ésaü découvre que la bénédiction que son père lui avait réservée a été acquise par Jacob ; il jure alors de tuer son frère après la mort d'Isaac.

Jacob fuit chez son oncle Laban où il se heurte à d'autres conflits ; il est en route pour rentrer chez lui, lorsqu'il apprend qu'Ésaü vient à sa rencontre, accompagné d'une troupe de quatre cents hommes. Dans une description inhabituelle des émotions, la Torah dit que Jacob fut « très effrayé et plein d'anxiété » (Gen. XXXII, 8) – effrayé, sans nul doute, à l'idée qu'Ésaü se prépare à le tuer, et plein d'anxiété probablement à l'idée que l'animosité de son frère n'est pas sans fondement.

On l'a vu, Jacob avait certes des torts à l'égard de son frère. Isaac dit à Ésaü : « Ton frère a usé de tromperie et il a enlevé ta bénédiction. » (Gen. XXVII, 35) Des siècles plus tard, le prophète Osée dit : « L'Éternel va donc mettre en cause Judah, il va faire justice de Jacob selon sa conduite et le rémunérer selon ses œuvres. Dès le sein maternel, il a supplanté son frère et, en tant qu'homme il lutta avec Dieu. » (Osée XII, 3-4). Jérémie recourt au nom de Jacob pour désigner quelqu'un qui pratique la duperie : « Soyez en garde l'un contre l'autre ! Ne mettez votre confiance dans aucun frère ! Car tout frère s'applique à tromper, et tout ami colporte des calomnies » (Jer. IX, 3).

Tant que Jacob chercha à être Ésaü, tension, conflit et rivalité l'emportèrent. Ésaü se sentait dupé ; Jacob avait peur. Cette nuit-là, sur le point de revoir Ésaü après vingt-deux ans d'absence, Jacob lutte avec lui-même ; il finit par se débarrasser de l'image d'Ésaü, l'homme qu'il voulait être, image qu'il avait portée en lui toutes ces années. C'est le moment critique de la vie de Jacob. Il se contente désormais d'être lui-même. Et ce n'est qu'en cessant de vouloir être quelqu'un d'autre (selon les mots de Shakespeare « Désirant de l'un le talent, de l'autre les chances, Moi, le moins satisfait de mes dons les meilleurs[3] ») que nous pouvons être en paix avec nous-mêmes et avec le monde.

---

2. René Girard, *Violence and the Sacred*, Athlone Press, 1988. En français, *La violence et le sacré*, Grasset, 1972.
3. Shakespeare, *Sonnet 29*. Traduction de Yves Bonnefoy.

C'est l'un des grands défis que pose le leadership. Il n'est que trop facile pour un dirigeant de rechercher la popularité en devenant ce que les gens veulent qu'il (ou elle) soit – un libéral pour les libéraux, un conservateur pour les conservateurs – prendre des décisions qui entraînent des acclamations éphémères plutôt que d'agir selon ses principes et ses convictions. David Gergen, conseiller présidentiel, écrivit un jour à propos de Bill Clinton qu'il « ne sait pas exactement qui il est et tente de se définir en fonction de l'appréciation des autres. Ce qui le conduit à toutes sortes de contradictions, et le fait apparaître aux autres, en permanence, comme un mélange de forces et de faiblesses[4]. »

Les dirigeants tentent parfois « de conserver la cohésion de l'équipe » en tenant différents propos à différentes personnes ; cependant, par la suite, ces contradictions deviennent évidentes, notamment dans la transparence totale imposée par les médias modernes ; les dirigeants apparaissent alors comme étant dépourvus d'intégrité. Plus personne n'aura confiance en leurs discours. La restauration de la confiance et de l'autorité peut prendre un temps considérable. Le dirigeant peut se retrouver dans une position intenable et être contraint de démissionner. Rien ne rend un dirigeant plus impopulaire que la quête de la popularité.

Les grands dirigeants ont le courage de vivre dans l'impopularité. De son vivant, Abraham Lincoln fut vilipendé et tourné en dérision. En 1864, le *New York Times* écrivit à son sujet : « Il a été dénoncé sans fin comme un parjure, un usurpateur, un tyran, un profanateur de la Constitution, un destructeur des libertés de son pays, un hors-la-loi irresponsable, un mystificateur sans cœur assistant aux affres ultimes d'une nation à l'agonie[5] . » Jusqu'à ce qu'il devienne Premier ministre pendant la Seconde Guerre mondiale, Winston Churchill avait été considéré comme un incapable. Et, peu après la fin de la guerre, il fut vaincu aux élections législatives de 1945. Lui-même disait que « le succès consiste à trébucher d'échec en échec sans jamais perdre son enthousiasme ». John F. Kennedy et Martin Luther King furent assassinés. Lorsque Margaret Thatcher mourut, certains fêtèrent l'événement dans les rues.

Jacob n'était pas un dirigeant ; il n'avait pas encore de nation à diriger. Pourtant la Torah développe longuement la lutte qu'il mena pour son identité, parce qu'il ne s'agissait pas de la sienne propre. La plupart d'entre nous ont

---
4. David Gergen, *Eyewitness to Power*, New York, Simon & Schuster, 2001, p. 328.
5. John Kane, *The Politics of Moral Capital*, Cambridge University Press, 2001, p. 71.

connu cette lutte. (Le mot *avot* utilisé pour décrire Abraham, Isaac et Jacob, ne signifie pas seulement « pères, patriarches », mais également « archétypes »). Il n'est guère aisé de vaincre le désir d'être quelqu'un d'autre, de vouloir ce qu'il a, d'être ce qu'il est. La plupart d'entre nous ont connu de tels sentiments de temps en temps. Girard soutient que c'était la principale source de conflits tout au long de l'histoire. Il faut parfois une vie entière de lutte avant de savoir qui nous sommes et renoncer au désir d'être ce que nous ne sommes pas.

Plus que tout autre personnage dans la Genèse, Jacob est environné de conflits : pas seulement entre lui et Ésaü, mais entre lui et Laban, entre Rachel et Léa, et entre ses fils, Joseph et ses frères. C'est comme si la Torah nous disait que tant qu'il y a un conflit *en* nous, il y aura un conflit *autour* de nous. Nous devons résoudre la tension en nous-mêmes avant de pouvoir le faire pour d'autres Nous devons être en paix avec nous-mêmes avant de pouvoir être en paix avec le monde.

C'est ce qui se produit dans la *parasha* de cette semaine. Après sa lutte avec l'étranger, Jacob subit un changement de personnalité, une transformation. Il restitue à Ésaü la bénédiction dont il s'était emparé. La veille, il lui avait rendu la bénédiction matérielle en lui envoyant des centaines de chèvres, brebis, béliers, chameaux, vaches, taureaux et ânes. Il lui rend maintenant la bénédiction qui disait : « Sois le chef de tes frères et que les fils de ta mère se prosternent devant toi. » (Gen. XXVII, 29) Jacob se prosterne à sept reprises devant Ésaü. Il l'appelle « mon seigneur » (XXXIII, 8) et se désigne lui-même comme « ton serviteur » (XXXIII, 5). Il utilise en fait le mot « bénédiction », bien que ce soit souvent occulté dans les traductions. Il dit : « Reçois donc ma bénédiction qui t'a été apportée. » (XXXIII, 11) Le résultat, c'est que les deux frères se rencontrent et se séparent en paix.

Les individus entrent en conflit. Ils ont des intérêts, des passions, des désirs, des tempéraments différents. Même si ce n'était pas le cas, ils entreraient quand même en conflit, comme tout parent le sait. Les enfants – et pas seulement les enfants – recherchent l'attention, et on ne peut pas s'occuper de tous, tout le temps, de façon égale. Gérer les conflits qui affectent tout groupe humain, c'est précisément la tâche du dirigeant – et si le dirigeant n'est pas sûr de l'identité de ce groupe et ne lui fait pas confiance, les conflits perdurent. Même si le dirigeant se considère comme un artisan de paix, les conflits persisteront.

La seule réponse est « connais-toi toi-même ». Nous devons lutter avec nous-mêmes, comme le fit Jacob en cette nuit décisive, nous libérer de la personne à laquelle nous ne cessons de nous comparer, en acceptant que certaines personnes nous aimeront nous et ce que nous représentons, et d'autres non, en comprenant que mieux vaut gagner le respect de certains plutôt que la popularité de tous. Cela peut prendre une vie entière de lutte, mais le résultat, c'est une force immense. Personne n'est plus fort que celui qui sait qui il est et ce qu'il représente.

Vayishla'h

Ressentir la peur

Voici l'un des épisodes les plus énigmatiques de la Torah, mais aussi l'un des plus importants, parce que c'est le moment où le peuple juif reçoit son nom : Israël, celui qui « lutte avec Dieu et avec les hommes et qui l'emporte. »

En apprenant que son frère Ésaü vient à sa rencontre avec une troupe de quatre cents hommes, Jacob est terrifié. Il fut, dit la Torah, « très effrayé et plein d'anxiété. » Il se livra à trois formes de préparatifs : apaisement, prière et guerre (Rashi sur Gen. XXXII, 8). Il envoya à Ésaü un immense cadeau composé de troupeaux de gros et de menu bétail, espérant ainsi l'apaiser. Il pria Dieu : « Sauve-moi, de grâce, de la main de mon frère » (XXXII, 12). Et il se prépara à la guerre, répartissant sa famille en deux camps afin que l'un au moins survive.

Il demeura cependant en proie à l'anxiété. Seul, la nuit, il avait lutté jusqu'à l'aube avec un inconnu. On ne sait pas très bien de qui il s'agissait. Le texte parle d'un homme. Le prophète Osée (XII, 4) l'appelle un ange. Les sages disent qu'il s'agissait de l'ange-gardien d'Ésaü[1]. Jacob, lui, était certain d'avoir rencontré Dieu Lui-même. Il nomme l'endroit où s'est déroulée la lutte Peniel, en disant : « parce que j'ai vu un être divin face à face et que ma vie est restée sauve ». (Gen. XXXII, 31).

---

1. Béréshit Rabbah 77, 3.

Le livre de Béréshit

Il existe plusieurs interprétations : L'une, cependant, est particulièrement fascinante tant sur le plan du style que du contenu. C'est celle de rabbi Shmouel ben Meir (le Rashbam, France, vers 1085-1158), petit-fils de Rashi. Le Rashbam a une approche extrêmement originale du commentaire biblique[2]. Il avait le sentiment que les sages, si enclins fussent-ils à lire le texte pour ses répercussions halakhiques, ne parvenaient pas toujours à pénétrer ce qu'il appelait *omek peshouto shel mikra*, le sens simple du texte dans toute sa profondeur.

Le Rashbam sentait que son grand-père s'était aventuré à l'occasion vers une lecture midrashique plutôt que « littérale » du texte. Il nous dit avoir souvent débattu de cette question avec Rashi lui-même, qui admit que, s'il en avait eu le temps, il aurait écrit d'autres commentaires de la Torah à la lumière des nouvelles perspectives du sens littéral qu'il saisissait « chaque jour ». C'est une analyse fascinante de l'esprit de Rashi, le plus grand et le plus prestigieux commentateur de toute l'histoire de l'érudition rabbinique.

Ces précisions sont un prélude à la remarquable lecture que fait Rashbam de la lutte nocturne de Jacob. Il la prend comme exemple de ce que Robert Alter appelle une *scène type*[3], c'est-à-dire, un épisode stylisé qui se produit plus d'une fois dans le Tanakh. L'exemple le plus évident est la rencontre au puits d'un jeune homme et de sa future femme, scène qui, dans la Torah, se joue à trois reprises avec des variations : le serviteur d'Abraham et Rebecca, Jacob et Rachel, et Moïse et Tsippora. Certes, ces récits présentent des différences, mais les ressemblances suffisent à nous faire comprendre qu'il s'agit là d'une scène conventionnelle. Autre exemple qui revient plusieurs fois dans le Tanakh : la femme infertile jusqu'alors, donnant naissance à un héros.

Le Rashbam voit cela comme un indice permettant de comprendre le combat livré de nuit par Jacob. Il le relie à d'autres épisodes du Tanakh, deux en particulier : l'histoire de Jonas, et l'épisode obscur de la vie de Moïse, lorsque, retournant en Égypte, il est dit : « Pendant ce voyage, il [Moïse] s'arrêta dans une hôtellerie ; le Seigneur l'aborda et voulut le faire mourir » (Ex. IV, 24). Tsippora sauva alors la vie de Moïse en pratiquant une *brit* sur leur fils (Ex. IV, 25-26[4]).

---

2. C'est ce qui apparaît nettement dans son commentaire de Genèse XXXVII, 2.
3. Voir Robert Alter, *The Art of Biblical Narrative*, New York, Basic Books, 1981. En français, *L'art du récit biblique*, traduit par Paul Lebeau et Jean-Pierre Sonnet, Lessius, 2000.
4. Rashbam sur Gen. XXXII, 29. Le Rashbam inclue également l'épisode de Bileam, de l'âne et de l'ange comme autre exemple de cette scène type.

C'est l'histoire de Jonas qui fournit la clé de la compréhension des autres récits. Jonas voulut échapper à sa mission, en évitant de se rendre à Ninive pour avertir les habitants que leur ville serait détruite s'ils ne se repentaient pas. Jonas s'enfuit sur un bateau en partance pour Tarsis, mais Dieu provoqua une tempête qui menaça de couler l'embarcation. Le prophète fut alors jeté à la mer et avalé par un poisson géant qui le rejeta vivant par la suite. Jonas réalisa alors que la fuite était impossible.

La même chose, dit Rashbam, s'applique à Moïse qui, au buisson ardent, exprima à plusieurs reprises sa réticence à accomplir la tâche dont Dieu l'avait chargé. De toute évidence, Moïse tergiversait encore après avoir entrepris le voyage, ce qui déclencha le courroux divin.

Il en fut de même avec Jacob. Selon le Rashbam, en dépit des assurances de Dieu, il redoutait encore de rencontrer Ésaü. Le courage lui manqua et il tenta de s'enfuir. Dieu lui envoya un ange pour l'en empêcher.

Cette interprétation unique en son genre donne à réfléchir du fait de ses implications. Nous avons ici trois grands hommes, Jacob, Moïse et Jonas ; or, tous trois selon le Rashbam, prirent peur. De quoi ? Aucun d'eux n'était pleutre.

Ce qui les effrayait principalement, c'était l'idée de leur mission. Au buisson ardent, Moïse ne cesse de dire à Dieu : Qui suis-je ? Ils ne me croiront pas. Je ne suis pas un homme habile en parole. Jonas refusait de délivrer un message de Dieu aux ennemis d'Israël. Et Jacob venait de dire à Dieu : « je suis peu digne de toutes les faveurs et de toute la fidélité que tu as témoignées à ton serviteur » (Gen. XXXII, 11).

Ces personnages ne sont d'ailleurs pas les seuls dans le Tanakh à éprouver ce type de peur. Le prophète Isaïe, lui aussi, dit à Dieu : « Je suis un homme aux lèvres impures. » Et le prophète Jérémie : « Je ne sais point parler, car je suis un enfant. »

Il ne s'agit pas d'une peur physique. Cette peur provient d'un sentiment d'incapacité personnelle. « Qui suis-je pour diriger le peuple juif ? » demande Moïse. « Qui suis-je pour transmettre la parole de Dieu ? » demandent les prophètes. « Qui suis-je pour me tenir devant mon frère Ésaü, sachant que je perpétuerai l'alliance et lui non ? » se demandait Jacob. Les plus grands manquent parfois d'assurance, parce qu'ils savent à quel point la responsabilité est immense et à quel point ils se sentent petits pour l'affronter. Le courage ne signifie pas l'absence de peur. Il signifie avoir peur, mais surmonter sa peur. Si c'est vrai du courage physique, ce ne l'est pas moins du courage moral et spirituel.

Les remarques de Marianne Williamson sur ce sujet sont devenues célèbres à juste titre. Elle écrit :

> « Notre peur la plus profonde n'est pas que nous ne soyons pas à la hauteur. Notre peur la plus profonde est que nous soyons puissants au-delà de toutes limites. C'est notre lumière et non nos ténèbres qui nous effraie le plus. Nous nous demandons : Qui suis-je pour être brillant, magnifique, talentueux et fabuleux ? En fait, qui es-tu pour ne pas l'être ? Tu es un enfant de Dieu. Te restreindre et voir petit, ne rend pas service au monde. Il n'y a rien de brillant à se diminuer afin que les autres ne puissent pas se sentir menacés autour de toi. Nous sommes tous nés pour briller, comme des enfants le font. Nous sommes nés pour rendre manifeste la gloire de Dieu qui est en nous. Elle n'est pas seulement chez certains d'entre nous, elle est en chacun de nous. Alors que nous laissons notre propre lumière briller, inconsciemment nous donnons aux autres la permission d'en faire de même. Alors que nous nous libérons de notre propre peur, notre présence libère automatiquement les autres[5] ».

Shakespeare l'a dit, on ne peut mieux (dans *La nuit des rois*) : « ne t'effraie pas des grandeurs. Il en est qui naissent grands, d'autres qui conquièrent les grandeurs, et d'autres à qui elles s'imposent. » [Traduction de François-Victor Hugo]

J'ai parfois le sentiment que, consciemment ou non, certains fuient le judaïsme précisément pour cette raison. Qui sommes-nous pour être le témoin de Dieu dans le monde, une lumière pour les nations, un modèle pour les autres ? Si même des géants spirituels comme Jacob, Moïse et Jonas tentèrent de fuir, a fortiori, vous et moi ! La plupart d'entre nous ont certainement éprouvé cette *peur d'être indignes, peu méritants*.

Si c'est condamnable, ce n'est pas parce que ce sentiment n'est pas authentique, mais parce qu'il n'a pas lieu d'être. Certes, nous ne nous sentons pas à la hauteur avant d'entreprendre une grande tâche. Mais c'est avoir le courage de

---

5. Marianne Williamson, *A Return to Love*, HarperCollins, 1992, p. 190 ; en français, *Un retour à l'amour : manuel de psychothérapie spirituelle*, traduit par Yvan Steenhout, J'ai lu, 2004, p. 158-159.

l'entreprendre qui nous rend grands. Les dirigeants grandissent en dirigeant. Les écrivains grandissent en écrivant. Les enseignants grandissent en enseignant. Ce n'est qu'en surmontant notre sentiment d'insuffisance que nous nous attelons à la tâche, grandis et ennoblis. Selon le titre d'un célèbre livre [de Susan Jeffers], nous devons « trembler mais oser ». (*Feel the fear and do it anyway*).

N'ayez pas peur de la grandeur : c'est la raison pour laquelle Dieu lutta avec Jacob, Moïse et Jonas, et ne les laissa pas se dérober. Nous ne sommes peut-être pas nés grands, mais en étant nés Juifs (ou en étant convertis), cette grandeur nous est imposée. Et, comme l'a dit Marianne Williamson très justement, en nous libérant de la peur, nous contribuons à libérer les autres. C'est ce que nous autres Juifs sommes censés faire : avoir le courage d'être différents, de remettre en question les idoles de l'époque, d'être fidèles à nos convictions tout en aspirant à être une bénédiction pour les autres quelle que soit leur foi.

Car nous sommes tous les descendants de l'homme qui a reçu le nom signifiant : *celui qui lutte avec Dieu et avec les hommes et qui l'emporte*. Notre tâche n'est guère aisée, mais une mission digne d'intérêt l'a-t-elle jamais été ? Nous sommes aussi grands que les défis que nous avons le courage de relever. Et si, parfois, l'envie nous prend de nous enfuir, nous ne devons pas nous sentir coupables. C'est arrivé aux plus grands.

Ressentir la peur est légitime. Y céder ne l'est pas. Car Dieu a foi en nous, même si, parfois, même les meilleurs manquent de confiance en eux.

Vayishla'h
La parabole des tribus

Du début à la fin, le chapitre XXXIV de la Genèse rapporte une terrible histoire. Dina, la fille de Jacob – seule fille juive mentionnée dans l'ensemble du récit sur les patriarches – quitte la sécurité du foyer pour sortir et « faire connaissance avec les filles du pays. » (Gen. XXXIV, 1) Elle est violée et enlevée par un prince, fils du roi de la ville de Shekhem (Naplouse).

Jacob l'apprend, mais ne fait rien jusqu'au retour de ses fils. Les frères de Dina, Shimon et Levi, comprennent immédiatement qu'ils doivent agir pour la sauver. C'est une mission presque impossible. Le preneur d'otage n'est pas un quidam. En tant que fils du roi, il ne pouvait être affronté directement. Il était peu vraisemblable que le roi ordonne à son fils de libérer Dina. Les autres habitants de la ville prendraient la défense du prince. Shimon et Levi étaient seuls contre tous, deux contre une multitude. Même si tous les fils de Jacob les avaient rejoints, la disproportion numérique eut été énorme.

Shimon et Levi décident alors de recourir à la ruse. Ils consentent au mariage de Dina avec le prince, mais à une condition. Tous les hommes de la ville, sans exception, doivent être circoncis. Les hommes de Shekhem, considérant les avantages de long terme d'une alliance avec cette tribu voisine, acceptent. Ils sont affaiblis par l'opération, et c'est le troisième jour que leur douleur est la plus aiguë. Ce jour-là, Shimon et Levi entrent dans la ville et tuent tous les hommes. Ils sauvent Dina et la ramènent à la maison. Les autres frères pillent alors la ville.

Jacob est horrifié par leurs actions : « Vous m'avez rendu malheureux en me mettant en mauvaise odeur chez les habitants du pays », dit-il. (Gen. XXXIV, 30) Qu'étions-nous censés faire ? demandent les deux frères. « Devait-on laisser notre sœur être traitée comme une prostituée ? » L'épisode se termine sur cette question rhétorique, et le récit emprunte une autre voie. Mais l'horreur de Jacob face à l'action de ses fils ne prend pas fin ici. Il y revient sur son lit de mort, et en fait, maudit la colère de ses fils :

> « Shimon et Lévi sont frères ; leurs armes sont des instruments de violence. Ne t'associe point à leurs desseins, ô mon âme ! Mon honneur, ne sois pas complice de leur alliance ! Car, dans leur colère, ils ont immolé des hommes et pour leur passion ils ont frappé des taureaux. Maudite soit leur colère, car elle fut malfaisante et leur indignation, car elle a été funeste ! Je veux les séparer dans Jacob, les disperser en Israël. (Gen. XLV, 5-7)

Le passage sur l'histoire de Dina est exceptionnel. Il semble dénué de tout message moral. Personne n'en sort grandi. Shekhem, le prince apparaît comme un scélérat. C'est lui qui a enlevé et violé Dina. Hamor, son père, s'abstient de le blâmer ou de lui ordonner de libérer Dina. Shimon et Levi se sont rendus coupables d'épouvantables actes de violence. Les autres frères se sont livrés au pillage de la ville[1]. Jacob semble demeurer passif. Il n'agit pas ni n'instruit ses fils sur la façon d'agir. Dina elle-même semble au mieux coupable d'insouciance en se rendant dans ce qui était de toute évidence un quartier dangereux ; rappelons qu'aussi bien Abraham qu'Isaac, son grand-père et son arrière-grand-père, avaient craint pour leur vie du fait de l'anarchie régnant à l'époque[2].

Qui avait raison et qui avait tort ? Le texte, manifestement, ne tranche pas. Jacob condamne ses fils, mais ses fils rejettent la critique.

Ce débat s'est poursuivi et a été repris par deux des plus prestigieux rabbins du Moyen-Âge. Maïmonide se range aux côtés de Shimon et Levi, disant qu'ils avaient eu raison d'agir comme ils le firent. Les autres membres

---

1. Un tel acte est désapprouvé dans la Bible : voir Deut. XIII, 13-19, I Samuel XV, 13-26, Esther IX, 10, IX, 15-16.
2. Le Midrash se montre critique pour Dina : voir Midrash Aggadah (Buber) sur Gen. XXXIV, 1. Le Midrash Sekhel Tov critique même sa mère Léa pour l'avoir autorisée à se rendre à Shekhem.

de la ville avaient vu ce que Shekhem avait fait, le savaient coupable d'un grave délit, et aucun ne le traduisit en justice ni ne se porta au secours de la jeune fille. Ils furent donc complices de sa faute. Shekhem avait commis un crime capital, et en lui donnant abri, les habitants de la ville se trouvaient compromis[3]. Soit dit en passant, c'est un jugement fascinant dans la mesure où il laisse entendre que, pour Maïmonide, la règle selon laquelle « tous les membres d'Israël sont responsables les uns des autres » (Shevouot 39 a) ne se limite pas à Israël. Elle s'applique à toutes les sociétés. Comme allait l'écrire Isaac Arama au XVe siècle, tout crime connu qu'on laisse se perpétuer cesse d'être la faute d'individus seulement pour devenir la faute de l'ensemble de la communauté[4].

Nahmanide ne partage pas cet avis (voir son commentaire sur Gen. XXXIV, 13). Selon lui, le principe de responsabilité collective ne s'applique pas aux sociétés non juives. La loi noahide exige que toute société instaure des tribunaux, mais elle ne précise pas qu'en s'abstenant de poursuivre un criminel, tous les membres de la société se rendraient coupables d'un crime capital.

Ce débat continue aujourd'hui entre les spécialistes de la Bible. Deux en particulier soumettent le récit à une minutieuse analyse littéraire : Meir Sternberg dans son ouvrage The *Poetics of Biblical Narrative*[5] et le rabbin Elchanan Samet dans ses travaux sur la *parasha*[6]. Eux aussi parviennent à des conclusions divergentes. Sternberg soutient que le texte critique Jacob aussi bien pour son inaction que pour avoir blâmé l'action de ses fils. Pour Samet, les coupables sont, au premier chef, Shekhem et Hamor.

Les deux exégètes soulignent cependant le fait remarquable que le texte entretient délibérément l'ambiguïté morale en refusant de décrire les scélérats manifestes sous un jour exagérément négatif. Considérons le principal coupable, le jeune prince Shekhem. Le texte dit que « son cœur s'attacha à Dina, fille de Jacob ; il aima la jeune fille et il parla à son cœur. Et Shekhem dit à son père Hamor 'Obtiens-moi cette jeune fille pour épouse'. » (Gen. XXXIV, 3-4) Comparez ce récit avec la description d'Amnon, fils du roi David, qui viole sa demi-sœur Tamar. C'est aussi une histoire de vengeance sanglante. Mais le texte dit qu'Amnon, après avoir violé Tamar, « conçut une très grande haine

---

3. Maïmonide, *Mishneh Torah*, Hilkhot Melakhim 9, 14.
4. Arama, Akeidat Yitzchak, Béréshit, Vayera, porte 20, s.v. UveMidrash.
5. Meir Sternberg, *The Poetics of Biblical Narrative: Ideological Literature and the Drama of Reading*, Bloomington, Indiana UP, 1985, p. 444-481.
6. Elhanan Samet, *Iyyounim be-Parashat ha-Shevouah*, troisième série, Israël, Yediot Aharonot, 2012, p. 149-171.

contre elle, et cette haine qu'il lui voua surpassait de beaucoup l'amour qu'il avait éprouvé. 'Lève-toi, sors d'ici ! lui dit-il. » (II, Sam. XIII, 15) L'attitude de Shekhem est très différente. Il tombe amoureux de Dina et veut l'épouser. Le roi et les habitants de la ville accèdent volontiers à la requête de Shimon et Levi de se faire circoncire.

Non seulement le texte ne diabolise pas les habitants de Shekhem, mais il ne présente aucun membre de la famille de Jacob sous un jour positif. Il utilise le même mot « tromperie » (XXXIV, 13) pour désigner le stratagème de Shimon et Levi que celui qui avait été employé précédemment lorsque Jacob s'était emparé de la bénédiction d'Ésaü et que Laban avait substitué Léa à Rachel. La description de tous les personnages – depuis la flânerie aventureuse de Dina jusqu'à l'extrême violence de ses sauveteurs, en passant par le pillage par les autres frères et la passivité de Jacob – donne l'impression que le texte a été écrit délibérément pour aliéner notre sympathie.

L'effet général est celui d'une histoire ne comportant ni scélérats impénitents, ni héros sans tache. Alors, pourquoi est-elle racontée ? Dans la Torah, les histoires n'apparaissent pas simplement parce qu'elles se sont produites. La Torah n'est pas un livre d'histoire, ni d'histoires. Elle demeure silencieuse sur certaines périodes des plus importantes. Nous ne savons rien, par exemple de l'enfance d'Abraham, ou des trente-huit années sur les quarante passées par les Hébreux dans le désert. *Torah* signifie « enseignement », « instruction », « formation ». Quel enseignement la Torah veut-elle que nous tirions de ce récit dont personne ne sort indemne ?

Andrew Schmookler a élaboré une expérience mentale fort intéressante, connue sous le nom de parabole des tribus[7]. Imaginons un groupe de tribus vivant à proximité les unes des autres. Toutes choisissent la voie de la paix, à l'exception d'une seule qui entend recourir à la violence pour parvenir à ses fins. Qu'arrive-t-il aux tribus pacifistes ? L'une est vaincue et détruite. Une deuxième est conquise et soumise. Une troisième s'enfuit en un lieu éloigné et inaccessible. Si la quatrième cherche à se défendre, elle devra elle aussi recourir à la violence. « Le paradoxe réside en ce que le succès de la défense contre un agresseur utilisant le maximum de force, requiert de la

---

7. Andrew Bard Schmookler, *The Parable of the Tribes: The Problem of Power in Social Evolution*. Berkeley, University of California, 1984.

société qu'elle ressemble à celle qui la menace. La force ne peut être stoppée que par la force[8]. »

En d'autres termes, quatre issues sont possibles :

1. destruction,
2. soumission,
3. retrait et
4. imitation.

« *Dans chacune de ces issues, les voies de la force se répandent dans le système. C'est la parabole des tribus*[9]. » Rappelons que toutes les tribus, sauf une, aspirent à la paix et n'ont aucun désir d'exercer un pouvoir sur ses voisins. Néanmoins, en introduisant une seule tribu violente dans la région, la force finira par l'emporter, quelle que soit la façon dont les autres tribus choisiront de réagir. Telle est la tragédie de la condition humaine.

Alors que j'écrivais ces lignes, au cours de l'été 2014, Israël était engagé dans une lutte acharnée contre le Hamas à Gaza, où de nombreuses victimes trouvèrent la mort. L'État d'Israël ne désirait pas plus être engagé dans ce type de guerre que notre ancêtre Jacob. Tout au long de cette campagne, je me remémorais les mots du début de notre *parasha* sur les sentiments de Jacob avant sa rencontre avec Ésaü : « Jacob fut très effrayé et plein d'anxiété » (Gen. XXXII, 8), ce que les sages commentent ainsi : « effrayé, de peur d'être tué, plein d'anxiété de peur d'être contraint à tuer[10]. » Ce que nous enseigne l'épisode de Dina, ce n'est pas que Jacob, ou Shimon et Levi, avaient raison, mais qu'il peut survenir des situations dans lesquelles aucun moyen d'action n'est bon ; quoi que vous fassiez, vous avez tort ; toute option entraînera la renonciation à un principe moral[11].

---

8. *Ibid.*, p. 21.
9. *Ibid.*, p. 22.
10. Cité par Rashi *ad loc.*
11. C'est précisément le thème traité, sur un mode laïque, par Julien Benda, dans son ouvrage fondamental *La grande épreuve des démocraties*, New York, 1942. En voici un extrait : « Il n'en reste pas moins vrai que d'accepter le recours à la force, même justifié, constitue pour beaucoup de démocrates, une épreuve, et qui leur fait honneur ; tout le monde reconnaîtra que c'est une épreuve dont une démocratie menacée doit savoir triompher. » [N.d.T.]

C'est le point souligné par Schmookler, que « la force est semblable à un polluant, à une maladie qui, une fois dans la place, se propagera progressivement, mais inexorablement dans le système de sociétés rivales[12]. » Un seul acte de violence de la part de Shekhem à l'encontre de Dina contraignit deux des fils de Jacob à de violentes représailles, et finalement, chacun fut soit contaminé, soit trouva la mort. C'est révélateur de la profondeur morale de la Torah qui ne nous dissimule pas cette terrible vérité en ne nous dépeignant pas un camp comme coupable et l'autre comme innocent.

La violence nous salit tous. C'était vrai par le passé. C'est toujours vrai aujourd'hui.

---

12. Schmookler, *ibid.*, p. 22.

Vayeshev

Comment changer le monde

Dans ses *Lois sur la repentance,* Maïmonide fait l'une des déclarations les plus encourageantes de la littérature religieuse. Après avoir expliqué que le monde et nous-mêmes sommes jugés d'après la majorité de nos actions, il poursuit : Nous devrions donc prendre en considération tout au long de l'année que, si nos actions et celles du monde sont réparties à parts égales en équilibre entre le bien et le mal, notre prochaine action sera susceptible de modifier à la fois l'équilibre de notre vie et celui du monde[1]. Nous pouvons faire une différence potentiellement déterminante. C'est cette vision que nous devrions en permanence avoir à l'esprit.

Peu de déclarations sont autant en désaccord avec notre perception habituelle du monde. Chacun de nous sait que nous n'existons qu'à un seul exemplaire, et qu'il y a aujourd'hui sept milliards d'autres personnes dans le monde. Est-il concevable que nous puissions changer quelque chose ? Nous ne sommes rien de plus qu'une vaguelette sur l'océan, un grain de sable sur le rivage, une poussière dans l'infini. Est-il imaginable que par un seul acte nous puissions modifier la trajectoire de notre vie, sans parler de celle de l'humanité tout entière ? Notre *parasha* répond, oui, c'est possible ?

---

1. Hilkhot Teshouvah 3, 4.

Au cours de l'histoire des enfants de Jacob, on assiste à une tension croissante entre eux, qui menace de dégénérer en violence. Joseph, onzième enfant sur les douze, est le fils préféré de Jacob. Il était, précise la Torah, l'enfant que Jacob avait eu dans sa vieillesse. Plus important encore, il était le premier fils que Jacob avait eu avec sa femme bien-aimée Rachel. Jacob « l'aimait plus » que ses autres fils ; ils le savaient et en éprouvaient de l'amertume. Ils étaient jaloux de l'amour de leur père. Ils se sentirent provoqués par les rêves de grandeur de Joseph. La simple vue de la tunique bigarrée que Jacob lui avait offerte en témoignage de son amour provoqua leur colère.

Arrive alors l'occasion. Les frères se trouvent loin de la maison, faisant paître les troupeaux, lorsque Joseph apparaît au loin, envoyé par Jacob pour prendre de leurs nouvelles. La jalousie et la colère atteignent un paroxysme, et ils décident d'exercer une terrible vengeance. « Ils se dirent l'un à l'autre : 'Voici venir l'homme aux songes. Or çà, venez, tuons-le, jetons le dans quelque citerne, puis nous dirons qu'une bête féroce l'a dévoré. Nous verrons alors ce qu'il adviendra de ses rêves' ! »

Un seul frère est en désaccord, Ruben. Il a conscience que ce qu'ils proposent est monstrueux, et il s'y oppose. À ce moment-là, la Torah présente quelque chose d'extraordinaire. Elle énonce un fait qui ne peut être littéralement exact, et nous qui lisons cette histoire le savons. Le texte dit : « Et Ruben entendit et le sauva [Joseph] de leurs mains. »

Nous apprenons par la suite, que ce ne peut être vrai. Ruben, réalisant qu'il est seul contre tous ses frères, imagine un stratagème. Il propose : Ne le tuons pas. Jetons-le vivant dans l'une des citernes et laissons-le mourir. Ainsi, nous ne serons pas directement coupables du meurtre. Il avait l'intention de revenir plus tard à la citerne et de sauver Joseph à l'insu des autres. En disant « Et Ruben l'entendit et voulut le sauver de leurs mains », la Torah recourt au principe que « Dieu considère une bonne intention comme une action[2] ». Ruben voulut sauver Joseph et en avait l'intention, mais échoua. Le temps qu'il agisse, il était déjà trop tard. Revenu à la citerne, il découvrit que Joseph n'y était plus ; il avait été vendu en esclavage.

À ce propos, un midrash dit : « Si Ruben avait su ce que le Saint béni soit-Il, allait écrire à son propos, 'Et Ruben l'entendit et le sauva de leurs mains',

---

2. Tosefta, Peah 1, 4.

il aurait hissé Joseph sur ses épaules et l'aurait ramené à son père[3]. » Qu'est-ce que cela signifie ?

Considérons ce qui se serait passé si Ruben avait en fait agi sur le moment. Joseph n'aurait pas été vendu en esclavage. Il n'aurait pas été emmené en Égypte. Il n'aurait pas travaillé dans la maison de Putiphar. La femme de Putiphar n'aurait pas tenté de le séduire. Il n'aurait pas été jeté en prison sur une fausse accusation. Il n'aurait pas interprété les rêves du maître échanson et du maître panetier, ni, deux ans plus tard, ceux de Pharaon. Il ne serait pas devenu vice-roi d'Égypte. Il n'y aurait pas fait venir sa famille pour y séjourner.

Certes, Dieu avait dit à Abraham, bien des années plus tôt : « Sache-le bien, ta postérité séjournera sur une terre étrangère, où elle sera asservie et opprimée, durant quatre cents ans » (Gen. xv, 13). Les Hébreux seraient devenus esclaves, de toute façon. Mais, au moins, cela ne se serait pas produit par suite de leurs dysfonctionnements familiaux. Un chapitre entier de culpabilité et de honte eut été épargné aux Juifs.

Si seulement Ruben avait su ce que nous savons. *Si seulement il avait pu lire le livre.* Mais nous ne pouvons jamais lire le livre qui raconte les conséquences à long terme de nos actes. Nous ne savons jamais à quel point nous affectons la vie des autres.

Il est une histoire que j'ai trouvé particulièrement émouvante, celle d'un jeune garçon afro-américain âgé de onze ans, qui, en 1966, déménagea avec sa famille dans un quartier de Washington, jusqu'alors majoritairement blanc[4]. Assis avec ses frères et sœurs sur les marches devant leur maison, il attendait de voir comment ils seraient accueillis. Rien ne se passa. Les passants se retournèrent pour les regarder, mais personne ne leur adressa un sourire, ni même un petit signe. Toutes les histoires affreuses qu'il avait entendues sur la façon dont les blancs traitaient les noirs semblaient se révéler exactes. Des années plus tard, à propos de ces premiers jours dans leur nouvelle maison, il écrivit : « Je savais que nous n'étions pas les bienvenus ici. Je savais qu'on ne nous aimerait pas ici. Je savais que nous n'aurions pas d'amis ici. Je savais que nous n'aurions pas dû emménager ici… »

Alors qu'il se faisait ces réflexions, une femme passa sur le trottoir d'en face. Elle se tourna vers les enfants et, avec un grand sourire, dit : « Soyez les

---

[3]. Tanhouma, Vayeshev, 13.
[4]. Stephen Carter, *Civility*, New York, Basic Books, 1999, p. 61-75.

bienvenus ! » Elle disparut dans une maison et réapparut quelques minutes plus tard avec un plateau chargé de boissons et de sandwiches au fromage à la crème et à la confiture qu'elle apporta aux enfants, pour qu'il se sentent chez eux. Ce moment-là – écrivit le jeune homme des années plus tard – changea sa vie. Il lui donna le sentiment inconnu jusqu'alors, d'être chez lui. Il lui fit prendre conscience, à une époque où les relations raciales aux États-Unis étaient encore tendues, qu'une famille noire pouvait se sentir chez elle dans un quartier blanc et qu'il pouvait exister des relations ne tenant pas compte de la couleur de la peau. Au cours des années, il apprit à admirer la femme qui habitait de l'autre côté de la rue, mais ce fut ce premier geste d'accueil spontané qui devint pour lui, un souvenir impérissable. Ce geste abattit le mur de séparation et transforma des étrangers en amis.

Stephen Carter, devenu par la suite professeur de droit à Yale, écrivit un livre sur ce qu'il avait appris ce jour-là. Il l'intitula *Civility*. Cette femme, qui s'appelait Sara Kestenbaum, mourut bien trop jeune. Il ajoute que ce n'était pas une coïncidence si elle était une Juive pratiquante. « Dans la tradition juive, remarque-t-il, une telle courtoisie, un tel savoir-vivre (*civility*) est appelé 'hessed – actes de bonté, de générosité – lesquels résultent de la compréhension que les êtres humains sont créés à l'image de Dieu. « L'amabilité, ajoute-t-il, peut être considérée comme faisant partie intégrante du 'hessed : elle requiert en fait de la bonté à l'égard de son prochain, notamment l'étranger, même si c'est difficile. » À ce jour, écrit-il, « en fermant les yeux, je peux sentir sur ma langue l'onctuosité et la douceur des sandwiches au fromage à la crème et à la confiture que j'engloutis en cet après-midi d'été où je découvris comment un seul petit acte de vraie gentillesse peut changer une vie à tout jamais. »

Une seule vie, dit la Mishna est comme un univers[5]. Changer une vie, c'est commencer à changer l'univers. C'est ainsi qu'on apporte un véritable changement : une vie à la fois, un jour à la fois, un acte à la fois. On ne sait jamais à l'avance quel effet un acte isolé peut avoir. Il est même possible que nous ne le sachions jamais. Sara Kestenbaum, comme Ruben, n'eurent jamais l'occasion de lire le livre qui raconte l'histoire des conséquences de cet instant sur le long terme. Mais cette femme a agi. Elle n'a pas hésité. Pas plus, dit Maïmonide, que nous ne devrions hésiter. Notre prochaine action pourrait faire pencher la balance dans la vie de quelqu'un, ainsi que dans la nôtre.

---

5. Mishna, Sanhedrin 4, 5 (texte manuscrit original).

Nous ne sommes pas insignifiants. Nous pouvons apporter un changement dans notre monde. Ainsi, nous devenons les partenaires de Dieu dans l'œuvre de rédemption, rapprochant un tant soit peu le monde tel qu'il est de ce qu'il devrait être.

Vayeshev

Refuser la consolation et garder l'espoir

La duperie a eu lieu. Joseph a été vendu en esclavage. Ses frères trempent son vêtement dans du sang. Ils le rapportent à leur père en disant :

> « 'Voici ce que nous avons trouvé ; examine si c'est la tunique de ton fils ou non'. Il la reconnut et s'écria : 'La tunique de mon fils ! Une bête féroce l'a dévoré ! Joseph, Joseph a été mis en pièces !' Et Jacob déchira ses vêtements et il mit un cilice sur ses reins et il porta longtemps le deuil de son fils. Tous ses fils et toutes ses filles se mirent en devoir de le consoler ; mais il *refusa toute consolation* et dit : 'Non ! Je rejoindrai, en pleurant, mon fils dans la tombe !' » (XXXVII, 32-35)

Il existe dans le judaïsme des lois sur les limites du deuil – *shiva, sheloshim*, une année. Il n'existe pas de perte justifiant un deuil sans fin. Le Talmud précise que Dieu réprimande celui qui pleure au-delà du temps imparti : « Tu n'es pas plus compatissant que Moi[1]. » Et pourtant, Jacob refuse d'être consolé.

---

1. *Mo'ed Katan* 27 b.

Le livre de Béréshit

Un midrash donne une remarquable explication : « On peut être consolé pour quelqu'un qui est mort mais pas pour quelqu'un qui est encore en vie ». En d'autres termes, Jacob refusa d'être réconforté *parce qu'il n'avait pas renoncé à l'espoir que Joseph était toujours vivant*. Tel est le sort tragique de ceux qui ont perdu des membres de leur famille (les parents de soldats disparus en action par exemple), mais qui n'ont pas encore reçu de preuve de leur mort. Ils ne peuvent traverser les étapes normales du deuil, puisqu'ils ne renoncent pas à la possibilité que la personne disparue puisse encore être sauvée. Leur angoisse prolongée constitue une forme de loyauté ; pour eux, renoncer, prendre le deuil, se résigner à la perte est une forme de trahison. Dans de tels cas, le deuil ne prend pas fin. Refuser d'être consolé, c'est refuser de perdre espoir.

Pourtant, qu'est-ce qui permettait à Jacob de continuer à espérer ? Certes, il avait reconnu la tunique de Joseph tachée de sang – il dit explicitement : « Une bête sauvage l'a dévoré. Joseph a été mis en pièces. » Ces mots ne signifient-ils pas qu'il avait accepté la mort de Joseph ?

Le regretté David Daube émet une hypothèse, à mon avis convaincante[2]. Les mots prononcés par les fils de Jacob – *'haker na*, littéralement « examine (constate), je te prie » – ont une connotation quasi-juridique. Daube relie ce passage à un autre, qui présente d'étroites similitudes linguistiques :

> Si un homme donne en garde à son voisin un âne, un bœuf, un mouton ou tout autre animal et que celui-ci meure ou soit estropié ou pris de force sans que personne l'ait vu, un serment solennel interviendra entre les parties, comme quoi l'accusé n'a point porté atteinte à la chose de son prochain ; le propriétaire acceptera ce serment et l'autre ne paiera point... Si elle avait été mise en pièces, qu'il en produise la preuve ; il ne paiera point pour la bête mise en pièces. (Ex. XXII, 10-13)

Ce qui est en jeu ici, c'est l'étendue de la responsabilité assumée par un gardien (*shomer*). Si l'animal est perdu par suite de négligence, le gardien est fautif et doit compenser la perte. S'il n'y a pas eu négligence, mais seulement cas de *force majeure*, accident inévitable, imprévisible, le gardien ne peut encourir un blâme. L'un de ces cas est celui où la perte a été causée par une bête sauvage. La formulation de la loi – *tarof yitaref*, « mis en pièces » – correspond exactement

---

2. David Daube, *Studies in Biblical Law*, Cambridge, University Press, 1947.

à la déclaration de Jacob à propos de Joseph : *tarof toraf yossef*, « Joseph a été mis en pièces ».

Une telle loi existait avant le don de la Torah. Jacob lui-même dit à Laban qui lui avait confié la garde de ses troupeaux : « La bête mise en pièces, je ne te l'ai point rapportée ; c'est moi qui en subissais le dommage » (XXXI, 39) Cette phrase implique que les gardiens, déjà à l'époque, étaient dégagés de toute responsabilité pour les dommages causés par des bêtes sauvages. On sait également qu'un frère aîné assumait une responsabilité similaire pour le sort d'un jeune frère placé sous sa garde, par exemple, lorsqu'ils sont tous deux laissés seuls. Telle est la signification du refus de Caïn sommé par Dieu de rendre des comptes sur le sort d'Abel : « Suis-je le gardien (*shomer*) de mon frère ? » [IV, 9]

On comprend désormais une série de nuances dans la rencontre entre Jacob et ses fils revenus sans Joseph. Normalement, ils auraient été tenus pour responsables de la disparition de leur jeune frère. Pour éviter cela, comme dans le cas de la loi biblique ultérieure, ils « produisent le vêtement à titre de preuve ». Si cette preuve montre qu'il s'agit de l'attaque par une bête sauvage, ils doivent – en vertu de la loi alors en vigueur – être tenus pour innocents. Leur requête à Jacob – '*haker na* – doit être interprétée comme une requête juridique signifiant : « examine la preuve ». Jacob n'a pas d'autre alternative que de s'y plier, et en fonction de ce qu'il constate, de les acquitter. Un juge, cependant, peut être contraint d'acquitter un homme accusé de crime faute de preuves suffisantes pour l'inculper, tout en conservant des doutes en son for intérieur. De même, Jacob fut contraint de déclarer ses fils innocents, sans nécessairement croire leur version. En fait, Jacob n'y croyait pas, et son refus d'être consolé montre qu'il n'était pas convaincu. Il continua d'espérer que Joseph était toujours en vie. Cet espoir fut justifié par la suite : Joseph *était* vivant, et le père et le fils furent finalement réunis.

Le refus d'être consolé apparaît plus d'une fois dans l'histoire juive. Bien plus tard, le prophète Jérémie l'entendit :

> Ainsi parle le Seigneur : « Une voix retentit dans Rama, une voix plaintive, d'amers sanglots. C'est Rachel qui pleure ses enfants, *qui ne veut pas se laisser consoler* de ses fils perdus ! » Or, dit le Seigneur, que ta voix cesse de gémir et tes yeux de pleurer, car il y aura une compensation à tes efforts, dit l'Éternel, ils reviendront du pays de l'ennemi. Oui, il y a

de l'espoir pour ton avenir, dit le Seigneur : tes enfants rentreront dans leur domaine. » (Jér. XXXI, 15-17)

Pourquoi Jérémie était-il certain que les Juifs reviendraient ? Parce qu'ils refusaient de se laisser consoler, c'est-à-dire qu'ils refusaient de perdre espoir.

Il en fut de même pendant l'exil babylonien, comme l'exprime l'un des textes les plus paradigmatiques du refus d'être consolé :

> Sur les rives des fleuves de Babylone, là nous nous assîmes, et nous pleurâmes au souvenir de Sion... Comment chanterions-nous l'hymne de l'Éternel en terre étrangère ?
>
> Si je t'oublie, jamais, Jérusalem, que ma droite me refuse mon service ! Que ma langue s'attache à mon palais, si je ne me souviens toujours de toi, si je ne place Jérusalem au sommet de toutes mes joies ! (Ps. CXXXVII, 1-6)

On raconte que Napoléon, passant devant une synagogue le jour du jeûne de Tisha BeAv entendit des lamentations. « Pourquoi les Juifs pleurent-ils ? » demanda-t-il à ses officiers. « Pour Jérusalem », répondit le soldat. « Depuis combien de temps l'ont-ils perdue ? » « Plus de 1 700 ans. » « Un peuple qui est capable de pleurer la perte de Jérusalem pendant si longtemps méritera d'assister à sa reconstruction », aurait répondu l'empereur.

Les Juifs sont le peuple qui refusa d'être consolé parce qu'ils ne perdirent jamais espoir. Jacob finit par revoir Joseph. Les enfants de Rachel retournèrent effectivement dans leur pays. Jérusalem est de nouveau un foyer juif. Toutes les preuves semblent indiquer le contraire : qu'il s'agisse d'une perte irréparable, d'un décret de l'histoire qui ne peut être annulé, d'un destin qui doit être accepté, les Juifs n'ont jamais cru à ces preuves parce qu'ils avaient quelque chose d'autre à leur opposer – une foi, une confiance, un espoir inébranlable qui s'avéra plus fort que l'inexorabilité de l'histoire. Il n'est pas exagéré de dire que la survie du peuple juif a été soutenue par cet espoir. Et cet espoir provenait d'une simple – ou peut-être pas si simple – phrase de la vie de Jacob. Il refusa d'être consolé. Et c'est aussi – nous qui vivons dans un monde encore marqué par la violence, la pauvreté et l'injustice – ce dont nous devons nous inspirer.

Vayeshev

Quel est le thème des récits de la Genèse ?

L'une des questions fondamentales qui se posent à propos de la Torah se révèle être l'une des plus ardues. Quel est le principe religieux primordial enseigné depuis l'appel de Dieu à Abraham au chapitre XII de la Genèse, jusqu'à la mort de Joseph au chapitre L ? Que nous apprennent en fait tous les récits sur Abraham, Isaac, Jacob et leurs épouses, ainsi que sur les fils et la fille de Jacob ? Abraham apporta le monothéisme à un monde qui l'avait oublié, mais où le voyons-nous dans le texte-même de la Torah ?

C'est là le problème. Les onze premiers chapitres de la Genèse nous exposent de nombreux principes de base de la foi : Dieu a donné naissance à l'univers et l'a déclaré bon ; Dieu a créé l'être humain à Son image ; Dieu nous a donné la liberté et donc la capacité de faire non seulement le bien, mais aussi le mal ; le bien est récompensé et le mal puni ; nous sommes moralement responsables de nos actes. Les chapitres VIII et IX nous disent également que Dieu a conclu une alliance avec Noé, et par son intermédiaire avec toute l'humanité.

Il est également aisé d'énoncer ce que nous enseigne le reste de la Torah, de l'Exode au Deutéronome : Dieu a délivré les Hébreux de l'esclavage, les a placés sur la route de la liberté et de la Terre promise ; Dieu a conclu une alliance avec l'ensemble du peuple au mont Sinaï, avec ses 613 commandements

Le livre de Béréshit

et sa mission : faire d'Israël un royaume de prêtres et une nation sainte. Bref, la Genèse, du chapitre I à XI, porte sur la création. Les chapitres de l'Exode jusqu'à ceux du Deutéronome concernent la Révélation et la Rédemption. Mais qu'en est-il des chapitres XII à L de la Genèse ?

Abraham, Isaac et Jacob reconnaissent tous Dieu. Mais des non-Juifs aussi, comme Melkitsédek, contemporain d'Abraham, qualifié de « prêtre du Dieu suprême » (Gen. XIV, 18). De même le pharaon de l'époque de Joseph, dont il est dit : « Pourrions-nous trouver un homme tel que celui-ci, plein de l'esprit de Dieu ? » (XLI, 38). Dieu parle à Abraham, Isaac et Jacob, mais aussi à Avimélekh, roi de Guérar (Gen. XX, 3-7) et à Laban (XXXI, 24). Qu'y a-t-il donc de si particulier avec les patriarches ?

Ils ne semblent pas transmettre de nouveau principe de foi. Si ce n'est à travers la naissance d'un enfant ou pour les faire échapper à un danger, Dieu n'accomplit aucun miracle transformant le monde par leur intermédiaire. Ils ne transmettent aucune prophétie aux habitants de leur génération. À l'exception d'une allusion ambiguë lorsque la Torah dit qu'Abraham prit avec lui pour son voyage « les âmes qu'il avait réunies » (XII, 5), ce qui peut désigner les convertis qu'il avait faits, mais tout aussi bien simplement leurs serviteurs, les patriarches n'attirèrent aucun disciple. Il n'existe aucune mention explicite dans le texte indiquant qu'ils cherchèrent à persuader leurs contemporains de la vérité du monothéisme ou qu'ils luttèrent contre l'idolâtrie. Il y a tout au plus le récit de la façon dont Rachel déroba les *teraphim* de son père (XXXI, 19) qui pouvaient ou non être des idoles.

Dans les récits sur les patriarches, un thème récurrent porte certes sur les deux promesses que Dieu fit à chacun des patriarches [1] qu'ils auraient de nombreux descendants et [2] qu'ils hériteraient du pays de Canaan. Mais Dieu fit aussi des promesses à Ismaël et Ésaü, et la Torah semble insister sur le fait que ces promesses furent tenues avant les promesses faites aux enfants de l'alliance (voir Gen. XXV, 12-18 pour le récit des enfants d'Ismaël, et Gen. XXXVI pour ceux d'Ésaü). À propos des enfants d'Ésaü, par exemple, il est dit : « Ce sont ici les rois qui régnèrent dans le pays d'Édom, *avant qu'un roi régnât sur les enfants d'Israël.* (XXXVI, 31).

La question est donc réelle et déconcertante. En quoi les patriarches étaient-ils différents ? Qu'ont-ils apporté de nouveau au monde ? En quoi le monothéisme marqua-t-il une différence à leur époque ? Il y a une réponse, mais elle est troublante. Un thème apparaît pas moins de six fois (peut-être sept). Chaque fois qu'un membre de la famille de l'alliance quitte son espace pour entrer dans la société de ses contemporains, il se trouve confronté à un monde de liberté sexuelle débridée.

À trois reprises, Abraham (Gen. XII et 20) et Isaac (Gen. XXVI) sont contraints de quitter leur foyer à cause de la famine. À deux reprises, ils se rendent à Guérar. Une fois, Abraham va jusqu'en Égypte. En ces trois occasions, le mari craint d'être tué par le dirigeant de l'endroit désireux de prendre sa femme dans son harem. Les trois fois, ils prétendent que leur femme est en réalité leur sœur. Au pire, c'est un mensonge, au mieux une demi-vérité. Dans les trois cas, en apprenant la vérité, le souverain (Pharaon, Avimélekh) réagit avec indignation face à leur comportement. Les patriarches n'auraient jamais recouru à une tromperie si la peur de la mort n'avait pas été réelle.

Dans le quatrième cas, celui de Loth à Sodome (Gen. XIX), les habitants se rassemblent autour de la maison de Loth, et exigent qu'il leur livre ses deux visiteurs pour qu'ils puissent les violer. Loth leur offre à la place ses filles vierges. Seule l'intervention rapide des visiteurs – anges – qui frappent de cécité les habitants, sauve Loth et sa famille de la violence.

Dans le cinquième cas (Gen. XXXIV), le prince Shekhem viole et enlève Dina lorsqu'elle « sort faire connaissance avec les filles du pays. » Il la retient en otage, provoquant ainsi le recours à la ruse et l'effusion de sang par Shimon et Levi venus délivrer leur sœur.

Survient alors un cas marginal (Gen. XXXVIII), l'histoire de Judah et Tamar, plus complexe que les autres, et sortant du cadre général. Il y a enfin le sixième épisode, celui de la *parasha* de cette semaine, où la femme de Putiphar tente de séduire Joseph. N'y étant pas parvenue, elle l'accuse de viol et le fait emprisonner.

En d'autres termes, un thème récurrent apparaît dans la Genèse (du chapitre XII au chapitre L) : le contraste entre le comportement des membres de l'alliance abrahamique et celui de leurs voisins ; il ne s'agit pas d'idolâtrie mais plutôt d'adultère, de débauche, de débordements sexuels, de séduction, de viol et de violence sexuelle.

Le récit sur les patriarches est étonnamment proche des conceptions de Freud pour lequel l'éros est l'une des deux pulsions primales (l'autre étant thanatos, l'instinct de mort) régissant le comportement humain ; il est proche également du point de vue d'au moins un psychologue évolutionnaire (David Buss, dans ses livres *The Evolution of Desire* et *The Murderer Next Door*) selon lequel le sexe est la principale cause de violence parmi les êtres humains.

C'est pour nous l'occasion de réfléchir de façon entièrement nouvelle à la foi abrahamique. La *emouna*, mot hébreu généralement traduit par foi, ne signifie pas ce qu'il implique en français : un corpus de dogmes, une série de principes, ou un ensemble de croyances souvent établis sur des bases non-rationnelles. La *emouna* signifie fidélité, loyauté, confiance, respect des engagements pris, faire ce que l'on dit et de façon à inspirer la confiance. Elle concerne les relations, et avant tout le mariage.

Selon la Torah, le sexe relève du contexte du mariage, et c'est le mariage qui se rapproche le plus des profondes résonances de l'idée biblique de l'alliance. Un mariage est un acte d'engagement mutuel dans lequel deux personnes, acceptant leurs différences et respectant la dignité de l'autre, s'unissent en un lien d'amour pour associer leurs destinées et bâtir un avenir ensemble. Lorsque les prophètes veulent parler de la relation d'alliance entre Dieu et Son peuple, ils recourent invariablement à la métaphore du mariage.

Le Dieu d'Abraham est le Dieu de l'amour et de la confiance qui n'impose pas Sa volonté par la force ou par la violence, mais nous parle avec douceur, invitant à une réponse d'amour et de confiance. L'argumentation de la Genèse – d'autant plus impressionnante qu'elle est énoncée indirectement dans le cadre d'une série d'histoires et de portraits – consiste à montrer que l'idolâtrie mène à un monde dans lequel l'association du désir sexuel débridé, de l'absence d'un code moral de retenue et d'adoration de la force aboutit finalement à la violence et aux sévices.

Cette violence domestique et sexuelle existe encore de nos jours, même parmi les Juifs pratiquants, et c'est un opprobre et une honte. Le témoignage de la Genèse y oppose l'idée que la fidélité à Dieu signifie et exige la fidélité à notre conjoint dans le mariage. La foi – entre nous et Dieu, ou entre nous et notre prochain – signifie amour, loyauté, maîtrise et contrôle du désir.

Ce que nous disent les récits des patriarches et des matriarches, c'est que la foi n'est pas une proto- ou une pseudo-science expliquant pourquoi l'univers naturel est tel qu'il est. C'est le langage de la relation et la chorégraphie de l'amour. Ils parlent de l'importance du lien moral, en particulier, en tant qu'il affecte nos relations les plus intimes. La sexualité est importante pour le judaïsme parce qu'elle représente l'amour qui donne naissance à une nouvelle vie (il n'y est pas question de puritanisme).

Vayeshev : Quel est le thème des récits de la Genèse ?

Lorsqu'une société perd la foi, elle finit par perdre l'idée même d'éthique sexuelle, et le résultat à long terme est la violence et l'exploitation des faibles par les puissants. Des femmes en souffrent. Des enfants en souffrent. On assiste à une rupture de la confiance là où elle importe le plus. Il en allait de même à l'époque des patriarches. Et malheureusement aussi de nos jours. Le judaïsme, en revanche, est la sanctification de la relation, l'amour entre un mari et sa femme, aussi proche qu'on ne pourra jamais comprendre l'amour que Dieu éprouve pour nous.

Miketz

Celui qui écrit nos vies

C'était la première tentative véritable de Joseph de prendre son destin en mains, et elle échoua. Du moins c'est ce qu'il semblait.

Considérons l'histoire telle qu'elle est racontée dans la *parasha* de la semaine dernière. Presque tout ce qui se produit dans la vie de Joseph se divise en deux catégories. Tout d'abord les choses qui lui arrivent. Son père l'aime plus que ses autres fils. Il lui donne une tunique richement brodée.

Ses frères l'envient et le haïssent. Son père lui demande d'aller voir comment se portent ses frères qui font paître les troupeaux loin de chez eux. Il ne parvient pas à les trouver et doit compter sur un étranger pour lui indiquer la bonne direction. Les frères projettent de le tuer, puis décident de le vendre comme esclave. Il est amené en Égypte. Il est acheté par Putiphar. La femme de Putiphar le trouve attirant, tente de le séduire, et ayant échoué, porte contre lui une fausse accusation de viol, ce qui lui vaut d'être incarcéré.

C'est tout à fait extraordinaire. Joseph est le centre d'attention, pour ainsi dire, chaque fois qu'il entre en scène, et cependant, il est à maintes reprises, celui sur lequel on agit plutôt que celui qui agit, l'objet de l'action des autres plutôt que l'auteur de ses propres actions.

La seconde catégorie est encore plus remarquable. Joseph agit véritablement. Il gère la maison de Putiphar. Il organise une prison. Il interprète les rêves du maître échanson et du maître panetier. Mais en une succession de descriptions uniques en leur genre, la Torah attribue explicitement ses actions et leur réussite à Dieu.

Voici Joseph dans la maison de Putiphar :

Le Seigneur fut avec Joseph, qui devint un homme heureux qui réussit et fut admis dans la maison de son maître l'Égyptien. Son maître vit que Dieu était avec lui ; qu'il faisait prospérer toutes les œuvres de ses mains. (XXXIX, 2-3)

Du moment où il l'eut mis à la tête de sa maison et de toutes ses affaires, le Seigneur bénit la maison de l'Égyptien à cause de Joseph ; et la bénédiction divine s'étendit sur tous ses biens, à la ville et aux champs. (XXXIX, 5)

Voici Joseph dans la prison :

Le Seigneur fut avec Joseph, lui attira de la bienveillance et le rendit agréable aux yeux du gouverneur de la geôle. Ce gouverneur mit sous la main de Joseph tous les prisonniers de la geôle ; et tout ce qu'on y faisait, c'était lui qui le dirigeait. Le gouverneur de la geôle ne vérifiait rien de ce qui passait par sa main, parce que le Seigneur était avec lui ; et ce qu'il entreprenait, le Seigneur le faisait réussir. (XXXIX, 21-23)

Et voici Joseph interprétant les rêves :

« L'interprétation n'est-elle pas à Dieu ? Dites-les-moi, je vous prie. » [vos rêves] (XL, 8)

Aucun autre personnage du Tanakh ne fait l'objet de telles précisions, aussi claires, régulières et répétitives. Joseph semble déterminé, organisé, et tout lui réussit, et c'est d'ailleurs ainsi qu'il apparaît aux autres. Or, insiste la Torah, ce n'était pas lui, mais Dieu qui était l'instigateur de ses actes et de ses succès. Même lorsqu'il résiste aux avances de la femme de Putiphar, il précise expressément que c'est Dieu qui rend ce qu'elle veut moralement impossible : « Comment puis-je commettre un si grand méfait et fauter devant le Seigneur ? (Gen. XXXIX, 9)

Le seul acte qui lui soit clairement attribué est évoqué au tout début du récit, lorsqu'il calomnie les fils des servantes Bilha et Zilpa (XXXVII, 2). À cette exception près, toutes les péripéties de son sort riche en rebondissements résultent d'un acte extérieur, qu'il émane d'un autre être humain ou de Dieu (quant aux rêves de Joseph – constituaient-ils une suggestion divine ou étaient-ils le fruit de son imagination ? – c'est une autre histoire).

C'est pourquoi, à la fin de la *parasha* précédente, notre attention est sollicitée lorsque nous voyons Joseph prendre son destin en mains. Après avoir dit au maître échanson que d'ici trois jours, il serait gracié par Pharaon et serait rétabli dans son ancien poste, et absolument convaincu que c'est ce qui se produirait, il lui demande d'intercéder en sa faveur auprès de Pharaon pour le faire libérer : « Si tu te souviens de moi lorsque tout ira bien pour toi, rends-moi, de grâce, un bon office : parle de moi à Pharaon et fais-moi sortir de cette demeure. » (XL, 14)

Que se passa-t-il ? « Le maître échanson ne se souvint plus de Joseph, il l'oublia » (XL, 23). Le doublement du verbe est significatif. Il ne se souvint plus. Il oublia. La seule fois où Joseph tente d'être l'auteur de sa propre histoire, il échoue. Cet échec est déterminant.

La tradition ajoute une touche finale au drame. Elle termine la parasha de Vayeshev par ces mots, nous laissant alors au moment où ses espoirs sont anéantis. Connaîtra-t-il la gloire ? Ses rêves se réaliseront-ils ? La question « que se passe-t-il après ? » s'impose avec intensité, et nous devons attendre une semaine pour le savoir.

Le temps passe et, alors que c'était tout à fait improbable (Pharaon, lui aussi, rêve et aucun de ses magiciens ou de ses sages ne peuvent interpréter ses songes, ce qui est en soi singulier puisque l'interprétation des rêves était une spécialité des Égyptiens de l'Antiquité), nous apprenons la réponse : « Deux années passèrent ». Ces mots, qui commencent notre *parasha*, constituent la clé. Ce que Joseph espérait se produit. Il quitte la prison. Il est libéré, mais seulement au bout de deux ans.

Entre la tentative et le résultat, quelque chose est intervenu. Telle est la signification de ce laps de temps. Joseph a planifié sa libération, et il a été libéré, mais pas parce qu'il l'a planifiée. Sa propre tentative se solde par un échec. Le maître échanson l'a complètement oublié. Mais Dieu, Lui, ne l'a pas oublié. C'est Dieu, et non Joseph, qui agence l'enchaînement des événements – en particulier les rêves de Pharaon – qui conduisent à sa libération.

Ce que nous voulons voir arriver, arrive, mais pas toujours au moment où nous l'attendions, ou comme nous l'attendions, ou simplement parce que nous voulions que cela arrive. Dieu est le co-auteur du scénario de notre vie, et parfois – comme ici – Il nous le rappelle en nous faisant attendre et en nous prenant par surprise.

Tel est le paradoxe de la condition humaine telle qu'elle est appréhendée dans le judaïsme. D'un côté, nous sommes libres. Aucune religion n'a autant insisté sur la liberté et la responsabilité de l'homme. Adam et Ève étaient libres de ne pas fauter. Caïn était libre de ne pas tuer Abel. Nous cherchons des excuses à nos échecs – ce n'était pas moi ; c'était la faute de quelqu'un d'autre ; je n'ai pas pu m'en empêcher. Mais ce ne sont que des prétextes. Il n'en est pas ainsi. Nous sommes libres et nous devons assumer nos responsabilités.

Cependant, comme l'a dit Hamlet : « Il y a une divinité qui donne forme à nos desseins de quelque façon que nous les ébauchions. » Dieu est intimement impliqué dans notre vie. Arrivé à un âge mûr ou avancé, il nous arrive souvent de discerner, vaguement dans les brumes du passé, l'ébauche d'une histoire, la lente émergence d'une destinée, guidée en partie par des événements qui échappent à notre contrôle. Nous n'aurions pas pu prévoir que cet accident, cette maladie, cet échec, cette rencontre apparemment fortuite intervenue des années plus tôt, nous aurait orientés dans cette direction. Pourtant, rétrospectivement, il peut nous sembler que nous étions une pièce d'un jeu d'échecs déplacée par une main invisible qui savait exactement où elle voulait nous mener.

C'est cette conception, selon Flavius Josèphe, qui distinguait les Pharisiens (les architectes de ce que nous appelons le judaïsme rabbinique) des Sadducéens et des Esséniens. Les Sadducéens niaient l'existence d'une destinée. Ils disaient que Dieu n'intervient pas dans nos vies. Les Esséniens attribuaient tout à la destinée. Ils croyaient que tout ce que nous faisons est prédestiné par Dieu. Les Pharisiens croyaient à la fois au destin et au libre arbitre. « Car ils pensent que Dieu a tempéré les décisions de la fatalité par la volonté de l'homme pour que celui-ci se dirige vers la vertu ou vers le vice. » (*Antiquités juives*, XVIII, 1, 3)

Cela n'est nulle part plus évident que dans la vie de Joseph telle qu'elle est racontée dans la Genèse, et plus particulièrement dans l'enchaînement des événements racontés à la fin de la *parasha* de la semaine dernière et au début de celle-ci. Sans les actions de Joseph – son interprétation du rêve de l'intendant et sa demande de libération – il n'aurait pas quitté la prison. Mais sans l'interprétation divine sous la forme des rêves de Pharaon, sa libération n'aurait pas eu lieu non plus.

Telle est l'interaction paradoxale de la destinée et du libre arbitre. Comme le disait Rabbi Akiva : « Tout est contrôlé [par Dieu] mais la liberté est donnée [à l'homme]. » (Avot III, 15) Isaac Bashevis Singer l'exprime avec humour : « Nous devons croire au libre arbitre, nous n'avons pas le choix. » Dieu et nous sommes co-auteurs de l'histoire humaine. Sans nos efforts, nous ne pouvons rien accomplir. Mais sans l'aide de Dieu, nous n'obtiendrions rien non plus. Le judaïsme a trouvé une manière simple de résoudre ce paradoxe. Nous assumons la responsabilité du mal que nous faisons, et nous remercions Dieu pour le bien que nous accomplissons. Joseph est notre mentor. Lorsqu'il est contraint d'agir durement, il pleure. Mais lorsqu'il raconte sa réussite à ses frères, il l'attribue à Dieu. C'est ainsi que nous devrions vivre nous aussi.

Miketz

Trois approches des rêves

Dans l'une des plus grandes métamorphoses de toute la littérature, Joseph passe d'emblée du statut de prisonnier à celui de Premier ministre. Qu'est-ce qui fit que Joseph – complètement étranger à la culture égyptienne, un « Hébreu », un homme qui croupissait en prison pour une fausse accusation de tentative de viol – fut distingué pour devenir le dirigeant du plus grand empire du monde de l'Antiquité ?

Joseph avait trois dons rarement réunis chez une seule personne. Le premier, c'est qu'il faisait des rêves. Au début, on ne sait pas très bien si ses deux rêves d'adolescent – les gerbes de ses frères se prosternant devant la sienne, et le soleil, la lune et onze étoiles se prosternant devant lui – sont un véritable pressentiment de sa future grandeur, ou simplement l'imagination débordante d'un enfant gâté en proie à des illusions de grandeurs.

Ce n'est que dans la *parasha* Miketz de cette semaine que nous découvrons un élément d'information déterminant qui nous avait été caché jusqu'alors. Joseph dit à Pharaon, qui avait aussi fait deux rêves : « Et si le songe s'est reproduit à Pharaon par deux fois, c'est que la chose est arrêtée devant Dieu, c'est que Dieu est sur le point de l'accomplir » (Gen. XLI 32). Ce n'est que rétrospectivement que nous réalisons que le double rêve de Joseph était un signe et non un pur produit de son imagination. Joseph était véritablement destiné à être un dirigeant devant lequel sa famille allait se prosterner.

En second lieu, comme Sigmund Freud plusieurs siècles plus tard, Joseph avait le don d'interpréter les rêves des autres. C'est ce qu'il fit pour le maître échanson et le maître panetier dans la prison, puis, dans la *parasha* de cette semaine pour Pharaon. Ses interprétations n'étaient ni magiques ni miraculeuses. Dans le cas du maître échanson et du maître panetier, il se souvint que dans trois jours, ce serait l'anniversaire de Pharaon (Gen. XL, 20). Il était d'usage pour les souverains de faire un festin à l'occasion de leur anniversaire, et de décider du sort de certaines personnes (en Grande-Bretagne, l'anniversaire de la reine perpétue cette tradition). On pouvait donc raisonnablement supposer que les rêves du maître échanson et du maître panetier avaient trait à cet événement, ainsi qu'à leurs espoirs et craintes inconscients[1].

Dans le cas des rêves de Pharaon, Joseph connaissait peut-être d'anciennes traditions égyptiennes sur les famines de sept ans. Nahum Sarna cite un texte égyptien de l'époque du règne de Djoser (vers le XXVIIIe siècle avant l'ère commune) :

> « J'étais dans l'affliction sur mon grand trône, et ceux qui sont dans le palais étaient dans la tristesse. Mon cœur était dans une si grande peine, car le Nil n'était pas venu à temps pendant une durée de sept ans. Le grain était peu abondant, les graines étaient desséchées, tout ce qu'on avait à manger était en maigre quantité[2] » [traduction en français de la stèle de la famine par Paul Barguet]

L'exploit le plus impressionnant de Joseph, cependant, était son troisième don : la capacité à réaliser les rêves, à résoudre le problème dont ils étaient un signe avant-coureur. Il avait à peine parlé d'une famine de sept années qu'il enchaînait, sans interruption, pour apporter une solution.

> « Donc, que Pharaon choisisse un homme prudent et sage et qu'il le prépose au pays d'Égypte. Que Pharaon avise à ce qu'on établisse des commissaires dans le pays et qu'on impose d'un cinquième le territoire

---

1. Ibn Ezra 40, 12 et Bechor Shor 40, 12 font tous deux cette suggestion.
2. Nahum Sarna, *Understanding Genesis*, New York, Schocken, 1966, p. 219.

d'Égypte durant les sept années d'abondance. Qu'on amasse toute la nourriture de ces années fertiles qui approchent ; qu'on emmagasine du blé sous la main de Pharaon, pour l'approvisionnement des villes et qu'on le tienne en réserve. Ces provisions seront une ressource pour le pays, lors des sept années de disette qui surviendront en Égypte, afin que ce pays ne périsse pas par la famine. (Gen. XLI, 33-36)

Nous avons vu Joseph auparavant, brillant gestionnaire, aussi bien dans la maison de Putiphar que dans la prison. C'est ce don, révélé précisément au bon moment, qui conduisit à sa nomination de vice-roi d'Égypte.

Joseph nous enseigne donc trois principes. Tout d'abord : faites des rêves. Ne craignez jamais de laisser votre imagination s'envoler. Lorsque des gens me consultent à propos du leadership, je leur conseille de se donner du temps, de l'espace et de l'imagination pour rêver. Dans les rêves, nous découvrons notre passion, et suivre sa passion est le meilleur moyen de mener une vie gratifiante[3].

On pense communément qu'il est peu utile de rêver. Ce n'est pas le cas ; c'est l'une des activités les plus utiles qui soient. Certaines personnes passent des mois à préparer leurs vacances, mais pas même une journée à planifier leur vie. Elles se laissent porter au gré des vents du hasard et des circonstances. C'est une erreur. Les sages disent : « Chaque fois que [dans la Torah] nous trouvons le mot *vayehi* « Et il advint », c'est toujours le prélude à un drame[4]. » Dans une vie de *vayehi*, nous laissons passivement les choses arriver. Dans une vie de *yehi* (« faisons »), on fait en sorte que les choses arrivent, et ce sont nos rêves qui nous indiquent la direction à prendre.

Theodor Herzl auquel, plus qu'à toute autre personne, nous devons l'existence de l'État d'Israël, avait l'habitude de dire : « Si vous le voulez, ce ne sera pas un rêve ». J'ai un jour entendu de la bouche d'Elie Wiesel, une savoureuse histoire. À une époque, Sigmund Freud et Theodor Herzl vivaient dans le même quartier de Vienne. « Heureusement, dit-il, ils ne se sont jamais rencontrés. Vous imaginez ce qui se serait passé s'ils s'étaient rencontrés. Theodor Herzl

---

3. L'un des textes classiques sur ce sujet est l'ouvrage de Ken Robinson, *The Element: How Finding Your Passion Changes Everything*, New York, Penguin Books, 2009. En français, Ken Robinson et Lou Aronica, *Trouver son élément, Comment découvrir ses talents et ses passions pour transformer sa vie*, traduit par Marianne Bouvier, Play Bac Eds, 2015.
4. Meguila 10 b.

aurait dit : 'J'ai rêvé d'un État juif'. Freud lui aurait répondu : 'Dites-moi, Herr Herzl, depuis combien de temps faites-vous ce rêve ? Allongez-vous sur mon divan et je vais vous psychanalyser.' Herzl aurait été guéri de ses rêves et, aujourd'hui, il n'y aurait pas d'État juif. » Par chance, le peuple juif n'a jamais été guéri de ses rêves.

Le second principe, c'est que les dirigeants interprètent les rêves des autres. Ils formulent clairement ce qui est inexprimé, à l'état d'ébauche. Ils expriment les espoirs et les craintes d'une génération. Le discours de Martin Luther King Jr. *I Have a Dream* s'emparait des espoirs des Noirs américains pour leur donner des ailes. Ce ne sont pas les rêves de Joseph qui firent de lui un dirigeant, mais ceux de Pharaon. Nos propres rêves nous indiquent une direction ; ce sont les rêves des autres qui nous fournissent une opportunité.

Le troisième principe est le suivant : trouvez un moyen de réaliser les rêves. Identifiez d'abord le problème, puis trouvez un moyen de le résoudre. Le rebbe de Kotzk attira un jour l'attention sur une difficulté dans les écrits de Rashi. Dans son commentaire du chapitre XVIII de l'Exode, verset 1, Rashi dit que Yithro reçut le nom de Yeter (signifiant « il a ajouté ») parce qu'« il a ajouté un passage à la Torah commençant par les mots 'choisis parmi le peuple…' » (Ex. XVIII, 21). C'est arrivé lorsque Yithro vit Moïse diriger seul ; il lui en fit le reproche : il allait conduire le peuple et lui-même à l'épuisement. Il devrait donc choisir des hommes éminents et leur déléguer une partie de la charge incombant au dirigeant.

Le Kotzker fait remarquer que le passage ajouté par Yithro à la Torah ne commence pas par « choisis parmi le peuple ». Il commence plusieurs versets auparavant lorsqu'il dit « Le procédé que tu emploies n'est pas le bon. » (Ex. XVIII, 17) La réponse donnée par le Kotzker est simple. Dire : « le procédé que tu emploies n'est pas le bon » n'est pas un ajout à la Torah, c'est le simple constat d'un problème. L'ajout consiste dans la solution : déléguer.

Les bons dirigeants sont ceux qui savent résoudre les problèmes ou à défaut s'entourer de personnes qui résolvent les problèmes. Il est aisé de détecter que les choses vont mal. Ce qui fait un dirigeant, c'est sa capacité à trouver un moyen d'améliorer la situation. Le génie de Joseph, ce n'est pas d'avoir prédit sept années d'abondance suivies par sept années de famine, mais d'avoir imaginé un système de stockage qui assurerait l'approvisionnement pendant les années de vaches maigres et de famine.

Faites des rêves ; comprenez et interprétez les rêves des autres ; et trouvez les moyens de faire d'un rêve une réalité, tels sont les trois dons du leadership, les dons de Joseph.

Miketz

Apparence et réalité

Après vingt-deux ans de nombreuses péripéties, Joseph et ses frères finissent par se revoir. On ressent l'intensité dramatique du moment. La dernière fois qu'ils s'étaient retrouvés ensemble, les frères avaient projeté de tuer Joseph, puis l'avaient finalement vendu comme esclave. S'ils avaient agi ainsi, c'était en partie parce qu'il leur avait raconté ses rêves ; à deux reprises, il avait rêvé que ses frères se prosterneraient devant lui. Cela leur parut la marque d'un orgueil outrancier, d'une confiance en soi démesurée et d'une vanité sans borne.

L'orgueil est généralement sanctionné par la vengeance, et ce fut le cas de Joseph. Loin d'être un dirigeant, ses frères en firent un esclave. Puis, de façon inattendue, dans la *parasha* de cette semaine, ses rêves deviennent réalité. Les frères se prosternent effectivement devant lui, « face contre terre » (Gen. XLII, 6). On pourrait penser que l'histoire touche à sa fin. Il s'avère qu'elle n'est que le début d'un autre récit, une histoire de faute, de repentir et de pardon. Les récits bibliques ont tendance à défier les conventions narratives.

Cependant, la raison pour laquelle l'histoire ne prend pas fin avec la rencontre des frères, c'est qu'une seule personne présente à cette scène, Joseph lui-même, sait qu'il s'agit de retrouvailles. « En voyant ses frères, *Joseph les reconnut ; mais il dissimula vis-à-vis d'eux et leur parla rudement... Joseph reconnut bien ses frères, mais eux ne le reconnurent point.* » (Gen. XLII, 7-8)

Ils ne le reconnurent pas pour plusieurs raisons. Plusieurs années avaient passé. Ils ne savaient pas qu'il se trouvait en Égypte. Ils le croyaient toujours esclave, alors que cet homme était vice-roi. De plus, il ressemblait à un Égyptien, parlait l'égyptien, et avait un nom égyptien Tsofnat Paaneakh. Plus important encore, il portait l'uniforme d'un Égyptien de haut rang. C'était ainsi que Pharaon l'avait élevé dans la hiérarchie lorsque Joseph avait interprété ses rêves :

> Alors Pharaon dit à Joseph : « Vois ! je te mets à la tête de tout le pays d'Égypte. » Et Pharaon ôta son anneau de sa main et le passa à celle de Joseph ; il le fit habiller de byssus et suspendit le collier d'or à son cou. Il le fit monter sur son second char ; on cria devant lui : « dégagez la voie », et il fut installé chef de tout le pays d'Égypte. (Gen. XLI, 41-43)

Des fresques égyptiennes et des découvertes archéologiques comme le tombeau de Toutankhamon montrent à quel point les vêtements de fonction des Égyptiens étaient stylisés et travaillés. Les vêtements différaient en fonction du rang de l'individu. Les premiers pharaons portaient deux coiffes, une blanche pour souligner le fait qu'ils étaient rois de la Haute-Égypte, et une rouge pour indiquer qu'ils étaient rois de la Basse-Égypte. Comme tous les uniformes, les vêtements racontent une histoire ou, comme on le dit de nos jours, « expriment quelque chose. » Ils clament le statut d'une personne. L'individu vêtu comme cet Égyptien devant lequel les frères venaient de se prosterner ne pouvait être leur frère Joseph disparu depuis longtemps. Mais c'était bien lui.

Cela semble un détail mineur. Je voudrais montrer que c'est le contraire. C'était en fait une question de tout premier plan. Remarquons avant tout que la Torah dans son ensemble, et la Genèse en particulier, a une certaine façon d'attirer notre attention sur un thème majeur : elle nous le présente en épisodes récurrents. Robert Alter les appelle des « scènes types[1] ». Par exemple le thème de la rivalité entre frères et sœurs apparaît à quatre reprises dans la Genèse : Caïn et Abel, Isaac et Ismaël, Jacob et Ésaü, et Joseph et ses frères. Il y a aussi le thème qui revient à trois reprises du patriarche contraint par la famine à quitter son foyer, et qui se rend compte qu'il lui faut demander à sa femme de prétendre qu'elle est sa sœur, sous peine d'être assassiné. Et il y a le thème

---

1. Robert Alter, *The Art of Biblical Narrative*, New York, Basic Books, 1981, p. 55-78.

de la future femme rencontrée au puits, qui revient également à trois reprises : Rebecca, Rachel et (au début du livre de l'Exode) Tsippora, la fille de Jethro.

La rencontre entre Joseph et ses frères est la cinquième d'une série d'histoires où le vêtement joue un rôle clé. La première est celle de Jacob qui revêt les habits d'Ésaü tout en apportant un repas à son père afin de pouvoir, par un artifice, s'emparer de la bénédiction de son frère. La deuxième est la tunique finement brodée ou « tunique bigarrée » que les frères rapportent à leur père, tachée de sang, prétendant qu'une bête sauvage a dû s'emparer de lui. La troisième est l'histoire de Tamar retirant ses vêtements de deuil pour se couvrir d'un voile, et se faire passer pour une prostituée. La quatrième est le vêtement que Joseph abandonne aux mains de la femme de Putiphar en échappant à sa tentative de le séduire. La cinquième figure dans la parasha de cette semaine dans laquelle Pharaon revêt Joseph des habits d'un Égyptien de haut rang, vêtement en lin, chaîne en or et sceau royal.

Ces cinq cas ont pour point commun de faciliter la duperie. Dans chacun des cas, le vêtement crée une situation où la réalité n'est pas ce qu'elle semble être. Jacob porte les vêtements d'Ésaü parce qu'il craint que son père aveugle ne le tâte et ne réalise que sa peau douce n'appartient pas à Ésaü mais à son cadet. Finalement, ce n'est pas seulement la texture, mais aussi l'odeur des vêtements qui abuse Isaac. « Voyez ! le parfum de mon fils est comme le parfum d'une terre favorisée du Seigneur ! » (Gen. XXVII, 27)

La tunique tachée fut présentée par les frères pour cacher leur responsabilité dans la disparition de Joseph. Jacob « la reconnut et s'écria : 'La tunique de mon fils ! Une bête féroce l'a dévoré ! Joseph a sûrement été mis en pièces ! » (Gen. XXXVII, 33)

Le déguisement de Tamar en prostituée voilée était destiné à duper Judah et à l'amener à partager sa couche puisqu'elle voulait avoir un enfant pour « relever le nom » de son défunt mari Er. La femme de Putiphar se servit du vêtement déchiré de Joseph en guise de « preuve » lorsqu'elle l'accusa de tentative de viol, crime dont il était totalement innocent. Enfin, Joseph utilisa le fait que ses frères ne le reconnaissaient pas pour mettre en scène toute une série d'événements afin de vérifier s'ils étaient encore capables de vendre un frère en esclavage ou s'ils avaient changé.

Ainsi, les cinq récits à propos des vêtements ne racontent qu'une seule et même histoire : *la réalité n'est pas nécessairement ce qu'elle semble être*. Les apparences sont trompeuses. C'est donc avec émerveillement que nous avons

Le livre de Béréshit

découvert que la racine hébraïque *b-g-d* est aussi bien celle du mot désignant le vêtement que celle du mot trahison, comme dans la formule de l'aveu *ashamnou, bagadnou* « nous nous sommes rendus coupables, nous avons trahi. »

S'agit-il d'un simple artifice littéraire, une façon de relier diverses histoires autrement sans rapport ? Ou y a-t-il quelque chose de plus fondamental ?

Heinrich Graetz, l'historien juif du XIXᵉ siècle, a souligné une différence fondamentale entre le judaïsme et les autres cultures antiques :

> « Le païen perçoit le divin dans la nature par l'intermédiaire de l'œil, et il en prend conscience comme quelque chose qu'on regarde. Par ailleurs, pour le Juif qui conçoit Dieu comme étant extérieur à la nature et antérieur à elle, le Divin se manifeste par la volonté et par l'intermédiaire de l'oreille... Le païen contemple son dieu, le Juif L'entend ; c'est-à-dire qu'il appréhende Sa volonté[2]. »

Au XXᵉ siècle, Erich Auerbach, théoricien de la littérature, a opposé le style littéraire d'Homère à celui de la Bible hébraïque[3]. Dans la prose d'Homère, nous voyons le jeu de la lumière en surface. *L'Iliade* et *L'Odyssée* abondent en descriptions visuelles. En revanche, le récit biblique contient très peu de descriptions. Nous ne connaissons pas la taille d'Abraham, ni la couleur de cheveux de Myriam, ni même un détail de l'apparence de Moïse. Les précisions visuelles sont rares, et ne sont présentes que lorsqu'elles sont nécessaires pour comprendre la suite. On souligne par exemple la beauté de Joseph (Gen. XXXVI, 6), seulement pour expliquer pourquoi la femme de Putiphar le désirait.

La clé des cinq récits apparaît plus loin dans le Tanakh, dans le récit biblique sur les deux premiers rois d'Israël. De par son apparence, Saul avait tout d'un roi. Il « dépassait de l'épaule » tout le reste du peuple (I Sam. IX, 2). Il était grand. Il avait la présence et la prestance d'un roi. Mais il manquait de confiance en lui. Il suivait le peuple au lieu de le diriger. Samuel dut le réprimander en ces termes : « Si tu es *petit à tes propres yeux*, n'es-tu pas le chef des

---

2. Heinrich Graetz, *The structure of Jewish history, and other essays*, New York, Ktav Publishing House, 1975, p. 68.
3. Erich Auerbach, *Mimesis: The Representation of Reality in Western Literature*. Garden City, NY, Doubleday, 1957, p. 3-23. En français, *Mimésis : La représentation de la réalité dans la littérature occidentale*, traduit de l'allemand par Cornélius Heim, Gallimard, 1968, p. 11-34.

tribus d'Israël ? » Apparence et réalité étaient en opposition. Saul avait une stature physique, mais pas de stature morale.

Le contraste avec David est total. Lorsque Dieu ordonne à Samuel de se rendre dans la famille de Yishaï pour trouver le prochain roi d'Israël, personne ne pensa même à David, le plus jeune et le plus petit de la famille. L'impulsion première de Samuel le porta à choisir Eliav qui, à l'instar de Saul, avait le « physique de l'emploi ». Mais Dieu lui dit : « Ne considère point sa mine ni sa haute taille, celui-là je le repousse. Ce que voit l'homme ne compte pas : *l'homme ne voit que l'extérieur, Dieu regarde le cœur.* » (I Sam. XVI, 7).

Ce n'est qu'après avoir lu tous ces récits que nous pouvons retourner à la toute première histoire où les vêtements jouent un rôle : celle d'Adam et Ève, et du fruit interdit ; après en avoir goûté, ils voient qu'ils sont nus. Ils ont honte et se font des vêtements. Cette histoire sera racontée une autre fois, mais son thème est désormais clair. Il concerne les yeux et les oreilles, la vue et l'ouïe. La faute d'Adam et Ève n'avait pas grand-chose à voir avec le fruit ou la sexualité ; le problème était qu'ils avaient laissé ce qu'ils voyaient l'emporter sur ce qu'ils avaient entendu.

« Joseph reconnut ses frères, mais eux ne le reconnurent pas. » La raison en est que, depuis le début, ils laissèrent leurs sentiments suivre ce qu'ils voyaient, la « tunique bigarrée » qui attisa leur jalousie à l'égard de leur jeune frère. Si vous jugez d'après les apparences, vous manquerez la vérité profonde concernant les situations et les hommes. C'est pourquoi, dans le judaïsme, l'impératif premier est *Shema Israël*, « Écoute, Ô Israël », et c'est pourquoi, en prononçant la première ligne du *Shema*, nous plaçons notre main sur nos yeux pour ne pas voir.

Les apparences sont trompeuses. Les vêtements trahissent. Une compréhension plus profonde, qu'il s'agisse de Dieu ou des êtres humains, ne peut venir des apparences. Afin de choisir entre le bien et le mal, entre le bon et le mauvais – afin de mener une vie morale – nous devons veiller non seulement à regarder, mais aussi à écouter.

Vayigash

Choix et changement

Les chapitres XXXVII à L de la Genèse constituent le récit ininterrompu le plus long de la Torah, et il ne fait aucun doute que Joseph en est le héros. L'histoire commence et se termine avec lui. On le voit enfant, choyé – voire gâté – par son père ; adolescent rêveur, jalousé par ses frères ; esclave, puis prisonnier, en Égypte ; peu après, deuxième personnage de l'empire le plus puissant de l'Antiquité. À chaque étape, le récit évolue autour de lui et de l'influence qu'il exerce sur les autres. Il domine le dernier tiers de la Genèse, projetant son ombre sur tout le reste. Presque depuis le début, il semble voué à une destinée d'exception.

Or, l'histoire ne s'est pas déroulée ainsi. Au contraire, c'est un autre frère qui, le moment venu, laisse sa marque sur le peuple juif. En fait, nous portons son nom. La famille de l'alliance est connue sous plusieurs noms. L'un est *Ivri* « Hébreu » (peut-être relié à l'ancien terme apiru) qui signifie « étranger, marginal, nomade, celui qui erre de lieu en lieu ». C'est ainsi qu'Abraham et ses enfants étaient connus. Le second est *Yisrael*, dérivé du nouveau nom reçu par Jacob après « qu'il eut lutté avec Dieu et avec les hommes et l'ait emporté. » Après la division du royaume et la conquête du Nord par les Assyriens, cependant, ils devinrent des *Yehoudim* ou Juifs, car c'était la tribu de Judah qui domina le royaume du Sud, et survécut à l'exil babylonien. Ainsi, ce ne fut pas Joseph, mais Judah qui conféra son identité au peuple, Judah qui devint l'ancêtre du plus grand roi d'Israël, David, Judah dont naîtra le messie. Pourquoi Judah et non Joseph ? La réponse réside de toute évidence au début de la parasha de Vayigash, lorsque les deux frères s'affrontent et que Judah plaide pour la libération de Benjamin.

L'indice se trouve plusieurs chapitres auparavant, au début de l'histoire de Joseph. C'est là que nous découvrons que ce fut Judah qui proposa de vendre Joseph en esclavage :

> Judah dit à ses frères : « Quel avantage, si nous tuons notre frère et si nous scellons sa mort [littéralement si nous couvrons son sang] ? Venez, vendons-le aux Ismaélites et que notre main ne soit pas sur lui, car il est notre frère, notre chair ! » Et ses frères consentirent (XXXVII, 26-27)

C'est un discours d'une monstrueuse insensibilité. Il n'y a pas un mot sur la gravité du meurtre, seulement un calcul pragmatique (« Quel avantage ? »). Au même moment, il qualifie Joseph de « notre propre chair », et propose de le vendre en esclavage. Judah n'a pas la tragique noblesse de Ruben qui, seul parmi les frères, comprend que ce qu'ils font est mal et tente (en vain) de le sauver. À ce stade, Judah est la dernière personne dont nous attendrions de nobles actions.

Pourtant, c'est Judah – plus que n'importe qui d'autre dans la Torah – qui opère un véritable changement. L'homme que nous voyons des années plus tard n'est plus ce qu'il avait été. À l'époque, il était prêt à voir son frère vendu en esclavage. Maintenant, il est prêt à subir ce sort lui-même plutôt que de voir Benjamin détenu comme esclave. Comme il le dit à Joseph :

> Donc, de grâce, que ton serviteur, à la place du jeune homme, reste esclave de mon seigneur et que le jeune homme reparte avec ses frères. Car comment retournerais-je près de mon père sans ramener son enfant ? Pourrais-je voir la douleur qui accablerait mon père ? (XLIV, 33-34)

C'est là un revirement caractérisé. L'insensibilité a cédé la place à la sollicitude. L'indifférence quant au sort de son frère s'est transformée en courage. Il est prêt à endurer ce qu'il avait autrefois infligé à Joseph afin d'épargner ce sort à Benjamin. Joseph révèle alors son identité. Nous savons pourquoi. Judah a réussi le test que Joseph avait minutieusement préparé à son intention. Joseph voulait savoir si Judah avait changé. Oui, il avait changé.

Vayigash : Choix et changement

C'est un moment hautement significatif dans l'histoire de l'esprit humain. Judah est le premier repentant – le premier *baal teshouva* – de la Torah. D'où provient ce revirement dans son caractère ? Pour répondre, il nous faut retourner au chapitre XXXVIII, à l'histoire de Tamar. Celle-ci, on s'en souvient, avait épousé les deux fils aînés de Judah qui étaient morts tous les deux, la laissant veuve et sans enfant. Judah, craignant que son troisième fils ne partage leur sort, le retient – la laissant dans l'incapacité de se remarier et d'avoir des enfants. Lorsqu'elle comprend sa situation, Tamar se déguise en prostituée, amène Judah à avoir des relations intimes avec elle. Elle tombe enceinte. Judah, ignorant la supercherie, en conclut qu'elle a dû avoir des relations interdites et ordonne sa mise à mort. Tamar – qui, sous son déguisement, avait obtenu de Judah, en gage, son sceau, son cordon et son bâton – les lui envoya avec le message suivant : « Le père de mon enfant est l'homme à qui ces objets appartiennent ». Judah comprend toute l'histoire. Non seulement il a placé Tamar dans une situation impossible de veuvage, et non seulement il est le père de son enfant, mais il réalise aussi qu'elle a fait preuve d'une extraordinaire discrétion en révélant la vérité sans lui faire honte (c'est de cet acte de Tamar que découle le précepte selon lequel « on doit plutôt se jeter soi-même dans une fournaise ardente plutôt que de faire honte à quelqu'un en public »). Tamar est l'héroïne de l'histoire, mais la conséquence est d'importance. Judah admet qu'il avait tort. « Elle est plus juste que moi », dit-il. C'est la première fois, dans la Torah, que quelqu'un reconnaît sa propre culpabilité. C'est aussi un moment décisif dans la vie de Judah : l'émergence de cette capacité à reconnaître ses propres erreurs, à éprouver du remords, et à changer – phénomène complexe appelé *teshouva* – qui, par la suite, mène à la grande scène de Vayigash au cours de laquelle Judah se montre capable de changer radicalement, à son détriment, et à agir à l'opposé de son attitude précédente. Judah est un *ish teshouva*, un homme du repentir.

On comprend maintenant la signification de son nom. Le verbe *lehodot* a deux sens. Il signifie « remercier », et c'est ce que Léa avait à l'esprit en donnant son nom à son quatrième fils Judah : « cette fois je remercierai le Seigneur ». Mais il veut dire aussi « admettre, reconnaître ». Le terme biblique *vidouï*, « aveu » – qui faisait et fait partie intégrante du processus de la *teshouva* et en est selon Maïmonide son élément central – provient de la même racine. Judah signifie « celui qui a reconnu sa faute. »

On comprend désormais l'un des axiomes fondamentaux de la *teshouva* : « Rabbi Abahou dit : là où se tiennent les repentants, les justes parfaits ne peuvent se tenir » (Berakhot 34 b). Le texte sur lequel se fonde cette affirmation provient du verset d'Isaïe (LVII, 19) « Paix, paix, dit-il, pour qui s'est éloigné comme pour le plus proche ! » Le verset dit « s'est éloigné » avant celui qui « est proche ». Comme l'explique le Talmud, l'interprétation de Rabbi Abahou fait l'objet de controverses. Rabbi Yo'hanan interprète « éloigné » comme « éloigné de la faute », plutôt que « éloigné de Dieu ». La preuve véritable est Judah. Judah est un repentant, le premier de la Torah. Joseph est invariablement reconnu dans la tradition comme *ha-tsadik*, « le juste ». Joseph est devenu *mishneh le-melekh*, « vice-roi ». Judah, lui, devint le père des rois d'Israël. Là où se tient Judah le repentant, même le juste parfait Joseph ne peut se tenir. Si grand que soit un individu de par ses qualités ou son caractère, celui qui est capable de grandir et de changer est plus grand encore. Telle est la puissance du repentir, et celle-ci commence avec Judah.

Vayigash

La naissance du pardon

Il est des moments qui changent le monde : 1450, lorsque Johannes Gutenberg inventa la presse d'imprimerie à caractères mobiles (bien que les Chinois l'aient conçue quatre siècles plus tôt) ; 1821, lorsque Faraday inventa le moteur électrique ; ou 1990, quand Tim Berners-Lee créa le World Wide Web. Il y a un moment de ce genre dans la *parasha* de cette semaine, et à sa façon, il pourrait bien avoir transformé le monde tout autant que les exemples cités plus haut. Il survient lorsque Joseph révèle enfin son identité à ses frères. Tandis qu'ils demeurent silencieux et en état de choc, il poursuit :

> Je suis Joseph, votre frère que vous avez vendu pour l'Égypte. Et maintenant, ne vous affligez point, ne soyez pas irrités contre vous-mêmes de m'avoir vendu pour ce pays ; car c'est pour le salut que le Seigneur m'y a envoyé avant vous… Non, ce n'est pas vous qui m'avez fait venir ici, c'est Dieu. (Gen. XLV, 4, 8)

C'est le premier témoignage de l'histoire du pardon d'un être humain à un autre.

Selon le Midrash, Dieu avait pardonné avant cet épisode[1], mais cela ne ressort pas clairement du texte lui-même. Le pardon est étonnamment absent dans les récits du Déluge, de la tour de Babel et de Sodome. Lorsque Abraham adresse son audacieuse prière pour les habitants de Sodome, il ne demande pas à Dieu de leur pardonner. Son argument portait sur la justice, pas sur le pardon. Peut-être y avait-il des innocents là-bas, cinquante ou même dix. Il serait injuste qu'ils meurent. Leur mérite devrait sauver les autres, dit Abraham. Il ne demande pas du tout à Dieu de pardonner.

Joseph a pardonné. C'est la première fois dans l'histoire. Pourtant, la Torah laisse entendre que les frères n'appréhendèrent pas complètement le sens de ses paroles. Après tout, il n'utilisa pas explicitement le mot « pardon ». Il leur dit de ne pas se tourmenter. Il ajoute : « Ce n'est pas vous, c'est Dieu. » Il leur apprend que leur acte a eu une issue positive. Mais tous ces propos pouvaient conforter l'idée qu'ils étaient coupables et méritaient une punition. La Torah rapporte donc un second événement, intervenu des années plus tard, après la mort de Jacob. Les frères voulaient rencontrer Joseph, craignant qu'il ne cherche maintenant à se venger. Ils inventèrent l'histoire suivante :

> Ils mandèrent à Joseph ce qui suit : « Ton père a commandé avant sa mort, en ces termes : 'Parlez ainsi à Joseph : Oh ! *Pardonne*, de grâce, l'offense de tes frères et leur faute et le mal qu'ils t'ont fait !' Maintenant donc, *pardonne* leur tort aux serviteurs du Dieu de ton père ! » Joseph pleura lorsqu'on lui parla ainsi (Gen. L, 16-18)

Ce discours était un pieux mensonge, mais Joseph en comprit la raison. Les frères utilisèrent le mot « pardonne » – première occurrence explicite dans la Torah – parce qu'ils n'étaient pas encore très sûrs de ce que Joseph voulait dire. Quelqu'un pardonne-t-il vraiment à ceux qui l'ont vendu en esclavage ? Joseph pleura parce que ses frères n'avaient pas vraiment compris qu'il leur avait pardonné depuis longtemps. Il ne ressentait aucune colère, ne nourrissait aucune rancœur, aucun désir de vengeance. Il avait maîtrisé toutes ces émotions et repensé sa compréhension des événements.

---

1. Il existe des allusions midrashiques selon lesquelles Dieu avait en partie pardonné, ou du moins atténué les châtiments d'Adam, Ève et Caïn. On dit qu'Ismaël se repentit, et certaines interprétations midrashiques identifient Ketourah, la femme épousée par Abraham après la mort de Sarah, à Hagar, ce qui suppose qu'Abraham et Isaac furent réunis et réconciliés avec la servante de Sarah et son fils.

Vayigash : La naissance du pardon

Le pardon ne figure pas dans toutes les cultures. Ce n'est ni un impératif humain universel, ni un impératif biologique. Nous le savons grâce à une étude fascinante devenue un classique, de l'auteur américain David Konstan, *Before Forgiveness: The Origins of a Moral Idea*[2]. Il y démontre qu'il n'existait pas de concept de pardon dans la littérature des Grecs de l'Antiquité. Il s'agissait de quelque chose d'autre, souvent interprété à tort comme le pardon : *l'apaisement de la colère*.

Lorsque quelqu'un cause du tort à son prochain, la victime est en colère et cherche à se venger. Cela présente de toute évidence un danger pour le coupable qui doit alors tenter de calmer la victime et l'inciter à passer à autre chose. Il peut trouver des excuses : ce n'était pas moi, c'était quelqu'un d'autre. Ou, c'était moi, mais je n'ai pas pu m'en empêcher. Ou bien, c'était moi, mais c'était une petite erreur ; de plus, je t'ai souvent rendu service par le passé, donc, à tout prendre, tu ne devrais pas relever.

Inversement, ou en liaison avec ces autres stratégies, le coupable peut supplier, plaider sa cause et se livrer à quelque rituel de soumission ou d'humiliation. C'est une façon de dire à la victime : « Je ne constitue pas vraiment une menace. » Le mot grec *sugnome*, traduit parfois par pardon, signifie en réalité, précise Konstan, *disculpation* ou *absolution*. Ce n'est pas que je te pardonne pour ce que tu as fait, mais je comprends pourquoi tu l'as fait – tu ne pouvais pas vraiment t'en empêcher, tu étais prisonnier de circonstances qui échappaient à ton contrôle – ou bien, je n'ai pas besoin de me venger parce que tu m'as prouvé par ta soumission que tu me respectes. Ma dignité m'a été rendue.

L'exemple classique d'apaisement dans la Torah est celui du comportement à l'égard d'Ésaü lorsque les deux frères se rencontrent de nouveau après une longue séparation. Jacob avaient fui sa maison lorsque Rebecca avait surpris les propos d'Ésaü décidé à le tuer après la mort d'Isaac. (Gen. XXVII, 41). Avant la rencontre, Jacob envoie un énorme don en bétail, se disant : « Je vais l'*apaiser* avec le présent qui me devance, et ensuite, je regarderai son visage ; peut-être m'acceptera-t-il. » (Gen. XXXII, 21). Lors de la rencontre des frères, Jacob se prosterne devant Ésaü à sept reprises, rituel traditionnel d'humiliation. Les frères se rencontrent, s'embrassent, s'étreignent et repartent chacun de leur côté, non pas parce qu'Ésaü a pardonné à Jacob, mais parce qu'il a oublié ou s'est apaisé.

---

[2]. David Konstan, *Before Forgiveness: the origins of a moral idea*, Cambridge, Cambridge University Press, 2010.

L'apaisement comme mode de gestion des conflits existe même en dehors du genre humain. Frans de Waal, primatologue, a décrit des rituels de réconciliation chez les chimpanzés, les bonobos et les gorilles des montagnes[3]. Les animaux sociaux s'affrontent pour établir leur domination, mais il faut aussi qu'existent des moyens de restaurer l'harmonie au sein du groupe pour que celui-ci puisse survivre. Il y a donc, depuis l'aube de l'humanité, des formes d'apaisement et de réconciliation d'ordre pré-moral.

Ce n'est pas le cas du pardon. Konstan affirme qu'il apparaît pour la première fois dans la Bible et cite le cas de Joseph. Ce qu'il n'explique pas clairement, c'est pourquoi Joseph pardonne, et pourquoi l'idée et l'institution sont apparus spécifiquement dans le judaïsme.

La réponse, c'est qu'au sein du judaïsme, est née une nouvelle forme de moralité. Le judaïsme est (avant tout) une éthique de la culpabilité, contrairement à la plupart des autres cultures, qui sont des éthiques de la honte. L'une des différences fondamentales, c'est que la honte se rattache à la personne. La culpabilité se rattache à l'acte. Dans les cultures de la honte, lorsqu'une personne commet un acte répréhensible, c'est comme si elle était salie, marquée, souillée. Dans les cultures de la culpabilité, ce qui est mal, ce n'est pas l'auteur d'un acte, le fauteur, mais la faute. La personne conserve sa valeur intrinsèque. (« L'âme que Tu m'as donnée est pure », disons-nous dans nos prières). C'est l'acte qui doit être rectifié. D'où la présence, dans les cultures de culpabilité, de processus de repentance, d'expiation et de pardon.

Telle est l'explication du comportement de Joseph dès le moment où ses frères apparaissent devant lui en Égypte pour la première fois, jusqu'au moment où, dans la *parasha* de cette semaine, il dévoile son identité et pardonne à ses frères. C'est l'exemple classique d'un processus d'expiation entre frères, le premier dans la littérature. Joseph nous enseigne donc, et la Torah nous enseigne, comment *obtenir* le pardon.

Rappelons ce qui s'est passé. D'abord, il accuse les frères d'un délit qu'ils n'ont pas commis. Il les accuse d'être des espions. Il les emprisonne pendant trois jours. Puis, retenant Shimon en otage, il leur demande de rentrer chez eux et de ramener leur plus jeune frère Benjamin. En d'autres termes, il les oblige à

---

[3]. Frans de Waal, *Peacemaking among Primates*, Cambridge, MA, Harvard University Press, 1989. En français, *De la réconciliation chez les primates*, traduit par Marianne Robert, Flammarion, 2002.

reconstituer la scène du passé lorsqu'ils revinrent chez leur père, l'un des frères, Joseph, manquant. Remarquez ce qui se produit ensuite :

> Et ils se dirent l'un à l'autre : « En vérité, nous sommes punis [*ashemim*] à cause de notre frère ; nous avons vu son désespoir lorsqu'il nous criait de grâce et nous sommes demeurés sourds. Voilà pourquoi ce malheur nous est arrivé… » Or ils ne savaient pas que Joseph les comprenait, car il s'était servi d'un interprète. (Gen. XLII, 21-23)

Telle est la première étape du repentir. *Ils admettent avoir mal agi.*

Ensuite, lors de la seconde rencontre, Joseph fait placer sa coupe d'argent dans le sac de Benjamin. Cette pièce à conviction est retrouvée et les frères sont ramenés. Ils apprennent que Benjamin doit rester en tant qu'esclave.

> Judah répondit : « Que dirons-nous à mon seigneur ? Comment parler et comment nous justifier ? Le Tout Puissant a révélé l'iniquité de tes serviteurs. Nous sommes maintenant les esclaves de mon seigneur et nous et celui aux mains duquel s'est trouvée la coupe. (Gen. XLIV, 16)

C'est la deuxième étape de la repentance. Ils *avouent*. Ils font plus ; ils admettent une responsabilité collective. C'est important. Lorsque les frères vendirent Joseph en esclavage, ce fut Judah qui proposa ce crime (Gen. XXXVII, 26-27), mais ils étaient tous (à l'exception de Ruben) complices.

Enfin, au paroxysme du récit, Judah lui-même dit : « Donc, de grâce, que ton serviteur, à la place du jeune homme, reste esclave de mon seigneur et que le jeune homme reparte avec ses frères ! » (Gen. LXIV, 33). Judah, qui avait vendu Joseph comme esclave, est désormais prêt à devenir lui-même esclave afin que son frère Benjamin puisse repartir libre. C'est ce que les sages et Maïmonide en particulier définissent comme *repentir complet*, à savoir, lorsque les circonstances se reproduisent et que l'on a une occasion de réitérer le même crime, mais qu'on s'en abstient, parce qu'*on a changé*.

Joseph peut alors pardonner, parce que ses frères, conduits par Judah, ont traversé les trois étapes de la repentir : 1. Admission de la culpabilité, 2. Aveu et 3. Changement de comportement.

Le pardon n'existe que dans une culture où existe aussi la repentance. Celle-ci présuppose que nous soyons des êtres libres et moralement responsables, capables de changement, plus particulièrement du changement qui survient lorsque nous reconnaissons avoir fait quelque chose de mal, que nous en sommes responsables et que nous ne devons plus jamais le refaire. La possibilité de ce type de transformation morale n'existait tout simplement pas dans la Grèce antique ou dans toute autre culture païenne. La Grèce était une culture de honte et d'honneur qui tournait autour des concepts jumeaux de nature et de destin[4]. Le judaïsme est une culture du repentir et du pardon, dont les concepts centraux sont la volonté et le choix. L'idée de pardon fut ensuite adoptée par le christianisme, faisant de l'éthique judéo-chrétienne le vecteur premier du pardon dans l'histoire.

Repentance et pardon ne sont pas simplement deux idées parmi tant d'autres. Elles ont métamorphosé la condition humaine. Pour la première fois, le repentir établissait la possibilité que nous ne soyons pas condamnés sans fin à répéter le passé. Lorsque je me repens, je montre que je peux changer. L'avenir n'est pas prédéterminé. Je peux le rendre différent de ce qu'il aurait pu être. Le pardon nous libère du passé. *Le pardon brise l'irréversibilité de la réaction et de la vengeance.* Il défait ce qui a été fait[5].

L'humanité a changé le jour où Joseph a pardonné à ses frères. Lorsque nous pardonnons et méritons d'être pardonnés, nous ne sommes plus prisonniers de notre passé. C'est la vie morale qui laisse la place au pardon.

---

4. Voir Bernard Williams, *Shame and Necessity*, Berkeley, University of California Press, 1993. En français, *La honte et la nécessité*, traduit par Jean Lelaidier, PUF, 1997.
5. Hannah Arendt souligne ce point dans *The Human Condition*, Chicago, University of Chicago Press, 1958, p. 241. En français, *La condition de l'homme moderne*, traduit par Georges Fradier, Calmann-Lévy, Pocket Agora, 1983, p. 302.

Vayigash

Recadrage

Pour Maïmonide, l'être humain idéal était le sage, un *rofé nefashot*, un « guérisseur des âmes[1] ». Aujourd'hui nous appelons une telle personne un psychothérapeute, mot forgé relativement récemment à partir du mot grec *psychè*, signifiant « âme » et *thérapeia*, « guérison ». Il est étonnant de voir combien de pionniers des guérisseurs de l'âme de l'époque moderne étaient juifs.

Presque tous les premiers psychanalystes l'étaient, dont Sigmund Freud, Alfred Adler, Otto Rank et Melanie Klein. Ce phénomène était tellement patent que, dans l'Allemagne nazie, la psychanalyse était qualifiée de « science juive ». Plus récemment, les contributions juives ont compté dans leurs rangs Solomon Asch sur le conformisme et la conformité, Lawrence Kohlberg sur la psychologie du développement moral et Bruno Bettelheim sur la psychologie de l'enfant. Leon Festinger a apporté le concept de dissonance cognitive, Howard Gardner l'idée d'intelligences multiples, et Peter Solovey et Daniel Goleman, l'idée d'intelligence émotionnelle. Abraham Maslow nous a donné un nouvel éclairage sur la motivation, comme Walter Mischel sur le contrôle de soi, avec le célèbre « test de la guimauve (marshmallow) ». Daniel Kahneman et Amos Tversky nous ont apporté respectivement une théorie de la perspective et l'économie

---

1. Rambam, Shemoné Perakim, ch. 3.

comportementale. Plus récemment, Jonathan Haidt et Joshua Green ont ouvert la voie à l'étude empirique des émotions morales. La liste est encore très longue.

À mon avis, cependant, l'une des contributions juives les plus importantes provient de trois éminentes personnalités : Viktor Frankl, Aaron T. Beck et Martin Seligman. Frankl a conçu la méthode appelée logothérapie, qui se fonde sur la quête de sens. Beck fut le co-auteur de la forme de traitement la plus réussie, la thérapie cognitive comportementale. Seligman nous a donné la psychologie positive, c'est-à-dire, une psychologie qui n'est pas seulement un remède contre la dépression, mais un moyen de parvenir au bonheur ou à l'épanouissement par l'acquisition d'une attitude optimiste.

Ce sont là des approches très différentes, mais elles ont un point commun. Elles se fondent sur la croyance – exposée bien plus tôt par les 'hassidim de 'Habad dans le Tanya de R. Schneour Zalman de Liadi – qu'*en changeant notre façon de penser, nous changerons notre façon de ressentir*. C'était, d'emblée, une proposition révolutionnaire, en nette opposition avec d'autres théories sur le psychisme de l'homme. D'aucuns pensaient que notre caractère est déterminé par des facteurs génétiques. D'autres estimaient que notre vie émotionnelle était gérée par les expériences vécues dans la petite enfance et par des pulsions de l'inconscient. D'autres encore – le plus célèbre étant Ivan Pavlov – croyait que le comportement de l'homme était déterminé par le conditionnement. Dans toutes ces théories, notre liberté intérieure est considérablement restreinte. Qui nous sommes, et comment nous nous sentons, sont en grande partie régis par des facteurs autres que l'esprit conscient.

Ce fut Viktor Frankl qui montra qu'il existe une autre voie – et ce, dans les pires conditions jamais subies par des êtres humains : à Auschwitz. En tant que prisonnier dans ce camp, Frankl découvrit que les nazis retiraient aux gens presque tout ce qui les rend humains : leurs biens, leurs vêtements, leurs cheveux, jusqu'à leur nom. Avant d'être déporté à Auschwitz, Frankl était un thérapeute spécialisé dans le traitement des personnes ayant des tendances suicidaires. Au camp, il se consacra, dans la mesure du possible, à donner à ses compagnons de misère la volonté de vivre, conscient du fait que s'ils perdaient cette volonté, ils mourraient bientôt.

Il fit alors la découverte fondamentale qui lui valut, par la suite, sa célébrité :

Ceux qui ont vécu dans les camps se souviennent de ces prisonniers qui allaient de baraque en baraque, consoler leurs semblables, leur offrant les derniers morceaux de pain qui leur restaient. Même s'il s'agit de cas rares, ceux-ci nous apportent la preuve qu'on peut tout enlever à un homme excepté une chose, *la dernière des libertés humaines, celle de décider de sa conduite, quelles que soient les circonstances dans lesquelles il se trouve*[2].

Ce qui changeait tout, ce qui donnait la volonté de vivre, c'était la conviction qu'il y avait pour eux une tâche à accomplir, une mission à remplir, qu'ils n'avaient pas encore réalisée, et qui les attendait dans l'avenir. Frankl découvrit que « *l'important n'était pas ce que nous attendions de la vie, mais ce que la vie attendait de nous*[3]. » Il y avait dans le camp des détenus qui avaient perdu tout espoir au point de ne plus rien attendre de la vie. Frankl put obtenir d'eux qu'ils réalisent que « la vie attendait encore quelque chose d'eux. » L'un, par exemple, avait un enfant encore en vie, qui l'attendait dans un pays étranger. Un autre en arriva à se rendre compte qu'il devait publier des livres que personne d'autre ne pourrait écrire. En leur donnant ainsi le sentiment que l'avenir les appelait, Frankl put les aider à découvrir leur finalité dans la vie, même dans la vallée de l'ombre de la mort.

Le revirement mental qu'impliquait cette démarche fut appelé, notamment dans la thérapie cognitive comportementale, *recadrage*. Placé dans un autre cadre, un tableau peut apparaître différent ; il en est de même de la vie. Ce ne sont pas les faits qui changent, mais la façon dont nous les appréhendons. Frankl écrit qu'il put survivre à Auschwitz en se considérant lui-même chaque jour comme s'il était à l'université, donnant une conférence sur la psychologie du camp de concentration. Tout ce qui lui arrivait était transformé, par un acte de l'esprit, en une série d'illustrations des divers sujets qu'il traitait dans sa conférence. « Grâce à cette méthode, je parvins à m'élever au-dessus de la situation, au-dessus des souffrances du moment, et je les observai comme des choses du passé[4]. » Le recadrage nous dit que, bien que nous ne puissions pas toujours

---

2. Viktor Frankl, *Man's search for meaning*, p. 75. En français, *Découvrir un sens à sa vie grâce à la logothérapie, Le témoignage et les leçons de vie d'un grand homme*, p. 91.
3. *Ibid.*, p. 85. En français, p. 103.
4. *Ibid.* p. 82. En français, p. 100.

changer les conditions dans lesquelles nous nous trouvons, *nous pouvons changer la façon de les considérer, ce qui, ipso facto, change notre façon de les ressentir.*

Cette découverte moderne est en réalité une redécouverte, parce que le premier grand « recadreur » de l'histoire fut Joseph, comme le décrivent les *parashiot* de cette semaine et de la semaine prochaine. Rappelons les faits. Il avait été vendu en esclavage par ses frères. Il avait perdu sa liberté pendant treize ans, et avait été séparé de sa famille pendant vingt-deux ans. Il serait compréhensible qu'il en tienne rigueur à ses frères et souhaite se venger. Pourtant, il s'élève au-dessus de tels sentiments, précisément en déplaçant ses expériences dans un cadre différent. Voici ce qu'il déclare à ses frères lorsque, pour la première fois, il leur dévoila son identité :

> « Je suis Joseph, votre frère que vous avez vendu pour l'Égypte. Et maintenant, ne vous affligez point, ne soyez pas irrités contre vous-mêmes de m'avoir vendu pour ce pays ; car c'est pour le salut que le Seigneur m'y a envoyé avant vous… *Le Seigneur m'a envoyé* avant vous pour vous préparer une ressource dans ce pays et pour vous sauver la vie par une conservation merveilleuse. *Non, ce n'est pas vous qui m'avez fait venir ici, c'est Dieu.* » (Gen. XLV, 4-8)

Voici donc ce qu'il dit des années plus tard, alors la mort de leur père Jacob et lorsque ses frères craignaient qu'il ne se venge :

> « Soyez sans crainte ; car suis-je à la place de Dieu ? *Vous, vous aviez médité contre moi le mal : Dieu l'a combiné pour le bien,* afin qu'il arrivât ce qui arrive aujourd'hui, qu'un peuple nombreux fût sauvé. Donc, soyez sans crainte : j'aurai soin de vous et de vos familles. » (Gen. L, 19-20)

Joseph a entièrement recadré son passé. Il ne se considère plus lui-même comme une victime de ses frères. Il se voit comme un homme investi par Dieu d'une mission de sauver des vies. Tout ce qui lui était arrivé était nécessaire pour qu'il puisse atteindre cet objectif : sauver toute une région de la famine et procurer un refuge à sa famille.

Le seul fait de procéder à un recadrage permit à Joseph de vivre sans se laisser consumer par un sentiment de colère et d'injustice. Il lui permit de pardonner à ses frères et de se réconcilier avec eux. Il transforma les énergies négatives concernant le passé en une attention soutenue pour l'avenir. Sans le savoir, Joseph fut le précurseur de l'un des grands mouvements de la psychothérapie du monde moderne. Il montra la puissance du recadrage. Nous ne pouvons pas changer le passé. Mais en changeant notre façon de *penser le passé*, nous pouvons modifier l'avenir.

Quelle que soit la situation dans laquelle nous nous trouvons, en la recadrant, nous pouvons changer du tout au tout notre réaction, nous donnant la force de survivre, le courage de continuer et la résilience de resurgir, de l'autre côté des ténèbres, dans la lumière d'un jour nouveau et meilleur.

Vaye'hi
Amnésie et fécondité

Le drame du jeune frère et de ses aînés qu'on retrouve dans le livre de la Genèse, à partir de Caïn et Abel, atteint un étrange paroxysme dans l'histoire des enfants de Joseph. Jacob / Israël est sur le point de mourir. Dans l'unique scène du livre réunissant grands-parents et petits-enfants, Joseph lui rend visite, amenant avec lui ses deux fils Manassé et Éphraïm. Jacob demande à Joseph de les rapprocher afin qu'il puisse les bénir.

La Torah décrit la scène suivante dans tous ses détails :

> Puis Joseph les prit tous deux, Éphraïm de la main droite, à gauche d'Israël et Manassé de la main gauche, à droite d'Israël ; et il les fit avancer vers lui. Israël étendit la main droite, l'imposa sur la tête d'Éphraïm, qui était le plus jeune et mit sa main gauche sur la tête de Manassé ; il croisa ses mains, quoique Manassé fût l'aîné… Joseph remarqua que son père posait sa main droite sur la tête d'Éphraïm et cela lui déplut ; il souleva la main de son père pour la faire passer de la tête d'Éphraïm sur la tête de Manassé et il dit à son père : « Pas ainsi, mon père ! Puisque celui-ci est l'aîné, mets ta main droite sur sa tête. » Son père s'y refusa et dit : « Je le sais, mon fils, je le sais ; lui aussi deviendra un peuple et lui aussi sera grand : mais son jeune frère sera plus grand que lui et sa postérité formera plusieurs nations. » Il les bénit alors et il dit : « Israël te nommera

dans ses bénédictions, en disant : Dieu te fasse devenir comme Éphraïm et Manassé ! » 11 plaça ainsi Éphraïm avant Manassé. (XLVIII, 13-14, 17-20)

Il n'est guère difficile de comprendre les précautions prises par Joseph pour s'assurer que Jacob bénira d'abord l'aîné. À trois reprises dans sa vie, son père avait privilégié le plus jeune par rapport à l'aîné, et à chaque fois, il en était résulté une tragédie. Jacob, le plus jeune, avait cherché à supplanter son frère aîné Ésaü. En choisissant une épouse, il avait préféré la jeune sœur Rachel et non Léa. Et il avait préféré ses plus jeunes enfants, Joseph et Benjamin, aux aînés, Ruben, Shimon et Levi. Les conséquences furent catastrophiques : éloignement d'Ésaü, tension entre les deux sœurs et hostilité parmi ses fils. Joseph lui-même en portait encore les marques : jeté dans un puits par ses frères qui avaient initialement prévu de le tuer, et l'avaient finalement vendu comme esclave en Égypte. Son père n'avait-il pas tiré les leçons ? Ou pensait-il qu'Éphraïm – que Joseph tenait de sa main droite – était l'aîné ? Jacob savait-il ce qu'il faisait ? Ne se rendait-il pas compte qu'il risquait d'entretenir les querelles familiales dans la génération suivante ?

Alors, pourquoi Jacob favorisait-il Éphraïm par rapport à Manassé ? Il n'avait jamais vu ses deux petits-enfants. Il ne savait rien d'eux. Aucun des éléments qui avaient conduit aux épisodes précédents n'intervenait ici.

L'explication n'est guère évidente. Ici, comme souvent dans la Torah, le récit est incertain, laissant au lecteur le soin de combler les lacunes et d'étoffer les détails. Selon la phrase merveilleuse des rabbins : « le texte lui-même crie : interprétez-moi[1] ! » Dans ce cas précis, nous savons que Jacob ne connaissait de ses petits-fils que leur nom, Manassé et Éphraïm. C'était assez pour le persuader de bénir Éphraïm avant Manassé. Car, dans les noms des fils de Joseph, est inscrite en filigrane l'histoire de ses années d'exil loin de Jacob. Lorsque Joseph finit par sortir de prison pour devenir vice-roi de l'Égypte, il se marie et a deux fils :

> Il naquit à Joseph, avant qu'arrivât la période de disette, deux fils, que lui donna Osnath, fille de Pôti Féra, prêtre d'On. Joseph appela le premier-né Manassé : « Car Dieu m'a fait oublier [*nasheh*] toutes mes tribulations et

---

1. Solomon Buber, comp., *Tan'houma, Vayeshev* 13 ; voir Rashi sur Béréshit 1,1 ; 37,20.

toute la maison de mon père. » Au second, il donna le nom d'Éphraïm : « Car Dieu m'a fait fructifier [*fara*] dans le pays de ma misère. » (XLI, 50-52)

Avec la plus grande concision, la Torah évoque une expérience de l'exil qui allait se reproduire à maintes reprises au cours des siècles. Au début, Joseph ressentit du soulagement. Les années d'esclavage, puis de prison, étaient terminées. Il avait été élevé dans les hautes sphères du pouvoir. À Canaan, il avait été le plus jeune de onze frères d'une famille nomade de bergers. En Égypte, il était alors au centre de la plus grande civilisation du monde antique, second après Pharaon, en rang et en pouvoir. Personne ne lui rappelait ses origines. Avec ses vêtements royaux, son anneau et son char, il était un prince égyptien (comme Moïse allait l'être plus tard). Le passé était un souvenir amer qu'il cherchait à ôter de son esprit. Manassé (*Menasheh*) signifie « oubli ».

Mais avec le temps, Joseph commença à ressentir d'autres émotions. Oui, il avait réussi ; il avait obtenu le pouvoir et la grandeur dont il avait rêvé dans sa jeunesse. Mais ce peuple n'était pas le sien ; pas plus que ce n'était sa culture. Certes, sa famille était, selon tous les critères sociaux, simple, insignifiante. Mais c'était sa famille, ses racines. Bien que ce ne soit que des bergers (classe méprisée par les Égyptiens), Dieu s'était adressé à eux – pas les dieux du soleil, du fleuve ou de la mort, le panthéon égyptien – mais Dieu, le Créateur des cieux et de la terre, qui ne résidait pas dans les temples et les pyramides ou les insignes et les attributs du pouvoir, mais qui parlait au cœur humain comme une voix, élevant une simple famille à la grandeur morale.

Au moment de la naissance de son second fils, Joseph avait connu un profond changement intérieur. Certes, il avait tous les signes extérieurs du succès matériel – « Dieu m'a fait fructifier » – mais l'Égypte était devenue « le pays de ma misère ». Pourquoi ? Parce que c'était l'exil. Une observation sociologique a été faite à propos des groupes d'immigrants, appelée loi de Hansen : « La deuxième génération cherche à se souvenir de ce que la première génération cherche à oublier[2]. » Joseph connut cette transformation très rapidement. Elle était déjà complète à la naissance de son second fils. En appelant cet enfant

---

2. Marcus Lee Hansen, *The Problem of the Third Generation Immigrant*, Rock Island, il., Augustana Historical Society, 1938, p. 9. [La loi en question peut aussi être formulée ainsi : « *ce que le fils veut oublier, le petit-fils veut s'en souvenir.* » N.d.T.]

Éphraïm, il se souvenait qu'à la naissance de Manassé, il tentait d'oublier qui il était, d'où il venait et où il devait vivre.

Selon cette interprétation, la bénédiction d'Éphraïm par Jacob, avant Manassé n'a rien à voir avec leur âge, et tout à voir avec leurs noms. Il savait que le séjour de sa famille en Égypte ne serait pas de courte durée. Avant de quitter Canaan pour aller voir Joseph, Dieu lui était apparu dans une vision :

> N'hésite point à descendre en Égypte car Je t'y ferai devenir une grande nation. Moi-même, Je descendrai avec toi en Égypte ; moi-même aussi Je t'en ferai remonter ; et c'est Joseph qui te fermera les yeux. (Gen. XLVI, 3-4)

Autrement dit, il savait que c'était le début du long exil annoncé par Dieu à Abraham, destin de ses enfants, une vision que la Torah décrit comme étant accompagnée d'une « profonde et sombre angoisse » (XV, 12). Sachant que c'était les deux premiers enfants de sa famille nés en exil, sachant aussi que l'exil se prolongerait et serait, par moment, oppressant et sombre, Jacob voulut indiquer à toutes les générations futures qu'il y aurait une tension constante entre le désir d'oublier (de s'assimiler, de s'acculturer, d'anesthésier l'espoir d'un retour) et les aiguillons du souvenir (la conscience qu'il s'agit d'un « exil », que nous appartenons à une autre histoire, que le foyer par excellence est ailleurs)

L'enfant de l'oubli (Manassé) peut recevoir d'autres bénédictions. Mais les bénédictions réservées à un enfant (Éphraïm) qui se souvient du passé et de l'avenir dont il fait partie intégrante sont plus importantes.

Vaye'hi

Quand pouvons-nous mentir ?

Après la mort de Jacob, les frères de Joseph ont peur. Plusieurs années auparavant, lorsqu'il leur avait révélé sa véritable identité, il semblait leur avoir pardonné de l'avoir vendu en esclavage[1]. Pourtant, les frères ne sont pas complètement rassurés. Peut-être Joseph ne pensait-il pas vraiment ce qu'il disait. Peut-être nourrissait-il encore de la rancœur. Peut-être l'unique raison pour laquelle il ne s'était pas encore vengé, c'était par respect pour Jacob. Les usages de cette époque voulaient que des frères ne règlent pas leurs comptes du vivant de leur père. On le sait grâce à un épisode antérieur. Après que Jacob se fut emparé de la bénédiction de son frère, Ésaü dit : « Le temps du deuil de mon père approche ; je ferai périr Jacob mon frère. » (Gen. XXVII, 41). De même, les frères se présentèrent à Joseph et dirent :

> Ton père a commandé avant sa mort, en ces termes : « Parlez ainsi à Joseph : Oh ! Pardonne, de grâce, l'offense de tes frères et leur faute et le mal qu'ils t'ont fait ! » Maintenant donc, pardonne leur tort aux serviteurs du Dieu de ton père ! Joseph pleura lorsqu'on lui parla ainsi. (Gen. L, 16-17)

---

1. C'est le thème du chapitre « La naissance du pardon », sur parashat Vayigash.

Le texte précise aussi clairement que possible que l'histoire racontée à Joseph était un mensonge. Si Jacob avait réellement prononcé ces mots, il les aurait dits à Joseph lui-même, pas à ses frères. Le moment opportun eut été sur son lit de mort, au chapitre précédent. L'histoire des frères était ce qu'on peut appeler un « pieux mensonge ». Il avait pour objectif principal, non de duper, mais de désamorcer une situation potentiellement explosive. C'est peut-être ce qui explique les larmes de Joseph qui comprit que ses frères le croyaient encore capable de vengeance.

Les sages ont tiré un principe de ce texte : *moutar leshanot mipnei hashalom*. « Il est permis de recourir au mensonge (littéralement « de changer » les faits) par souci de la paix[2]. » Un mensonge diplomatique est autorisé dans la loi juive.

Ce n'est pas le seul endroit où les sages évoquent ce principe. Ils l'attribuent à Dieu Lui-même[3]. Lorsque les anges rendirent visite à Abraham pour lui annoncer que Sarah et lui allaient avoir un enfant, « Sarah rit en elle-même disant : 'Flétrie par l'âge, ce bonheur me serait réservé ! Et mon époux est un vieillard !' Le Seigneur dit à Abraham : 'Pourquoi Sara a-t-elle ri, disant : 'Eh quoi ! en vérité, j'enfanterais, âgée que je suis !' » (Gen. XVIII, 12-13)

Dieu n'a pas mentionné que Sarah pensait qu'elle-même, mais aussi Abraham, étaient trop âgés pour avoir un enfant (ce qui se révéla entièrement faux : Abraham eut six autres enfants après la mort de Sarah). Les sages en déduisent que Dieu n'a pas mentionné Abraham parce qu'Il ne voulait pas causer d'hostilité entre mari et femme. Ici aussi, les sages affirment : il est permis de changer les faits pour préserver la paix.

Il est évident que les sages eurent besoin des deux épisodes pour établir le principe. Si nous n'avions connu que le cas de Sarah, nous ne pourrions pas en conclure qu'il est permis de proférer un pieux mensonge. Dieu n'a pas formulé de pieux mensonge à propos de Sarah. Il s'est contenté de ne pas dire toute la vérité à Abraham, mensonge par omission.

Si nous n'avions connu que l'exemple des frères de Joseph, nous n'aurions pas pu en déduire qu'il était permis d'agir comme ils le firent. Peut-être était-ce interdit, et pour cette raison Joseph pleura. Le fait que Dieu Lui-même

---

2. Yevamot 65 b.
3. Midrash Sekhel Tov, Toledot, 27, 19.

ait fait quelque chose de similaire est ce qui a conduit les sages à affirmer que les frères avaient bien agi.

Ce qui est en jeu ici, c'est une caractéristique majeure de la vie morale, en dépit du fait que nous semblons parler de rien de plus que de courtoisie : le tact. Le regretté Sir Isaiah Berlin mit en relief que les valeurs ne coexistent pas toutes dans une sorte d'harmonie platonique. Son exemple favori était la liberté et l'égalité. On peut avoir une économie libre, mais elle engendrera l'inégalité. On peut avoir une égalité économique, le communisme, mais il en résultera une perte de liberté. Dans le monde tel qu'il est, le conflit moral est inévitable[4].

C'était un fait important, bien que pour le judaïsme, il semble n'avoir jamais fait aucun doute. Il y a par exemple dans le Tanakh un moment fort où Absalon, le fils du roi David, fomente un coup d'État contre son père. David fut contraint de s'enfuir. Par la suite, les troupes d'Absalon combattent celles de David. Absalon était beau et sa chevelure magnifique se retrouva prise dans les branches d'un arbre. Alors qu'il y était suspendu, Joab, commandant de l'armée de David, le tua.

Apprenant ces nouvelles, David fut accablé de chagrin : « Alors le roi fut tout bouleversé, il monta dans le donjon de la porte et se mit à pleurer ; et, tout en marchant, il disait : 'Mon fils Absalon ! Mon fils, mon fils Absalon ! Que ne suis-je mort à ta place, Absalon, mon fils, ô mon fils !' » (II Sam. XIX, 1) Joab se montra brutal dans sa réponse au roi : « Tu as fait honte aujourd'hui à tous tes serviteurs, qui ont sauvé en ce jour ton existence… et cela, en aimant tes ennemis et en haïssant ceux qui t'aiment ! Et maintenant, debout ! Montre-toi, parle au cœur de tes serviteurs. » (II, Sam. XIX, 6-8) La douleur de David après avoir perdu son fils entre en conflit avec ses responsabilités en tant que chef de la nation, et ce fut sa loyauté envers ses hommes qui lui sauva la vie. Qu'est-ce qui prime : ses devoirs en tant que père ou en tant que roi ?

L'existence de valeurs contradictoires signifie que le type de moralité que nous adoptons, ainsi que la société que nous créons, dépendent non seulement du choix de nos valeurs, mais également de la façon dont nous les hiérarchisons. Accorder la primauté à l'égalité par rapport à la liberté crée un certain type de société – le communisme soviétique par exemple. Accorder la primauté à la

---

4. Isaiah Berlin, 'Two Concepts of Liberty,' in Isaiah Berlin, Henry Hardy et Ian Harris, *Liberty: Incorporating Four Essays on Liberty*, Oxford, Oxford UP, 2002. Voir également l'important ouvrage de Stuart Hampshire, *Morality and Conflict*, Cambridge, MA, Harvard UP, 1983.

liberté par rapport à l'égalité conduit à l'économie de marché. Dans les deux sociétés, les individus peuvent accorder du prix aux mêmes choses, mais en les classant différemment sur l'échelle des valeurs, ce qui déterminera leur choix en cas de conflit de valeurs.

C'est ce qui est en jeu dans les récits sur le rire de Sarah et celui sur les frères de Joseph. Vérité et paix sont toutes deux des valeurs, mais laquelle choisirons-nous lorsqu'elles entrent en conflit ? Les sages rabbiniques ne s'accordent pas tous sur ce point.

Voici par exemple une célèbre controverse entre les écoles de Hillel et de Shammaï sur ce qu'il faut dire à une fiancée à son mariage. (Voir Ketoubot, 1- b). Il était de coutume de dire que « la fiancée est belle et gracieuse ». Des membres de l'école de Shammaï cependant, n'étaient pas disposés à faire une telle déclaration si, selon eux, la fiancée n'était ni belle ni gracieuse. Car la Torah insiste sur la valeur suprême de la vérité : « Fuis la parole de mensonge » (Ex. XXIII, 7). L'école de Hillel ne l'acceptait pas. Qui était juge de la beauté et de la grâce d'une fiancée ? Assurément, le fiancé lui-même. Donc faire l'éloge d'une fiancée, ce n'était pas formuler une déclaration objective invérifiable empiriquement. C'était simplement souscrire au choix du fiancé. C'était une façon de célébrer le bonheur du couple.

La courtoisie relève souvent de ce dilemme. Exprimer à quelqu'un à quel point vous appréciez le cadeau qu'il a apporté, même si vous ne l'aimez pas, ou dire à quelqu'un « Quel plaisir de te voir », alors qu'on espérait l'éviter, c'est davantage faire preuve de politesse qu'une tentative de duper. Nous connaissons tous cela, et il n'y a donc aucun mal ; ce n'est pas comme si vous proféreriez un mensonge alors que des intérêts sont en jeu.

Plus fondamental, et d'inspiration plus philosophique, un midrash traite d'une conversation entre Dieu et les anges sur la question de savoir si les êtres humains devaient être créés :

> Rabbi Shimon dit : alors que Dieu était sur le point de créer Adam, les anges du service ne furent que factions et clans : les uns disaient « Qu'il soit créé ». D'autres soutenaient « Qu'il ne soit pas créé ». C'est pourquoi, il est écrit : « Bonté et vérité se heurtent, justice et paix s'affrontent » (Psaumes LXXXV, 11)
>
> La bonté dit : « Qu'il soit créé parce qu'il fera de bonnes actions. »

> La vérité dit : « Qu'il ne soit pas créé, car il sera tout entier mensonge. »
>
> La justice dit : « Qu'il soit créé, car il accomplira des actes justes. »
>
> La paix dit : « Qu'il ne soit pas créé, car il ne cessera jamais de se quereller. »
>
> Que fit le Saint béni soit-Il ? Il se saisit de la vérité et la jeta à terre.
>
> Les anges dirent : « Maître de l'univers, pourquoi fais-Tu cela à ton propre attribut, la vérité ? Relève la vérité. »
>
> C'est pourquoi il est écrit : « La vérité germera du sein de la terre » (Ps. LXXXV, 12[5]).

C'est là un texte complexe. Que voulaient dire les anges ? Que signifie « Dieu se saisit de la vérité et la jeta à terre ? » Et qu'en est-il de l'argument de l'ange de la Paix selon lequel les hommes « ne cesseront jamais de se quereller » ?

À mon avis, cela signifie que les hommes sont voués au conflit tant que des groupes rivaux prétendront chacun détenir le monopole de la vérité. Le seul moyen d'apprendre à vivre en paix, c'est de réaliser que, limités de par leur qualité d'êtres humains, ils ne sauraient atteindre en cette vie la vérité telle qu'elle se trouve dans les Cieux. Pour nous, la vérité est toujours partielle, fragmentaire, le point de vue qu'on a de quelque part, et non comme le disent parfois les philosophes, « le point de vue de nulle part[6]. »

Cette profonde intelligence est, selon moi, la raison pour laquelle la Torah comprend de multiples facettes, le Tanakh fait parler tant de voix différentes, la Mishna et la Guemara sont structurées autour d'une controverse, et le Midrash se fonde sur l'hypothèse des « soixante-dix visages » de la Torah. Pour autant que je sache, aucune autre civilisation n'a une compréhension aussi subtile et aussi sophistiquée de la nature de la vérité.

Aucune autre non plus n'a accordé une telle valeur à la paix. Le judaïsme n'est pas et n'a jamais été pacifiste. La défense nationale exige parfois de faire la guerre. Mais Isaïe et Michée furent les premiers visionnaires d'un monde dans

---

5. Béréshit Rabbah 8, 5.
6. Thomas Nagel, *The View From Nowhere*, New York, Oxford University Press, 1986. En français, *Le point de vue de nulle part*, traduit par Sonia Kronlund, Éditions de l'Éclat, 1993. La seule personne à être parvenue à une conception non-anthropocentrique de la création du point de vue de Dieu, fut Job dans les chapitres XXXVIII-XLI du livre qui porte son nom.

lequel « un peuple ne tirera plus l'épée contre un autre peuple » (Isaïe II, 4 ; Michée IV, 3) Isaïe est le poète de la paix par excellence.

Lorsqu'ils sont confrontés à un choix en matière de relations interpersonnelles, les sages privilégient la paix par rapport à la vérité, notamment parce que la vérité peut s'épanouir dans la paix alors qu'elle est souvent la première victime de la guerre. Ainsi, les frères n'ont pas commis de faute en choisissant de mentir à Joseph pour préserver la paix au sein de la famille. Cela leur rappelait à tous cette profonde vérité : non seulement leur père humain, maintenant décédé, mais également leur Père céleste, éternellement vivant, souhaitent que le peuple de l'alliance soit en paix ; comment les Juifs pourraient-ils être en paix avec le monde s'ils ne sont pas en paix avec eux-mêmes ?

Vaye'hi
Ne pas prédire l'avenir

Sur son lit de mort, Jacob convoqua ses enfants. Avant de mourir, il voulait les bénir. Mais le texte commence par une étrange semi-répétition :

> Jacob fit venir ses fils et il dit : « Rassemblez-vous, je veux vous révéler ce qui vous arrivera dans la suite des jours. Pressez-vous pour écouter, enfants de Jacob, pour écouter Israël votre Père ». (Gen. XLIX, 1-2)

Ce verset semble répéter deux fois la même chose, avec une différence. La première phrase mentionne « ce qui vous arrivera dans la suite des jours » (littéralement « à la fin des jours »). Cette précision est absente de la deuxième phrase.

Rashi, suivant le Talmud (Pessa'him 56 a) dit que « Jacob souhaitait révéler ce qui arriverait à l'avenir, mais que la Présence divine lui fut retirée. » Il tenta de prédire l'avenir mais s'aperçut qu'il ne le pouvait plus.

Ce n'est pas là un détail mineur. C'est une caractéristique fondamentale de la spiritualité juive. Nous estimons ne pas pouvoir prédire l'avenir des êtres humains. L'avenir, c'est nous qui le façonnons, par nos choix. Le scénario n'a pas encore été écrit. L'avenir est entièrement ouvert.

La différence était abyssale entre l'Israël de l'Antiquité et la Grèce antique. Les Grecs croyaient au destin, *moira*, voire au destin aveugle, *ananké*. Lorsque

Le livre de Béréshit

l'oracle de Delphes annonça à Laïos qu'il aurait un fils qui le tuerait, il prit toutes les précautions pour éviter que cela ne se produise. À la naissance de l'enfant, Laïos lui fit clouer les pieds à un rocher pour le laisser mourir. Un berger qui passait le sauva et il fut finalement élevé par le roi et la reine de Corinthe. En raison de ses pieds déformés, il fut appelé Œdipe (« aux pieds enflés »).

La suite de l'histoire est bien connue. Tout ce que l'oracle avait prédit se réalisa, et chaque acte destiné à l'éviter contribua en fait à sa réalisation. Une fois que l'oracle a parlé, le sort est scellé, et toutes les tentatives pour y échapper sont vaines. Ces convictions sont au cœur de l'une des plus grandes contributions grecques à la civilisation : la tragédie.

Étonnamment, malgré les nombreux siècles de souffrances endurées par le peuple juif, l'hébreu biblique n'a pas de mot pour désigner la tragédie. Le mot *asson* signifie « malheur, désastre, calamité » mais pas une tragédie au sens classique du terme. Une tragédie est un drame à l'issue fatale où le héros est voué à la chute ou à la destruction par suite d'un défaut du personnage ou d'un conflit avec une force toute-puissante, comme le destin. Le judaïsme n'a pas de mot pour cela, parce que nous ne pensons pas que le sort soit quelque chose d'aveugle, inévitable et inexorable. Nous sommes des êtres libres. Nous pouvons choisir. Comme l'a écrit avec humour Isaac Bashevis Singer : « Nous *devons* être libres : nous n'avons pas le choix ! »

C'est rarement affirmé avec autant de puissance que dans la prière « *ou-ne-taneh tokef* » que nous prononçons à Rosh Hashana et à Kipppour. Même après avoir dit « à Rosh Hashana c'est écrit, et à Yom Kippour c'est scellé… qui vivra et qui mourra », nous continuons : « Mais la *teshouva*, la prière et la bienfaisance éloignent le caractère funeste du décret. » Il n'est pas de verdict qui ne puisse faire l'objet d'un appel, aucune sentence que nous ne puissions atténuer en montrant que nous nous sommes repentis et que nous avons changé.

Le Tanakh en offre un exemple caractéristique.

En ce temps-là, Ézéchias fut atteint d'une maladie mortelle. Le prophète Isaïe, fils d'Amoç, lui rendit visite et lui dit : Ainsi parle l'Éternel : « Donne tes ordres à ta maison, car tu vas mourir ; tu ne te rétabliras pas. » Ézéchias tourna la face vers le mur et implora l'Éternel en ces termes : « De grâce, Seigneur, daigne te souvenir que j'ai marché devant toi fidèlement et d'un cœur sincère, et que j'ai fait ce qui te plaît ! » Puis il éclata en longs sanglots. Isaïe n'avait pas encore quitté la cour du milieu quand l'Éternel s'adressa de nouveau à lui : « Retourne pour dire à Ézéchias, le souverain de mon peuple : Ainsi parle l'Éternel, le Dieu de David, ton père : J'ai entendu ta prière et vu tes larmes, Je te guérirai » (II, Rois XX, 1-5 ; Isaïe XXXVIII, 1-5)

Le prophète Isaïe avait annoncé au roi Ézéchias qu'il ne guérirait pas, mais il guérit. Il vécut encore quinze années. Dieu entendit sa prière et lui accorda un sursis. Le Talmud en conclut : « Même si le tranchant d'une épée repose sur ton cou, tu ne dois pas renoncer à prier[1]. » Nous prions pour une bonne destinée, mais nous ne nous accommodons pas du fatalisme.

Il existe donc une différence fondamentale entre prophétie et prédiction. *Si une prédiction se réalise, c'est qu'elle était exacte. Si une prophétie se réalise, c'est le signe d'un échec.* Un prophète livre non une prédiction, mais une mise en garde. Il ou elle ne dit pas simplement « Cela arrivera », mais plutôt « Cela arrivera *à moins que* vous ne changiez. » Le prophète s'adresse à la liberté de l'homme, non à la fatalité du sort.

J'ai un jour assisté à une réunion où Bernard Lewis, le grand spécialiste de l'islam, fut prié de prédire l'issue d'une intervention de la politique étrangère américaine. Il donna une réponse magnifique : « Je suis un historien, donc, je ne fais de prédictions que sur le passé. Qui plus est, je suis un historien à la retraite, en sorte que même mon passé est dépassé. » C'était une réponse profondément juive.

Au XXIe siècle, on connaît beaucoup de choses au niveau macro- et au niveau micro-. On lève les yeux pour contempler un univers de cent milliards de galaxies, chacune constituée de cent milliards d'étoiles. On baisse les yeux pour voir un corps humain contenant cent trillions de cellules, chacune en double exemplaire du génome humain, de 3,1 milliards de lettres, suffisamment long, si elles étaient transcrites, pour remplir une bibliothèque de 5 000 livres. Mais il reste une chose que nous ne savons pas et ne saurons jamais : Ce que demain nous réserve. Le passé, disait L. P. Hartley, est un pays étranger. Mais l'avenir est un pays inconnu. C'est pourquoi les prédictions sont si souvent démenties.

Il existe une différence essentielle entre nature et nature *humaine*. Dans l'Antiquité, les Mésopotamiens pouvaient faire des prédictions exactes sur le mouvement des planètes, mais, même aujourd'hui, avec toutes les scanographies

---

1. Berakhot 10 a.

du cerveau et la neuroscience, nous ne sommes toujours pas capables de prédire ce que les gens feront. Souvent, ils nous surprennent.

S'il en est ainsi, c'est parce que nous sommes libres. Nous choisissons, nous commettons des erreurs, nous apprenons, nous changeons, nous grandissons. Le cancre à l'école devient lauréat d'un prix Nobel. Tel dirigeant si décevant, montre soudain courage et sagesse en temps de crise. L'homme d'affaires dynamique prend soudain conscience qu'il est mortel et décide de consacrer le reste de sa vie à soulager la misère. Certaines personnes que j'ai rencontrées qui avaient le mieux réussi avaient été considérées par leurs professeurs comme des nullités qui n'arriveraient à rien. Nous défions constamment les prédictions. C'est quelque chose que la science n'a pas encore expliqué et que, peut-être, elle n'expliquera jamais. Certains pensent que la liberté est une illusion. Mais ce n'est pas vrai. C'est elle qui nous rend humains.

Nous sommes libres parce que nous ne sommes pas de simples objets. Nous sommes des sujets. Nous réagissons non seulement à des événements concrets, mais aussi à la façon dont nous percevons ces événements. Nous avons de la réflexion, pas seulement un cerveau. Nous avons des pensées, pas seulement des sensations. Nous réagissons, mais nous pouvons aussi choisir de ne pas réagir. Il y a en nous quelque chose qui n'est pas régi par des causes et des effets matériels et physiques.

La façon dont nos ancêtres parlaient de cela demeure vraie et profonde. Nous sommes libres parce que Dieu est libre et nous a créés à Son image. C'est ce que signifient les trois mots que Dieu dit à Moïse au buisson ardent lorsqu'il Lui demande Son nom. Dieu répond : *Ehyeh asher Ehyeh*. C'est souvent traduit par « Je suis ce que Je suis », mais la véritable signification est : « Je serai qui et comment Je choisis d'être. » Je suis le Dieu de la liberté. J'échappe à toute prédiction. On remarquera que Dieu prononce ces mots au début de la mission de Moïse chargé de mener un peuple de l'esclavage à la liberté. Il voulait que les Hébreux deviennent le témoignage vivant de la puissance de la liberté.

Ne croyez pas que l'avenir est scellé. Il ne l'est pas. Il n'est pas de destin que nous ne puissions changer, aucune prédiction que nous ne puissions infléchir. Nous ne sommes prédestinés ni à l'échec, ni à la réussite. Nous ne prédisons pas l'avenir, parce que nous faisons l'avenir : par nos choix, par notre volonté, par notre persévérance et notre détermination à survivre.

Le peuple juif en est lui-même la preuve. La première référence à Israël en dehors de la Bible est gravée sur la stèle de Merneptah, datant d'environ 1225 avant l'ère commune par le pharaon Merneptah IV, successeur de Ramsès II. Il est écrit : « Israël est détruit, sa semence même n'est plus. » Bref, c'était une notice nécrologique. À maintes reprises, le peuple juif a été considéré comme perdu par ses ennemis, mais près de quatre millénaires plus tard, il demeure, encore jeune et fort.

C'est pourquoi, lorsque Jacob voulut dire à ses enfants ce qui leur arriverait à l'avenir, l'esprit divin lui fut retiré. Nos enfants continuent à nous surprendre, comme nous continuons à surprendre les autres. Créés à l'image de Dieu, nous sommes libres. Grâce aux bénédictions que Dieu nous accorde, nous pouvons devenir plus grands que personne ne pouvait le prévoir, y compris nous-mêmes.

Le livre de Shemot
ספר שמות

Shemot

Faire de la malédiction une bénédiction

La Genèse se termine sur une note de sérénité. Jacob a enfin retrouvé son fils. La famille est réunie. Joseph a pardonné à ses frères. Grâce à sa protection et à son influence, la famille s'est installée à Goshen, l'une des régions les plus prospères de l'Égypte. Elle dispose désormais de maisons, de biens, de nourriture, et bénéficie de la protection de Joseph et des faveurs de Pharaon. Cette époque constitue probablement l'un des âges d'or de l'histoire de la famille d'Abraham.

Puis, comme cela s'est produit si souvent depuis lors, « un nouveau Pharaon s'éleva sur l'Égypte, lequel n'avait point connu Joseph » (Ex. I, 8). Le climat politique change. La famille tombe en disgrâce. Pharaon annonce à ses conseillers : « Voyez, le peuple des enfants d'Israël surpasse et domine le nôtre[1] » – c'est la première fois que le mot « peuple » est utilisé dans la Torah à propos des enfants d'Israël. « Eh bien ! rusons contre ce peuple, de crainte qu'il ne se multiplie davantage » (Ex. I, 9-10). C'est ainsi que l'ensemble du

---

1. Ex. I, 9. Il s'agit là de la première insinuation dans l'histoire de ce qui, à l'époque moderne a pris la forme du faux produit par les Russes, *Les protocoles des Sages de Sion*. Dans la diaspora, les Juifs – impuissants – furent souvent perçus comme tout-puissants. En traduction, cela signifie généralement : Comment se fait-il que les Juifs soient parvenus à échapper au statut de paria que nous leur avions assigné ?

mécanisme d'oppression se met en branle : le dur labeur imposé devient esclavage, pour finir en volonté de génocide.

L'histoire est gravée dans nos mémoires. Nous la rappelons chaque année et, sous une forme résumée, chaque jour, dans nos prières. Elle fait partie de ce qu'est un Juif. Une phrase pourtant se détache du récit : « *Mais plus on les opprimait, plus ils se multipliaient et débordaient.* » Ce qui, non moins que l'oppression elle-même, fait partie intégrante de ce qu'est un Juif. Plus la situation se dégrade, plus forts nous devenons. Les Juifs constituent un peuple qui non seulement survit dans l'adversité, mais prospère.

L'histoire juive n'est pas seulement le récit des catastrophes subies par les Juifs, infortunes qui auraient sonné le glas de peuples moins tenaces. Or, après chaque désastre, les Juifs redoublent de vitalité. Ils découvrent une sorte de réservoir de spiritualité caché jusqu'alors, qui alimente de nouvelles formes d'expression collectives et les révèle en tant que porteurs du message de Dieu au monde.

Chaque tragédie génère un renouveau de créativité. Après la division du royaume à la mort de Salomon, surgirent les grands prophètes littéraires, Amos et Osée, Isaïe et Jérémie. De la destruction du premier Temple et de l'exil de Babylone est issu le renouveau de la Torah dans la vie de la nation, en commençant par Ézéchiel pour aboutir au vaste programme éducatif apporté à Israël par Ezra et Néhémie. C'est de la destruction du deuxième Temple que provient l'immense littérature du judaïsme rabbinique, jusqu'alors préservée principalement sous la forme d'une tradition orale : Mishna, Midrash et Guemara.

L'école de piété et de spiritualité des hassidei ashkénazes au nord de l'Europe a surgi à la suite des croisades. Après l'expulsion des Juifs d'Espagne, est né le cercle mystique de Safed : la kabbale lourianique et tout ce qu'elle a insufflé via la poésie liturgique et la prière. Les persécutions et la pauvreté qui sévissaient en Europe orientale ont donné naissance au mouvement hassidique et au renouveau du judaïsme populaire, avec leur flot apparemment intarissable de récits et de chants. Et la Shoah, la pire tragédie de l'humanité, a été suivie de la renaissance de l'État d'Israël, la plus grandiose affirmation de la collectivité juive depuis plus de deux mille ans.

On sait que l'idéogramme chinois désignant le mot « crise » signifie également « opportunité ». Toute civilisation capable de voir la bénédiction surgir du sein de la malédiction, l'étincelle de lumière jaillir du cœur des ténèbres, est également dotée de résilience. L'hébreu va plus loin. Le mot crise, *mashber*, désigne également « une chaise d'accouchement ». Dans la sémantique de la conscience juive, la douleur causée par les infortunes serait ressentie, au niveau collectif, comme la douleur ressentie par une femme en couches lors des contractions. Quelque chose de nouveau est en train de naître. Tel est l'attitude mentale d'un peuple dont on a pu dire « *plus on les opprimait, plus ils se multipliaient et débordaient.* »

D'où vient donc cette capacité des Juifs à transformer la faiblesse en force, l'adversité en atout, l'obscurité en lumière ? Elle remonte à l'époque où notre peuple a reçu son nom, Israël. Alors, tandis que Jacob luttait seul dans la nuit contre l'ange, l'aube pointa et son adversaire le supplia de le laisser partir. « Je ne te laisserai point que tu ne m'aies béni », dit Jacob (Gen. XXXII, 26). Là réside l'origine de l'opiniâtreté singulière qui nous est propre. Nous pouvons avoir combattu toute la nuit. Nous pouvons être las, au seuil de l'épuisement. Nous pouvons nous retrouver boiteux, à l'instar de Jacob. Et pourtant, nous ne laisserons pas partir notre adversaire avant d'avoir arraché une bénédiction de cette rencontre. Ce ne fut pas là une concession mineure ou temporaire. C'est devenu le fondement de son nouveau nom et de notre identité. Israël, le peuple qui « a jouté contre des puissances célestes et humaines, et l'a emporté » (Gen. XXXII, 28), est la nation qui ressort fortifiée de chaque affrontement ou désastre.

Un article paru dans la presse britannique en octobre 2015 m'a rappelé cette particularité nationale peu commune. À cette époque, une vague d'attentats terroristes déferlait sur Israël ; des Palestiniens assassinaient d'innocents civils dans les rues et aux arrêts d'autobus dans l'ensemble du pays. L'article commençait ainsi : « Israël est un pays étonnant, vibrant d'énergie et d'assurance, véritable aimant pour les talents et les investissements – un creuset d'innovations. » Il évoquait son excellence de niveau international dans les domaines de l'aérospatiale, de la technologie propre, des systèmes d'irrigation, des logiciels, de la cybersécurité, de la pharmacologie et des systèmes de défense[2].

« Tout cela, poursuivait l'auteur, provient de l'intelligence, car Israël ne possède pas de ressources naturelles et est environné de voisins hostiles. » Ce pays est la preuve tangible de ce que produisent « la puissance de l'éducation technologique, l'immigration et les avantages d'un type de service militaire

---

2. Luke Johnson, « Animal Spirits: Israel and its tribe of risk-taking entrepreneurs », *Sunday Times*, 4 octobre 2015.

approprié. » Mais ce ne peut être là toute l'explication, car les Juifs ont constamment excellé partout où ils se trouvaient et chaque fois qu'on leur en donnait l'opportunité. L'auteur de l'article propose diverses explications : la solidité des familles juives, leur passion pour l'éducation, l'aspiration à travailler en indépendant, la prise de risque comme mode de vie, et même leur histoire, si ancienne soit-elle. Le Levant fut le foyer des premières sociétés rurales du monde et des premiers négociants. C'est peut-être alors que l'esprit d'entreprise s'inscrivit, il y a des milliers d'années, dans l'ADN juif. Il en conclut que tout cela est en rapport avec « la culture et la vie en communauté ».

Un élément déterminant de cette culture concerne la façon dont les Juifs réagissent à une crise. À chaque revers, ceux qui ont hérité des vertus de Jacob s'obstinent : « Je ne te laisserai point que tu ne m'aies béni. » C'est ainsi que les Juifs, affrontant le Néguev, découvrirent le moyen de faire fleurir le désert. Entourés d'un paysage aride, à l'abandon, ils plantèrent des arbres et des forêts. Face à des armées hostiles à toutes leurs frontières, ils mirent au point des technologies militaires qu'ils utilisèrent ensuite à des fins pacifiques. La guerre et le terrorisme les ont contraints à développer des compétences médicales exceptionnelles et à devenir des experts en matière de choc post-traumatique. Ils ont appris à transformer chaque malédiction en bénédiction. L'historien Paul Johnson, comme toujours, l'a fort bien exprimé :

> Durant quatre mille ans, les juifs prouvèrent non seulement qu'ils excellaient à survivre, mais qu'ils possédaient aussi une extraordinaire aptitude à s'adapter aux sociétés où le destin les avait jetés, à recueillir les moindres réconforts humains qu'elles avaient à leur offrir. Aucun peuple n'a été plus fécond dans l'enrichissement du pauvre ou dans l'humanisation du riche, n'a mieux su transformer l'infortune en un capital créateur[3].

Il y a quelque chose à la fois d'éminemment spirituel et de puissamment pragmatique dans cette capacité à transformer les épreuves de la vie en un regain de créativité. Tout se passe comme si, au plus profond de nous, une voix disait : « Vous êtes dans cette situation, si grave soit-elle, parce qu'il y a une tâche à accomplir, un savoir-faire à acquérir, une force à développer, une leçon à tirer,

---

3. Paul Johnson, *The History of the Jews*, Londres, Weidenfeld and Nicolson, 1987. Traduit en français par Jean-Pierre Quijano sous le titre *Une histoire des juifs*, JC Lattès, 1989, p. 626.

un mal à réparer, un éclat de lumière à capter, une aubaine à saisir, car Je vous ai choisis pour témoigner auprès de l'humanité que, de la souffrance, peuvent survenir de grandes opportunités, pour peu que vous y fassiez face suffisamment longtemps, et avec une foi inébranlable. »

À une époque où des hommes violents commettent des actes de sauvagerie au nom d'un Dieu de compassion, le peuple d'Israël prouve chaque jour que ce n'est pas la voie du Dieu d'Abraham, le Dieu de la vie et de la sainteté de la vie. Et chaque fois que nous faisons partie de ceux qui perdent courage et se demandent si tout cela aura une fin, nous devrions nous souvenir du verset : « *plus on les opprimait, plus ils se multipliaient.* » Un tel peuple peut être blessé ; il ne peut être vaincu. La voie de Dieu est la voie de la vie.

Shemot

Ne pas obéir à des ordres immoraux

Les premiers chapitres du livre de l'Exode nous précipitent au cœur d'événements homériques. Presque d'un coup, les Hébreux passent du statut de minorité protégée à celui d'esclaves. Après la rencontre historique au buisson ardent, Moïse, prince d'Égypte, devient un berger midianite investi de la mission de diriger les Hébreux. Or, un petit épisode, souvent négligé, devrait être considéré comme un moment décisif dans l'histoire de l'humanité. Ses héroïnes en sont deux femmes exceptionnelles, Shifra et Poua.

Nous ne savons pas qui elles étaient. La Torah ne fournit sur elles aucune information autre que le fait qu'elles étaient des sages-femmes auxquelles Pharaon donna l'ordre suivant : « Lorsque vous accoucherez les femmes hébreues et que vous les verrez sur les sièges, si c'est un garçon, faites-le périr ; mais si c'est une fille, qu'elle vive » (Ex. I, 16). L'expression utilisée pour décrire les deux femmes, *hameyaldot ha'ivriot*, est ambiguë. Elle peut signifier « les sages-femmes hébreues », et c'est d'ailleurs ainsi que l'entendent la plupart des traductions et commentaires. Mais elle pourrait également signifier « les sages-femmes affectées aux Hébreux », auquel cas, il pourrait s'agir de femmes égyptiennes.

Le livre de Shemot

C'est ainsi que le comprennent Flavius Josèphe[1], Abarbanel et Samuel David Luzzatto, soutenant qu'il est tout simplement peu plausible de supposer que des femmes hébreues auraient pris part à un génocide contre leur propre peuple.

Ce que nous savons, cependant, c'est qu'elles refusèrent d'obéir à cet ordre : « Mais les sages-femmes craignaient Dieu : elles ne firent point ce que leur avait dit le roi d'Égypte, elles laissèrent vivre les garçons » (Ex. I, 17). C'est le *premier exemple de désobéissance civile de l'histoire* dont on ait gardé une trace : le refus d'obéir à un ordre donné par l'homme le plus puissant à la tête de l'empire le plus puissant de l'Antiquité, simplement parce que cet ordre était immoral, contraire à l'éthique, inhumain.

La Torah laisse entendre qu'elles agirent ainsi sans en faire toute une histoire. Sommées par Pharaon d'expliquer leur comportement, elles répondirent simplement : « Les femmes des Hébreux ne sont pas comme celles des Égyptiens ; elles sont vigoureuses et donnent naissance avant l'arrivée de la sage-femme » (Ex. I, 19). À cet argument, Pharaon n'a rien à opposer. La sobriété et la neutralité de leur réponse rappellent l'un des traits les plus marquants du courage de ceux qui sauvèrent des Juifs pendant la Shoah. Ils avaient peu de choses en commun si ce n'est qu'ils ne voyaient rien de remarquable dans ce qu'ils accomplirent[2]. Souvent, dans le domaine moral, la marque des véritables héros, c'est qu'ils ne se considèrent pas comme des héros. Ils agissent ainsi parce que c'est ce qu'un être humain est censé faire. C'est probablement la signification de la précision « elles craignaient Dieu ». C'est ainsi que la Torah décrit généralement ceux qui sont dotés d'un sens moral[3].

Il a fallu plus de trois mille ans pour que ce que firent les sages-femmes soit garanti par le droit international. En 1946, les criminels de guerre nazis jugés à Nuremberg avancèrent tous pour leur défense qu'ils n'avaient fait qu'obéir aux ordres donnés par un gouvernement dûment constitué et démocratiquement élu. En vertu de la doctrine de la souveraineté nationale, tout gouvernement est habilité à produire ses propres lois et à gérer ses propres affaires. Il fallut créer un nouveau concept juridique, à savoir le « crime contre l'humanité » pour établir la culpabilité des architectes et administrateurs du génocide.

---

1. Flavius Josèphe, *Antiquités judaïques*, II, 9.2.
2. Voir James Q. Wilson, *The Moral Sense*, New York, Free Press, 1993, p. 35-39, et les ouvrages qui y sont cités.
3. Voir par exemple Gen. XX, 11.

Le principe de Nuremberg conféra un substrat juridique à ce que les sages-femmes avaient instinctivement compris : qu'il est des ordres auxquels on ne doit pas obéir du fait de leur immoralité. La loi morale transcende la loi de l'État et doit avoir la préséance. Comme le dit le Talmud : « En cas de conflit entre les propos du Maître [Dieu] et ceux d'un disciple [un être humain], les propos du Maître doivent prévaloir » (Kiddoushin 42 b).

La décision prise par les sages-femmes exerça une influence majeure sur l'histoire, et ce, bien avant les procès de Nuremberg. Au Moyen-Âge, l'Église, consciente que le savoir est pouvoir, et préférant donc le confier exclusivement au clergé, avait interdit les traductions vernaculaires de la Bible. Au cours du XVIe siècle, trois événements modifièrent irrévocablement cet état de choses. Il y eut d'abord la Réforme qui, avec son axiome *Sola scriptura*, « par l'Écriture seule », plaça la Bible au premier plan de la vie religieuse.

Ensuite, au milieu du XVe siècle, fut inventée l'imprimerie. Les Luthériens étaient convaincus que c'était une manifestation de la Providence divine. Dieu avait envoyé l'imprimerie afin de permettre la diffusion dans le monde des doctrines de l'Église réformée.

Enfin, en dépit de cette interdiction, certaines personnes traduisirent la Bible. John Wycliffe et ses partisans l'avaient fait au XIVe siècle, mais le réfractaire le plus influent fut William Tyndale dont la traduction du Nouveau Testament, commencée en 1525, devint la première Bible imprimée en anglais. Il le paya de sa vie.

Lorsque la reine Marie Tudor ramena l'Église d'Angleterre au catholicisme, nombre de protestants anglais s'enfuirent à Genève, ville de Calvin, où ils réalisèrent une nouvelle traduction, fondée sur celle de Tyndale et appelée la Bible de Genève. Éditée en format réduit et abordable, elle fut introduite clandestinement en Angleterre et largement diffusée. Capables de lire la Bible par eux-mêmes pour la première fois, les gens découvrirent qu'elle était, en ce qui concerne la monarchie, un document éminemment séditieux.

Elle rapporte comment Dieu dit à Samuel, qu'en voulant nommer un roi, les Hébreux Le rejetaient Lui, en tant qu'unique souverain. Elle décrit avec beaucoup de réalisme comment les prophètes ne craignaient pas de mettre les rois au défi, ce qu'ils faisaient avec l'aval de Dieu Lui-même. Et elle raconte l'histoire des sages-femmes qui refusèrent d'exécuter l'ordre de Pharaon. Sur ce point, dans une note en marge, la Bible de Genève approuve leur refus, critiquant seulement le fait qu'elles aient eu recours au mensonge pour justifier leur attitude. La note dit : « Leur désobéissance en l'occurrence était légitime, mais leur dissimulation coupable ».

Le roi Jacques comprit parfaitement la gravité des implications de cette phrase qui signifiait qu'un roi, sur injonction de Dieu Lui-même, pouvait ne pas être obéi : c'était une réfutation catégorique de l'idée du droit divin des rois[4]. Par la suite, incapable d'empêcher la diffusion des Bibles en traduction, le roi Jacques décida de commanditer sa propre version qui parut en 1611. Mais le mal était fait, et les graines de ce qui allait devenir la révolution anglaise avaient été semées. Tout au long du XVIIe siècle, la force politique de loin la plus influente en Angleterre fut la Bible hébraïque telle que l'interprétaient les Puritains. Et les Pères pèlerins emportèrent cette foi avec eux dans leur expédition vers le pays qui allait devenir les États-Unis d'Amérique.

Un siècle et demi plus tard, ce fut l'ouvrage d'un autre radical anglais, Thomas Paine, qui exerça une influence déterminante sur la révolution américaine. Intitulé *Common Sense*, son pamphlet publié en Amérique en janvier 1776 remporta un succès immédiat et se vendit presqu'aussitôt à 100 000 exemplaires. Son impact fut considérable, et valut à son auteur d'être qualifié de « père de la révolution américaine ». Paine était athée, mais les pages d'ouverture de *Common Sense* justifiant la rébellion contre un roi tyrannique, se fondent entièrement sur des citations de la Bible hébraïque. Dans le même esprit, au cours de l'été, Benjamin Franklin, travaillant à son projet du grand Sceau des États-Unis, dessina les Égyptiens (c'est-à-dire les Anglais) se noyant dans la mer Rouge (c'est-à-dire l'Atlantique), avec en légende : « Se rebeller contre les tyrans, c'est obéir à Dieu ». Cette phrase impressionna tellement Thomas Jefferson qu'il recommanda de la faire figurer sur le grand Sceau de Virginie, et l'incorpora ensuite à son sceau personnel.

L'histoire des sages-femmes relève d'une vision plus vaste, implicite au fil de la lecture de la Torah et du Tanakh : le droit l'emporte sur la puissance, et Dieu Lui-même peut être appelé à rendre des comptes au nom de la justice, tout comme Il l'ordonne expressément à Abraham. En dernier ressort, la souveraineté appartient à Dieu, en sorte que tout acte ou ordre transgressant la volonté de Dieu est ipso facto un abus de pouvoir, *ultra vires*. Ces idées révolutionnaires font partie intégrante de la vision politique de la Bible concernant l'usage du pouvoir.

---

4. Voir Christopher Hill, *The English Bible and the Seventeenth-Century Revolution*, Londres, Allen Lane, 1993.

En fin de compte, cependant, ce fut le courage de deux femmes remarquables qui créa le précédent repris par l'auteur américain Thoreau[5] dans son essai devenu un classique *Civil Disobedience* (1849), lequel à son tour inspira Gandhi et Martin Luther King au XXe siècle. Leur histoire connaît une belle fin : « Le Seigneur bénit les sages-femmes et le peuple multiplia et s'accrut considérablement. Or, comme les sages-femmes avaient craint le Seigneur, Il leur donna des maisons. » (Ex. I, 20-21)

Selon Luzzatto, cette dernière phrase signifie qu'Il leur donna des familles en propre. Souvent, écrit-il, les accoucheuses étaient des femmes qui ne pouvaient pas avoir d'enfants. Dans ce cas précis, Dieu bénit Shifra et Poua en leur donnant des enfants, comme Il l'avait fait pour Sarah, Rebecca et Rachel.

C'est là aussi un point qui a son importance. Dans la littérature grecque, l'exemple qui se rapproche le plus de l'idée de désobéissance civile est l'histoire d'Antigone qui insista pour donner à son frère Polynice une sépulture, alors que le roi Créon, le considérant comme un traître à Thèbes, l'avait interdit.

Antigone, de Sophocle, est une tragédie. L'héroïne doit mourir parce qu'elle est restée loyale envers son frère et parce qu'elle a désobéi au roi. La Bible hébraïque, en revanche, n'est pas une tragédie. En fait, l'hébreu biblique n'a pas de mot pour désigner la « tragédie » au sens grec du terme. Le bien est récompensé, et non sanctionné, parce que l'univers, œuvre d'art divine, est un monde dans lequel le comportement moral est béni, et le mal, dont la fortune est éphémère, finit par être vaincu.

Shifra et Poua sont deux grandes héroïnes de la littérature mondiale, les premières à enseigner à l'humanité les limites morales du pouvoir.

---

5. Voir Henry David Thoreau, *Civil Disobedience*, Boston, David R. Godine, 1969, première édition, 1849. [De 1921 à 2021, cet ouvrage a fait l'objet de plus d'une dizaine de traductions en français, N.d.T.]

Shemot

Qui suis-je ?

Au buisson ardent, la deuxième question que pose Moïse à Dieu fut : Qui es-tu ? « Or, je vais trouver les enfants d'Israël et je leur dirai : Le Dieu de vos pères m'envoie vers vous... S'ils me disent : Quel est son nom ? que leur dirai-je ? » (Ex. III, 13). La réponse divine, *Eheyeh asher eheyeh*, traduite de façon erronée dans presque toutes les bibles chrétiennes par « Je suis celui que Je suis », mérite d'être étudiée pour elle-même (j'en traite dans mes livres *Future Tense* et *The Great Partnership*).

Sa première question, donc, fut *Mi anokhi* « Qui suis-je ? » (Ex. III, 11)

« Qui suis-je pour aborder Pharaon, et pour faire sortir les enfants d'Israël d'Égypte ? » demande Moïse à Dieu. Au premier abord, la signification est évidente. Moïse pose deux questions : qui suis-je, pour être digne d'une telle mission ? Et : comment pourrais-je réussir ?

Dieu répond à la seconde question. « C'est que Je serai avec toi ». Tu réussiras parce que je ne te demande pas d'agir seul. Je ne te demande pas vraiment d'agir, en fait. J'agirai pour toi. Je veux que tu sois Mon représentant, Mon porte-parole, Mon émissaire et Ma voix.

Dieu n'a jamais répondu à la première question. Peut-être, étrangement, Moïse y a-t-il répondu lui-même. Dans le Tanakh en général, les personnages qui se révèlent les plus méritants sont ceux qui nient avoir la moindre valeur. Investi de sa mission, le prophète Isaïe déclare : « Je suis un homme aux lèvres impures » (Is. VI, 5). Jérémie dit : « Je ne sais point parler, car je suis un enfant » (Jér. I, 6). David, le plus grand roi d'Israël, reprend les termes de Moïse : « Qui suis-je ? » (II, Samuel VII, 18). Envoyé en mission par Dieu, Jonas, tente de fuir. Selon le Rashbam, Jacob allait prendre la fuite lorsque l'homme / ange avec lequel il lutta toute la nuit lui barra le chemin (Rashbam sur Gen. XXXII, 23).

Les héros de la Bible ne sont ni des personnages de la Grèce antique ni des figures mythiques. Ce ne sont pas des hommes obsédés par leur destinée, résolus depuis leur plus jeune âge à acquérir une renommée. Ils n'ont pas ce que les Grecs appellent la mégalopsyché, un véritable sens de leur propre valeur, une supériorité raffinée et éthérée. Ils n'ont pas fréquenté Eton ou Oxford. Ils ne sont pas nés pour diriger. Ce sont des hommes qui doutaient de leurs capacités, qui, parfois furent même enclins à renoncer. Moïse, Élie, Jérémie et Jonas atteignirent de tels abîmes de désespoir qu'ils en arrivèrent à demander la mort dans leurs prières. Ils devinrent malgré eux des héros de la morale. Il y avait une tâche à accomplir – Dieu le leur avait dit – et ils l'accomplirent. Il semble que le sens qu'ils avaient de leur petitesse était un signe de grandeur. Dieu n'a donc jamais répondu à la question de Moïse : « Pourquoi moi ? »

Mais, la question renferme une autre question. « Qui suis-je ? » n'est peut-être pas seulement une interrogation sur le mérite. Il peut aussi s'agir d'identité. Moïse, seul sur le mont Horeb / Sinaï, sommé par Dieu de faire sortir les Hébreux d'Égypte, ne parle pas seulement à Dieu lorsqu'il prononce ces mots. Il s'adresse aussi à lui-même. « Qui suis-je ? »

Il y a deux réponses possibles. La première, c'est que Moïse était un prince d'Égypte. Il avait été adopté, presque à la naissance, par la fille de Pharaon. Il avait grandi dans le palais royal. Il était vêtu comme un Égyptien, ressemblait à un Égyptien et parlait comme un Égyptien. Lorsqu'il sauva les filles de Jethro de quelques bergers brutaux, elles retournèrent dire à leur père : « Un Égyptien a pris notre défense » (II, 19). Son nom même, Moïse, lui fut donné par la fille de Pharaon (Ex. II, 19). C'était vraisemblablement un nom égyptien (en fait, Moïse, de la même racine que le nom Ramsès, désigne dans l'égyptien ancien un « enfant ». L'étymologie donnée dans la Torah – Moïse signifie « retiré des eaux » – nous enseigne ce que le mot évoquait chez les hébréophones. La première réponse est donc que Moïse était un prince égyptien.

Selon la seconde, c'était un Midianite. Car, tout en étant Égyptien par son éducation, il avait été contraint de partir. Il s'était installé à Midian, avait épousé Tsippora, une femme midianite, fille d'un prêtre midianite, et il était satisfait de vivre là, tranquillement, en berger. On a tendance à oublier qu'il y passa plusieurs années. Il avait quitté l'Égypte, jeune, et avait déjà atteint l'âge de quatre-vingts ans au début de sa mission, lorsqu'il se présenta pour la première fois devant Pharaon (Ex. VII, 7). Il avait passé la grande majorité de sa vie d'adulte à Midian, loin des Hébreux d'une part et des Égyptiens de l'autre. Moïse était un Midianite.

Aussi, lorsque Moïse s'interroge : « Qui suis-je ? », ce n'est pas seulement qu'il se sent indigne. Il ne se sent pas concerné. Il pouvait bien être Juif de naissance, mais il n'avait pas subi le sort de son peuple. Il n'avait pas grandi en tant que Juif. Il n'avait pas vécu parmi les Juifs. Il avait de bonnes raisons de douter que les Hébreux le reconnaissent comme l'un des leurs. Dès lors, comment aurait-il pu devenir leur chef ? Plus fondamentalement, pourquoi aurait-il même songé à devenir leur chef ? Leur destin n'était pas le sien. Il n'en faisait pas partie. Il n'en était pas responsable. Il n'en avait pas souffert. Cela ne le concernait pas.

Qui plus est, l'unique fois où il avait en fait tenté d'intervenir dans leurs affaires – il avait tué le contremaître égyptien meurtrier d'un esclave hébreu, et le lendemain, tenté d'empêcher une rixe entre deux Hébreux – son intervention avait été mal accueillie. « Qui t'a fait notre maître et notre juge ? » lui dirent-ils. Tels sont les premiers mots connus qu'un Hébreu adresse à Moïse. Il n'avait pas encore imaginé être un dirigeant que déjà, son leadership était remis en cause.

Considérons maintenant les choix que Moïse dut effectuer dans sa vie. D'une part, il aurait pu vivre en tant que prince d'Égypte, dans le luxe et l'aisance. C'eût été son lot s'il n'était pas intervenu. Même après avoir été contraint de fuir, il aurait pu vivre tranquillement, en tant que berger, en paix avec la famille midianite dans laquelle il avait pris femme. Il n'est guère surprenant que, lorsque Dieu le sollicite pour mener les Hébreux vers la liberté, il s'insurge.

Dès lors, pourquoi a-t-il accepté ? Pourquoi Dieu savait-Il qu'il était l'homme de la situation ? Le nom qu'il donna à son premier fils nous fournit un indice. Il l'appela Guershon parce que, dit-il, « Je suis un émigré sur une terre étrangère » (II, 22). Il ne se sentait pas chez lui à Midian. C'était là où il était, mais non qui il était.

Mais la véritable indication se trouve dans un verset antérieur, le prélude à sa première intervention. « Moïse ayant grandi, alla parmi ses frères et fut témoin de leurs souffrances » (II, 11). Ces hommes étaient son peuple. Il pouvait ressembler à un Égyptien, mais en dernier ressort, il savait qu'il n'en était pas un. Ce fut une véritable métamorphose qui n'est pas sans rappeler le moment où Ruth la Moabite dit à sa belle-mère hébreue Naomi : « Ton peuple sera mon peuple, et ton Dieu sera mon Dieu » (Ruth I, 16). Ruth n'était pas née juive. Moïse n'avait pas reçu d'éducation juive. Mais tous deux savaient, en voyant la souffrance et en s'identifiant à ceux qui souffraient, qu'ils ne pouvaient pas s'en détourner.

Le rav Joseph Soloveitchik qualifia ce phénomène d'alliance de destin, *brit goral*. Il réside au cœur de l'identité juive jusqu'à ce jour. Certains Juifs croient, d'autres ne croient pas. Certains Juifs observent les commandements, d'autres non. Mais il en est peu qui, constatant les souffrances de leur peuple, peuvent les ignorer et dire : je n'ai rien à voir avec cela.

Maïmonide, qui stigmatise cette attitude de « séparation de la communauté » (*poresh mi-darkei ha-tsibbour*, Hilkhot teshouva 3, 11), affirme que c'est l'une des fautes qui privent l'homme de sa part au monde qui vient[1]. C'est ce qu'entend la Haggadah lorsqu'elle dit du fils méchant : « en s'excluant lui-même de la collectivité, il nie un principe fondamental de la foi. » De quel principe fondamental de la foi s'agit-il ? La foi dans le sort et la destinée collective du peuple juif.

Qui suis-je ? s'interrogeait Moïse, mais en lui-même, il connaissait la réponse. Je ne suis pas Moïse l'Égyptien, ni Moïse le Midianite. Lorsque je vois mon peuple souffrir, je suis, et ne peux pas être autre que Moïse l'Hébreu. Et si cela implique des responsabilités, je dois les endosser. Car je suis qui je suis parce que mon peuple est qui il est.

Telle est, de tous temps, l'identité juive.

---

1. Expression généralement traduite par « le monde à venir ». Edmond Fleg a adopté la traduction littérale de l'hébreu, « le monde qui vient ». [N.d.T.]

Vaéra
Monde matériel et monde spirituel

La Torah livre un message fondamental dans ce qui semble parfois n'être qu'une remarque mineure et incidente. On en trouve un bon exemple au début de cette *parasha*.

La *parasha* précédente décrit comment Moïse fut envoyé par Dieu pour mener les Hébreux à la liberté, et comment il échoua dans ses premières tentatives. Non seulement Pharaon n'accepta pas de laisser partir le peuple, mais il durcit encore les conditions de travail des Hébreux : ils devaient fabriquer le même nombre de briques qu'auparavant, tout en devant désormais ramasser leur propre paille. Ils se plaignirent d'abord à Pharaon, puis à Moïse, qui à son tour protesta auprès de Dieu. « Pourquoi as-Tu fait du mal à ce peuple ? Pourquoi m'as-Tu envoyé ? » (Ex. V, 22)

Au début de *Vaéra*, Dieu dit à Moïse qu'Il conduira effectivement les Hébreux à la liberté, et lui demande de l'annoncer au peuple. On lit ensuite :

> Moïse redit ces paroles aux enfants d'Israël, mais ils ne l'écoutèrent point, ayant *l'esprit oppressé par un pénible labeur*. (Exode VI, 9)

La phrase en italique semble simple. Les enfants d'Israël n'ont pas écouté Moïse parce que celui-ci leur avait transmis des messages de Dieu, sans améliorer leur sort. Ils s'efforçaient de survivre jour après jour. Ils n'avaient pas de temps pour des promesses utopiques qui semblaient n'avoir aucun fondement dans la réalité. Par le passé, Moïse n'avait pas réussi à les libérer. Il n'y avait aucune raison de penser qu'il réussirait à l'avenir.

Mais, au-delà des apparences, il y a quelque chose de plus subtil. Lors de leur rencontre au buisson ardent, Dieu demanda à Moïse de prendre la direction, et celui-ci refusa, avançant l'argument que le peuple ne l'écouterait pas. Il n'était pas un orateur. Son élocution était lente et sa langue pesante. Il était un homme sans éloquence, aux « lèvres embarrassées, non circoncises » (Ex. VI, 30). Il ne pouvait pas drainer les foules. Il n'avait pas le charisme d'un chef.

Il s'avéra cependant que Moïse avait à la fois tort et raison ; raison, puisque le peuple ne l'écouta pas, mais tort sur l'explication qu'il donna. Cela n'avait rien à voir avec ses défaillances en tant que chef ou orateur. En réalité, cela n'avait rien à voir avec Moïse. Les enfants d'Israël ne l'écoutèrent point « parce qu'ils avaient l'esprit oppressé par un pénible labeur ». En d'autres termes : *Si l'on veut améliorer la situation spirituelle du peuple, il faut d'abord améliorer sa situation matérielle.* C'est l'un des aspects les plus humains et les plus humanisants, du judaïsme.

Maïmonide le souligne dans son *Guide des égarés*. La Torah, précise-t-il, a deux objectifs : le bien-être de l'âme et celui du corps[1]. Le bien-être de l'âme est quelque chose d'intérieur, qui relève du spirituel, mais le bien-être du corps nécessite une société et une économie fortes, régies par le droit, la division du travail et le développement du commerce. Nous ressentons un bien-être corporel lorsque nos besoins physiques sont satisfaits, mais nous ne pouvons en aucun cas y parvenir seuls. Nous nous spécialisons, assurons les échanges commerciaux. D'où la nécessité d'avoir une société bienveillante, forte et juste.

La réalisation spirituelle, dit Maïmonide, est supérieure à la réalisation matérielle, mais nous devons assurer d'abord cette dernière, parce que « quiconque souffre de la faim, de la soif, de la chaleur ou du froid, ne peut appréhender une idée, même si d'autres la lui communiquent, et encore moins y parvenir par son propre raisonnement. » En d'autres termes, si nous ne pouvons satisfaire nos besoins matériels, il n'y a aucun moyen d'atteindre de hautes

---

1. Maïmonide, *Le Guide des égarés*, III, 27.

sphères spirituelles. Lorsque les enfants d'Israël sont moralement brisés par un pénible labeur, ils ne peuvent écouter Moïse. Si nous voulons améliorer la situation spirituelle du peuple, améliorons d'abord sa condition matérielle.

À l'époque moderne, cette idée a été exprimée par deux psychologues juifs de New York, Abraham Maslow (1908-1970) et Frederick Herzberg (1923-2000). Maslow était fasciné par la question de savoir pourquoi tant de gens ne réalisent jamais pleinement leur potentiel. Il estimait également – comme, plus tard, Martin Seligman, créateur de la psychologie positive – que la psychologie devrait s'attacher non seulement à traiter la maladie, mais également à promouvoir une santé mentale positive. Sa contribution la plus connue à l'étude de l'esprit humain est sa théorie de la « hiérarchie des besoins ».

Nous ne sommes pas un simple agrégat de besoins et de désirs. Nos préoccupations s'ordonnent clairement. Maslow identifie cinq niveaux : tout d'abord, nos besoins *physiologiques* (nourriture et toit) impératifs pour notre survie ; puis nos besoins de *sécurité* (protection contre le mal infligé par autrui) ; ensuite notre besoin d'*être aimé et intégré*. Au-delà intervient notre désir d'être *reconnu et estimé*, et encore plus haut l'*accomplissement de soi* (réaliser notre potentiel), devenir la personne que, selon nous, nous pourrions et devrions être. Au cours de ses dernières années, Maslow ajouta une étape encore plus élevée : le *dépassement de soi (self-transcendence* en anglais*)*, s'élever au-delà de soi par l'altruisme et la spiritualité.

Herzberg simplifia toute cette structure en établissant une distinction entre facteurs physiques et facteurs psychologiques. Il appela les premiers « besoins d'Adam » et les seconds « besoins d'Abraham ». Herzberg s'intéressa particulièrement à la motivation au travail. À la fin des années 1950, il s'aperçut – idée reprise plus récemment par l'économiste israélo-américain Dan Ariely – que l'argent, le salaire et rétributions financières (stock-options, etc.) ne sont pas les seuls mobiles. On ne travaille pas nécessairement mieux, plus dur ou de façon plus créative, lorsqu'on est mieux payé. L'argent agit jusqu'à un certain niveau, mais au-delà, la véritable motivation réside dans les défis suivants : grandir, créer, trouver du sens, investir le meilleur de son talent dans une grande cause. L'argent parle à nos besoins d'Adam, mais le sens conféré à une activité parle à nos besoins d'Abraham.

Il y a là une vérité que les Juifs et le judaïsme ont tendance à souligner et à vivre plus pleinement que de nombreuses autres civilisations et confessions. La plupart des religions reposent sur des *cultures de l'acceptation*. Si la pauvreté, la faim et les maladies sévissent sur cette terre, c'est parce que le monde est ainsi fait ; c'est ainsi que Dieu l'a créé et voulu. Oui, nous pouvons trouver le bonheur, le nirvana ou la béatitude, mais pour y parvenir, il faut s'évader du monde par la méditation, ou la retraite dans un monastère, ou la drogue ou l'état de transe, ou en attendant patiemment le bonheur qui nous est réservé dans le monde futur. La religion anesthésie notre souffrance.

Rien de tel dans le judaïsme. En matière de pauvreté et de souffrance dans le monde, c'est une *religion de protestation*, et non d'acceptation. Dieu ne souhaite pas que les hommes soient pauvres, affamés, malades, opprimés, illettrés, privés de droits ou victimes de violences. À cet égard, Il a fait de nous Ses agents. Il veut que nous soyons Ses partenaires dans l'œuvre de rédemption. C'est ce qui explique que tant de Juifs soient devenus médecins pour combattre la maladie, avocats pour lutter contre l'injustice, ou éducateurs, pour éradiquer l'ignorance. C'est certainement pour cette raison qu'ils ont produit tant d'économistes pionniers (et lauréats du prix Nobel). Comme l'écrit Michael Novak (citant Irving Kristol) :

> La pensée juive s'est toujours sentie à l'aise avec un certain attachement dûment réglementé aux biens de ce monde, alors que les chrétiens ont toujours été attirés par un détachement du monde. La pensée juive a un franc penchant, décomplexé, pour la propriété privée, alors que la pensée catholique – formulée très tôt principalement par les curés et les moines – tente constamment d'orienter l'attention de ses fidèles au-delà des activités et intérêts du monde d'ici-bas vers l'au-delà. En conséquence, instruits par la loi et les prophètes, le Juif moyen se sent davantage chez lui dans ce monde, alors que le catholique moyen considère ce monde comme une vallée de tentations et comme un risque de le détourner de sa véritable préoccupation : se préparer au monde à venir[2].

Il faut trouver Dieu dans ce monde, sans attendre le monde à venir. Mais, pour atteindre des sommets spirituels, nous devons d'abord avoir satisfait nos besoins matériels. Abraham était plus grand qu'Adam, mais Adam a précédé Abraham. Lorsque le monde est trop rude, l'esprit humain se brise, et les hommes ne

---

2. Michael Novak, *This Hemisphere of Liberty*, Washington, DC, American Enterprise Institute, 1990, p. 64.

peuvent plus entendre la parole divine, même lorsqu'elle est rapportée par un Moïse.

Levi Yitzhak de Berditchev l'a bien formulé : « Ne te soucie pas de l'état spirituel de ton prochain et des besoins de ton corps. Préoccupe-toi des besoins du corps de ton prochain et de ton propre état spirituel. »

Réduire la pauvreté, soigner les malades, garantir l'état de droit et le respect des droits de l'homme : telles sont les tâches spirituelles tout aussi importantes que la prière et l'étude de la Torah. Certes ces dernières sont plus élevées, mais les premières sont primordiales. Les hommes ne peuvent entendre le message de Dieu si leur esprit est brisé et leur travail exténuant.

Vaéra

Le libre arbitre

La question n'est pas nouvelle. Si Dieu a endurci le cœur de Pharaon, c'est donc Dieu, et non Pharaon, qui a déterminé son refus de laisser partir les Hébreux. En quoi est-ce juste ? Comment peut-il être légitime de punir Pharaon et son peuple pour une décision – une série de décisions – qui n'ont pas été prises librement ? La sanction présuppose la culpabilité. La culpabilité présuppose la responsabilité. La responsabilité présuppose la liberté. Nous ne reprochons pas aux poids de tomber, ni au soleil de briller. Les forces naturelles ne sont pas des choix opérés à partir de réflexions sur des alternatives. Seul l'homo sapiens est libre. Le priver de cette liberté, c'est le priver de son humanité. Dès lors, comment peut-on dire, comme dans notre *parasha* (Ex. VII, 3) que Dieu endurcit[1] le cœur de Pharaon ?

    Tous les commentateurs se sont penchés sur cette question. Maïmonide et d'autres soulignent une caractéristique frappante du récit : Lors des cinq premières plaies, on lit que Pharaon lui-même a endurci son cœur. Ce n'est qu'ensuite, pour les cinq dernières plaies qu'on apprend que c'est Dieu qui est

---

1. Trois verbes différents sont utilisés dans le récit pour désigner l'endurcissement du cœur : k-sh-h, 'h-z-k et k-b-d, introduisant certaines nuances : le premier signifie « durcir », le second « renforcer », et le troisième « alourdir ».

intervenu. Ils en concluent que les cinq dernières plaies furent donc un châtiment pour les cinq premiers refus, décidés librement par Pharaon[2].

Une deuxième approche, d'orientation radicalement opposée, consiste à dire que, lors des cinq dernières plaies, Dieu est intervenu non pour *durcir*, mais pour *renforcer* le cœur de Pharaon. Il agit pour garantir que Pharaon conservait sa liberté et que sa résolution ne vacillait pas. Les répercussions des plaies étaient telles que, dans le cours normal des événements, un dirigeant national n'aurait pas eu d'autre choix que de céder à une force supérieure. Comme le dirent les conseillers de Pharaon avant la huitième plaie : « Ignores-tu encore que l'Égypte est ruinée ? » (Ex. X, 7) Céder à ce stade eut été un acte accompli sous la contrainte, et non un véritable changement de dispositions. Telle est l'approche de Yossef Albo[3] et Ovadia Sforno[4].

Une troisième approche remet en question le sens même de la phrase « Dieu endurcit le cœur de Pharaon. » Fondamentalement, Dieu, Auteur de l'histoire, se trouve derrière chaque événement, chaque action, chaque rafale de vent, chaque goutte de pluie. Généralement, nous n'attribuons pas à Dieu une action humaine. Nous sommes ce que nous sommes parce que c'est ainsi que nous avons choisi d'être, même si c'était écrit longtemps auparavant dans le scénario divin prévu pour l'humanité. Quel type d'acte pouvons-nous attribuer à Dieu ? Quelque chose d'inhabituel, sortant tellement des normes du comportement humain qu'il nous est difficile de l'expliquer autrement qu'en disant que c'est certainement arrivé dans un but précis.

Dieu Lui-même dit que l'entêtement de Pharaon Lui a permis de montrer à toute l'humanité que même le plus grand empire est impuissant devant une intervention divine (Ex. VII, 5 ; XIV, 18). Pharaon agit librement, mais ses derniers refus étaient si étranges qu'il était évident pour tout le monde que Dieu avait escompté cette attitude. Elle était prévisible, faisait partie du scénario. Dieu avait en fait révélé cela à Abraham plusieurs siècles auparavant en lui annonçant dans une effroyable vision que sa postérité séjournerait sur une terre étrangère (Gen. XV, 13-14).

Ce sont là des interprétations intéressantes et plausibles. Il me semble cependant que la Torah raconte une histoire plus profonde, qui n'a rien perdu de

---

2. Maïmonide, *Hilkhot Teshouvah* 6, 3.
3. Albo, *Sefer Ikkarim*, IV, 25.
4. Voir le *Commentaire* d'Ovadiah Sforno sur Ex. VII, 3.

sa pertinence. Philosophes et hommes de science tendent à réfléchir en termes d'abstractions et d'universaux. D'aucuns en ont conclu que nous disposons du libre arbitre, d'autres sont parvenus à la conclusion inverse. Il ne reste aucun espace conceptuel entre les deux interprétations.

Or, dans la vie, ce n'est pas du tout ainsi que fonctionne la liberté. Prenons l'exemple de l'addiction : les premières fois qu'un individu s'adonne au jeu, boit de l'alcool ou se drogue, il se peut qu'il agisse librement, connaissant les risques, mais décidant de les ignorer. Avec le temps, sa dépendance s'accroît jusqu'à ce que le besoin devienne si impérieux que l'individu se retrouve pratiquement dans l'incapacité d'y résister. À un moment donné, il va lui falloir entreprendre une cure de désintoxication. Il n'a plus la capacité d'arrêter sans un soutien extérieur. Comme le dit le Talmud, « un prisonnier ne peut se libérer lui-même de la prison » (Berakhot 5 b)

L'addiction est un phénomène physique, mais on en trouve des équivalents dans le domaine moral. Par exemple, supposons qu'en une certaine circonstance, vous proférez un mensonge. Les gens vont alors imaginer quelque chose à votre égard qui n'est pas vrai. Lorsqu'ils vous poseront des questions, ou lorsque le sujet surviendra dans la conversation, vous vous retrouverez contraint d'ajouter d'autres mensonges pour étayer le premier. « Oh ! quelle toile inextricable nous tissons, quand, pour la première fois, nous nous adonnons à la tromperie ! » dit Sir Walter Scott.

Et il ne s'agit là que d'individus. Lorsqu'il est question d'associations ou d'entreprises, le risque est encore plus grand. Imaginons qu'un cadre ait commis une erreur coûteuse qui, dévoilée, mettrait en péril l'avenir de la société. Celle-ci tentera de dissimuler cette erreur. Pour ce faire, elle devra mobiliser l'aide d'autres personnes qui deviennent complices. Au fur et à mesure que le cercle s'élargit, le mensonge devient partie intégrante de la culture collective, ce qui, au sein de la société, compliquera la tâche des personnes honnêtes désireuses de résister ou de protester. Il faut alors un rare courage pour révéler la supercherie et y mettre fin. De telles histoires n'ont pas manqué au cours de ces dernières années[5].

Au sein des nations, notamment les nations non démocratiques, le risque est encore plus grand. Dans les entreprises commerciales, les pertes peuvent

---

5. Sur Enron, voir Bethany McLean et Peter Elkind, *The Smartest Guys in the Room: The Amazing Rise and Scandalous Fall of Enron*, New York, Portfolio, 2003.

être quantifiées. Quelqu'un, quelque part, connaît le montant des pertes, sait comment de nombreuses dettes ont été dissimulées et où. En politique, il n'existe probablement pas de test objectif. Il est facile de prétendre qu'une politique fonctionne en dépit d'indicateurs manifestement contraires. Un discours se fait jour, communément admis. Le conte d'Andersen, *Les habits neufs de l'empereur*, est la parabole classique de ce phénomène. Un enfant voit la vérité et, en toute innocence, la laisse échapper, brisant la conspiration du silence entretenue par les conseillers du monarque et les habitants de la ville.

Nous perdons notre liberté graduellement, souvent sans nous en rendre compte. C'est ce que la Torah laisse entendre depuis le début. La déclaration classique du libre arbitre apparaît dans l'histoire de Caïn et Abel. Voyant Caïn irrité que son offrande n'ait pas été agréée, Dieu lui dit : « Si tu t'améliores, tu pourras te relever, sinon la faute est tapie à ta porte : elle aspire à t'atteindre, mais toi, sache la dominer ! » (Gen. IV, 7). Le maintien du libre arbitre, notamment dans un état d'intense émotion comme la colère, nécessite de la volonté. Comme nous l'avons mentionné dans des études antérieures[6], il peut se produire ce que Daniel Goleman appelle la « séquestration de l'amygdale », où une réaction instinctive remplace une décision réfléchie ; nous agissons alors de façon préjudiciable envers nous-mêmes et envers les autres[7]. C'est là la menace que fait peser l'émotionnel sur la liberté.

Il existe aussi une menace sociale. Après la Shoah, plusieurs expériences d'avant-garde ont été menées pour juger de la puissance du conformisme et de l'obéissance à l'autorité. Solomon Asch a dirigé une série d'expériences dans lesquelles on montrait à huit personnes réunies dans une pièce une ligne tracée sur une feuille, puis trois autres, et on leur demandait laquelle des trois était de la même longueur que la première. Sans que la huitième personne le sache, les sept autres étaient complices de l'expérimentateur et suivaient ses instructions. À plusieurs reprises, les sept complices donnèrent une réponse de toute évidence fausse ; pourtant, dans 75 % des cas, la huitième personne se rangea à leur avis et donna une réponse qu'elle savait pertinemment être erronée.

Stanley Milgram, psychologue de Yale, a montré que des individus ordinaires étaient disposés à infliger ce qui semblait être des chocs électriques

---

6. Voir *Par-delà la nature,* sur parashat Noah.
7. Daniel Goleman, *Emotional Intelligence,* New York, Bantam, 1995. En français, *L'intelligence émotionnelle,* traduit par Daniel Roche et Thierry Piélat, J'ai lu, 2014.

atrocement douloureux à quelqu'un qui se trouvait dans une pièce voisine, lorsqu'une autorité, en l'occurrence l'expérimentateur, leur en donnait l'ordre[8]. Menée par Philip Zimbardo, l'expérience de la prison de Stanford répartissait les participants dans les rôles de détenus et de gardiens. En quelques jours, les « gardiens » se comportaient brutalement et, dans certains cas avec cruauté envers les prisonniers, et l'expérience, prévue pour durer une quinzaine de jours, dut être annulée au bout de six jours[9].

Comme le montrent ces expériences, la puissance du conformisme est immense ? C'est, à mon avis la raison pour laquelle Abraham fut enjoint de quitter sa terre, son lieu de naissance et la maison de son père. Ce sont ces trois facteurs – culture, environnement social et petite enfance – qui limitent notre liberté. Au cours des âges, les Juifs ont été présents *dans* la société, mais sans en faire partie. Être Juif signifie se tenir à une distance adéquate de l'époque et de ses idoles. L'exercice de la liberté requiert du temps pour prendre des décisions réfléchies, ainsi qu'une certaine distance, afin de ne pas se laisser bercer dans le conformisme.

Plus grave est la menace d'ordre moral. On oublie parfois, ou on ignore, que les conditions de l'esclavage que subirent les Hébreux en Égypte furent assez souvent le lot des Égyptiens eux-mêmes durant plusieurs générations. Construite plus d'un millier d'années avant l'Exode, avant même la naissance d'Abraham, la grande pyramide de Gizeh, transforma pendant vingt ans une partie considérable de l'Égypte en un camp d'esclaves[10]. Lorsque la vie humaine ne vaut pas grand-chose et que les hommes sont considérés comme un moyen et non comme une fin, lorsque les pires excès sont justifiés au nom de la tradition, et que les dirigeants disposent d'un pouvoir absolu, la conscience est anesthésiée, et la liberté perdue, parce que la culture a créé un espace protégé dans lequel le cri des opprimés ne peut plus guère être entendu.

C'est ce que veut dire la Torah en précisant que Dieu endurcit le cœur de Pharaon. En asservissant d'autres hommes, Pharaon lui-même devint

---

8. Stanley Milgram, *Obedience to Authority: An Experimental View*, New York, Harper & Row, 1974. En français, *La soumission à l'autorité*, traduit par Emy Molinie, Calmann-Lévy, 1994.
9. Philip G. Zimbardo, *The Lucifer Effect: Understanding How Good People Turn Evil*, New York, Random House, 2007.
10. Toby Wilkinson, *The Rise and Fall of Ancient Egypt*, Londres, Bloomsbury, 2010, p. 72-91. Il a été calculé, en se fondant sur une journée de travail de dix heures, qu'un bloc de pierre géant pesant plus d'une tonne, avait dû être transporté toutes les deux minutes, chaque jour, pendant vingt ans.

asservi, prisonnier des valeurs qu'il avait lui-même adoptées. Dans son sens le plus profond, la liberté de faire ce qui juste et bien, ne va pas de soi. On l'acquiert, ou on la perd, petit à petit. En définitive, les tyrans provoquent leur propre destruction, alors que ceux qui ont de la volonté, du courage et sont disposés à aller à l'encontre du consensus, acquièrent une prodigieuse liberté. Le judaïsme est ainsi une invitation à la liberté en résistant à l'appel des idoles et des sirènes de l'époque.

Vaéra

Une poignée de poussière

La troisième plaie semble identique à toutes les autres : une affliction, un retournement de la nature contre les Égyptiens, lesquels s'étaient eux-mêmes retournés contre les Hébreux. L'histoire est racontée simplement, en peu de mots :

> Toute la poussière de la terre se transforma en vermine, par tout le pays d'Égypte. Les devins essayèrent à leur tour, par leurs sortilèges, de faire disparaître la vermine, mais ils ne purent : la vermine resta sur les hommes et sur le bétail. Les devins dirent à Pharaon : « Le doigt de Dieu est là ! » Mais le cœur de Pharaon persista et il ne les écouta point. (Ex. VIII, 13-15)

Cet épisode recèle cependant une profondeur cachée. Pour la comprendre, nous devons nous intéresser plus particulièrement à un phénomène auquel on a accordé trop peu d'attention : le recours à l'humour dans la Torah. Sa forme la plus achevée réside dans l'utilisation de la satire pour railler les prétentions des humains à penser qu'ils pourraient imiter Dieu. Une chose fait rire Dieu : le spectacle de l'humanité tentant de défier le Ciel :

> Les rois de la terre se soulèvent,
> les princes se liguent ensemble contre l'Éternel et son oint.

> « Brisons [disent-ils] leurs liens.
> Rejetons loin de nous leurs chaînes ! »
> Celui qui réside dans les cieux en rit,
> le Seigneur se raille d'eux. (Psaume II, 2-4)

Le récit de la tour de Babel en offre un parfait exemple. La population de la plaine de Shinar décide de construire une ville avec une tour « qui atteindra le ciel » (Genèse XI, 1-9). C'est un défi lancé à l'ordre de la nature conçu par Dieu (« Les cieux, oui, les cieux sont à l'Éternel, mais la terre, Il l'a octroyée aux fils de l'homme » Psaume CXV, 16). La Torah dit alors : « Mais Dieu descendit sur la terre pour voir la ville et la tour… » (Gen. XI, 5). Sur terre, les bâtisseurs pensaient que leur tour atteindrait le ciel. Depuis le ciel, cependant, elle était si minuscule que Dieu dut « descendre » pour la voir.

La raillerie est essentielle pour comprendre certaines plaies. Les Égyptiens adoraient une multitude de dieux, représentant pour la plupart des forces de la nature. Par leurs « sortilèges », les devins pensaient pouvoir contrôler ces forces. Dans l'ère du mythe, la magie est l'équivalent de la technologie à l'ère de la science. Une civilisation qui croit pouvoir manipuler les dieux, croit également pouvoir exercer une coercition sur les hommes. Une telle culture ignore le concept de liberté.

Les Égyptiens réagissent aux deux premières plaies en fonction de leur propre système de référence. Pour eux, les plaies sont des formes de magie, non des miracles. Les magiciens de Pharaon considèrent que Moïse et Aaron sont des hommes comme eux, qui usent de sortilèges. En conséquence, ils les reproduisent : ils montrent qu'eux aussi peuvent transformer l'eau en sang et faire pulluler les grenouilles. L'ironie, ici, affleure. Les magiciens égyptiens sont tellement déterminés à prouver qu'ils peuvent reproduire ce que Moïse et Aaron ont fait, qu'ils ne réalisent pas du tout que, loin d'améliorer les choses pour les Égyptiens, ils les aggravent : davantage de sang, davantage de grenouilles.

Ce qui nous amène à la troisième plaie, la vermine. Cette plaie avait pour objectif, entre autres, de produire un effet que les magiciens ne pourraient pas reproduire. Ils essayèrent. Ils échouèrent, concluant immédiatement « Le doigt de Dieu est là » (VIII, 15).

C'est la première fois qu'apparaît dans la Torah l'idée, étonnamment persistante dans la pensée religieuse même aujourd'hui, appelée « *the god of the gaps* », [parfois traduit par dieu bouche-trou, c'est-à-dire le dieu invoqué pour expliquer ce que la science est impuissante à expliquer, N.d.T.]. Selon cette idée, un miracle est quelque chose qui n'a pas encore d'explication scientifique. La science est naturelle ; la religion est supranaturelle. Un « acte de Dieu » est quelque chose qu'on ne peut expliquer rationnellement. Ce que les magiciens (ou les technocrates) ne peuvent reproduire doit être le résultat d'une intervention divine. Une telle option mène inéluctablement à la conclusion d'une opposition entre science et religion. Plus la science nous fournit d'explications ou nous permet d'assurer un contrôle technologique, moins nous avons besoin de la foi. Plus le domaine des sciences s'étend, plus la place de Dieu se rétrécit jusqu'à disparaître complètement.

Ce que la Torah laisse entendre, c'est qu'il s'agit là d'un mode de pensée païen, et non juif. Les Égyptiens admettaient que Moïse et Aaron étaient de véritables prophètes lorsqu'ils accomplissaient des prodiges au-delà du champ de la magie des devins. Mais ce n'est pas pour cette raison que nous accordons notre confiance à Moïse et Aaron. Sur ce point, Maïmonide est sans équivoque :

> Ce n'est pas pour les miracles qu'il accomplit qu'Israël a cru en Moïse notre maître. Lorsque la foi se fonde sur des signes, demeure toujours en filigrane un doute que ces miracles pourraient avoir été réalisés par l'occultisme ou la sorcellerie. Tous les miracles accomplis par Moïse dans le désert, il les accomplit parce qu'ils étaient nécessaires, non pour authentifier son statut de prophète... Lorsque nous avons eu besoin de nourriture, il a fait descendre la manne. Lorsque le peuple a eu soif, il a fendu le rocher. Lorsque les partisans de Korah ont nié son autorité, la terre les a engloutis. Il en va de même pour tous les autres miracles. Dès lors, sur quoi se fondait la confiance que nous lui accordions ? La révélation au Sinaï ; nous avons alors vu de nos propres yeux et entendu de nos propres oreilles[1]...

La rencontre avec Dieu s'opère en premier lieu non pas par des miracles, mais par Sa parole – la révélation – la Torah – qui est la constitution du peuple juif en tant que nation sous la souveraineté de Dieu. Certes, Dieu est au cœur des événements qui semblent défier la nature et que nous appelons miracles. Mais Il est aussi dans la nature. La science n'évince pas Dieu : elle révèle, par des

---

1. *Mishné Torah*, Hilkhot Yesodei HaTorah 8, 1.

Le livre de Shemot

voies toujours plus complexes et toujours plus prodigieuses, le projet au sein de la nature elle-même. Loin d'émousser notre sens religieux, la science (bien comprise) devrait le renforcer, nous apprenant à voir « Que tes œuvres sont grandes, ô Seigneur ! Toutes, tu les as faites avec sagesse » (Psaume CIV, 24). Avant tout, il faut trouver Dieu dans la voix entendue au Sinaï, nous enseignant comment édifier une société qui sera le contraire de celle de l'Égypte, où la minorité n'asservira pas la majorité, et où les étrangers ne seront pas maltraités.

Le meilleur argument contre le monde de l'Égypte antique, c'était l'humour de Dieu. Les prêtres et magiciens qui pensaient pouvoir contrôler le soleil et le Nil découvrirent qu'ils étaient incapables de créer le moindre pou. Les pharaons, tel que Ramsès II, pensaient manifester leur divinité par leur architecture monumentale : les gigantesques temples, palais et pyramides dont l'immensité semblait être le signe de la grandeur divine (selon la Guemara, la magie égyptienne ne pouvait pas opérer pas sur des éléments de très petite taille[2]). Dieu les ridiculise en révélant Sa présence dans les créatures les plus infimes. C'est ce qu'évoquent les célèbres vers de T. S. Eliot dans *La Terre vaine* :

> Et je te montrerai quelque chose qui n'est
> Ni ton ombre au matin marchant derrière toi,
> Ni ton ombre le soir surgie à ta rencontre ;
> Je te montrerai ton effroi dans une poignée de poussière[3].

Ce que les magiciens égyptiens (et leurs successeurs d'aujourd'hui) ne comprenaient pas, c'est que le pouvoir sur la nature n'est pas une fin en soi, mais seulement le moyen de parvenir à des fins *éthiques*. Les poux, la vermine, étaient envoyés par Dieu comme une farce aux dépens des magiciens qui croyaient, parce qu'ils contrôlaient les forces de la nature, être les maîtres de la destinée humaine. Ils avaient tort.

À maintes reprises, les prouesses technologiques ont conduit les hommes à croire qu'ils étaient semblables à des dieux. Ils réussirent à atteindre les cieux, à dompter la nature à leur guise et à construire d'immenses édifices à leur propre gloire. C'est cependant la désolation qu'il laissèrent dans leur sillage,

---

2. *Sanhedrin* 67 b : « Rabbi Elazar dit : 'Cela prouve qu'un magicien ne peut produire une créature d'une taille inférieure à un grain d'orge'. »
3. T.S. Eliot, *La Terre vaine et autres poèmes*, traduit par Pierre Leyris, Seuil, 1947, p. 89.

et les civilisations qu'ils édifièrent déclinèrent et périrent, ne se rappelant à la mémoire des hommes que par des vestiges et des ruines.

L'humilité est le seul antidote à l'hubris. Si grands que nous soyons, nous sommes des nains dans l'ordre des choses. C'est ce que Dieu montra aux Égyptiens par la plaie de la vermine.

Bo

Se libérer de la haine

Dans le récit de l'Exode, un élément est considérablement mis en relief par la Torah, ce qui, au premier abord, semble presque incompréhensible. Voici le commandement :

> L'Éternel avait dit à Moïse : « Il est une plaie encore que J'enverrai à Pharaon et à l'Égypte et alors il vous laissera partir de ce pays ; en le faisant cette fois, il vous en repoussera d'une manière absolue. Fais donc entendre au peuple que chacun ait à demander à son voisin et chacune à sa voisine, des vases d'argent et des vases d'or ». (Ex. XI, 1-2)

Voici comment cet ordre est exécuté :

> Les Égyptiens firent violence au peuple en se hâtant de le repousser du pays ; car ils disaient : « Nous périssons tous ». Et le peuple emporta sa pâte non encore levée, leurs sébiles sur l'épaule, enveloppés dans leurs manteaux. Les enfants d'Israël s'étaient conformés à la parole de Moïse, en demandant aux Égyptiens des vases d'argent, des vases d'or et des vêtements, et le Seigneur avait inspiré pour ce peuple de la bienveillance aux Égyptiens, qui lui prêtèrent, de sorte qu'il dépouilla les Égyptiens. (Ex. XII, 33-36)

Le livre de Shemot

Pourquoi de l'or et de l'argent ? Les Hébreux étaient tellement impatients de partir, et les Égyptiens si pressés de hâter leur départ, qu'ils n'eurent même pas le temps de laisser monter la pâte. Pourquoi Dieu insiste-t-il tellement pour qu'ils prennent le temps de réclamer ces cadeaux de départ ? Quel usage en auraient-ils au cours de leur longue traversée du désert ?

Notre perplexité s'accroît lorsqu'on se souvient de l'usage qu'ils firent de cet or. Ils commirent la pire faute de cette époque : le veau d'or. Le Talmud précise que Moïse mentionna ce fait dans sa défense d'Israël. En effet, il dit à Dieu : Si Tu ne leur avais pas ordonné de prendre l'or d'Égypte, ils n'auraient pas disposé des matériaux nécessaires pour fabriquer le veau[1] !

Nul doute que ce détail est fondamental pour le récit, puisque Dieu en fait état lors de sa première rencontre avec Moïse, au buisson ardent, avant le début de l'exode – bien avant le retour de Moïse en Égypte :

> Et j'inspirerai aux Égyptiens de la bienveillance pour ce peuple, si bien que, lorsque vous partirez, vous ne partirez point les mains vides. Chaque femme demandera à sa voisine, à l'habitante de sa maison, des vases d'argent, des vases d'or, des parures ; vous en couvrirez vos fils et vos filles et vous dépouillerez [*venitzaltem*] l'Égypte. (Ex. III, 21-21)

Pourquoi était-ce si important ?

Ce n'est qu'en lisant la fin des livres de Moïse qu'on commence à le comprendre, et seulement de façon rétrospective. Deux détails du livre du Deutéronome nous fournissent la clé. Le premier concerne la libération des esclaves :

> Si un Hébreu, ton frère, ou une femme hébreue te sont vendus, ils te serviront six ans ; et la septième année tu les renverras, libres, de chez toi. Or, en libérant cet esclave de ton service, ne le renvoie pas les mains vides, mais donne-lui des présents, de ton menu bétail, de ta grange et de ton pressoir ; ce dont l'Éternel, ton Dieu, t'aura favorisé, fais-lui en part. Souviens-toi que tu fus esclave au pays d'Égypte, et que l'Éternel, ton Dieu, t'a affranchi ; c'est pourquoi Je te prescris aujourd'hui ce commandement. (Deut. XV, 12-15)

---

1. Berakhot 32a.

Le second est l'un des commandements les plus saisissants. Moïse insiste :

> N'aie pas en horreur l'Iduméen (ou Édomite), car il est ton frère. N'aie pas en horreur l'Égyptien, car tu as séjourné dans son pays (Deut. XXIII, 8)

C'est tout à fait remarquable. Les Hébreux avaient été asservis par les Égyptiens. Ils n'avaient aucune raison de ressentir de la gratitude à leur égard. Ils avaient en revanche de bonnes raisons de nourrir du ressentiment. Pourtant, Moïse insiste qu'ils ne doivent pas céder à cette tentation. Ils ne doivent pas en vouloir aux Égyptiens. Pourquoi ? Nous trouvons dans ce bref commandement l'un des aperçus les plus profonds de la nature d'une société libre.

Un peuple animé par la haine n'est pas – ne peut être – libre. Si le peuple avait emporté avec lui un fond de haine et un désir de vengeance, Moïse aurait fait sortir les Hébreux d'Égypte, mais il n'aurait pas fait sortir l'Égypte des Hébreux. Ils seraient encore là-bas, liés par les chaînes de la colère tout aussi incapacitantes que des chaînes de métal. Pour être libres, il faut se débarrasser de la haine.

Il existe une différence fondamentale entre vivre *avec* le passé et vivre *dans* le passé. Le judaïsme est une religion de mémoire. Nous nous souvenons de l'exode, chaque année, et même chaque jour. Mais nous le faisons pour construire notre l'avenir, pas pour nous figer dans le passé. « Tu n'opprimeras point l'étranger, dit la Torah, parce que tu sais ce que c'est que d'être étranger. » En d'autres termes, ce que tu as subi, ne l'inflige pas à autrui. La mémoire est un tutoriel moral. Selon les propos célèbres de Santayana : « Ceux qui oublient le passé sont condamnés à le répéter[2] ». Israël se souvient de son passé précisément pour *ne pas* le répéter. Le message de Moïse est le suivant : souviens-toi, mais pas en vue de haïr.

Cela signifie tirer un trait sur les ressentiments du passé. C'est pourquoi, lorsqu'un esclave redevenait libre, son maître devait lui offrir des présents. Ce n'était pas pour compenser son statut d'esclave. Il n'y a pas moyen de restituer les années passées dans la servitude. Mais il est un moyen de garantir que la séparation se déroule dans de bonnes conditions, grâce à quelques compensations

---

2. George Santayana, *The Life of Reason*, vol. 1, *Reason in Common Sense*, Scribner's, 1905, p. 284. [Cette citation apparaît sous d'autres versions, dont celle de Churchill « Un peuple qui ne connaît pas son histoire est condamné à la revivre » N.d.T.]

symboliques. Les cadeaux permettent à l'ancien esclave de parvenir à un certain détachement sur le plan émotionnel, de sentir qu'il entame un nouveau chapitre de sa vie, de partir sans colère ni sentiment d'humiliation. Celui qui a reçu des cadeaux peut difficilement haïr.

Telle est la signification de l'argent et de l'or pris aux Égyptiens par les Hébreux, sur ordre exprès de Dieu. Benno Jacob, commentateur du début du XXe siècle, traduisait le mot *venitzaltem* (Ex. III, 22) par « Vous épargnerez » et non « Vous dépouillerez » les Égyptiens. Les cadeaux qu'ils ont pris à leurs voisins étaient destinés, selon Benno Jacob, à persuader les Hébreux que ce n'étaient pas tous les Égyptiens, mais seulement Pharaon et les autres dirigeants qui étaient responsables de leur asservissement[3]. Ils étaient destinés à épargner aux Égyptiens une éventuelle vengeance de la part d'Israël.

Ce message ne pourrait être plus adapté à notre situation au début du XXIe siècle. À une époque déchirée par les conflits ethniques et religieux, le message de la Torah sonne juste. Pour être libre, il faut se débarrasser de la haine.

---

3. Cité par le grand rabbin J. H. Hertz, *The Pentateuch and Haftorah*, Londres, Soncino, 1977, p. 217.

Bo
Raconter sa propre histoire

Allez à Washington et visitez les monuments commémoratifs, vous ferez une fascinante découverte. Commencez par le mémorial de Lincoln, avec sa statue géante de l'homme qui affronta la guerre civile et orchestra la fin de l'esclavage. Sur un côté, vous verrez le discours de Gettysburg, ce chef-d'œuvre de concision, une prière pour « une renaissance de la liberté ». Sur l'autre, se trouve le second grand discours inaugural avec son message d'apaisement : « Sans animosité pour quiconque, avec bienveillance pour tous, avec fermeté dans la droiture, tel que Dieu nous permet de concevoir ce qu'est la droiture… » Descendez vers le bassin du Potomac et vous verrez le mémorial de Martin Luther King, avec ses seize citations extraites des propos du grand combattant pour les droits civils, entre autres, sa déclaration de 1963 : Les ténèbres ne peuvent venir à bout des ténèbres. Seule la lumière le peut. La haine ne peut venir à bout de la haine, seul l'amour le peut. Et, donnant son nom à l'ensemble du monument, une phrase du discours I Have a Dream : « extraire de la montagne de désespérance, une pierre d'espérance. »

Continuez le long de l'avenue bordée d'arbres, longeant le fleuve, et vous arrivez au mémorial de Roosevelt, qui se compose d'une série de six espaces, un pour chaque décennie de sa carrière, et comprenant chacun un extrait de l'un des discours caractéristiques de l'époque, le très célèbre : « Nous n'avons rien à craindre, sauf la crainte elle-même. »

Enfin, à la lisière du bord sud du bassin, se dresse un temple grec dédié à l'auteur de la Déclaration d'indépendance américaine, Thomas Jefferson. Autour du dôme, figurent les mots qu'il écrivit à Benjamin Rush : « J'ai juré sur l'autel de Dieu une hostilité éternelle à toute forme de tyrannie à l'encontre de l'esprit de l'homme. » L'espace circulaire est délimité par quatre panneaux reprenant de longues citations des écrits de Jefferson, l'une provenant de la Déclaration elle-même, une autre commençant par « Dieu tout-puissant a créé l'esprit libre », et une troisième : « Dieu qui nous a donné la vie, nous a donné la liberté. Les libertés d'une nation peuvent-elles être garanties lorsque nous ôtons la conviction que ces libertés sont le don de Dieu ? »

Chacun de ces quatre monuments est édifié autour de textes, et chacun raconte une histoire.

Comparez maintenant les monuments de Londres, plus précisément ceux de Parliament Square. Le mémorial de l'ancien Premier ministre David Lloyd George comprend trois mots : David Lloyd George. Celui de Nelson Mandela, deux : Nelson Mandela ; et le mémorial de Winston Churchill, un seul, Churchill. Winston Churchill était un familier des mots, journaliste au début de sa carrière, puis historien, auteur d'une cinquantaine d'ouvrages. Il remporta le prix Nobel, non de la paix, mais de littérature. Il prononça autant de discours et forgea autant de phrases inoubliables que Jefferson, Lincoln, Roosevelt ou Martin Luther King, mais aucune d'elles n'est gravée sur le socle de sa statue. Il n'est commémoré que par son nom.

La différence entre les monuments américains et britanniques est manifeste et s'explique par les caractéristiques propres aux cultures politiques et morales prévalant en Grande-Bretagne et aux États-Unis. L'Angleterre est, ou était jusque dernièrement, une société fondée sur la tradition. Dans de telles sociétés, les choses sont ce qu'elles sont parce que c'est ainsi qu'elles étaient « depuis des temps immémoriaux ». Il n'est pas nécessaire de demander pourquoi. Ceux qui savent, savent. Ceux qui ressentent le besoin de poser la question montrent ainsi qu'ils ne font pas partie de cette société.

La société américaine est différente parce que, depuis les Pères pèlerins, elle se fonde sur le concept d'alliance tel qu'il est présenté dans le Tanakh, notamment dans l'Exode et le Deutéronome. Les premiers colons étaient des Puritains, de tradition calviniste, la mouvance du christianisme qui, sur le plan politique, s'inspira le plus de la Bible hébraïque. Les sociétés d'alliance ne se fondent pas sur une tradition. À l'instar des Hébreux trois mille ans plus tôt, les

Puritains étaient des révolutionnaires qui tentaient de créer un nouveau type de société, différente de l'Égypte, ou, dans le cas de l'Amérique, différente de l'Angleterre. Michael Walzer a intitulé son livre sur la politique des Puritains du XVIIe siècle *La révolution des saints*[1]. Ils aspiraient à renverser la tradition qui donnait un pouvoir absolu aux rois et maintenait la hiérarchie des classes.

Les sociétés se fondant sur l'alliance représentent sciemment un nouveau début, amorcé par un groupe de personnes dévouées à un idéal. L'histoire des fondateurs, le périple qu'ils accomplirent, les obstacles qu'il leur fallut surmonter, et la vision qui les animait constituent les éléments essentiels d'une culture de l'alliance. Redire l'histoire, la transmettre à ses enfants, et se consacrer à la poursuite de l'œuvre entreprise par les générations précédentes, constituent des éléments fondamentaux d'une telle société. Une nation d'alliance n'est pas là seulement parce qu'elle est là. Elle existe pour réaliser un projet d'ordre moral. C'est ce qui a conduit G. K. Chesterton à définir les États-Unis comme une nation dotée « de l'âme d'une Église[2] », la seule au monde « fondée sur une croyance[3] » (l'antisémitisme de Chesterton l'empêcha de mentionner la véritable source de la philosophie politique de l'Amérique, la Bible hébraïque).

La question du récit de l'histoire qui fait partie intégrante de l'éducation morale commence dans la *parasha* de cette semaine. C'est extraordinaire de voir comment, Moïse, à la veille de l'Exode, à trois reprises, évoque l'avenir et le devoir des parents d'enseigner à leurs enfants l'histoire qui allait bientôt se dérouler : « Quand vos enfants vous demanderont : 'Que signifie pour vous ce rite ? ' vous répondrez : 'C'est le sacrifice de la Pâque en l'honneur de l'Éternel qui épargna les demeures des Israélites en Égypte, alors qu'il frappa les Égyptiens et préserva nos familles. » (Ex. XII, 26-27). « Tu donneras alors cette explication à ton fils : 'C'est dans cette vue que l'Éternel a agi en ma faveur, quand je sortis d'Égypte'. » (Ex. XIII, 8). « Et lorsque ton fils, un jour, te questionnera en disant : 'Qu'est-ce que cela ?' tu lui répondras : 'D'une main toute puissante, l'Éternel nous a fait sortir d'Égypte, d'une maison d'esclavage'. » (Ex. XIII, 14).

C'est à proprement parler extraordinaire. Les Hébreux n'ont pas encore accédé à la lumière éclatante de la liberté. Ce sont encore des esclaves. Et

---

1. *The Revolution of the Saints: A Study in the Origins of Radical Politics*, Cambridge, MA, Harvard University Press, 1965. En français, *La révolution des Saints*, traduit par Vincent Giroud, Belin, 1987.
2. *What I Saw in America*, New York, Dodd, Mead and Company, 1922, p. 10.
3. *Ibid.*, p. 7.

Le livre de Shemot

Moïse oriente déjà leur esprit vers l'horizon lointain de l'avenir et leur confie la responsabilité de transmettre leur histoire aux générations suivantes. C'est comme si Moïse disait : Oubliez d'où vous venez et pourquoi, et vous finirez par mettre en péril votre identité, votre pérennité et votre raison d'être. Vous en arriverez à penser que vous n'êtes qu'un membre d'une nation parmi les nations, une ethnie parmi d'autres. Oubliez le récit de la liberté et vous finirez par perdre votre liberté.

Rares sont les écrits des philosophes portant sur l'importance du récit de l'histoire pour la morale. C'est pourtant ainsi que nous sommes devenus le peuple que nous sommes. La grande exception parmi les philosophes modernes est Alasdair MacIntyre, qui écrivit dans son ouvrage devenu un classique, *After Virtue* : « Je ne peux répondre à la question 'que dois-je faire ?' que si je peux répondre à la question précédente, 'de quelle histoire ou histoires fais-je partie ?'. » Privez un enfant d'histoires, écrit MacIntyre, « vous en ferez un bafouilleur anxieux et mal préparé, dans ses actes comme dans ses paroles[4]. »

Personne ne l'a mieux compris que Moïse qui savait que, sans une identité propre, il est pratiquement impossible de ne pas sombrer dans l'idolâtrie de l'époque, quelle qu'elle soit : rationalisme, idéalisme, nationalisme, fascisme, communisme, post-modernisme, relativisme, individualisme, hédonisme, ou consumérisme, pour ne citer que les plus récentes. L'alternative, une société fondée sur la seule tradition, s'effondre dès que meurt le respect pour la tradition, ce qui se produit toujours à un moment donné.

L'identité, qui est toujours spécifique, se fonde sur l'histoire, le récit qui me relie au passé, me guide dans le présent, et m'investit d'une responsabilité pour l'avenir. Aucune histoire, du moins en Occident, n'a exercé plus d'influence que l'Exode, le souvenir que la Puissance suprême intervint dans l'histoire pour libérer ceux qui étaient suprêmement impuissants, ainsi que l'alliance qui suivit, en vertu de laquelle les Hébreux s'attachèrent à Dieu dans une promesse de créer une société qui serait le contraire de l'Égypte, où les individus seraient respectés car créés à l'image de Dieu, où un jour sur sept toutes les hiérarchies du pouvoir seraient suspendues et où la dignité et la justice seraient accessibles à tous. Nous n'avons jamais atteint totalement cet idéal, mais nous

---

4. Voir Alasdair MacIntyre, *After Virtue: A Study in Moral Theory*, Notre Dame, IN, University of Notre Dame Press, 2007, p. 216. En français, traduit par Laurent Bury, *Après la vertu*, PUF, 1997, p. 210.

n'avons jamais cessé de nous en approcher et de considérer que c'était là la finalité du parcours.

« Les Juifs ont toujours des histoires pour nous autres », déclara Andrew Marr, correspondant politique de la BBC[5]. Dieu a créé l'homme, écrivit un jour Elie Wiesel, parce qu'Il aime les histoires[6]. Ce que les autres cultures ont réalisé par des systèmes, les Juifs l'ont réalisé par des histoires. Et, dans le judaïsme, les histoires ne sont pas gravées sur des monuments commémoratifs, si somptueux soient-ils. Elles sont racontées à la maison, autour de la table, léguées par les parents aux enfants, comme un cadeau que le passé offre à l'avenir. Dans le judaïsme, c'est ainsi que le récit de l'histoire s'est transmis, apprivoisé et démocratisé.

Seuls les éléments les plus fondamentaux de la morale sont universels : les abstractions « subtiles » comme la justice ou la liberté ont tendance à signifier différentes choses pour différentes personnes, en différents lieux et à différentes époques. Mais si nous voulons que nos enfants et notre société soient moraux, il nous faut un récit collectif qui nous dit d'où nous venons et quelle est notre mission dans le monde. Le récit de l'Exode, en particulier tel qu'il est raconté à la table du *séder* de Pessah, est toujours le même, tout en étant en perpétuelle mouvance, un jeu presqu'infini de variations sur un seul jeu de thèmes que nous intériorisons d'une façon bien à nous, mais que nous partageons tous en tant que membres de la même communauté élargie au cours de l'histoire.

Certaines histoires ennoblissent, d'autres abrutissent, nous laissant prisonniers d'anciennes récriminations ou d'ambitions impossibles. L'histoire juive est, à sa façon, la plus ancienne, et pourtant toujours jeune, et chacun de nous en fait partie. Elle nous dit qui nous sommes et qui nos ancêtres espéraient que nous serions. Raconter l'histoire constitue le vecteur majeur d'une éducation morale. La Torah montre avec clairvoyance qu'un peuple qui raconte à ses enfants l'histoire de la liberté et de ses responsabilités restera libre tant que l'humanité vivra, respirera et espèrera.

---

5. Andrew Marr, *The Observer*, dimanche 14 mai 2000.
6. *The Gates of the Forest*, New York, Holt, Rinehart and Winston, préface. En français, *Les portes de la forêt*, Seuil, 1985.

Bo

L'École de la liberté

Tu donneras alors cette explication à ton fils : 'C'est dans cette vue que l'Éternel a agi en ma faveur quand je sortis d'Égypte'. (Ex. XIII, 8)

C'était le moment qu'ils attendaient depuis plus de deux cents ans. Les Hébreux, esclaves en Égypte, allaient être libérés. Dix plaies avaient frappé le pays. Les gens du peuple furent les premiers à comprendre ; Pharaon fut le dernier. Dieu était du côté de la liberté et de la dignité humaine. Vous ne pouvez pas construire une nation, si puissantes soient votre police et votre armée, en asservissant les uns au profit des autres. L'histoire se retournera contre vous, comme elle l'a fait contre chaque tyrannie exercée contre l'humanité.

Le moment était venu. Les Hébreux étaient sur le point d'être libérés. Moïse leur dirigeant, les rassembla et se prépara à leur parler. Quels thèmes allait-il aborder en ce moment fatidique de la naissance d'un peuple ? Il aurait pu parler de bien des choses. De la liberté, de la brisure de leurs chaînes et de la fin de l'esclavage. Il aurait pu parler de la destination du voyage qu'ils allaient entreprendre, le « pays ruisselant de lait et de miel » (Ex. III, 17). Ou il aurait pu choisir un thème plus sombre : le périple qui les attendait, les dangers qu'ils allaient affronter : ce que Nelson Mandela appela « la longue marche vers la liberté. » N'importe lequel de ces thèmes aurait pu faire partie intégrante du discours d'un grand dirigeant conscient du moment historique dans la destinée d'Israël.

Le livre de Shemot

Moïse n'aborda aucun de ces thèmes. Il parla des enfants, de l'avenir lointain et du devoir de transmettre la mémoire du passé aux générations à naître. À trois reprises dans la *parasha* de *Bo*, il revient sur ce thème :

> Quand vous serez arrivés dans le pays que le Seigneur vous donne, comme Il vous l'a promis, vous conserverez ce rite. Alors quand vos enfants vous demanderont : « que signifie pour vous ce rite ? » Vous répondrez : « C'est le sacrifice de la Pâque en l'honneur de l'Éternel qui épargna les demeures des Hébreux en Égypte, alors qu'il frappa les Égyptiens et voulut préserver nos familles. » (Ex. XII, 26-27)
> Tu donneras alors cette explication à ton fils : « C'est dans cette vue que l'Éternel a agi en ma faveur, quand je sortis d'Égypte ». (Ex. XIII, 8)
> Et lorsque ton fils, un jour te questionnera en disant : « qu'est-ce que cela ? », tu lui répondras : « D'une main toute puissante, l'Éternel nous a fait sortir d'Égypte, d'une maison d'esclavage. »

Sur le point de recouvrer leur liberté, les Hébreux sont investis de la mission de devenir une nation d'éducateurs. C'est ce qui fait de Moïse non seulement un grand dirigeant, mais un dirigeant unique en son genre. Ce que la Torah enseigne, c'est que la liberté se conquiert, non pas sur le champ de bataille, non pas dans l'arène politique, ni dans les tribunaux, nationaux ou internationaux, mais dans l'imagination et la volonté des hommes. Pour défendre un pays, il faut une armée. Mais pour défendre une société libre, il faut des écoles. Il faut des familles et un système éducatif dans lequel les idéaux se transmettent d'une génération à l'autre, sans jamais abandonner, désespérer ou sombrer dans l'amertume. On n'a jamais mieux compris la liberté. Il n'est pas difficile, disait Moïse, de recouvrer la liberté, mais la maintenir, c'est l'œuvre d'une centaine de générations. Oubliez-la et vous la perdez.

La liberté nécessite trois institutions : des parents, une éducation et une mémoire. Vous devez parler à vos enfants de l'esclavage et du long périple vers la libération. Ils doivent chaque année goûter le pain de l'affliction et les herbes amères du travail servile. Ils doivent savoir à quoi ressemble l'oppression s'ils veulent la combattre le moment venu. Les Juifs sont ainsi devenus le peuple qui eut pour passion l'éducation, dont les citadelles furent les écoles et dont les héros étaient les enseignants.

En sorte qu'à l'époque de la destruction du deuxième Temple, les Juifs avaient bâti le premier système au monde d'éducation obligatoire pour tous, payée sur les fonds publics :

> Souviens-toi bien de l'homme Yehoshoua ben Gamla sans lequel la Torah eut été oubliée par Israël. Au début, un enfant recevait l'enseignement de son père et, en conséquence, les orphelins demeuraient sans éducation. Il fut alors résolu que des maîtres d'école seraient nommés à Jérusalem, et qu'un père [qui vivait hors de la ville] y amènerait son enfant et ferait en sorte qu'il reçoive une éducation, mais l'orphelin demeurait privé de cours. Il fut alors décidé de nommer des maîtres dans chaque région, et les garçons âgés de seize et dix-sept ans leur seraient confiés ; mais si un maître était en colère contre un élève, il se rebellait et partait. Yehoshoua ben Gamla finit par établir que les maîtres seraient nommés dans chaque province et dans chaque ville, et que les enfants à partir de l'âge de six ou sept ans leur seraient confiés[1].

L'Angleterre, en revanche, n'institua l'éducation obligatoire pour tous qu'en 1870. En Amérique, le Massachusetts donna l'exemple en 1852, et le Mississipi, en 1918, fut le dernier État à s'y conformer. L'importance accordée par les sages à l'éducation est illustrée par les deux passages suivants :

> Si une ville n'a rien prévu pour l'éducation des enfants, ses habitants seront mis au ban jusqu'à ce que des maîtres soient engagés. S'ils persistent à ignorer leurs obligations, la ville sera frappée d'anathème, car le monde ne subsiste que grâce au souffle des écoliers[2].
>
> Rabbi Yehouda, dit le Prince, envoya R. Hiyya, R. Issi et R. Ami en mission dans les villes d'Israël pour y nommer des maîtres d'école. Ils arrivèrent dans une ville sans maîtres d'école. Ils dirent aux habitants : « Amenez-nous les défenseurs de la ville ». Ils présentèrent les soldats de la garde. Les rabbins dirent : « Ce ne sont pas les protecteurs de la ville,

---

1. Baba Batra 21 a.
2. Rambam, *Mishneh Torah*, Hilkhot Talmud Torah 2:1.

mais ses destructeurs ». « Qui sont donc les protecteurs ? » demandèrent les habitants. Ils répondirent : « Les maîtres d'école[3]. »

Aucune autre religion n'a attaché une plus grande valeur à l'étude. Aucune ne lui a accordé un tel rang dans l'échelle des priorités communautaires. Au tout début, Israël savait que la liberté ne peut être créée par la législation, ni garantie par les seules structures politiques. Comme l'a déclaré le juge américain Learned Hand :

> La liberté réside dans le cœur des hommes et des femmes ; lorsqu'elle y meurt, aucune constitution, aucune loi, aucun tribunal ne peut la sauver ; aucune constitution, aucune loi, aucun tribunal ne peut faire grand-chose pour l'aider. Quelle est donc cette liberté qui doit résider dans les cœurs des hommes et des femmes ? Ce n'est pas la volonté brute et débridée ; ce n'est pas la liberté d'agir à sa guise. Cela, c'est la négation de la liberté qui mène droit à sa suppression. Une société dans laquelle les hommes n'acceptent aucune entrave à leur liberté devient rapidement une société où la liberté est l'apanage de quelques barbares ; comme nous l'avons appris, pour notre plus grand malheur[4].

Telle est la vérité résumée dans la remarquable exégèse donnée par les sages. Ils se fondent sur le verset suivant qui traite des tables de la loi reçues par Moïse au Sinaï :

> Ces tables étaient l'ouvrage de Dieu ; et ces caractères, gravés [*harout*] sur les tables, étaient des caractères divins. (Ex. XXXII, 16)

Ils le réinterprètent ainsi :

> Ne lis pas 'harout, gravés, mais 'herout, liberté, car nul n'est plus libre que celui qui s'adonne à l'étude de la Torah[5].

---

3. Talmud Yeroushalmi, Haguiga, 1, 6.
4. Discours à Central Park, New York, 21 mai 1944.
5. Mishna, *Avot*, 6, 2.

Ce qu'ils entendaient, c'est que si la loi est gravée dans le cœur des hommes, son respect n'a pas besoin d'être imposé par la police. La véritable liberté – 'herout – est la capacité à se contrôler soi-même sans avoir à être contrôlé par d'autres. Sans l'acceptation volontaire d'un code de contraintes morales et éthiques, la liberté devient licence, et la société un champ de bataille d'instincts et de pulsions contraires.

Décisive dans ses implications, cette idée fut formulée pour la première fois par Moïse dans cette *parasha*, dans les propos qu'il adressa aux Hébreux rassemblés. Il leur expliqua que la liberté est bien autre chose qu'un moment de triomphe politique. Elle suppose un effort constant, au cours des âges, en vue d'enseigner à nos descendants les combats menés par nos ancêtres et les raisons de ces combats, afin que ma liberté ne soit jamais sacrifiée à la vôtre, ou acquise aux dépens d'autrui. C'est pourquoi, jusqu'à ce jour, à Pâque, nous mangeons de la *matsa*, le pain d'affliction non levé, et nous goûtons du *maror*, les herbes amères de l'esclavage, afin de nous rappeler l'âpre goût de l'affliction et n'être jamais tenté d'affliger son prochain.

Le phénomène le plus ancien et le plus tragique de l'histoire, c'est que les empires qui ont autrefois dominé le monde comme un colosse, finirent par décliner et disparaître. La liberté se fait individualisme, « chacun faisant ce que bon lui semblait[6] », l'individualisme devient chaos, le chaos se transforme en quête de l'ordre, laquelle devient une nouvelle tyrannie imposant sa volonté par la force. Ce que, grâce à la Torah, les Juifs n'ont jamais oublié, c'est que la liberté est un incessant effort d'éducation auquel parents, enseignants, la maison et l'école sont partie prenante et partenaires dans le dialogue entre les générations. L'étude, le talmud Torah, est le fondement même du judaïsme, le gardien de notre héritage et de notre espoir. C'est pourquoi, lorsque la tradition décerne à Moïse le plus grand honneur, elle ne l'appelle pas « notre héros », « notre prophète » ou « notre roi ». Elle l'appelle, simplement, Moshé Rabbenou, Moïse notre maître. Car c'est dans le domaine de l'éducation que se perd ou se gagne le combat pour une société juste.

---

6. Juges XXI, 25.

Beshala'h
Énergie renouvelable

La première traduction de la Torah en une autre langue – en l'occurrence le grec – date du iie siècle avant l'ère chrétienne, en Égypte, durant le règne de Ptolémée II. Elle est appelée la Septante, en hébreu *HaShivim*, parce qu'elle fut réalisée par soixante-dix érudits. Le Talmud précise cependant qu'à diverses étapes de leur travail, les sages trahirent délibérément certains passages, parce qu'ils pensaient qu'une traduction littérale serait incompréhensible pour les lecteurs grecs. L'un de ces passages était la phrase : « Le septième jour, Dieu mit fin à l'œuvre faite par Lui. » Les traducteurs écrivirent : « Le sixième jour Dieu mit fin[1]. »

Que pensaient-ils que les Grecs ne comprendraient pas ? En quoi l'idée que Dieu fasse l'univers en six jours était-elle plus concevable que s'Il l'avait fait en sept ? Cela semble déconcertant, mais la réponse est simple. Les Grecs ne pouvaient pas percevoir le concept du septième jour, le Shabbat, comme faisant partie intégrante de l'œuvre de la Création. Qu'y a-t-il de créatif dans le repos ? Que réalise-t-on sans créer, sans travailler, sans inventer ? L'idée semble n'avoir aucun sens.

De fait, des auteurs grecs de cette époque témoignent que l'une des choses qu'ils trouvaient ridicules dans le judaïsme était le Shabbat. Un jour sur sept,

---

1. Meguilah 9 a.

les Juifs ne travaillent pas, disaient-il, parce qu'ils sont fainéants. L'idée que ce jour-là puisse avoir revêtu une valeur en propre dépassait leur entendement. Étrangement, en un laps de temps très court, l'empire d'Alexandre le Grand commença à s'écrouler, tout comme l'avait fait Athènes, la cité-État qui avait donné naissance aux plus grands penseurs et auteurs de l'histoire. Les civilisations, tout comme les individus, ne résistent pas à l'usure. C'est ce qui se produit lorsque vous n'avez pas un jour de repos inscrit dans votre emploi du temps. Comme le disait Ahad HaAm : « Ce n'est pas tant le peuple juif qui a préservé le Shabbat, que le Shabbat qui a préservé le peuple juif. » Vous voulez éviter l'épuisement, reposez-vous un jour sur sept.

Le Shabbat, qui apparaît ici pour la première fois dans cette *parasha*, est l'une des institutions les plus remarquables que le monde connaisse. Il change la façon dont le monde pense le temps. Avant le judaïsme, les hommes mesuraient le temps soit par le soleil – le calendrier solaire de 365 jours ponctué par les saisons – soit par la lune, c'est-à-dire, par les mois (en anglais, le mot « *month* », mois, vient du mot « *moon* », lune) d'environ trente jours. L'idée d'une semaine de sept jours – qui n'a pas d'équivalent dans la nature – apparaît dans la Torah et se propage dans le monde via le christianisme et l'islam qui les avaient tous deux emprunté au judaïsme, établissant une différence en fixant cependant un jour différent. Nous avons les années grâce au soleil, les mois grâce à la lune, et les semaines grâce aux Juifs.

Ce que le Shabbat a fait et continue de faire, c'est de créer un espace dans notre vie et dans la société dans son ensemble, espace où nous sommes authentiquement libres. Libres des pressions du travail ; libres des exigences d'employeurs impitoyables ; libres des chants des sirènes d'une société de consommation nous incitant à nous consacrer au bonheur ; libres d'être nous-mêmes en compagnie de ceux que nous aimons. D'une certaine façon, ce jour-là a renouvelé sa signification de génération en génération, en dépit des changements économiques les plus profonds. À l'époque de Moïse, il signifiait la libération de l'esclavage de Pharaon. Au XIXe et au début du XXe siècle, il signifiait la libération des conditions d'exploitation en atelier, de longues heures de travail pour une paie minime. De nos jours, il signifie la libération des courriels, des smartphones et des exigences de disponibilité 24 heures sur 24 et 7 jours sur 7.

Ce que notre *parasha* nous dit, c'est que le Shabbat fut l'un des premiers commandements reçus au moment de quitter l'Égypte. Parce qu'ils s'étaient plaints du manque de nourriture, Dieu leur dit qu'Il leur enverrait la manne du ciel, mais qu'ils ne devaient pas en récolter le septième jour. Une double portion tomberait le sixième jour. D'où les deux ʻhalot de chaque repas du Shabbat, en souvenir de cette époque.

Le Shabbat était sans précédent culturellement parlant, mais aussi conceptuellement. Tout au long de l'histoire, les hommes ont rêvé d'un monde idéal. On appelle ces visions des utopies, du grec *ou* signifiant « non » et *topos* signifiant « lieu[2] ». Elles sont appelées ainsi, parce qu'aucun rêve de ce genre ne s'est jamais réalisé, si ce n'est dans un cas : le Shabbat. Le Shabbat c'est « l'utopie maintenant », parce que, ce jour-là, pendant vingt-cinq heures, nous créons un monde dans lequel il n'y a ni hiérarchie, ni employeurs ni employés, ni acheteurs ni vendeurs, ni inégalité de richesse ou de pouvoir, ni production, ni circulation, ni vacarme des usines ni clameurs des marchés. C'est le « point de quiétude du monde qui tournoie » (G. Eliot), une pause entre les mouvements d'une symphonie, un point d'orgue entre les chapitres de nos journées, l'équivalent dans le temps de ce que représente la campagne entre les villes, où l'on peut sentir la brise et entendre le chant des oiseaux. Le Shabbat est une utopie, non tel qu'il sera à la fin des temps, mais tel que nous le vivons maintenant, au cours du temps.

Dieu voulait que les Hébreux entament leur entraînement à la liberté un jour sur sept, peu après la sortie d'Égypte, parce que la véritable liberté, celle des sept jours sur sept, prend du temps, des siècles, voire des millénaires. La Torah considère l'esclavage comme une injustice[3], mais elle ne l'a pas aboli d'emblée parce que les hommes n'y étaient pas préparés. La Grande-Bretagne et l'Amérique ne l'ont aboli qu'au XIXe siècle, et non sans luttes. L'issue était cependant inéluctable dès lors que le Shabbat avait été mis en œuvre, parce que

---

2. Le mot fut forgé en 1516 par Thomas More, qui en fit le titre de son livre.
3. Sur l'injustice que constitue l'esclavage dans la perspective de la Torah, voir l'importante analyse du rav N. L. Rabinovitch, *Messilot BiLevavam*, Maaleh Adoumim, Maaliyot, 2015, p. 38-45. L'argument se fonde sur la conception, centrale aussi bien dans la Torah écrite que dans la Mishna, que tous les êtres humains ont en commun la même dignité ontologique, en tant qu'image et ressemblance de Dieu. Cette conception était aux antipodes de celles de Platon et Aristote, par exemple. Le rav Rabinovitch analyse les commentaires des sages, ceux de Maïmonide et du Meiri, sur la phrase : « Ils seront vos esclaves à tout jamais » (Lév. XXV, 46). Mentionnons également la citation qu'il emprunte à Job XXXI, 13-15 : « Ai-je fait fi du droit de mon esclave et de ma servante dans leurs contestations contre moi ? Qu'aurais-je fait si Dieu fût intervenu, qu'aurais-je répondu s'Il m'eût demandé des comptes ? Celui qui m'a formé dans les entrailles maternelles, ne l'a-t-Il pas formé aussi ? N'est-ce pas le même auteur qui nous a organisé dans la matrice ? »

les esclaves qui connaissent la liberté un jour par semaine finiront par briser leurs chaînes.

L'esprit de l'homme a besoin de temps pour respirer, pour humer, pour grandir. La règle première dans la gestion du temps, c'est d'établir une distinction entre ce qui est important et ce qui est seulement urgent. Sous la pression, les choses importantes, mais non urgentes ont tendance à être écartées. Ce sont elles pourtant qui importent le plus pour notre bonheur et notre sentiment d'une vie bien vécue. Le Shabbat est le temps consacré aux choses importantes, mais non urgentes : la famille, les amis, la communauté, la conscience de la sainteté, la prière dans laquelle nous remercions Dieu pour tout ce qui est bon dans notre vie, et la lecture de la Torah dans laquelle nous racontons à nouveau la longue et spectaculaire histoire de notre peuple et de notre périple. Le Shabbat, nous célébrons le *shelom bayit* – la paix qui résulte de l'amour et de la vie dans un foyer béni par la *Shekhina*, la présence divine, qu'on peut pratiquement sentir dans la lumière des bougies, dans le vin et le pain natté. C'est une beauté créée non pas par Michel-Ange ou Léonard de Vinci, mais par chacun de nous : un îlot de sérénité dans le temps, au cœur de la mer souvent déchaînée d'un monde agité.

J'ai participé un jour, avec le Dalaï Lama, à un séminaire (organisé par l'Elijah Institute) à Amritsar, au nord de l'Inde, la ville sacrée des Sikhs. Au cours des allocutions, devant un public de deux mille étudiants sikhs, l'un des dirigeants sikhs s'est tourné vers eux et a dit : « Ce qu'il nous faut, c'est ce que les Juifs ont : le Shabbat ! » Imaginez-vous, a-t-il dit, une journée consacrée chaque semaine à la famille, au foyer et aux rapports humains. Il voyait sa beauté. Nous la vivons.

Les Grecs de l'Antiquité ne comprenaient pas comment une journée de repos pouvait faire partie de la Création. Il en est ainsi, cependant, car, faute de repos pour le corps, de paix pour l'esprit, de silence pour l'âme, et sans un renouveau de notre identité et de notre amour, le processus créatif s'étiole et meurt. Il souffre d'entropie, le principe de perte d'énergie de tous les systèmes au cours du temps. Le peuple juif n'a pas perdu de son énergie au cours du temps, il demeure aussi dynamique et inventif qu'il l'a toujours été. La raison en est le Shabbat : la plus grande source d'énergie renouvelable de l'humanité, le jour qui nous donne la force de continuer à créer.

Beshala'h

Porter son regard vers le haut

Les Hébreux avaient traversé la mer des Joncs [mer Rouge]. L'impossible s'était produit. L'armée la plus puissante du monde antique – celle des Égyptiens avec leurs chars à chevaux à la pointe du progrès – avait été vaincue et engloutie par les flots. Les enfants d'Israël étaient désormais libres. Mais leur soulagement fut de courte durée. Ils durent très rapidement affronter une attaque lancée par les Amalécites, et mener un combat, cette fois, sans miracle apparent de Dieu. Ils combattirent et remportèrent la victoire. Ce fut un moment décisif dans l'histoire, non seulement pour les Israélites, mais pour Moïse et son leadership.

Le contraste entre l'époque d'avant et d'après la mer des Joncs ne pouvait être plus total. Avant, à l'approche des Égyptiens, Moïse dit au peuple : « Soyez sans crainte ! Attendez, et vous serez témoin de l'assistance que l'Éternel vous procurera en ce jour ! ... L'Éternel combattra pour vous ; et vous, tenez-vous tranquilles ! » (Ex. XIV, 13-14) En d'autres termes, ne faites rien. Dieu agira pour vous. Et Il le fit.

Dans le cas des Amalécites, cependant, Moïse dit à Josué : « Choisis des hommes pour nous et va livrer bataille à Amalec. » (Ex. XVII, 9) Josué agit ainsi et le peuple mena la guerre. Ce fut une transition capitale : les Hébreux passèrent d'une situation où le dirigeant (avec l'aide de Dieu) faisait tout pour le peuple, à une situation où le dirigeant donnait pleins pouvoirs au peuple, le laissant agir lui-même.

La Torah attire notre attention sur un détail des combats. Moïse monte au sommet d'une colline surplombant le champ de bataille, un bâton à la main :

> Tant que Moïse tenait son bras levé, Israël avait le dessus ; lorsqu'il le laissait fléchir, c'est Amalec qui l'emportait. Les bras de Moïse s'appesantissant, ils prirent une pierre qu'ils mirent sous lui, et il s'assit dessus ; Aaron et Hour soutinrent ses bras, l'un de çà, l'autre de là et ses bras restèrent fermes jusqu'au coucher du soleil. (Ex. XVII, 11-12)

Que se passait-il ? Le passage peut être lu de deux façons : le bâton dans la main levée de Moïse – le bâton même qu'il utilisa pour accomplir de formidables miracles en Égypte et sur la mer – peut être un signe que la victoire des Hébreux fut miraculeuse. Il peut aussi constituer simplement un rappel aux Hébreux du soutien et de la force que leur apporte Dieu.

De façon très inhabituelle – la Mishna étant en général un ouvrage de lois plutôt qu'un commentaire biblique – une mishna répond à cette question :

> Étaient-ce les mains de Moïse qui faisaient la guerre où la cessaient ? Le texte signifie plutôt que chaque fois que les Hébreux levaient leur regard vers les hauteurs et soumettaient leur cœur à leur Père qui est aux cieux, ils l'emportaient ; dans le cas contraire, ils succombaient[1].

La Mishna est claire. Ni le bâton, ni les bras levés de Moïse n'accomplissaient de miracle. Ils rappelaient seulement aux Hébreux qu'ils devaient regarder vers les hauteurs et se souvenir que Dieu était avec eux. Leur foi leur donnait de l'assurance et galvanisait leur courage.

Un principe fondamental du leadership est enseigné ici. Un dirigeant doit savoir déléguer des pouvoirs à ses hommes. Le chef ne peut pas toujours réaliser le travail pour le groupe. Mais il doit toutefois accorder à ses hommes une confiance absolue et les convaincre de leur capacité à y parvenir et à réussir. Le dirigeant est responsable de leur état d'esprit et de leur moral. Pendant les combats, un chef ne doit donner aucun signe de faiblesse, de perplexité ou

---

1. Mishnah Rosh Hashanah 3:8.

d'inquiétude. Ce n'est pas toujours facile, comme on le voit dans la *parasha* de cette semaine. Les bras levés de Moïse « s'appesantissaient ». Tous les dirigeants connaissent des moments d'épuisement et ont alors besoin de soutien; Moïse lui-même a recouru à Aaron et à Hour qui l'aidèrent à maintenir sa position. En fait, ses bras levés étaient le signe que les Hébreux attendaient, leur prouvant que Dieu leur donnait la force de l'emporter.

Dans la terminologie contemporaine, un dirigeant doit être doté d'intelligence émotionnelle. Daniel Goleman, connu pour ses travaux dans ce domaine, soutient que l'une des tâches les plus importantes d'un dirigeant consiste à remonter le moral de son équipe :

> Les grands dirigeants nous stimulent. Ils enflamment notre passion et font ressortir le meilleur de nous-mêmes. Lorsque nous voulons expliquer pourquoi ils sont si efficaces, nous évoquons la stratégie, la vision ou les idées fortes. Mais la réalité est bien plus simple : un grand leadership fonctionne via les émotions[2].

Les groupes, comme les individus, ont une température émotionnelle. Ils peuvent être heureux ou tristes, agités ou calmes, timorés ou confiants. Mais lorsqu'ils se retrouvent en groupe, un processus d'harmonisation – par « contagion émotionnelle » – se met en place, et ils commencent à partager les mêmes sensations. Au cours d'expériences, des chercheurs ont montré comment, quinze minutes après le début d'une conversation, les marqueurs physiologiques de deux personnes, telle que leur fréquence cardiaque, ont tendance à devenir similaires. « Lorsque trois personnes qui ne se connaissent pas sont assises en silence les unes en face des autres pendant une minute ou deux, celle qui exprime le plus fortement ses émotions transmet son état d'esprit aux deux autres – sans prononcer le moindre mot[3]. » Le fondement physiologique de ce processus appelé *effet miroir* (*mirroring*), a fait l'objet de nombreux travaux ces dernières années, et a été observé même chez les primates. Il est à la base de l'empathie qui nous fait partager les sentiments d'autrui.

C'est là le fondement de l'un des rôles les plus importants d'un dirigeant. C'est lui ou elle, plus que tous les autres, qui détermine l'humeur du groupe.

---

2. Daniel Goleman, *Primal Leadership*, Boston, Harvard Business Review Press, 2002, p. 3.
3. *Ibid.*, p. 7.

Goleman cite plusieurs études scientifiques montrant que les chefs jouent un rôle clé dans la détermination des émotions partagées du groupe :

> En règle générale, les dirigeants parlaient plus que les autres, et on les écoutait plus attentivement… Mais, ce n'est pas seulement ce que dit un chef qui exerce un impact sur les émotions. Au cours de ces expériences, même lorsque les chefs ne parlaient pas, ils étaient observés avec plus d'attention que n'importe quel autre membre du groupe. Lorsque des gens posaient une question à l'ensemble du groupe, ils gardaient les yeux fixés sur le (ou la) dirigeant(e), guettant sa réponse. En fait, les membres du groupe considèrent généralement la réaction émotionnelle du dirigeant comme étant la plus importante, et calquent la leur en conséquence – particulièrement dans une situation ambiguë où divers membres réagissent différemment. En un sens, c'est le dirigeant qui fixe la norme émotionnelle[4].

En matière de leadership, même des signes non verbaux revêtent de l'importance. Les dirigeants, du moins en public, doivent communiquer de l'assurance, même lorsqu'en eux-mêmes, ils sont rongés par le doute et l'hésitation. S'ils trahissent leurs propres appréhensions par un mot ou un geste, ils risquent de démoraliser le groupe tout entier.

Il n'est pas de meilleur exemple que celui de l'épisode où Absalon, le fils du roi David, fomente un coup d'État contre son père, se proclamant roi à sa place. Les troupes de David matent la rébellion, et, en prenant la fuite, Absalon se prend les cheveux dans un arbre, et Joab, commandant en chef de David, le poignarde à mort.

Apprenant la nouvelle, David a le cœur brisé. Certes, son fils s'est rebellé contre lui, mais il reste son fils. David, ravagé par la nouvelle de sa mort, se couvre le visage en pleurant : « Ô mon fils Absalon ! Ô Absalon, mon fils, mon fils ! » La nouvelle de la douleur de David se propage rapidement dans l'armée qui, par contagion émotionnelle, est accablée par le deuil, ce que Joab considère comme désastreux. Les soldats ont pris de grands risques pour se ranger aux côtés de David contre son fils. Ils ne peuvent maintenant pleurer sur leur victoire sans créer la confusion et porter un coup fatal à leur moral :

---

4. *Ibid.*, p. 8.

> Alors Joab entra chez le roi et lui dit : « Tu as fait honte aujourd'hui à tous tes serviteurs, qui ont sauvé en ce jour ton existence, celle de tes fils et de tes filles, celle de tes femmes et de tes concubines, et cela, en aimant tes ennemis et en haïssant ceux qui t'aiment ! Oui, tu as déclaré aujourd'hui que tu n'as point d'officiers, point de serviteurs, et je vois bien à présent que si Absalon était vivant et que nous fussions morts, tu trouverais cela bon. Et maintenant, debout ! Montre-toi, parle au cœur de tes serviteurs ; car si tu ne te montres pas, j'en jure par l'Éternel, pas un homme ne restera cette nuit avec toi, et ce sera pour toi un pire malheur que tous ceux qui te sont arrivés depuis ta jeunesse jusqu'à ce jour !
> (II Samuel XIX, 6-8)

Le roi David se plie aux exhortations de Joab. Il accepte qu'il y ait un temps et un lieu pour la douleur, mais pas maintenant, pas ici, et surtout, pas en public. C'est le moment, maintenant, de remercier les soldats en faisant l'éloge de la bravoure dont ils ont fait preuve pour défendre le roi.

Un dirigeant doit parfois faire taire ses propres émotions pour protéger le moral de ceux qu'il dirige. Dans le cas du combat contre Amalec, le premier que les Hébreux durent livrer par eux-mêmes, Moïse avait un rôle déterminant à jouer. Il devait donner confiance au peuple en l'amenant à porter son regard vers les hauteurs.

En 1875, Marcelino de Sautuola, un archéologue amateur, entreprit des fouilles dans une grotte d'Altamira, à proximité de la côte nord de l'Espagne. Au début, il ne trouva pas grand-chose d'intéressant, mais sa curiosité fut ravivée par une visite à l'exposition de 1878 à Paris qui présentait une collection d'outils et d'objets d'art de la période glaciaire. Résolu à voir s'il découvrirait de tels vestiges, il retourna dans la grotte en 1879.

Un jour, il emmena avec lui sa fille Maria, âgée de neuf ans. Tandis qu'il passait au crible les gravats, elle s'aventura vers le fond de la grotte et, elle aperçut avec émerveillement quelque chose sur le mur, au-dessus d'elle. « Regarde, papa, des bœufs », dit-elle. C'étaient en fait des bisons. Elle venait de faire l'une des plus grandes découvertes de tous les temps en matière d'art préhistorique. Les superbes peintures de la grotte d'Altamira, de plus de 25 000 à 35 000 ans d'âge, constituaient une découverte tellement inouïe qu'il fallut attendre vingt-deux ans pour que leur authenticité soit reconnue. Pendant quatre ans, Sautuola s'était trouvé à quelques pas d'un prodigieux trésor, mais il ne s'en était pas rendu compte, pour une simple raison : il avait oublié de porter son regard vers le haut.

C'est l'un des thèmes récurrents du Tanakh : l'importance de regarder vers le haut. « Levez les regards vers les cieux et voyez ! Qui les a appelés à l'existence ? (Is. XL, 26). « Je lève les yeux vers les montagnes. De là me viendra le secours » dit le roi David dans le Psaume CXXI. Dans le Deutéronome, Moïse explique aux Hébreux que la terre promise ne ressemblera pas à la plaine du delta du Nil où l'eau est abondante et régulière. Ce sera une terre de monts et de vallées, entièrement dépendante d'une pluie imprévisible (Deut. XI, 10-11). Ce sera un paysage qui contraint les habitants à regarder vers le ciel. C'est ce que fit Moïse pour le peuple durant leur premier combat. Il leur enseigna à regarder vers le haut.

Il n'existe aucune réalisation politique, sociale ou morale qui n'ait rencontré de redoutables obstacles : intérêts personnels à contrer, attitudes à changer, résistances à vaincre. Les problèmes surgissent dans l'immédiat, et l'éloignement de l'objectif ultime devient source de frustration. Toute entreprise collective ressemble à la conduite d'une nation dans le désert vers une destination qui semble toujours plus éloignée qu'elle ne l'avait semblé sur la carte.

Ne considérer que les difficultés, c'est s'abandonner au désespoir. Le seul moyen de galvaniser les énergies, individuelles ou collectives, c'est de diriger son regard vers le haut, vers le lointain horizon de l'espoir. Le philosophe Ludwig Wittgenstein a dit un jour que son objectif était de « montrer à la mouche la sortie du piège ». La mouche est piégée dans la bouteille. Elle cherche une issue. À maintes reprises, elle se cogne contre le verre jusqu'à ce que, épuisée, elle meurt. Pourtant, la bouteille est restée ouverte tout le temps. La seule chose que la mouche oublie de faire, c'est de regarder vers le haut. Comme nous parfois.

C'est le rôle d'un dirigeant de déléguer des pouvoirs, mais il doit aussi être source d'inspiration. C'est ce que fit Moïse lorsque, au sommet de la montagne, face au peuple, il leva les mains et son bâton vers le ciel. Le peuple sut alors qu'il pouvait vaincre. « Ni par la puissance, ni par la force, mais bien par Mon esprit ! » dit le prophète (Zacharie IV, 6). L'histoire juive est émaillée de variations sur ce thème.

Un petit peuple qui, face aux difficultés, continue à regarder vers le haut, remportera des victoires éclatantes et réalisera des merveilles.

Beshala'h
Le visage du mal

Après le 11 septembre 2001, quand l'horreur et le traumatisme commencèrent à s'estomper, les Américains se demandèrent ce qui s'était passé et pourquoi. Était-ce une catastrophe ? Une tragédie ? Un crime ? Un acte de guerre ? Il ne semblait pas exister de précédents. Et pourquoi était-ce arrivé ? La question posée le plus souvent à propos des membres d'Al Qaeda était : « Pourquoi nous haïssent-ils ? »

Après ces événements, Lee Harris, un penseur américain écrivit deux ouvrages, *Civilization and its Enemies* et *The Suicide of Reason*[1] qui comptèrent parmi les réactions les plus stimulantes de la décennie, de celles qui donnent à penser. Si nous nous posons des questions et ne trouvons pas de réponses, expliquait Harris, c'est qu'en Occident, nous avons *oublié le concept d'ennemi*. La politique démocratique libérale et l'économie de marché créent un certain type de société, une façon de penser particulière et un type de personnalité caractéristique. Au cœur de cette perspective, se trouve le concept d'*acteur rationnel*, une personne qui juge les actes à leurs conséquences et choisit l'option optimale. Une telle personne croit qu'il existe une solution à chaque problème et

---

1. Lee Harris, *Civilization and Its Enemies: The next Stage of History*, New York, Free Press, 2004. *The Suicide of Reason*, New York, Basic Books, 2008.

Le livre de Shemot

une résolution à chaque conflit. La façon d'y parvenir consiste à s'asseoir pour négocier et peser ce qui, au final, vaut mieux pour tous.

Dans un tel monde, il n'y a pas d'ennemis, seulement des conflits d'intérêts. Un ennemi, dit Harris, est simplement « un ami pour lequel nous n'avons pas encore fait assez ». Dans le monde réel, cependant, tout le monde n'est pas un démocrate libéral. Un ennemi « est quelqu'un qui est disposé à mourir pour pouvoir vous tuer. Et s'il est vrai que l'ennemi nous hait toujours pour telle ou telle raison, c'est sa raison, non la nôtre. » Il voit un monde différent du nôtre, et dans ce monde, nous sommes l'ennemi. Pourquoi nous hait-il ? Réponse de Harris : « Ils nous haïssent parce que nous sommes leur ennemi[2]. »

Que Harris ait tort ou raison sur tel ou tel point, l'idée générale reste vraie et profonde. Notre esprit peut être frappé de cécité et nous conduire à penser que la façon dont nous – notre société, notre culture, notre civilisation – envisageons les choses est la seule et l'unique, ou du moins que c'est la façon que chacun devrait choisir si on lui en donnait la possibilité. Seule une incapacité à comprendre l'histoire des idées peut expliquer cette erreur, et elle est lourde de conséquences. Lorsque Montezuma, chef des Aztèques, rencontra Cortes, chef de l'expédition espagnole en 1520, il pensait rencontrer un homme civilisé provenant d'une nation civilisée. Cette erreur lui coûta la vie et, moins d'un an plus tard, il n'existait plus de civilisation aztèque. Personne ne voit le monde comme nous et, selon les propos de Richard Weaver : « Le problème avec l'humanité, c'est qu'elle oublie de lire le procès-verbal de la dernière réunion[3]. »

Ceci explique la signification du commandement inhabituel figurant à la fin de la *parasha* de cette semaine. Les Hébreux venaient d'échapper au danger apparemment inexorable des chars de l'armée égyptienne, le fleuron militaire de cette époque. Miraculeusement, la mer se divisa, les Hébreux la traversèrent, et les Égyptiens, les roues de leurs chariots embourbées, ne purent ni avancer ni reculer, et furent engloutis par les flots.

Les Hébreux entonnèrent un cantique et semblaient enfin être libres, lorsque se produisit un événement funeste et inattendu. Ils furent attaqués par un nouvel ennemi, les Amalécites, une tribu nomade qui vivait dans le désert. Moïse chargea Josué de prendre le commandement et de mener le peuple au

---

2. *Ibid.*, p. xii–xiii.
3. Weaver, *Ideas Have Consequences*, Chicago, University of Chicago Press, 1948, p. 176.

combat. Ils livrèrent bataille et remportèrent la victoire. Mais la Torah précise que ce ne fut pas une bataille ordinaire :

> Alors l'Éternel dit à Moïse : « Consigne ceci, comme souvenir, dans le Livre et inculque-le à Josué : 'que je veux effacer la trace d'Amalec de dessous les cieux'. » Moïse érigea un autel qu'il nomma : « Dieu est ma bannière ». Et il dit : « Puisque sa main s'attaque au trône de l'Éternel, guerre à Amalec de par l'Éternel, de siècle en siècle ! (Ex. XVII, 14-16)

C'est là une étrange déclaration, qui contraste fortement avec la façon dont la Torah parle des Égyptiens. Du vivant de Moïse, les Amalécites n'attaquèrent Israël qu'une seule fois. Les Égyptiens opprimèrent les Israélites pendant des siècles, les opprimant, les réduisant en esclavage et amorçant un lent génocide : l'assassinat de chaque enfant hébreu mâle. L'ensemble du récit laisserait penser que si une nation devait devenir le symbole du mal, ce serait l'Égypte.

Or, ce n'est pas le cas. Dans le Deutéronome, la Torah dit « N'aie pas en horreur l'Iduméen, car il est ton frère ; n'aie pas en horreur l'Égyptien, car tu as séjourné dans son pays » (Deut. XXIII, 8). Peu après, Moïse réitère le commandement à propos des Amalécites, ajoutant une précision majeure :

> Souviens-toi de ce que t'a fait Amalec, lors de votre voyage, au sortir de l'Égypte ; comme il t'a surpris chemin faisant, et s'est jeté sur tous tes traînards par derrière. Tu étais alors fatigué, à bout de force, et lui ne craignait pas Dieu. (Deut. XXV, 17-19)

Il nous est ordonné de ne pas haïr l'Égypte, mais de ne jamais oublier Amalec. Pourquoi cette différence ? La réponse la plus simple consiste à rappeler les propos des rabbins dans l'Éthique des Pères : « Toute affection fondée sur l'intérêt cesse avec la cause qui l'a fait naître. Mais l'affection désintéressée ne cesse jamais[4]. » La même chose s'applique à la haine. Lorsque la haine dépend d'une cause particulière, elle prend fin dès que la cause disparaît. Une haine sans fondement, irrationnelle, dure éternellement.

Les Égyptiens opprimaient les Hébreux parce que, selon les paroles de Pharaon : « La population des enfants d'Israël surpasse et domine la nôtre. »

---
4. Mishna, Pirké Avot 5, 16.

(Ex. I, 9). En d'autres termes, leur haine provenait de leur peur. Elle n'était pas irrationnelle. Les Égyptiens avaient auparavant été attaqués et conquis par une peuplade étrangère, les Hyksos, et le souvenir de cette époque était encore vif et douloureux. Les Amalécites, en revanche, n'avaient pas été menacés par les Hébreux. Ils attaquèrent un peuple qui était « fatigué et à bout de forces », notamment ceux qui « étaient à la traîne ». *Bref, les Égyptiens craignaient les Hébreux parce qu'ils étaient forts. Les Amalécites attaquèrent les Hébreux parce qu'ils étaient faibles.*

Dans la terminologie contemporaine, les Égyptiens étaient des acteurs rationnels, ce qui n'était pas le cas des Amalécites. Avec des acteurs rationnels, on peut négocier une paix. Des individus engagés dans un conflit se rendent compte par la suite qu'ils ne détruisent pas seulement leurs ennemis : ils se détruisent eux-mêmes. C'est ce que disent les conseillers à Pharaon après les sept premières plaies : « Ignores-tu encore que l'Égypte est ruinée ? » (Ex. X, 7). À un moment donné, les acteurs rationnels comprennent que la poursuite de leur propre intérêt est devenue autodestructrice, et ils apprennent à coopérer.

Ce n'est pas le cas, cependant, avec des acteurs non rationnels. Emil Fackenheim, l'un des grands théologiens après la Shoah, fit remarquer que, vers la fin de la Seconde Guerre mondiale, les Allemands réservaient des trains destinés à ravitailler leur propre armée, au transport des Juifs dans les camps d'extermination. Ils étaient ainsi mus par la haine au point d'être prêts à mettre en péril leur victoire pour perpétrer le meurtre systématique des Juifs d'Europe. C'était, dit-il, le mal pour le mal[5].

Dans la mémoire juive, les Amalécites ont pour fonction d'être « l'ennemi » au sens de Lee Harris. La loi juive, cependant, précise deux formes d'actions complètement différentes à l'égard des Amalécites. La première est le commandement explicite de mener la guerre contre eux. C'est ce que Samuel enjoint à Saul de faire, commandement qu'il n'exécute pas totalement. Cette injonction conserve-t-elle aujourd'hui sa pertinence ?

Le rabbin Nahum Rabinovitch donne une réponse négative, sans équivoque[6]. Selon Maïmonide, le commandement de détruire les Amalécites ne

---

5. Emil L. Fackenheim et Michael L. Morgan, *The Jewish Thought of Emil Fackenheim: A Reader*, Detroit, Wayne State University Press, 1987, p. 126.
6. Rav N L Rabinovitch, *Shou"t Meloumdei Milḥama*, Maalé Adoumim, Maaliyot, 1993, p. 22-25.

s'applique que s'ils refusent de faire la paix et d'accepter les sept lois noahides. Il précise plus loin que le commandement n'est plus applicable puisque l'Assyrien Sennachérib avait déplacé et repeuplé les nations conquises en sorte qu'il n'était plus possible d'identifier avec précision les nations originelles qu'Israël avait reçu l'ordre de combattre. Il ajoute dans *Le Guide des égarés*, que le commandement ne s'applique qu'à des personnes d'origine biologique particulière et non à des ennemis ou contempteurs en général du peuple juif. L'injonction de mener la guerre contre les Amalécites n'est donc plus en vigueur.

Il y a cependant un commandement sensiblement différent, « se souvenir » et « ne pas oublier » Amalec. Ce commandement, nous l'accomplissons chaque année en lisant le passage du Deutéronome sur les Amalécites, au cours du Shabbat précédant Pourim, le Shabbat Zakhor (le lien avec Pourim s'explique par le fait que Haman, l'Agaguite est un descendant d'Agag, roi des Amalécites). Ici, Amalec devient un symbole plutôt qu'une réalité.

En divisant ainsi la réponse, le judaïsme établit une nette distinction entre un ancien ennemi qui n'existe plus, et le mal incarné par l'ennemi qui peut se déchaîner de nouveau n'importe quand et n'importe où. En temps de paix, il est facile d'oublier que le mal affleure à la surface du cœur de l'homme. Cela n'a jamais été plus vrai qu'au cours des trois siècles écoulés. L'émergence des Lumières, de la tolérance, de l'émancipation, du libéralisme et des droits de l'homme a persuadé une partie de l'humanité que le mal collectif avait disparu comme les Amalécites. Le mal, c'était alors, plus maintenant. Cette époque a fini par engendrer le nationalisme, le fascisme, le communisme, les deux guerres mondiales, les tyrannies les plus meurtrières jamais connues et le pire crime de l'homme contre son prochain.

Aujourd'hui, le grand danger, c'est le terrorisme. Les mots du philosophe Michael Walzer, de l'université de Princeton, sonnent ici particulièrement juste :

> Partout où sévit le terrorisme, il faut chercher la tyrannie et l'oppression… Les terroristes cherchent à régner, et l'assassinat est leur méthode. Ils disposent de leur police privée, d'escadrons de la mort, enlèvent des citoyens ou les font disparaître. Ils commencent par tuer ou intimider ceux de leurs compagnons qui s'opposent à eux, et, s'ils le peuvent, procèdent

de même parmi ceux qu'ils prétendent représenter. Si les terroristes l'emportent, ils dirigent de façon tyrannique, et leur population subit, sans y consentir, le coût de la férule des terroristes[7].

Le mal ne meurt jamais et – à l'instar de la liberté – requiert une vigilance constante. Il nous est ordonné de nous souvenir, non pas pour le passé, mais pour l'avenir, non pas pour la vengeance, mais pour son contraire : un monde débarrassé de la vengeance et d'autres formes de violence.

Lee Harris commence *Civilization and its Ennemies* par ces mots : « Le sujet de ce livre, c'est l'oubli[8] », et termine par la question : « L'Occident peut-il venir à bout de l'oubli qui est l'ennemi de toute civilisation florissante[9] ? » Il nous est donc ordonné de nous souvenir d'Amalec et de ne jamais oublier, non pas parce que son peuple, celui de l'histoire, existe toujours, mais parce qu'une société d'acteurs rationnels en arrive parfois à penser que le monde est rempli d'acteurs rationnels avec lesquels on peut négocier la paix. Il n'en est pas toujours ainsi.

Rarement un message biblique aura été aussi pertinent pour l'avenir de l'Occident et pour la liberté. La paix est possible, laisse entendre Moïse, même avec une Égypte qui nous a asservis et a tenté de nous anéantir. Mais la paix n'est pas possible avec ceux qui attaquent le peuple parce qu'ils le voient faible, ou qui sont capables de priver leur propre peuple de la liberté pour laquelle ils prétendent combattre. La liberté dépend de notre capacité à nous souvenir et, si nécessaire, à affronter « la sempiternelle bande des hommes sans pitié[10] », le visage d'Amalec au cours de l'histoire. Il arrive parfois qu'il n'y ait pas d'autre choix que de combattre le mal et de le vaincre. C'est probablement la seule voie qui conduise vers la paix.

---

7. Michael Walzer, *Arguing About War*, Yale University Press, 2004, p. 64-65.
8. Harris, *Civilization*, p. xi.
9. *Ibid.*, p. 218.
10. *Ibid.*, p. 216.

Yithro

Un royaume de prêtres

Juste avant la révélation au mont Sinaï, Dieu ordonne à Moïse de communiquer Son projet au peuple. Par l'intermédiaire de Moïse, Dieu invite les enfants d'Israël à contracter une alliance avec Lui, ce qui définira leur identité à tout jamais :

> « Vous avez vu ce que J'ai fait aux Égyptiens ; vous je vous ai portés sur les ailes des aigles, Je vous ai rapprochés de moi. Désormais, si vous êtes dociles à ma voix, vous serez mon trésor entre tous les peuples ! Car toute la terre est à Moi, mais vous, vous serez pour moi un royaume de prêtres et une nation sainte. » (Ex. xix, 4-6)

Cette expression – « un royaume de prêtres et une nation sainte » – quatre simples mots en hébreu, allait devenir la mission exprimée le plus brièvement et le plus simplement possible, véritable gageure pour le peuple juif. En fait, à l'exception peut-être des États-Unis, le peuple juif est l'unique nation à avoir un ordre de mission. La plupart des nations se définissent en termes de langue, de géographie, de structure politique, de long passé en commun, etc. Les Juifs sont devenus une nation en acceptant leur mission et leur alliance avec Dieu. Supprimez cet élément, et il devient difficile de dire ce qu'est un Juif.

Le livre de Shemot

Les mots, cependant, sont difficiles à comprendre. Je voudrais m'attacher ici à la première partie de la phrase, « un royaume de prêtres ». Interprétée littéralement, elle pose d'évidents problèmes. Tout d'abord, les Juifs ne constituèrent jamais un royaume de prêtres. La prêtrise fut confiée à Aaron et ses fils. Moïse lui-même n'était pas prêtre. Une fois, Moïse dit « Plût au Ciel que tout le peuple de Dieu se composât de prophètes » (Nbres XI, 29), mais ni lui ni personne d'autre n'a dit : « Plût au Ciel que tout le peuple de Dieu se composât de prêtres[1]. »

Qui plus est, la prêtrise n'est pas considérée par la Torah comme un phénomène spécifiquement juif ou hébreu. Melchisédec, contemporain d'Abraham, est décrit comme « un prêtre du Dieu suprême » (Gen. XIV, 18). Jethro, le beau-père de Moïse, est qualifié au début de la *parasha* de « prêtre midianite » (Ex. XVIII, 1). Toutes les religions de l'Antiquité avaient leurs prêtres.

Les commentateurs classiques sont divisés. D'aucuns – Ibn Ezra, Nahmanide – accordent au mot prêtre le sens de « serviteurs ». Un prêtre est un homme consacré au service divin, ce qui devait désormais être la tâche de l'ensemble des Hébreux. D'autres – Saadia Gaon, Rashi, Rashbam – le comprennent comme signifiant « princes », en se fondant sur le verset (II Samuel VIII, 18) dans lequel les fils de David sont qualifiés de *cohanim*, mot qui ne peut signifier prêtres et doit signifier nobles de la famille royale, princes. Puisque Dieu est le suprême Roi des Rois, et puisqu'Il a qualifié les Hébreux de « Mon fils, mon premier-né » (Exode IV, 22), les Israélites sont les enfants du roi – de la famille royale.

La suggestion la plus intéressante est celle d'Ovadia Sforno, qui interprète la phrase comme signifiant que les Hébreux sont vis-à-vis du reste de l'humanité ce que sont les enfants d'Aaron vis-à-vis des Hébreux. Ils sont, pour ainsi dire, les prêtres du monde, qui ont pour mission d'« enseigner à l'espèce humaine tout entière que tous doivent invoquer le nom de Dieu et Le servir d'un commun accord, comme ce sera en fait le rôle d'Israël à l'avenir[2]. » On

---

[1]. Certes, Korah plaidait pour l'égalité et voulait être prêtre (Nombres XVI), mais c'est un récit complexe au cours duquel se manifestent plusieurs revendications émanant de divers groupes ayant pris part à la rébellion.

[2]. Sforno, commentaire du livre de l'Exode XIX, 6. Son commentaire sur le verset précédent est également frappant. Il interprète la phrase « un trésor particulier entre tous les peuples » comme signifiant que, si les Juifs sont aimés de Dieu, c'est également le cas des justes de tous les peuples, car « toute la terre est à Moi ».

remarquera que Sforno (Italie, 1470-1550) – qui écrivait en pleine Renaissance italienne – fournit l'interprétation la plus universaliste. Ce fut d'ailleurs dans l'Italie de la Renaissance que les Juifs et le judaïsme connurent une intégration sociale plus complète que partout ailleurs[3].

Je voudrais cependant suggérer un tout autre type d'interprétation en considérant le contexte plus large du monde de l'Antiquité et l'environnement dans lequel s'insère le récit biblique. Commençons par la proposition que les transformations les plus profondes survenant dans la situation humaine se produisent lorsqu'intervient un changement dans la technologie de l'information – dans la façon dont les êtres humains reçoivent et transmettent ce qu'ils savent. Les autres percées technologiques ont un impact limité. Elles modifient la façon dont les choses se font. La technologie de l'information a un impact systémique. Elle affecte le mode de réflexion[4].

Un exemple qui a manifestement changé la physionomie de l'Europe, fut l'invention de l'imprimerie par Gutenberg, au milieu du XVe siècle[5]. Lorsque Luther s'engagea dans la Réforme, ses œuvres se propagèrent comme une traînée de poudre à travers l'Europe, déclenchant une série de révolutions qui conduisirent, avec le temps, à « l'émergence de la modernité. » Les idées de Luther avaient pourtant déjà été formulées deux siècles plus tôt à Oxford par John Wycliffe. Mais à son époque, l'imprimerie n'existait pas, en sorte que son impact demeura limité. À l'époque de Luther, il existait plus de deux cents presses d'imprimerie en Europe qui imprimèrent à des centaines de milliers d'exemplaires les œuvres de Luther et des Bibles en traductions vernaculaires. Impossible à contrôler, cette diffusion en masse transforma la politique et la culture de l'Europe.

La première invention technologique fut la naissance de l'écriture en Mésopotamie, il y a environ cinq mille ans[6]. Ce fut la naissance de la civilisation.

---

3. Sforno était un homme d'une vaste érudition humaniste. Il étudia les mathématiques, la philosophie, la philologie et la médecine. De 1498 à 1500, il enseigna l'hébreu à l'humaniste chrétien Johannes Reuchlin.
4. Sur la façon dont l'alphabétisation « restructure les consciences », voir Walter J. Ong, *The Présence of the World*, Yale University Press, 1967, et *Orality and Literacy*, New York, Routledge, 1982 ; en français, *Oralité et écriture*, traduit par Hélène Hiessler, Les Belles Lettres, 2014. Voir également Jack Goody, *The Logic of Writing and the Organization of Society*, Cambridge University Press, 1986 ; en français, *La logique de l'écriture. L'écrit et l'organisation de la société*, traduit par Anne-Marie Roussel, Armand Colin, 2018.
5. Certes, les Chinois l'avaient inventée auparavant, mais la technologie n'était pas parvenue en Europe.
6. Sur l'histoire de l'écriture et de l'alphabet, deux ouvrages ont paru récemment : David Sacks, *The Alphabet*, Arrow Books, 2004 ; et John Man, *Alpha Beta*, Headline Books, 2000. Sur l'alphabet hébreu en particulier, l'ouvrage de référence est celui de David Diringer, *The Story of the Aleph Bet*, Lincolns-Prager, 1958 ; en

Le livre de Shemot

Si l'écriture fut, dans un premier temps, utilisée à des fins commerciales et administratives – il s'agissait de conserver la trace des créanciers et des débiteurs – ses possibilités beaucoup plus vastes furent bientôt exploitées pour pérenniser les mythes et les victoires des rois. Pour la première fois, des êtres humains purent accumuler des connaissances au-delà du champ de la seule mémoire humaine. Rien d'autre n'accéléra autant le rythme du progrès humain.

L'écriture fut inventée de façon indépendante au moins sept fois, en Mésopotamie (cunéiforme), dans l'ancienne Égypte (hiéroglyphique), dans la vallée de l'Indus (écriture de l'Indus), en Chine (idéogrammes), en Crète (l'écriture minoenne appelée linéaire B), et dans les Amériques (aussi bien chez les Mayas que chez les Aztèques). Les premiers systèmes d'écriture prirent en général la forme de pictogrammes, des reproductions stylisées d'objets représentant des symboles, ou des idéogrammes exprimant des caractéristiques ou des concepts. Certains évoluèrent en syllabaires, chaque symbole représentant une syllabe.

Les premiers systèmes d'écriture posaient cependant un problème évident. Le nombre de symboles concernés était considérable. En chinois, il en existe quelque soixante mille, et il fallait parfois consacrer plusieurs années pour les maîtriser. En conséquence, toute société dotée de l'écriture comprenait une élite instruite, une classe du savoir, souvent très présente dans l'administration. Les sociétés pictographiques ou idéographiques avaient une structure pyramidale, hiérarchique. Seuls quelques privilégiés avaient accès au savoir – et le savoir, comme le dit Francis Bacon[7], c'est le pouvoir.

Ce fut la seconde révolution qui mena à des perspectives inconnues jusqu'alors : l'invention de l'alphabet. Celui-ci réduisit à moins de trente le nombre de symboles à apprendre. Les premières inscriptions alphabétiques, connues sous le nom de protosémitiques, furent découvertes en 1905 par l'archéologue britannique William Flinders Petrie à Sarabit el-Khadim dans le désert du Sinaï. Il présuma qu'elles étaient l'œuvre d'Hébreux sortis d'Égypte et se rendant vers la Terre promise. Leur signification pleine et entière ne fut révélée qu'en 1916, avec leur déchiffrage par l'égyptologue britannique Alan Gardiner, le premier à saisir qu'elles étaient en fait alphabétiques. Au milieu des années

---

français, *Une histoire de l'alphabet*, traduit par Marie-Josée Chrétien et Louise Chrétien, Ed. De l'homme, 2008.
7. Sir Francis Bacon, *Religious Meditations*, "Of Heresies", 1957. [parfois aussi traduit par « savoir, c'est pouvoir »]

1990, John Darnell, égyptologue de Yale, fit une deuxième découverte similaire au Ouadi el-Hol (la vallée de la Terreur) près de Louxor.

Flinders Petrie comme Darnell remarquèrent que l'alphabet était conçu à partir de hiéroglyphes égyptiens en tronquant un mot ou une syllabe pour le réduire au son initial. Tous deux furent convaincus que les inventeurs des premiers alphabets n'étaient pas des Égyptiens, mais des Sémites, travailleurs, commerçants, esclaves ou contremaîtres. On ne peut donner une date précise de l'apparition du premier alphabet – vraisemblablement entre 1800 et 2000 avant l'ère chrétienne. Mais contrairement aux écritures pré-alphabétiques, l'alphabet semble n'avoir été inventé qu'une seule fois. Les centaines d'écriture qui existent sont toutes issues directement ou indirectement de l'écriture protosémitique du désert du Sinaï. Le mot *alphabet* lui-même vient des deux premières lettres de l'écriture hébraïque *aleph-bet*. La première écriture à inclure des voyelles fut le grec, mais cette inclusion dérivait elle aussi d'anciens systèmes sinaïtiques / cananéens / phéniciens, comme le montrent ses quatre premières lettres. Alpha, beta, gamma, delta en grec correspondent à *aleph*, *bet*, *gimmel* et *daled* en hébreu.

Le lien entre cette évolution et le développement de la foi d'Israël est manifeste, même si l'on peut seulement émettre des hypothèses quant à sa forme précise. Comme l'écrit John Man : « Un nouveau Dieu et une nouvelle écriture œuvrèrent de concert pour forger une nouvelle nation et propager une idée qui allait changer le monde[8]. » L'alphabet créa le livre qui lui-même créa le peuple du livre. Était-ce la divine providence qui conduisit à cette invention, la rendant disponible exactement au bon moment et au bon endroit pour que les Hébreux l'utilisent aux fins les plus saintes, à savoir consigner la parole divine ? Ou bien ce nouveau développement a-t-il favorisé le développement de la conscience des Hébreux – les niveaux élevés d'abstraction, essentiels pour le monothéisme, rendus possibles par l'alphabétisation – ce qui leur permit de déchiffrer la parole du Dieu Unique ?

D'une façon ou d'une autre, l'alphabet a créé une opportunité qui n'avait jamais existé auparavant, une société d'alphabétisation en masse, voire générale. Avec seulement vingt-deux symboles, il pouvait être enseigné à tout un chacun en un laps de temps relativement court. On en voit la preuve en maints endroits du Tanakh, la Bible hébraïque. Isaïe dit : « Tous tes enfants seront les disciples

---

8. John Man, *Alpha Beta: How 26 Letters Shaped the Western World*, Wiley 2001, p. 129.

de l'Éternel, et grande sera la concorde de vos enfants » (Isaïe LIV, 13), ce qui suppose une éducation généralisée. Dans le livre des Juges, avant les premiers rois d'Israël, on lit que Gédéon « arrêta un jeune homme, habitant de Souccot, qu'il interrogea, et qui lui écrivit les noms des notables et anciens de Souccot, au nombre de soixante-dix-sept hommes » (Juges VIII, 14). Pour Gédéon, il allait de soi qu'un jeune homme, choisi au hasard, savait lire et écrire.

Après la révélation au mont Sinaï, Moïse « prit le livre de l'Alliance, dont il fit entendre la lecture au peuple » (Ex. XXIV, 7). S'agissait-il d'un rouleau de parchemin ? D'une inscription dans la pierre ? Nous n'avons aucun moyen de le savoir. Mais ce n'est certainement pas une coïncidence qu'Israël soit devenue la première nation de l'histoire – la seule en fait – à recevoir ses lois avant sa terre. Une loi qui pouvait aisément être écrite et lue, qui pouvait être transportée partout, était l'expression du Dieu omniprésent, dans le désert, aussi bien que dans le pays.

En fait, l'idée d'une société d'alphabétisation généralisée transforma le monde parce qu'elle annonçait la possibilité d'une société non hiérarchique dans laquelle chacun avait un accès égal au savoir. Ce fut une transformation capitale, résumée magistralement par les sages :

> La couronne de la Torah est pour tout Israël, comme il est dit : « C'est pour nous qu'il dicta une doctrine à Moïse ; elle restera l'héritage de la communauté de Jacob » (Deut. XXXIII, 4) Quiconque le souhaite peut l'acquérir. Ne pensez pas que les deux autres couronnes [de la royauté et de la prêtrise] sont plus prestigieuses que celle de la Torah, car il est dit : « Par moi [la Torah] règnent les rois, et les princes fondent des lois de justice. Par moi gouvernent les grands et les nobles, tous ceux qui rendent la justice sur terre. » (Proverbes VIII, 15-16) Il s'ensuit que la couronne de la Torah l'emporte en importance sur les deux autres couronnes[9].

L'égalité est le saint graal de toute politique révolutionnaire. On y a souvent aspiré, sans jamais l'atteindre. Les deux tentatives les plus connues concernent l'égalité des richesses (par le communisme ou le socialisme) et l'égalité des pouvoirs (par une démocratie participative et non représentative). Il est peu probable qu'un tel système perdure, parce que, fondamentalement, richesse et

---

9. Rambam, *Mishneh Torah*, Talmud Torah 3, 1.

pouvoir sont l'objet de rivalités. Plus tu as, moins j'ai. En conséquence, ce qui est un gain pour moi est une perte pour toi.

Il n'en est pas de même du savoir. Si je te livre tout ce que je sais, je n'en saurai pas moins. Il se pourrait que j'en sache davantage. L'égalité de dignité fondée sur l'accès généralisé au savoir est la seule égalité susceptible de durer sur le long terme. C'est d'autant plus vrai si le savoir en jeu est, comme dans le judaïsme, la loi, et la source de la loi, Dieu Lui-même. C'est le savoir sur lequel se fonde le droit de cité. Au mont Sinaï, tous les enfants d'Israël sont devenus des associés de l'alliance. Dieu s'est adressé à chacun – seule révélation faite non à un prophète ou un groupe d'initiés, mais à un peuple tout entier. Chacun participait de la loi parce que chacun pouvait la lire et la connaître. Ils étaient tous des membres égaux d'une nation de foi placée sous la souveraineté de Dieu. Tel est l'événement du mont Sinaï.

Quel est le rapport avec l'expression « royaume de prêtres » ? On pense généralement à la prêtrise en termes de fonction : elle consiste à servir Dieu dans un lieu saint. Mais les prêtres détiennent aussi certains pouvoirs. Le mot « hiéroglyphe » signifie « écriture sacerdotale », parce que seuls les prêtres savaient lire et écrire. Le mot « clerc » signifie (a) qui a rapport au clergé, ministres de la religion, et (b) personnel de bureau qui tape à la machine et classe les dossiers. Si ce seul mot désigne deux choses aussi différentes, c'est parce que, tout au long du Moyen-Âge, les ministres du culte étaient pratiquement la seule classe à savoir lire et écrire. Les premières universités étaient destinées principalement à former des responsables religieux.

Concrètement, dans l'Antiquité, un prêtre était un homme qui savait lire et écrire. Un royaume de prêtres est donc *une nation où l'instruction est généralisée*. Comprise ainsi, la nature de l'alliance, et de la mission d'Israël, devient limpide. La loi que Dieu allait révéler au mont Sinaï allait devenir le lot de chaque membre de la nation. Il ou elle pouvait la connaître, la lire, l'étudier, l'intérioriser et l'intégrer. Le peuple juif était sommé de devenir, pour ainsi dire, une nation de juristes constitutionnalistes. C'est d'ailleurs ce qu'ils sont devenus dans une large mesure, du moins à l'époque rabbinique.

La Torah – la loi et l'enseignement divins – n'était pas un code écrit par un roi lointain, imposé par la force. Ce n'était pas non plus un mystère ésotérique compris seulement par une élite d'érudits. Elle devait être accessible à tous et compréhensible pour tous. Dieu se faisait enseignant, les Enfants d'Israël devenaient Ses élèves, et la Torah le texte qui les reliait les uns aux autres. Comme

Le livre de Shemot

le dit le cantique : « Il a révélé Ses paroles à Jacob, Ses statuts et Ses lois à Israël. Il n'a fait cela pour aucun autre peuple ; ils ne connaissent pas Ses lois. Alléluia ! » (Ps. CXLVII, 19-20).

Rien de tel dans les annales de l'expérience religieuse de l'humanité. Dans le judaïsme, l'étude allait en fait devenir une expérience religieuse encore plus exaltante que la prière[10]. Les Juifs étaient instruits alors que la majorité de l'Europe était plongée dans l'ignorance. Ce fut grâce à l'étude que les Juifs créèrent une nouvelle forme de dignité humaine et d'égalité, tout à fait fascinante, et c'est la naissance de l'alphabet qui permit cette évolution. C'est ainsi que les Juifs devinrent « un royaume de prêtres. »

---

10. Voir *Shabbat* 10 a.

Yithro

Une nation sainte

Dans l'étude précédente, j'ai analysé la première partie de l'ordre de mission d'Israël en tant que peuple de l'alliance : « un royaume de prêtres ». J'aborde ici la seconde partie : « une nation sainte. » Qu'est-ce que la sainteté, exactement, dans le judaïsme, et comment s'applique-t-elle, non à telle ou telle personne, mais à une nation tout entière ?

Dans son livre intitulé *Le sacré*, Rudolf Otto définit la sainteté comme le *mysterium tremendum et fascinans*, le sentiment d'être en présence de quelque chose d'immense et d'impressionnant[1]. Cette idée contient certes une grande part de vérité, mais le regretté Eliezer Berkovits soutient le contraire : chaque fois que nous rencontrons le mot saint en rapport avec Dieu, il désigne Son implication dans l'humanité, non Sa transcendance ou Son mystère[2].

Ces analyses, cependant n'apportent pas d'explication approfondie du mot « saint » dans la Torah. Ses occurrences les plus marquantes dans les livres de Moïse portent sur deux registres : le premier, en liaison avec le Shabbat – jour que Dieu Lui-même a proclamé saint – et le second en relation

---

1. Rudolf Otto, *The Idea of the Holy*, Oxford University Press, 1958. En français, *Le sacré, sur l'irrationnel des idées du divin et de leur relation au rationnel*, traduit de l'allemand par André Jundt d'après la dix-huitième édition allemande, Payot, 1929. [La traduction du titre lui-même est problématique dans l'esprit du judaïsme, N.d.T.]
2. Eliezer Berkovits, *Essential Essays on Judaism*, éd. David Hazony, Jérusalem, Shalem, 2002, p. 247-314.

avec la pièce intérieure du sanctuaire, appelée le saint des saints[3]. C'est dans ces contextes qu'on peut le mieux comprendre ce que signifie la sainteté appliquée à un peuple.

La kabbale lourianique – l'école de mysticisme de rabbi Isaac Louria et ses disciples à Safed au XVIe siècle[4] – donna au judaïsme l'un de ses concepts les plus spectaculaires – une idée qui, certes, était présente depuis les origines, mais n'avait jamais été formulée aussi simplement par le passé : l'idée du *tsimtsoum*, « contraction » divine ou « effacement ».

Cette idée du *tsimtsoum* traduit la prise de conscience d'une contradiction entre l'infini et le fini. Si Dieu est partout, comment peut-il exister quelque chose d'autre ? Deux entités différentes (Dieu et ce qui n'est pas Dieu) ne peuvent occuper le même espace. La réponse de la kabbale consiste à dire que l'acte même de création supposait une autolimitation de la part de Dieu. Dieu, pour ainsi dire, contracta Sa présence afin que la finitude – l'espace et le temps, ainsi que les choses qui les occupent – puisse émerger.

Le mot hébreu désignant l'espace et le temps, *olam*, qui signifie à la fois « univers », c'est-à-dire la totalité de l'espace, et « éternité », c'est-à-dire la totalité du temps, signifie également « caché », comme dans le mot *ne'elam*. L'idée que l'espace et le temps sont des dimensions de la nature cachée de Dieu, lequel est au-delà de l'espace et du temps, est enchâssée dans la langue hébraïque elle-même.

Cependant, si Dieu était entièrement caché de l'univers, ce serait, et au niveau du vécu et au niveau de la fonction, comme s'Il n'existait pas. Au mieux, ce serait du déisme – l'idée, diffusée pendant les Lumières scientifiques des XVIIIe et XIXe siècles selon laquelle Dieu a créé l'univers, mais n'y a ensuite joué aucun rôle, ni en intervenant dans l'histoire sous forme de miracles, ni en Se dévoilant par la révélation. Dieu serait un *Deus absconditus*, un créateur qui a abandonné l'humanité.

---

3. Le Shabbat est la première chose déclarée sainte dans la Torah : Genèse II, 3 (seule occurrence du mot dans tout le livre de la Genèse). En très grande majorité, dans le livre de l'Exode, le mot « saint » apparaît soit dans le contexte du Shabbat, soit dans celui du sanctuaire. L'expression « saint des saints » figure dans Exode XXVI, 33-34 ; XXIX, 37 ; XXX, 10, 20, 36 ; XL, 10. Elle apparaît vingt fois dans le Lévitique et quatre fois dans les Nombres.
4. L'ouvrage de référence est celui de Gershom Scholem, *Major Trends in Jewish Mysticism*, Londres, Thames and Hudson, 1955, p 244-286. En français, *Les grands courants de la mystique juive*, traduit par Marie-Madeleine Davy, Payot, 1950, 1960, p. 261-305. Voir également Lawrence Fine, *Physician of the Soul, Healer of the Cosmos: Isaac Luria and His Kabbalistic Fellowship*, Stanford University Press, 2003.

Ainsi, les termes mêmes décrivant la création révèlent un paradoxe. Sans Dieu, l'univers n'existerait pas ; mais la présence de Dieu menace l'existence de tout ce qui n'est pas Lui. « Nul homme ne peut Me voir et vivre », dit Dieu. (Ex. XXXIII, 20)

À cela, la Torah apporte une réponse à la fois simple et profonde. L'univers a été créé en six jours ; cependant la création elle-même dura sept jours. Le septième jour est déclaré saint par Dieu Lui-même, signifiant par là qu'il deviendra la fenêtre dans le temps par laquelle nous verrons la présence de Dieu.

Comment y parvenons-nous ? En renonçant à notre propre statut de créateurs. Le Shabbat, toute *melakha*, qui se définit comme un « travail créateur », est interdite. Le Shabbat, nous sommes passifs et non actifs. Nous devenons créations et non créateurs. Nous renonçons au faire afin de renouer avec notre expérience d'êtres créés. Le Shabbat est la place que nous faisons à Dieu dans le temps.

Il en va de même du tabernacle. Fondamentalement, c'était une vaste tente portative, une structure et ses tentures. Partout où il était érigé, il circonscrivait un certain espace de sainteté, c'est-à-dire réservé pour Dieu. Au sein de cet espace, rien ne devait intervenir entre le fidèle et Dieu. Les prêtres, en particulier, devaient éviter tout contact avec la mort ou ce qui y ressemble, car la mort est un phénomène spécifiquement humain – comme en témoigne le terme « mortel » – alors que Dieu représente la vie[5]. Le tabernacle est le lieu que nous consacrons à Dieu au sein de l'espace.

Les instructions extrêmement détaillées fournies sur la construction du tabernacle et son culte (de même que les lois tout aussi détaillées régissant le Shabbat) sont destinées à signaler que rien dans la sainteté n'est le résultat d'une initiative humaine. Investir l'espace de sainteté ou le temps de sainteté, c'est renoncer à toute créativité humaine afin d'être existentiellement ouvert à la créativité divine. C'est pourquoi Nadav et Avihou, qui avaient apporté une offrande « qu'Il ne leur avait pas ordonnée » (Lévitique X, 1) moururent. La sainteté est l'espace / temps défini par la volonté divine, non humaine. Nous

---

5. C'est pour cela également que les fidèles devaient se purifier d'un contact avec un mort, par le rite de la vache rousse (Nombres XIX), avant de pénétrer dans le sanctuaire. Dieu, dans le judaïsme, est considéré comme l'Auteur de la vie ; la mort est l'antithèse de la Présence divine. Voir Judah Halevi, *Le Kouzari*, II, 60. Maïmonide dans le *Guide des égarés*, III, 10, explique que le mal, y compris la mort, est une forme de négation et n'est pas provoqué par Dieu. Lorsque nous disons que Dieu crée le mal, ou cause la mort, c'est une façon de parler métaphorique.

pénétrons dans le domaine de Dieu à Ses conditions, pas aux nôtres. Ce n'est pas une conséquence de la sainteté, mais son essence même.

Tout temps ou tout espace n'est donc pas saint. C'est essentiel pour nous en tant qu'hommes. Un monde où le temps tout entier serait shabbatique, ou dans lequel l'espace aurait la sainteté du tabernacle, ne serait pas viable pour les êtres humains. Il n'y aurait ni temps ni espace pour l'effort ou les réalisations de l'homme, précisément ce que Dieu ne souhaite pas, Lui qui est favorable au travail des hommes. Tel est le message de la Torah lorsqu'elle dit que nous avons été créés à l'image de Dieu, ce qui signifie que nous aussi, à l'instar de Dieu, sommes des créateurs. Comme Dieu, nous sommes capables d'imaginer un monde qui n'existe pas encore et de le réaliser.

Cependant, si aucun temps ni aucun espace n'était saint, le danger contraire surgirait : un monde dans lequel Dieu est caché serait pour bon nombre un monde dans lequel Dieu n'existe pas. Ce serait un monde où l'homme s'affirmerait sans limites – ce qui est toujours le prélude à un désastre politique, militaire, économique ou écologique. Il faut donc qu'existe une fenêtre – un point de transparence – dans l'écran entre l'infini et le fini. C'est ce qu'on appelle la sainteté.

La sainteté est l'espace que nous créons pour Dieu. De la façon la plus simple et la plus élégante, la sainteté est à l'humanité ce que le *tsimtsoum* est à Dieu. Tout comme Dieu S'efface pour laisser de l'espace à l'humanité, nous nous effaçons pour laisser de l'espace à Dieu. Nous le faisons en renonçant temporairement à notre faculté de créer. La sainteté est ce vide délimité rempli par la Présence divine.

Cette idée était totalement incompréhensible pour un esprit hellénique. Lorsque les Grecs et les Romains rencontrèrent des Juifs pour la première fois, ils ne purent comprendre le Shabbat. Ils connaissaient le concept d'un jour saint – toute religion en avait. Ce qu'ils n'avaient jamais rencontré auparavant, c'était un jour rendu saint par le repos, un jour consacré à l'être plutôt qu'au faire. Ils furent nombreux à exprimer sans ambages l'opinion que les Juifs respectaient le Shabbat parce qu'ils étaient fainéants[6]. C'était leur seule explication.

---

6. Sénèque se montra particulièrement critique à l'égard du Shabbat qui, écrivit-il, condamnait à l'oisiveté une journée sur sept ceux qui le respectaient. Plutarque le considérait comme une forme de superstition qui faisait perdre les guerres aux Juifs parce qu'il leur était interdit de combattre ce jour-là. Tacite soutenait que, ayant été habitués par paresse à se reposer chaque septième jour, ils étendaient ce principe

Dans le même ordre d'idée, selon une antique tradition, lorsque le général romain Pompée envahit Jérusalem et pénétra dans le Temple, il fut stupéfait de constater que le saint des saints était vide[7]. Il s'attendait à y trouver l'idole la plus sacrée des Hébreux. L'idée qu'un espace vide – comme un temps vide – puisse être saint, était inconcevable pour lui.

La sainteté est l'espace que nous créons pour l'Altérité de Dieu – en écoutant, sans parler ; en étant, sans faire ; en nous autorisant à demeurer passif plutôt qu'actif. Cela suppose de nous dégager de ce flot d'activités par lequel nous imposons nos projets au monde, permettant ainsi au projet divin d'émerger. Toute sainteté est une forme de renonciation, mais puisque Dieu désire que les êtres humains soient responsables et créateurs, Il n'exige pas de renonciation totale. Ainsi, certains temps sont saints, pas tous ; certains espaces sont saints, pas tous ; certains peuples sont saints, pas tous. Toutes les nations comprennent des individus saints. Ce qui rend Israël unique, c'est qu'il constitue une nation sainte, c'est-à-dire une nation dont tous les membres sont appelés à la sainteté. Ce fut la première religion à considérer la sainteté comme la qualité non d'une élite, mais de la vie d'une nation.

Le concept de nation est fondamental pour le judaïsme, parce que c'est le fondement de toute culture. En tant qu'entité sociopolitique, elle bâtit son propre type d'ordre grâce aux lois, aux rites et aux coutumes. C'est en elle que se rassemblent de nombreux groupes plus restreints, familles et communautés, afin d'élaborer les conditions de base de leur vie en commun. Et Dieu veut que Sa présence influe sur la vie publique – sinon Il se serait contenté de s'occuper de l'individu et de l'âme.

Le judaïsme connaît la foi des individus, comme en témoignent la Genèse et le livre des Psaumes, l'éternelle langue de l'âme en dialogue avec Dieu. Le judaïsme connaît aussi la foi de l'humanité. C'est ce que signifient les onze premiers chapitres de la Genèse qui culminent dans l'alliance noahide, l'alliance conclue par Dieu avec toute l'humanité. Mais la grande préoccupation du judaïsme, c'est la vie que nous édifions ensemble et les conditions dans lesquelles nous le faisons : justice, compassion, dignité humaine, paix, recours à la guerre limité et réglementé, assistance aux personnes

---

également à la septième année. Voir Allan Gould, éd., *What Did They Think of the Jews?*, Jason Aronson, 1991, p. 5-13.

7. Heinrich Graetz, *History of the Jews*, Jewish Publication Society of America, 1956, II, p. 66. En français, *Histoire des Juifs*, traduit par Lazare Wogue et Moïse Bloch, éd. A. Lévy, 1882. T. II,

dépendantes, aide aux pauvres, souci de préserver l'environnement sur le long terme, et surtout, l'état de droit, le règne de la loi, grâce auquel forts et faibles, puissants et impuissants, sont soumis aux mêmes règles de conduite appliquées à tous de la même manière. Fondamentalement, ces institutions et idéaux relèvent du politique ; d'où la nécessité de constituer une nation en tant qu'entité politique. C'est ce que signifie l'expression *goy kadosh*, une nation sainte. Au Sinaï, le peuple juif, jusqu'alors simple agrégat d'individus reliés par la famille, la mémoire et l'expérience de l'exode, est devenu un corps politique, avec la Torah pour constitution écrite. Le mot *goy* – comme le mot apparenté *gueviya* – signifie « un corps ». C'est une métaphore qui illustre la relation entre les membres d'un groupe comme étant similaire à celle des membres d'un corps. Le Sinaï crée les conditions d'une existence collective. Les destins des Hébreux sont désormais imbriqués les uns dans les autres.

Dans ce contexte, le mot *kadosh* désigne donc un troisième vide, qui ne concerne ni le temps (Shabbat), ni l'espace (le tabernacle), mais le trône vide (*cathedra*, le siège de l'autorité). La place occupée dans les autres nations par le monarque, le dirigeant ou le pharaon doit, dans le cas d'Israël, être laissée vide pour Dieu. Israël doit devenir une *république de foi* placée directement sous Sa souveraineté. Il est l'auteur de sa constitution, le gardien de ses lois, Celui qui le guide au cours de ses longs périples, le soutient lorsque c'est nécessaire, et lui rend l'espoir en temps de crise. L'essence même de la révélation du Sinaï, c'est que les Hébreux deviennent la première nation – en fait, la seule – constituée sur la base d'une alliance avec Dieu.

D'où l'importance du cadre : le désert. Toutes les autres nations sont devenues des nations parce qu'elles vivaient ensemble depuis longtemps sur un territoire qu'elles considéraient comme leur patrie. Que ce soit par la guerre, l'assassinat, le coup d'État, le plébiscite ou l'acclamation, elles élisent un individu ou un groupe pour les diriger, et créent une structure politique qui détermine les relations entre dirigeants et dirigés.

Israël devient une nation avant tout cela, avant d'être parvenu dans son pays, avant même d'avoir un roi, autant d'éléments relevant d'un avenir lointain. L'événement du Sinaï marque la création d'une nation bien avant ces éléments qui conduisent normalement à la naissance d'une nation, mais n'est pas une nation normale, c'est une nation sainte.

Que signifie alors être une nation sainte ? Voici quelques éclaircissements :

L'histoire juive visera continuellement à atteindre quelque chose qui est au-delà d'elle-même, qui ne peut s'expliquer par les lois ordinaires de l'histoire. C'est ce que Moïse veut dire dans les propos suivants :

> « De fait, interroge donc les premiers âges, qui ont précédé le tien, depuis le jour où Dieu créa l'homme sur la terre, et d'un bout à l'autre, demande si rien d'aussi grand est encore arrivé, ou si l'on a ouï chose pareille ! ... Quelle divinité entreprit jamais d'aller se chercher un peuple au milieu d'un autre peuple, à force d'épreuves, de signes et de miracles, en combattant d'une main puissante et d'un bras étendu, en imposant la terreur, toutes choses que l'Éternel, votre Dieu, a faite pour vous, en Égypte, à vos yeux ? » (Deut. IV, 32-34)

C'est aussi ce que signifient les remarquables propos d'Isaïe : « vous êtes Mes témoins », déclare Dieu, « et Je suis Dieu » (Isaïe XLIII, 12). Dans son lot et sa destinée collective, Israël constituera la preuve la plus irréfutable de l'implication divine dans l'histoire humaine. Il réalisera des exploits, et atteindra parfois des abîmes de détresse qui n'ont guère d'équivalent au cours de l'histoire des autres nations. Comme l'écrivit Tolstoï, « Le Juif est l'emblème de l'éternité[8] ».

Qui plus est, la loi juive – ossature éternelle de son existence collective – attestera sa nature plus qu'humaine. D'où la déclaration de Moïse :

> Voyez, je vous ai enseigné des lois et des statuts, selon ce que m'a ordonné l'Éternel, mon Dieu, afin que vous vous y conformiez dans le pays où vous allez entrer pour en prendre possession. Observez-les et pratiquez-les ! Ce sera là votre sagesse et votre intelligence aux yeux des peuples, car lorsqu'ils auront connaissance de toutes ces lois, ils diront : 'Elle ne peut être que sage et intelligente, cette grande nation !'... Quel est le peuple assez grand pour posséder des lois et des statuts aussi bien ordonnés que toute cette doctrine que je place aujourd'hui devant vous ? » (Deut. IV, 5-8)

Le raffinement de sa législation sociale et la limpidité de sa foi (implacablement anti-mythologique) témoignera d'un ordre social plus qu'humain dans

---

8. Lettre retrouvée dans les archives de l'homme d'État bulgare F. Gabai. Texte in Allan Gould, éd., *What Did They Think of the Jews?*, Jason Aronson, 1991, p. 180-181.

son humanité même. Comme l'écrivit Matthew Arnold : « Aussi longtemps que le monde existera, tous ceux qui voudront emprunter la voie de la droiture, se tourneront vers Israël pour y trouver leur inspiration, considérant ce peuple comme celui qui a le sens de la droiture le plus ardent et le plus profond[9]. »

Israël sera une nation qui reconnaît dans toutes ses lois l'existence de quelque chose qui est au-delà de lui-même. Ainsi, le pays même qu'il habite ne sera pas le sien, mais celui de Dieu : « Nulle terre ne sera aliénée irrévocablement, car la terre est à Moi. » (Lév. XXV, 23). Toutes les formes de gouvernance, qu'il s'agisse de juges, d'anciens ou de monarques, seront limitées par la souveraineté suprême de Dieu. Israël ne connaîtra aucun absolu – ni l'État, ni l'individu, ni le statu quo – car il n'est qu'un seul absolu, Dieu Lui-même. Ce simple fait lui épargnera, au cours de l'histoire, la tyrannie d'une part et l'anarchie de l'autre. Il sera toujours l'ennemi des tyrans, parce qu'il refusera toujours de vouer un culte à tout ce qui serait inférieur à Dieu.

La gouvernance d'Israël reposera toujours sur le consentement plutôt que sur l'obéissance au pouvoir. C'était implicite au Sinaï où Dieu Lui-même dut s'assurer de l'assentiment du peuple avant de lui donner Ses lois[10].

Historiquement, la conséquence la plus remarquable de l'alliance du Sinaï fut que, même après la perte de leur pays et de leur souveraineté, les Juifs ne cessèrent de constituer une nation – parce qu'ils étaient déjà devenus une nation avant même de détenir les attributs d'une nation. Au cours de leur exil, ils devinrent le premier peuple universel du monde, la première nation virtuelle, définie non par un territoire, un destin, une culture, un système politique, ni même une langue commune, mais par une alliance conclue par leurs ancêtres plus d'un millier d'années auparavant.

Kadosh signifie donc : *ce qui désigne quelque chose au-delà de soi*. Cela signifie le temps, symbole d'éternité (Shabbat), l'espace qui suggère d'être au-delà de l'espace (le tabernacle), et la nation dont l'histoire et le mode de vie témoignent de quelque chose d'extérieur aux paramètres habituels de l'histoire et du mode de vie.

Résumant cette idée en termes contemporains, l'auteur américain Milton Himmelfarb écrivit un jour :

---

9. Matthew Arnold, *Literature and Dogma*, Nelson, 1873, chap. 1.
10. Dans Exode XIX, 3-6, Dieu ordonne à Moïse d'obtenir l'assentiment du peuple aux conditions générales de l'alliance. Ce n'est que lorsqu'il a donné son consentement (XIX, 8) que Dieu procède à la révélation.

> Tout Juif sait à quel point il est absolument ordinaire ; pourtant, ensemble, nous semblons emportés dans le grandiose et l'inexplicable... Le nombre de Juifs dans le monde est inférieur à la marge d'erreur statistique d'un recensement en Chine. Or, nous demeurons plus grands que notre nombre. Il semble que de grandes choses arrivent autour de nous, et aussi, que de grandes choses nous arrivent[11].

On ne saurait mieux exprimer ce que signifie être une nation sainte.

---

11. « In the Light of Israel's Victory », article écrit peu après la guerre des Six Jours en 1967 ; repris in Milton Himmelfarb, *Jews and Gentiles*, New York, Encounter Books, 2007, p. 141-142.

Yithro
La structure d'une société juste

À la Chambre des lords, il existe une pièce spéciale où les nouveaux pairs sont revêtus de leur toge avant d'être présentés à la Chambre des communes. Lorsque mon prédécesseur Lord Jakobovits fut intronisé, le préposé qui l'aidait à revêtir sa toge déclara qu'il était le premier rabbin à accéder à la chambre haute. Lord Jakobovits répondit : « Non, je suis le deuxième. » « Qui était le premier ? », interrogea le préposé, très surpris. Cette pièce est appelée « salle de Moïse » à cause du grand tableau qui orne l'un des murs. Il représente Moïse rapportant les Dix commandements du mont Sinaï. Lord Jakobovits pointa du doigt la fresque, indiquant que Moïse fut le premier rabbin auquel la Chambre des lords rendait hommage.

Les Dix commandements qui figurent dans la *parasha* de cette semaine occupent depuis longtemps une place privilégiée, non seulement dans le judaïsme, mais également dans le corpus des valeurs appelé l'éthique judéo-chrétienne. Aux États-Unis, ils ornent souvent les tribunaux, bien que leur présence soit contestée – avec succès dans certains États – parce qu'elle enfreindrait le premier amendement et le principe de séparation de l'Église et de l'État. Ils demeurent l'expression suprême de la loi supérieure à laquelle est soumise toute loi humaine.

Dans le judaïsme également, ils ont toujours occupé une place privilégiée. À l'époque du deuxième Temple, ils étaient récités dans les prières quotidiennes

Le livre de Shemot

comme faisant partie intégrante du *Shema*, lequel comprenait alors quatre paragraphes et non trois[1]. Ce ne fut que lorsque des sectateurs se mirent à affirmer que seuls les Dix commandements provenaient directement de Dieu, et non les 603 autres, que leur récitation prit fin[2].

Le texte n'en conserva pas moins sa prégnance dans l'esprit des Juifs. Même s'il fut retiré des prières quotidiennes récitées en commun, il fut maintenu dans le livre de prières au titre d'une méditation individuelle à lire à la fin de l'office. Dans la plupart des communautés, les fidèles se lèvent pendant leur lecture dans le cadre de la lecture de la Torah, bien que Maïmonide ait explicitement décidé du contraire[3].

Cependant leur caractère exceptionnel n'est pas dénué d'ambiguïté. En tant que principes moraux, ils ne présentaient, dans l'ensemble, rien de nouveau. La plupart des sociétés ont édicté des lois prohibant le meurtre, le vol et le faux témoignage. Une certaine originalité réside dans le fait qu'ils sont apodictiques, c'est-à-dire de simples déclarations « Tu ne feras pas », contrairement à la forme casuistique « Si… alors. » Mais il ne s'agit que de dix commandements au sein d'un corpus de 613. Ils ne sont pas non plus appelés par la Torah les « Dix commandements », mais *asseret ha-devarim*, c'est-à-dire « les dix paroles ». D'où la traduction grecque par le mot Décalogue, qui signifie « Dix propos. »

Ce qui les rend particuliers, c'est qu'ils sont simples et faciles à mémoriser. C'est parce que, dans le judaïsme, la loi n'est pas destinée aux seuls juges. L'alliance au Sinaï, en respectant le profond égalitarisme propre à la Torah, n'a pas été conclue comme d'autres alliances de l'Antiquité, entre des rois. L'alliance du Sinaï a été conclue entre Dieu et le peuple tout entier. D'où la nécessité d'une déclaration de principes fondamentaux que tout un chacun pouvait mémoriser et réciter.

De plus, ils établissent définitivement les paramètres – la culture collective, comme on pourrait presque l'appeler – de l'existence juive. Une réflexion sur leur structure fondamentale permettra de comprendre de quelle manière ces

---

1. Voir Mishna Tamid 5:1, Brachot 12 a.
2. On ignore qui étaient ces sectateurs : ils comptaient peut-être dans leurs rangs des premiers chrétiens. Ils soutenaient que seul le Décalogue avait été entendu directement par les Hébreux de la voix de Dieu. Les autres commandements furent donnés indirectement, par l'intermédiaire de Moïse (voir Rashi sur Berakhot 12 a).
3. Maïmonide, *Responsa*, éditions Blau, Jérusalem, Mekitzei Nirdamim, 1960, n° 263.

paramètres sont établis. Maïmonide et Nahmanide sont en désaccord total sur le statut de la première phrase : « Je suis le Seigneur ton Dieu, qui t'a fait sortir du pays d'Égypte, d'une maison de servitude ». Conformément au Talmud, Maïmonide soutient qu'il s'agit en soi d'un commandement : croire en Dieu. Selon Nahmanide, il ne s'agit pas du tout d'un commandement, mais d'un prologue ou d'un préambule aux commandements[4]. La recherche moderne sur les formulations des alliances dans le Proche-Orient antique tend à corroborer la thèse de Nahmanide.

L'autre question fondamentale porte sur la façon de les répartir. La plupart des descriptions des Dix commandements les divisent en deux, du fait des « deux tables de pierre » (Deut. IV, 13) sur lesquelles ils étaient gravés. Globalement, les cinq premiers concernent les relations entre les hommes et Dieu, les cinq derniers les relations entre les hommes eux-mêmes. On peut cependant réfléchir autrement sur les structures numériques dans la Torah.

Les sept jours de la création, par exemple, sont des structures de deux séries de trois, suivies d'une septième les englobant tous. Pendant les trois premiers jours, Dieu sépara des domaines : lumière et obscurité, eaux d'en haut et eaux d'en bas, mer et terre. Pendant les trois jours suivants, Il remplit chacun de ces domaines d'éléments appropriés et de diverses formes de vie : le soleil et la lune, les oiseaux et les poissons, les mammifères et l'homme. Le septième jour fut distingué des autres par sa sainteté.

Les dix plaies, elles, comportent trois cycles de trois suivis d'une dixième. Dans chaque cycle de trois, les deux premières furent annoncées alors que la troisième frappa sans avertissement. Dans la première de chaque série, Pharaon fut mis en garde le matin (Ex. VII, 16 ; VIII, 17 ; IX, 13), dans la deuxième, il est dit à Moïse de « se présenter devant Pharaon » (Ex. VII, 26 ; IX, 1 ; X, 1) au palais, etc. La dixième plaie, contrairement aux autres, fut annoncée au tout début (Ex. IV, 23). Ce fut moins une plaie qu'un châtiment.

De même, il me semble que les Dix commandements sont structurés en trois groupes de trois, avec un dixième distinct des autres. Interprétés ainsi, les commandements mettent en évidence qu'ils constituent la structure de base, la grammaire profonde d'Israël en tant que société liée par une alliance avec Dieu, « un royaume de prêtres et une nation sainte. » (Ex. XIX, 6)

---

4. Maïmonide, *Sefer ha-Mitzvot*, commandement positif 1 ; Nahmanide, *Gloses, ad loc.*

Les trois premiers – pas d'autres dieux que Moi, pas d'idoles, pas d'invocation en vain du Nom de Dieu – définissent le peuple juif comme « une nation sous l'égide de Dieu ». Dieu est notre souverain suprême. En conséquence, toute autre règle terrestre est soumise aux impératifs supérieurs reliant Israël à Dieu. La souveraineté divine transcende toutes les autres loyautés (aucun autre dieu à part Moi). Dieu est une force vivante, et non une puissance abstraite (pas d'image taillée). Et la souveraineté présuppose la crainte révérencielle. (Ne pas invoquer Mon Nom en vain).

Les trois premiers commandements, par lesquels le peuple déclare obéissance et loyauté à Dieu par-dessus tout, établissent le principe le plus important d'une société libre, à savoir *les limites morales du pouvoir*. Faute de quoi, le danger, même dans une démocratie, c'est la tyrannie de la majorité, contre laquelle la meilleure défense est la souveraineté de Dieu.

Les trois commandements suivants – le Shabbat, le respect des parents et l'interdiction du meurtre – portent tous sur le principe du *caractère créé de la vie*. Ils fixent des limites à l'idée d'autonomie, l'idée que nous sommes libres de faire ce que bon nous semble pour autant que cela ne nuise pas à autrui. Le Shabbat est le jour consacré à voir en Dieu le créateur, et en l'univers sa création. Un jour sur sept, donc, toutes les hiérarchies humaines sont suspendues, et tous, maîtres, esclaves, employeurs, employés, et même les animaux domestiques, sont libres.

Honorer ses parents, c'est reconnaître notre nature de créature humaine. Ce commandement nous dit que ce qui importe n'est pas toujours le résultat de notre choix, en premier lieu, notre existence même. Les choix d'autres personnes importent, tout autant que les nôtres. « Tu n'assassineras point » réaffirme le principe central de l'alliance noahide universelle selon lequel le meurtre n'est pas seulement un crime contre l'homme, mais une faute à l'encontre de Dieu, alors que nous sommes créés à Son image. Ainsi, les commandements 4 à 7 constituent les principes jurisprudentiels de base de la vie juive. Pour peu que nous voulions nous soucier de notre façon de vivre, les commandements nous enjoignent de nous souvenir d'où nous venons.

Les trois suivants – l'interdiction de l'adultère, du vol et du faux témoignage – établissent les institutions de base dont dépend la société. Le mariage est sacré parce qu'il est le lien humain le plus proche de l'alliance entre Dieu et nous. Non seulement le mariage est l'institution humaine par excellence, reposant sur la loyauté et la fidélité, mais il est aussi la matrice d'une société libre.

Alexis de Tocqueville l'a parfaitement formulé : « Tant qu'a duré l'esprit de famille, l'homme qui luttait contre la tyrannie n'était *jamais seul*[5]. »

L'interdiction du vol établit la légitimité de la propriété. Alors que Jefferson définissait comme des droits inaliénables « la vie, la liberté et la poursuite du bonheur », John Locke, plus proche de l'esprit de la Bible hébraïque, mentionnait « la vie, la liberté ou la propriété[6]. » Les tyrans bafouent les droits de propriété du peuple, et si l'esclavage est une atteinte à ma dignité humaine, c'est parce qu'il me dépouille du droit de posséder la richesse que j'ai créée.

L'interdiction de faire un faux témoignage est une condition *sine qua non* de la justice. Une société juste a besoin d'autre chose que d'un système de lois, de tribunaux et d'instances chargées de l'application de la loi. Comme l'a dit le juge Learned Hand :

> « La liberté réside dans le cœur des hommes et des femmes ; lorsqu'elle y meurt, aucune constitution, aucune loi, aucun tribunal ne peut la sauver ; aucune constitution, aucune loi, aucun tribunal ne peut faire grand-chose pour l'aider[7]. »

Il n'est pas de liberté sans justice, mais il n'est pas de justice sans l'acceptation par chacun de nous d'une responsabilité individuelle et collective : « dire la vérité, toute la vérité, rien que la vérité. »

Enfin, survient l'interdiction, unique en son genre, de convoiter la maison de ton prochain, sa femme, son esclave, sa servante, son bœuf, son âne, ni rien de ce qui leur appartient. Cela semble étrange si nous pensons aux « dix paroles » en tant que commandements, mais pas si nous y pensons comme les principes de base d'une société libre. Le plus grand défi posé à toute société consiste à contenir le phénomène généralisé, inévitable, de l'envie : le désir d'avoir ce qui appartient à l'autre. L'envie est au cœur de la violence[8]. Ce fut la

---

5. Alexis de Tocqueville, *De la démocratie en Amérique*, Pagnerre, 1848, ch. IX, p. 244.
6. *The Two Treatises of Civil Government*, Cambridge, Cambridge University Press, 1988, p. 136. En français, *Les deux traités du gouvernement civil*, traduit par David Mazel, 1795, ch. V, De la propriété des choses.
7. Learned Hand, Discours « L'esprit de la liberté » prononcé au cours d'une cérémonie à Central Park, New York, 21 mai 1944.
8. Le meilleur livre sur ce sujet est celui de Helmut Schoeck, *Envy; A Theory of Social Behaviour*, New York, Harcourt, Brace & World, 1969. En français, *L'envie, une histoire du mal*, traduit de l'allemand par Georges Pauline, Les Belles lettres, 1995.

jalousie qui conduisit Caïn à assassiner Abel, qui fit qu'Abraham et Isaac craignirent pour leur vie parce que leurs femmes étaient belles, qui incita les frères de Joseph à le haïr et à le vendre comme esclave. C'est l'envie qui mène à l'adultère, au vol et au faux témoignage, et ce fut parce qu'ils jalousaient leurs voisins que les Hébreux, à maintes reprises, abandonnèrent Dieu pour s'adonner aux pratiques païennes de l'époque.

L'envie, c'est l'incapacité à comprendre le principe de la création tel qu'il est établi dans le premier chapitre de la Genèse : chaque chose a sa place dans l'ordre des choses. Chacun de nous a sa propre tâche et ses propres atouts, et nous sommes tous aimés et chéris de Dieu. Vivez en fonction de ces vérités et tout ira bien. Renoncez-y et c'est le chaos. Rien n'est plus vain et destructeur que de laisser le bonheur de quelqu'un diminuer le vôtre, ce qui est précisément ce qu'est et ce que fait l'envie. L'antidote à la jalousie est, comme l'a bien exprimé Ben Zoma : « se réjouir de ce que l'on a » (Mishna Avot 4, 1) et ne pas se tourmenter de ce que nous n'avons pas encore. Dans les sociétés de consommation, tout est fait pour créer et accroître l'envie, et c'est pour cela qu'elles incitent les gens à désirer plus, en profitant moins.

Trente-trois siècles après le don des Dix commandements, ceux-ci demeurent le guide le plus simple et le plus concis pour créer et maintenir une société juste. Nombre d'alternatives ont été tentées qui, pour la plupart, se sont terminées dans les larmes. Le sage aphorisme conserve toute sa véracité : si rien ne marche, lis les instructions.

Mishpatim

Grand projet et petits détails

Notre *parasha* nous plonge dans une transition déconcertante. Jusqu'à présent, le livre de Shemot nous faisait suivre la progression des événements en présentant le caractère spectaculaire du récit : l'asservissement des Hébreux, leur espoir de liberté, les plaies, l'obstination de Pharaon, la fuite dans le désert, la traversée de la mer des Joncs, le périple vers le mont Sinaï et la grande alliance avec Dieu.

Nous nous retrouvons soudain face à un texte totalement différent : un code de lois couvrant une stupéfiante diversité de sujets, depuis la responsabilité civile à la protection de la propriété, jusqu'aux lois régissant la justice, en passant par le Shabbat et les fêtes. Pourquoi ici ? Pourquoi ne pas poursuivre le récit jusqu'au terrible drame, la faute du veau d'or ? Pourquoi interrompre l'histoire ? Et quel rapport y a-t-il avec le leadership ?

Voici la réponse : les grands dirigeants, qu'il s'agisse de PDG ou simplement de parents, ont la capacité de réaliser un grand projet tout en se souciant de détails extrêmement minutieux. Sans grande vision, les détails ne sont que fastidieux. On connaît l'histoire des trois travailleurs occupés à tailler des blocs de pierre. Interrogés sur ce qu'ils étaient en train de faire, l'un répond « on taille des pierres », le second dit : « on gagne sa vie », le troisième : « on construit un palais. » Ceux qui ont en tête le tableau le plus vaste retirent davantage de fierté de leur occupation et travaillent plus et mieux. Les grands dirigeants communiquent leur idée d'un grand projet.

Mais, concernant les détails, ils sont aussi méticuleux, voire perfectionnistes. Thomas Edison l'a fort bien dit : « Le génie, c'est un pour cent d'inspiration, quatre-vingt-dix-neuf pour cent de transpiration. » C'est l'attention accordée aux détails qui distingue les grands artistes, poètes, compositeurs, réalisateurs, hommes politiques et chefs d'entreprise de la moyenne des hommes. La lecture de la biographie de Steve Jobs par Walter Isaacson nous apprend qu'il accordait aux détails une attention qui frisait l'obsession. Il tenait par exemple à ce qu'il y ait des escaliers en verre dans tous les magasins d'Apple. Lorsqu'on lui dit qu'il n'existait pas de verre suffisamment résistant, il insista pour que ce soit inventé, et c'est ce qui arriva (il fut détenteur du brevet).

Le génie de la Torah consiste à appliquer ce principe à la société tout entière. Les Hébreux avaient considérablement évolué en traversant une série d'événements décisifs. Moïse savait que rien de semblable ne s'était produit auparavant. Il savait aussi – Dieu le lui avait dit – que ce n'était ni fortuit, ni anodin. Si les Hébreux avaient connu la servitude, c'était pour leur faire chérir la liberté. Ils avaient souffert, ils comprendraient donc mieux l'infortune de se trouver du mauvais côté d'un pouvoir tyrannique. Au mont Sinaï, Dieu, par l'intermédiaire de Moïse, leur avait donné un ordre de mission : devenir « un royaume de prêtres et une nation sainte », sous l'unique souveraineté de Dieu. Ils devaient créer une société reposant sur les principes de la justice, de la dignité humaine et du respect de la vie.

Mais ni des événements historiques, ni des idées abstraites – ni même les grands principes énoncés dans les Dix commandements – ne suffisent à maintenir une société sur le long terme. D'où l'extraordinaire projet de la Torah : traduire l'expérience historique en une législation détaillée, afin que les Hébreux vivent au quotidien ce qu'ils ont appris, l'imbriquant dans la structure même de leur vie sociale. Dans la *parasha* Mishpatim, le grand projet se fait détail, et le récit devient loi.

Ainsi, par exemple : « Si tu acquiers un esclave hébreu, il te servira pendant six années. Mais la septième année, il partira libre, sans rançon. » (Ex. XXI, 2) D'un seul coup, en vertu de cette loi, le statut d'esclave passe d'un état de naissance à une situation temporaire – de qui vous êtes véritablement, à ce que vous faites pour l'instant. L'esclavage, cette amère expérience vécue par les Hébreux en Égypte, ne pouvait disparaître du jour au lendemain. Même aux États-Unis, il ne fut aboli que dans les années 1860, non sans une guerre civile meurtrière. Cette loi qui ouvre notre *parasha* marque le coup d'envoi de ce long périple.

De même, la loi « Si un homme frappe du bâton son esclave mâle ou femelle et que l'esclave meure sous sa main, il doit être vengé. » (Ex. XXI, 20) Un esclave n'est pas simplement un bien que l'on possède. Chacun a droit à la vie.

De la même façon, la loi du Shabbat stipule : « Six jours durant tu t'occuperas de tes travaux, mais au septième jour, tu chômeras ; afin que ton bœuf et ton âne se reposent, que puissent respirer[1] le fils de ton esclave et l'étranger. » (Ex. XXIII, 12) Un jour sur sept, les esclaves devaient respirer l'air de la liberté. Ces trois lois pavèrent la loi de l'abolition de l'esclavage, même s'il fallut attendre plus de trois mille ans pour y parvenir.

Deux autres lois concernent l'expérience des Hébreux alors qu'ils étaient une minorité opprimée : « Ne tourmentez pas l'étranger, car vous-mêmes avez été étrangers dans le pays d'Égypte. (Ex. XXII, 21) et « N'opprime pas l'étranger ; car vous-mêmes connaissez le cœur de l'étranger car vous-mêmes avez été étrangers en Égypte. » (Ex. XXIII, 9).

Diverses lois évoquent d'autres aspects de l'expérience vécue par le peuple en Égypte telle que : « Ne persécute pas la veuve ou l'orphelin. Si tu les persécutais, j'entendrai certainement leur plainte » (Ex. XXII, 22-23) Ce passage rappelle l'épisode du début de l'Exode : « Les Hébreux gémirent du sein de l'esclavage et se lamentèrent ; leur plainte monta vers Dieu du sein de l'esclavage. Le Seigneur entendit leurs soupirs et il se souvint de Son alliance avec Abraham, Isaac, avec Jacob. Puis, le Seigneur considéra les enfants d'Israël, et il avisa. » (Ex. II, 23-25)

Dans un excellent article écrit dans les années 1980, Robert Cover, professeur de droit à Yale, traitait de « Nomos and Narrative[2] » qu'on pourrait traduire par « Univers normatif et trame narrative ». Il entendait par là que, derrière les lois de toute société, se trouve un *nomos*, c'est-à-dire la vision d'un ordre social idéal que la loi entend créer. Et derrière chaque *nomos*, se trouve une narration, c'est-à-dire l'histoire des raisons qui ont conduit les bâtisseurs et

---

1. *Reprendre âme*, selon la traduction du regretté Arnold Mandel. [N.d.T.]
2. Robert Cover, « Nomos and Narrative », Foreword to the Supreme Court, session de 1982, Yale Faculty Scholarship Series, Paper 2705, 1983. L'article en anglais se trouve sur le site http://digitalcommons.law.yale.edu/fss_papers/2705

les visionnaires de cette société ou de ce groupe à adopter telle ou telle vision de l'ordre idéal qu'ils aspiraient à édifier.

Les exemples choisis par Cover sont en grande partie empruntés à la Torah, et en réalité, son analyse ressemble davantage à une description de la loi qu'à une description de ce phénomène unique en son genre que nous appelons *Torah*. Le mot « Torah » est intraduisible, parce qu'il a plusieurs sens qui n'apparaissent tous ensemble que dans le livre qui porte ce nom.

Torah signifie « loi ». Mais le mot signifie aussi « enseignement, instruction, orientation », ou de façon plus générale, « direction ». C'est aussi le nom générique désignant les cinq livres, de la Genèse au Deutéronome, qui comprennent à la fois un récit et des lois.

En général, loi et récit sont des genres littéraires distincts qui se recoupent fort peu. La plupart des ouvrages de droit ne contiennent pas de récits et la plupart des récits ne contiennent pas de lois. Par ailleurs, comme le précise Cover, même si les citoyens de la Grande-Bretagne ou de l'Amérique d'aujourd'hui connaissent l'histoire qui a présidé à l'émergence de telle ou telle loi, il n'existe aucun texte faisant autorité réunissant les deux. De toute façon, dans la majorité des sociétés, il existe diverses façons de relater l'histoire. En outre, la plupart des lois sont promulguées sans préambule sur leur origine, ou sur ce qu'elles sont destinées à réaliser, ni même sur l'expérience historique qui a conduit à leur adoption.

La Torah est donc une combinaison unique en son genre de *nomos* et de récit, d'histoire et de droit, du vécu d'une nation et la façon dont cette nation aspira à mener une vie collective en sorte de ne jamais oublier les leçons tirées tout au long du chemin. Elle réunit vision grandiose et souci du détail d'une façon qui n'a jamais été égalée.

C'est ainsi qu'il faut diriger si nous voulons que les hommes nous suivent et donnent le meilleur d'eux-mêmes. Nous devons être guidés par la vision d'un grand projet qui nous dit pourquoi nous devrions faire ce qui nous est demandé. Il faut aussi un récit : voici ce qui s'est passé, qui nous sommes et pourquoi ce projet est si important pour nous. Il faut alors la loi, le code, l'exigeante attention portée aux détails, ce qui nous permet de traduire un projet dans la réalité et transformer les souffrances du passé en bénédictions pour l'avenir. Cette exceptionnelle combinaison, qu'on ne retrouve dans pratiquement aucun autre code de lois, est ce qui confère à la Torah sa puissance et sa pérennité. C'est un modèle pour tous ceux qui aspirent à mener des hommes vers la grandeur.

Mishpatim

Porter secours à son ennemi

Une grande partie de la *parasha* de Mishpatim est consacrée à un code de lois qui précise de façon détaillée la société juste que les Hébreux devaient créer, conformément à l'idée déjà mentionnée à propos d'Abraham : « Car si Je l'ai distingué, c'est pour qu'il prescrive à ses fils et à sa maison après lui d'observer la voie de l'Éternel, en pratiquant la vertu [*tsedaka*] et la justice [*mishpat*] » Gen. XVIII, 19). Les *mishpatim* sont donc des lois qui favorisent le règne de la justice.

Dans le *Guide des égarés*, Maïmonide souligne que le mot *mishpat* traduit une idée complexe. Il évoque « l'acte de décider d'une certaine action conformément à la justice qui peut requérir à la fois clémence ou châtiment[1]. » La justice, dans le judaïsme, est rarement « stricte justice », en hébreu rabbinique *midat hadin*. Elle doit parfois être tempérée par la compassion et l'humanité. On en trouve un exemple notoire dans la *parasha* de cette semaine, exposé de façon concise et simple, conservant cependant ses implications d'une immense portée, ainsi que sa subtile beauté morale :

> Si tu vois l'âne de ton ennemi succomber sous sa charge, garde-toi de l'abandonner ; aide-le au contraire à le décharger. »

---

1. *Guide*, III, 53.

Deux principes sont ici en jeu. L'un est la sollicitude pour l'animal. La loi juive interdit *tsaar baalé haïm*, d'infliger une souffrance inutile aux animaux[2]. C'est comme si la Torah disait ici : un conflit entre deux êtres humains ne doit pas mener l'un ou l'autre à ignorer le fait que l'âne peine sous sa charge. Il est innocent. Pourquoi devrait-il souffrir ? C'est en soi une puissante leçon morale.

L'autre principe est encore plus puissant. Il dit en effet : ton ennemi est aussi un être humain. L'hostilité peut vous diviser, mais il existe quelque chose de plus profond qui vous lie : l'alliance de la solidarité humaine. La détresse, la difficulté – tout cela transcende le langage de la différence. Dans une société juste, des ennemis ne donneront pas libre cours à leur rancœur ou leur animosité, car cela les empêcherait de se porter assistance mutuellement.

Si quelqu'un est en difficulté, aide-le. Ne te demande pas s'il est ami ou ennemi. Interviens ! tout comme Moïse est intervenu en voyant les bergers traiter avec rudesse les filles de Jethro (Ex. II, 16-19) ; tout comme Abraham l'a fait en priant pour les habitants des villes de la plaine (Gen. XVIII, 23-33). Il y a là plusieurs nuances sérieuses. La première provient d'un commandement parallèle figurant dans le Deutéronome :

> Tu ne dois pas voir l'âne ou le bœuf de ton frère s'abattre sur la voie publique et te dérober à eux : tu es tenu de les relever avec lui. (XXII, 4)

L'Exode parle d'ennemis ; le Deutéronome d'amis. À propos de ces deux commandements, le Talmud explique :

> Si [l'animal d']un ami a besoin d'être déchargé, et celui d'un ennemi d'être chargé, il faut d'abord aider son ennemi, afin de supprimer tout penchant au mal[3].

Tous deux ont également besoin d'aide. Dans le cas d'un ennemi, cependant, ce qui est en cause va bien au-delà de l'aide à personne en détresse. Intervient également le défi de surmonter la dissension, la distance et la rancœur. L'ennemi

---

2. Entre autres exemples dans la Torah – tous dans le Deutéronome – citons : « éloigner du nid l'oiselle qui couve » pour prendre les œufs (XXII, 6), laisser les animaux se reposer le Shabbat (V, 14), ne pas museler un bœuf lorsqu'il foule le grain (XXV, 4), et ne pas labourer en attelant ensemble un bœuf et un âne (XXII, 10).
3. *Baba Metsia*, 32 b.

prend donc le pas. Les sages ont lu une nuance dans le texte. L'expression
« garde-toi de l'abandonner » semble superflue ; ce n'est pas le cas. Ce qui
est mis en relief ici, c'est que notre premier réflexe, lorsque nous voyons notre
ennemi souffrir, c'est de l'ignorer. D'où la logique du commandement destiné
en partie à « éradiquer le penchant au mal. »

Les traductions en araméen sont encore plus frappantes (*Targoum Onkelos*, et plus explicitement *Targoum Yonatan*[4]). Elles interprètent la phrase « Bien évidemment, tu te débarrasseras » comme s'appliquant non seulement à la charge physique, mais également à la charge psychologique : « Bien évidemment, tu te débarrasseras de la haine qui est dans ton cœur à son encontre. »

Il y a cependant une réserve. On remarquera que le texte dit « Bien évidemment, tu déchargeras *avec lui*. » Les sages en déduisent ce qui suit :

> Si [le propriétaire de l'animal] reste assis et dit au passant : « C'est à toi d'agir. Si tu veux décharger [l'animal], fais-le », le passant est dispensé, parce qu'il est dit « avec lui » [sous-entendu : ils doivent partager le travail]. Cependant, si le propriétaire [est dans l'incapacité d'aider parce qu'il] est vieux ou infirme, on doit alors [décharger l'animal tout seul[5].]

Pourquoi en est-il ainsi ? Après tout, l'animal souffre toujours sous sa charge. Pourquoi le refus de l'ennemi d'accepter de l'aide vous dispenserait-il du devoir de lui porter assistance ?

On trouve là un principe fondamental de la morale biblique : la réciprocité. Nous avons des devoirs à l'égard de ceux qui reconnaissent le concept de devoir. Nous avons une responsabilité à l'égard de ceux qui reconnaissent la notion de responsabilité. Mais si un individu refuse d'exercer ses obligations à l'égard de son propre animal écrasé par sa charge, nous n'améliorons pas la situation en venant à son aide. Au contraire, nous l'aggravons en lui permettant de se dérober à ses responsabilités. Nous devenons – pour reprendre le langage de la thérapie d'addiction – co-dépendants. Nous aggravons le problème même que nous tentons de résoudre en laissant l'individu croire qu'il y aura

---

4. Le *Targoum Onkelos*, commentaire de l'Exode, XXIII, 5, traduit le passage : « Bien évidemment, tu te débarrasseras de ce qui est en ton cœur contre lui. » Selon le *Targoum Yonatan* : Bien évidemment, à ce moment, tu te débarrasseras de la haine qui réside en ton cœur. »
5. Mishna, *Baba Metsia*, 32a.

toujours quelqu'un pour faire ce qui s'impose moralement. Nous créons ce que le psychologue Martin Seligman appelle « l'impuissance acquise[6] ». Sur un plan strictement individuel, il peut être juste d'aider quelqu'un qui refuse de s'aider lui-même. Mais on encourt le risque de se rendre meilleur au détriment de la société – et la moralité biblique n'est pas un code de perfectionnement personnel, mais un code d'harmonie sociale.

L'approche de la Torah concernant la haine et les ennemis a quelque chose de très spécifique. Elle est plus réaliste qu'utopique. Elle ne dit pas : « Aime ton ennemi. » Elle dit : « Aide-le ». Les saints mis à part, nous ne pouvons aimer nos ennemis, et si nous nous y essayons, nous risquons par la suite de payer un prix psychologique élevé : nous en arriverons à haïr ceux qui devraient être nos amis[7]. La Torah dit plutôt : lorsque ton ennemi est en difficulté, aide-le. La part de haine se dissipera ainsi. Qui sait si l'aide apportée ne transformera pas l'hostilité en gratitude, voire par la suite en amitié ? C'est une façon pratique d'aller au-delà de la haine.

Certes, le judaïsme tient des propos très forts contre la haine. Moïse ordonne au peuple : « N'aie pas en horreur l'Iduméen (ou Édomite), car il est ton frère. N'aie pas en horreur l'Égyptien, car tu as séjourné dans son pays (Deut. XXIII, 8). Il existait des exemples paradigmatiques d'ennemis. Édom, c'était Ésaü, le rival de Jacob. Les Égyptiens étaient le peuple qui avait asservi les Hébreux. Moïse précise pourtant qu'il est interdit de les haïr.

Une interdiction plus générale de haïr ses ennemis figure dans le passage même qui ordonne d'aimer son prochain :

> Ne hais pas ton frère en ton cœur. Reprends ton prochain, et tu ne participeras pas à sa faute. Ne te venge ni ne garde rancune aux enfants de ton peuple, mais aime ton prochain comme toi-même. Je suis l'Éternel. (Lév. XIX, 17-18)

---

6. Martin Seligman, *Learned Optimism*, New York, Vintage, 2006, notamment, p. 17-30 ; en français, *La force de l'optimisme*, traduit par Larry Cohen, Pocket, 2012.
7. Historiquement, le prix a souvent emprunté la forme d'une diabolisation de l'ennemi, en sorte qu'il (ou elle) n'entre plus du tout dans la catégorie des êtres humains. Ouvrage de référence sur le sujet : Joshua Trachtenberg, *The Devil and the Jews*, 2e édition, Jewish Publication Society of America, 1983. Voir également Richard Kearney, *Strangers, Gods and Monsters: Interpreting Otherness*, Londres, Routledge, 2002.

Et Maïmonide de commenter :

> Tu effaceras [tout affront à ton égard] de ton esprit et ne garderas pas rancune. Car tant qu'on nourrit du ressentiment et qu'on le garde à l'esprit, on risque d'en arriver à se venger. La Torah nous avertit donc en termes pressants de ne pas garder rancune, en sorte que l'impression du tort subi soit complètement effacée et qu'on ne s'en souvienne plus. Tel est l'excellent principe. Lui seul rend possible une vie civilisée et une vie en société[8].

Ce qui, cependant, confère toute son importance à la loi sur l'âne accablé par sa charge, c'est la façon dont elle saisit une occasion de détresse pour panser des blessures et surmonter des animosités. Et cela fonctionne, comme en témoignent les recherches en sciences sociales les plus fascinantes réalisées en 1954 par Muzafer Sherif et appelées « L'expérience de la caverne des voleurs[9]. »

Sherif voulait comprendre la dynamique des conflits de groupe et des préjugés. Pour ce faire, ses collègues et lui-même choisirent un groupe de vingt-deux Blancs, des garçons âgés de onze ans, qui ne s'étaient jamais rencontrés. Ils les emmenèrent dans un camp d'été isolé, dans le parc national de Robbers Cave dans l'Oklahoma. Ils furent répartis au hasard en deux groupes. À l'origine, aucun des groupes ne connaissait l'existence de l'autre. Ils demeuraient dans des logements éloignés. La première semaine fut consacrée à consolider l'esprit d'équipe. Les garçons partaient en randonnée et nageaient ensemble. Chaque groupe se choisit un nom qui fut inscrit sur leurs chemises et leurs drapeaux : ils devinrent les Aigles et les Crotales.

Ensuite, pendant quatre jours, les deux équipes firent connaissance au cours d'une série de compétitions. Il y eut distribution de trophées, de médailles et de prix pour les vainqueurs, et rien pour les perdants. Presque immédiatement, la tension monta entre eux : insultes, railleries et refrains désobligeants. La situation empira. Ils en arrivèrent à brûler le drapeau de l'autre groupe, à saccager ses logements, et finirent par refuser de manger ensemble dans le même réfectoire.

---

8. *Mishné Torah*, Hilkhot Deot, 7, 8.
9. Muzafer Sherif *et al.*, *Intergroup Conflict and Cooperation: The Robbers Cave Experiment* (1954/1961). Le texte dans son intégralité figure sur le site : http://psychclassics.yorku.ca/Sherif/

La troisième étape fut appelée « phase d'intégration ». Des rencontres furent organisées. Les deux groupes regardèrent des films ensemble. Ensemble, ils allumèrent les pétards de la fête d'Indépendance du 4 juillet. On espérait que ces rencontres atténueraient les tensions et conduiraient à une réconciliation. Ce ne fut pas le cas. Plusieurs rencontrent dégénérèrent au point que les enfants se lancèrent de la nourriture au visage.

À la quatrième étape, les chercheurs créèrent des situations dans lesquelles un problème faisait peser une menace simultanément sur les deux groupes. La première fut un arrêt de l'approvisionnement en eau potable du camp. Les deux groupes identifièrent le problème séparément et se réunirent à l'endroit où la canalisation était bouchée. Ils travaillèrent ensemble pour y remédier, et se réjouirent ensemble lorsqu'ils y parvinrent. Dans une autre situation, les deux groupes votaient pour regarder des films. Les chercheurs expliquèrent que la location de films coûtait de l'argent et que le camp ne disposait pas de suffisamment de fonds. Les deux groupes acceptèrent de contribuer à parts égales aux dépenses. Dans une troisième situation, le car dans lequel ils voyageaient cala, et les garçons durent le pousser ensemble. À la fin des épreuves, les garçons avaient cessé d'avoir une image négative de l'autre groupe. Lors du trajet de retour dans le bus, les membres d'une équipe utilisèrent l'argent remporté lors d'un prix pour acheter des boissons à tout le monde.

Ce que Sherif avait fait dans la quatrième étape, c'était, fondamentalement, reproduire la situation de l'âne surchargé en créant des problèmes qu'aucun des deux groupes ne pouvait résoudre seul, mais qui pouvaient être résolus par un travail en commun. La conclusion était tout simplement révolutionnaire. Les failles entre ennemis ne sont pas, comme on l'a souvent pensé, une donnée inéluctable de la nature humaine, inscrite dans nos gènes. Certes, nous ressentons de l'hostilité à l'égard de l'intrus, de l'autre, de l'étranger, de l'inconnu. Elle est inscrite dans notre psychologie évolutionnaire, et elle refera surface chaque fois qu'on lui en donnera la possibilité.

Mais les limites peuvent être redessinées afin que des ennemis d'autrefois se retrouvent du même côté de la table, et non de l'autre côté. Il suffit d'une tâche partagée que les deux parties ne peuvent réaliser qu'ensemble, et non séparément. Telle est la situation illustrée dans la loi concernant l'âne surchargé. Cette loi n'exige pas de nous de réaliser la tâche surhumaine d'aimer nos ennemis. Dans l'expérience de la caverne des voleurs, ce qui fit tomber les murs de la dissension et de l'hostilité entre les groupes, ce fut simplement la nécessité d'œuvrer de concert pour résoudre un problème commun[10].

Le Tanakh, la Bible hébraïque, n'est pas un code d'accès à une Utopie. C'est un rêve prophétique, non une réalité dans le présent. Pour l'instant, cependant, la Torah nous enseigne quelque chose qui n'est pas dépourvu de grandeur morale : ces petits gestes d'entraide peuvent, sur le long terme, transformer la condition de l'homme. Au cœur de la loi sur l'âne trop chargé, se trouve l'un des plus beaux axiomes du judaïsme : « Qui est un héros ? Celui qui fait de son ennemi un ami[11]. »

---

10. Pour plus de développements sur ce sujet, voir Jonathan Sacks, *The Home We Build Together*, Continuum, 2007, p. 173-182.
11. Avot de Rabbi Natan, 23.

Mishpatim

Faire et entendre

L'une des expressions les plus célèbres de la Torah figure dans la *parasha* de cette semaine. Souvent citée pour caractériser la foi juive en général, elle se compose de deux mots en hébreu : *naassé venishma*, littéralement, « nous ferons et nous entendrons » (Ex. XXIV, 7). Que signifie-t-elle, et pourquoi revêt-elle une telle importance ?

Il existe deux interprétations bien connues, l'une ancienne, l'autre plus moderne. La première apparaît dans le Talmud de Babylone[1] où elle sert à décrire l'enthousiasme et la ferveur inconditionnelle avec laquelle les Hébreux acceptèrent l'alliance avec Dieu au mont Sinaï. Lorsqu'ils déclarèrent à Moïse : « Tout ce que l'Éternel a dit, nous le ferons et nous l'entendrons », ils disaient en fait : Ce que Dieu nous demande, nous le ferons – s'exprimant ainsi *avant d'avoir entendu le moindre commandement*. Les mots « nous entendrons » impliquent qu'ils n'avaient pas encore entendu – ni les Dix commandements, ni les lois détaillées qui suivirent telles qu'elles sont présentées dans notre *parasha*. Ils étaient si enthousiastes à manifester leur assentiment à Dieu qu'ils accédèrent à Ses demandes avant de savoir ce qu'elles étaient[2].

---

1. Shabbat 88a-b.
2. Il existe bien sûr des interprétations sensiblement différentes de l'assentiment des Hébreux. Selon l'une d'elles, Dieu « suspendit la montagne au-dessus d'eux », ne leur donnant pas d'autre choix que d'accepter ou du mourir (Shabbat 88 a).

Cette lecture, adoptée également par Rashi dans son commentaire de la Torah, est difficile parce qu'elle suppose une lecture du récit hors de toute séquence chronologique (en vertu du principe qu'« il n'y a ni avant ni après dans la Torah »). Selon cette interprétation, les événements rapportés dans le chapitre XXIV, se sont produits avant ceux du chapitre XX, le récit de la révélation au mont Sinaï et les Dix commandements. Ibn Ezra, Rashbam et Ramban la réfutent et lisent les chapitres dans l'ordre chronologique. Pour eux, les mots *naassé venishma* ne signifient pas « nous ferons et nous entendrons », mais simplement « nous ferons et nous obéirons. »

La seconde interprétation – qui ne conserve pas le sens obvie du texte mais garde toute son importance – a été souvent été invoquée dans la pensée juive moderne. Selon elle, *naassé venishma* signifie « Nous ferons et nous comprendrons[3] ». Les tenants de cette interprétation en concluent qu'on ne peut comprendre le judaïsme qu'en le pratiquant, en respectant les commandements et en menant une vie juive. Au début était l'action[4]. Ensuite seulement intervient l'entendement, le discernement, la compréhension.

C'est là un signe et un point important. L'esprit occidental moderne a tendance à placer les choses dans l'ordre inverse. Avant de nous engager, nous cherchons à comprendre ce à quoi nous nous engageons. C'est tout à fait compréhensible lorsqu'il s'agit de la signature d'un contrat, de l'achat d'un nouveau téléphone portable ou d'un abonnement, mais non pas lorsqu'il s'agit d'un engagement existentiel. La seule façon de comprendre le leadership, c'est de diriger. La seule façon de comprendre le mariage, c'est de se marier. La seule façon de savoir si une carrière vous convient, c'est de s'y essayer pendant un certain temps. Ceux qui, au seuil de prendre une décision, tergiversent pour connaître les tenants et les aboutissants finissent par découvrir qu'ils n'ont pas vraiment vécu[5]. La seule façon de comprendre un mode de vie, c'est de prendre

---

3. Le mot véhicule déjà ce sens dans l'hébreu biblique, comme en témoigne l'histoire de la tour de Babel, lorsque Dieu dit : brouillons leur langue afin que les hommes ne puissent plus se comprendre les uns les autres.
4. C'est la célèbre phrase du *Faust* de Goethe.
5. Cela ressemble à ce qu'a décrit Bernard Williams dans son célèbre article « Moral Luck » : il est impossible de savoir si certaines décisions sont les bonnes avant de les avoir prises et de constater leurs conséquences. Il prend l'exemple de Gauguin décidant de quitter sa carrière et sa famille pour partir peindre à Tahiti. Toutes les décisions existentielles comportent un risque.

le risque de le vivre[6]. Donc, *naassé venishma*, « Nous ferons et ensuite, par une longue pratique et l'acquisition de l'expérience, nous comprendrons. »

Dans mon introduction aux *Covenant et Conversation* de cette année, j'ai suggéré une troisième interprétation quelque peu différente, fondée sur le fait que, d'après la Torah, les Hébreux ratifièrent l'alliance à trois reprises : une fois avant d'avoir entendu les commandements, et deux fois après. La différence est fascinante entre la façon dont la Torah décrit les deux premières réponses et la troisième :

> Le peuple entier *répondit d'une voix unanime* : « Tout ce qu'a dit l'ÉTERNEL, nous le ferons [*naassé*] ! » (Ex. XIX, 8)

> Moïse, de retour, transmit au peuple toutes les paroles de l'ÉTERNEL et tous les statuts ; et le peuple entier *s'écria d'une seule voix* : « Tout ce qu'a prononcé l'ÉTERNEL, nous l'exécuterons [*naassé*]. » (Ex. XXIV, 3)

> Et il prit le livre de l'Alliance, dont il fit entendre la lecture au peuple et ils dirent : « Tout ce qu'a prononcé l'ÉTERNEL, nous l'exécuterons docilement. [*naassé venishma*] » (Ex. XXIV, 7)

Les deux premières réponses, qui portent uniquement sur l'action (*naassé*), sont données unanimement. Le peuple répond « ensemble », « d'une seule voix ». La troisième, qui porte non seulement sur le faire, mais sur l'écoute (*nishma*) ne mentionne pas l'unanimité. « Entendre », ici, revêt plusieurs sens : écouter, prêter attention, comprendre, intégrer, intérioriser, répondre et obéir. En d'autres termes, le mot se réfère à *la dimension spirituelle, intérieure, du judaïsme.*

Il en résulte une importante conséquence. Le judaïsme est une *communauté du faire* plutôt que de « l'écoute ». Il y a un code de loi juive qui fait autorité. En matière de *halakha*, [littéralement la marche à suivre], nous recherchons un consensus.

---

6. C'est, entre parenthèses, l'approche *Verstehen* de la sociologie et de l'anthropologie, selon laquelle des cultures ne peuvent être pleinement comprises de l'extérieur. Elles doivent être vécues de l'intérieur. C'est l'une des différences fondamentales entre sciences sociales et sciences naturelles.

Le livre de Shemot

En revanche, bien qu'il existe indubitablement des principes de foi juive, *en matière de spiritualité, il n'existe pas d'approche juive normative unique*. Le judaïsme a eu ses prêtres et ses prophètes, ses rationalistes et ses mystiques, ses philosophes et ses poètes. Le Tanakh, la Bible hébraïque, s'exprime par diverses voix. Isaïe n'était pas Ézéchiel. Le livre des Proverbes relève d'une structure mentale différente de celle des livres d'Amos ou Osée. La Torah contient des lois et des récits, de l'histoire et une vision mystique, des rituels et des prières. Il y a des normes concernant la façon d'agir en tant que Juifs. Mais il y en a peu sur la façon de penser et de sentir en tant que Juifs.

Nous connaissons Dieu de façons différentes. D'aucuns le trouvent dans la nature, dans ce que Wordsworth appelait « un sens sublime / De quelque chose, si profondément lié / Dont l'habitat est la lumière des soleils couchants / Et l'océan entier, et l'air vif. » D'autres le découvrent dans une émotion interpersonnelle, dans l'expérience de l'amour donné et reçu – ce que Rabbi Akiva entendait par un véritable mariage : « la Présence divine présente entre » un mari et son épouse.

D'autres encore trouvent Dieu dans l'appel prophétique : « Que le bon droit jaillisse comme l'eau, la justice comme un torrent qui ne tarit point » (Amos V, 24). D'autres Le trouve dans l'étude, « se réjouir dans les paroles de Ta Torah… car elles sont notre vie et la longueur de nos jours ; nous les méditons jour et nuit. » D'autres Le trouvent dans la prière, découvrant que Dieu est proche de tous ceux qui l'invoquent sincèrement.

Il y a ceux qui trouvent Dieu dans la joie, la danse et le chant, comme le roi David lorsqu'il apporta l'Arche sainte à Jérusalem. D'autres – ou les mêmes personnes à différentes étapes de leur vie – Le découvrent dans les profondeurs, les larmes, le remords et un cœur brisé. Einstein découvrait Dieu dans la « formidable symétrie » et la complexité ordonnée de l'univers. Le rav Kook Le trouvait dans l'harmonie de la diversité. Le rav Soloveitchik dans la solitude de l'être lorsqu'il atteint l'âme même de l'Existence.

Il existe une façon normative d'accomplir les actions de sainteté, mais il y a plusieurs façons d'entendre la voix de la sainteté, d'éprouver la Présence, de ressentir en même temps à quel point nous sommes petits, et comme est vaste l'univers que nous habitons, à quel point nous devons sembler insignifiants face à l'immensité de l'espace et aux myriades d'étoiles, et pourtant à quel point nous revêtons une importance extrême, sachant que Dieu a placé Son image et Sa ressemblance en nous, et nous a installés là, en ce lieu, à cette époque, avec ces talents, dans ces circonstances, avec une tâche à accomplir pour peu que nous soyons capables de le percevoir. Nous pouvons trouver Dieu dans les hauteurs et dans les profondeurs, dans la solitude et la solidarité, dans l'amour et la crainte, dans la gratitude et dans le besoin, dans la lumière éblouissante et au milieu de ténèbres insondables. Nous pouvons trouver Dieu en Le cherchant, mais il arrive qu'Il nous trouve lorsque nous nous y attendons le moins.

Telle est la différence entre *naassé* et *nishma*. Nous exécutons l'action divine « ensemble ». Nous répondons à Ses commandements « d'une seule voix ». Mais nous entendons la présence de Dieu de diverses manières car, si Dieu est Un, nous sommes tous différents, et nous Le rencontrons chacun à notre manière.

Trouma

Contribution volontaire

La *parasha* de cette semaine et les suivantes du livre de l'Exode décrivent le grand projet collectif des Hébreux dans le désert : construire un *mishkan*, un sanctuaire portable, véritable demeure visible de la Présence divine. Ce fut le premier lieu de culte collectif de l'histoire d'Israël.

Le commandement d'ouverture souligne cependant la dimension inhabituelle du projet :

> L'Éternel parle à Moïse en ces termes : « Invite les enfants d'Israël à Me préparer une offrande de quiconque y sera porté par son cœur, vous recevrez mon offrande… Et ils Me construiront un sanctuaire, pour que Je réside au milieu d'eux. » (Ex. xxv, 1-2, 8)

L'accent est mis ici sur le caractère volontaire des offrandes. Pour quelle raison ? Le sanctuaire et son service étaient strictement obligatoires, non volontaires. Les offrandes régulières étaient prescrites dans les moindres détails. Tout comme les contributions. Chacun devait donner un demi-sicle pour les socles en argent nécessaires à la construction, et un autre demi-sicle chaque année pour les sacrifices. Le sanctuaire lui-même était le domaine par excellence de la sainteté, et la sainteté, c'est le lieu où règne la volonté de Dieu, pas la nôtre.

Le livre de Shemot

Dès lors, pourquoi le sanctuaire devait-il être construit à partir de dons offerts spontanément ?

Il y a certains passages bibliques dont la signification ne se clarifie que rétrospectivement, et celui-ci en est un. Pour comprendre la *parasha* de cette semaine, nous devons avancer de quelque cinq cents ans, à l'époque où le roi Salomon édifiait le Temple. Cette histoire est l'une des plus paradoxales du Tanakh.

Notre impression première du roi Salomon, c'est qu'il était un roi sage par excellence. Il avait demandé la sagesse à Dieu qui l'en avait doté à profusion.

> Dieu avait donné à Salomon un très haut degré de sagesse et d'intelligence, et une compréhension aussi vaste que le sable qui est au bord de la mer. (I Rois IV, 29)

Pendant le règne de Salomon, Israël atteignit son apogée en matière économique et politique. La construction du Temple est elle-même considérée par la Bible comme le parachèvement de la sortie d'Égypte. De façon tout à fait inhabituelle, le texte fournit la date du projet, non seulement en termes d'années de règne du roi, mais spécifiquement aussi en fonction de l'exode :

> Ce fut quatre cent quatre-vingts ans après le départ des Israélites du pays d'Égypte… dans la quatrième année du règne de Salomon, que celui-ci édifia le temple en l'honneur de l'Éternel. (I Rois VI, 1)

La référence à l'exode est frappante et délibérée. Elle nous rappelle la phrase prononcée par Moïse au moment où les Hébreux s'apprêtaient à entrer dans le pays : « Vous n'avez pas encore atteint la possession tranquille, l'héritage que l'Éternel ton Dieu te réserve. » (Deut. XII, 9). Les commentateurs classiques l'interprètent comme une allusion à Jérusalem et au Temple[1]. Le projet de Salomon mit ainsi fin au récit de l'Exode. Ce fut le dernier chapitre d'une longue histoire.

---

1. Rashi, *ad. loc.*, sur Zevahim 119 a. Le texte poursuit (XII, 11) : « puis au lieu choisi par l'Éternel, votre Dieu, pour y faire résider Son Nom, c'est là que vous apporterez tout ce que je vous prescris : vos holocaustes et vos sacrifices, vos dîmes et vos offrandes, et tous les présents de choix que vous aurez voués au Seigneur » – référence au Temple.

Enfin – et c'est lourd de conséquences – Salomon échoua dans sa mission de roi. L'impression première donnée par le texte biblique est que son échec principal était d'avoir épousé des femmes étrangères qui l'égarèrent dans l'idolâtrie (I Rois XI, 4). Une lecture plus attentive montre cependant que son échec portait davantage sur la façon dont il entreprit la construction du Temple. Le peuple fut lourdement sollicité, ce qui mena, on le verra, à de funestes conséquences. Après la mort de Salomon, le royaume fut divisé. Les dix tribus du Nord firent sécession, se séparant de son fils Réhoboam, et établissant leur propre royaume sous la direction du rebelle Jéroboam. Ce fut un moment critique dans l'histoire biblique. Affaiblis par la division, ce ne fut qu'une question de temps avant que les deux royaumes ne tombent finalement aux mains des empires voisins et disparaissent.

La véritable question n'est pas : pourquoi Jéroboam s'est-il rebellé ? La politique est remplie d'événements de ce genre. La véritable question est : comment a-t-il pu réussir ? Les coups d'État ne surviennent pas dans une nation prospère, florissante et en paix, ce qui était la définition même d'Israël sous le règne de Salomon. Comment Jéroboam fut-il capable de fomenter un coup d'État en espérant véritablement réussir ? La réponse réside dans l'impact de la construction du Temple sur le peuple. Il est dit :

> Le roi Salomon leva un contingent sur tout Israël, contingent qui se monta à trente mille hommes. Il les envoya au Liban, dix mille hommes par mois à tour de rôle ; ils passaient un mois au Liban et deux mois dans leurs foyers ; Adoniram était responsable de la corvée. Salomon employa soixante-dix mille hommes pour porter les fardeaux, et quatre-vingt mille pour extraire les pierres de la montagne, ainsi que des contremaîtres préposés par Salomon aux travaux, trois mille trois cents hommes, chargés de la police des travailleurs. (I Rois V, 27-30)

Le Tanakh nous dit que ce fut ce fardeau qui provoqua des remous dans le peuple après la mort de Salomon :

> On [le peuple] envoya chercher Jéroboam, et il vint avec toute l'assemblée d'Israël, et ils parlèrent ainsi à Roboam : « Ton père a fait peser sur nous un joug trop dur. Toi maintenant, allège le dur traitement de ton père et le joug pesant qu'il nous a imposé et nous t'obéirons. » (I Rois XII, 3-4)

Les anciens qui avaient été les conseillers de Salomon proposèrent à Réhoboam d'accéder à la requête du peuple : « Si aujourd'hui tu cèdes à ce peuple, si tu te montres conciliant à leur égard et leur donnes pour réponse de bonnes paroles, ils seront tes serviteurs à tout jamais. » (XII, 7). Réhoboam, influencé par ses propres conseillers, jeunes et impétueux, ignora leur avis. Il déclara au peuple qu'il allait augmenter et non réduire la charge. Dès lors, son sort fut scellé.

Il se produit quelque chose d'étrange dans ce récit. À plusieurs occasions, apparaissent dans les livres de Moïse certains mots soit dans le contexte de l'esclavage en Égypte, soit dans les lois interdisant aux Hébreux de se comporter durement envers les esclaves. L'expression « dur traitement » employée par le peuple s'adressant à Réhoboam, est utilisée au début de l'Exode pour décrire l'asservissement des Hébreux[2]. La description des « porteurs » de Salomon, *nossei saval*, rappellent la phrase : « Moïse ayant grandi, sortit vers ses frères et fut témoin de leurs souffrances (*sivlotam*[3]). » Après la mort de Salomon, le peuple recourt au mot joug : « Ton père a fait peser sur nous un joug trop dur[4] ». C'est cependant encore un autre terme qui évoque l'esclavage en Égypte : « Donc, parle ainsi aux enfants d'Israël : 'Je suis l'Éternel ! Je veux vous soustraire aux tribulations de l'Égypte et vous délivrer de sa servitude[5]'. »

Les contremaîtres de Salomon sont qualifiés de *harodim ba'am*, verbe utilisé dans le Lévitique, au chapitre XXV, pour décrire la façon dont un maître ne doit pas traiter un esclave : « Ne le régente point avec rigueur[6]. » Salomon bâtit des « villes d'approvisionnement », *miskenot*, le même mot utilisé pour décrire les villes construites par les Hébreux pour Pharaon[7]. Comme Pharaon, Salomon possédait des chars et des cavaliers – *rekhev* et *parashim*[8].

Sans le dire explicitement et, même en le niant à un moment donné : « Mais Salomon n'employa aucun des enfants d'Israël comme esclaves[9], » le Tanakh laisse entendre que la construction du Temple fit d'Israël une seconde Égypte. Salomon ressemblait, à s'y méprendre, à un Pharaon hébreu.

---

2. Exode I, 14.
3. *Ibid.*, II, 11.
4. I Rois XII, 4.
5. Exode VI, 6.
6. Lévitique XXV, 43, 46, 53.
7. I Rois IX, 19 ; Exode I, 11.
8. I Rois IX, 19 ; Exode I, 14-15.
9. I Rois IX, 22.

Le paradoxe est accablant. Salomon était le roi d'Israël le plus sage. La nation était à l'apogée de sa puissance et de sa prospérité. Momentanément, elle était en paix. Le roi avait entrepris la plus sainte des tâches, celle qui mettait un point final au récit de l'exode. Et ce fut à ce moment précis que se creusa la faille qui allait conduire à des siècles de tragédie. Pourquoi ? Parce que Salomon transforma en fait les Hébreux en une main-d'œuvre enrôlée de force : la raison même qui leur avait fait quitter l'Égypte.

Il suffit de comprendre cela pour saisir rétrospectivement la signification du commandement divin de construire le tabernacle : « Invite les enfants d'Israël à me préparer une offrande de la *part de quiconque y sera porté par son cœur*, vous recevrez mon offrande » (Exode xxv, 2). Comme nous l'avons vu précédemment : Dieu ne réside pas dans des bâtiments, mais dans les bâtisseurs, non pas dans des monuments de pierre, mais dans l'esprit et l'âme des êtres humains lorsqu'ils se consacrent à Lui.

Le Temple était destiné à se dresser au cœur géographique et spirituel d'une nation que Dieu avait tirée de l'esclavage pour la mener vers la liberté. La foi d'Israël devait donc être l'expression de la liberté. Son Temple aurait dû être construit grâce à des contributions volontaires, tout comme l'avait été le tabernacle. Ce n'est pas là un détail mineur. C'était l'âme même du projet. Une foi sous la contrainte n'est pas une foi. Un culte sous la contrainte n'est pas un culte authentique. Un Temple construit par des travailleurs enrôlés de force contredit la nature même de Dieu auquel il est dédié. Pendant un moment, Salomon agit comme s'il était un pharaon égyptien, non un roi d'Israël, et la frustration et la colère refoulée du peuple finirent par éclater après sa mort, divisant la nation en deux.

Ce ne fut donc pas par hasard, mais par essence, que la première demeure de Dieu – de taille réduite, fragile, portable, le contraire de la magnificence du Temple – fut construite par des contributions libres, sans coercition, volontaires. Car Dieu ne réside pas dans des demeures de bois ou de pierre, mais dans l'esprit et l'âme d'êtres libres. On Le trouve, non pas dans une architecture monumentale, mais dans un cœur ardent.

Trouma

L'architecture de la sainteté

Depuis ce passage jusqu'à la fin du livre de l'Exode, la Torah s'étend avec force détails et minutie sur la construction du *Mishkan*, première demeure collective du culte du peuple juif. Des instructions précises sont données pour chaque élément, les structures et les tentures, ainsi que les divers objets qu'il contient, notamment leurs dimensions.

On lit par exemple :

« Tu feras le tabernacle, avec dix tapis qui seront faits de lin retors, de fils d'azur, de pourpre et d'écarlate et artistement damassés de chérubins. La longueur de chaque tapis sera de vingt-huit coudées ; la largeur de quatre coudées par tapis : dimension uniforme pour tous les tapis… Puis tu feras des tentures en poil de chèvre, servant de pavillon au tabernacle ; au nombre de onze. La longueur de chaque tenture sera de trente coudées : la largeur, de quatre coudées par tenture : même dimension pour les onze tentures… Tu feras les solives destinées au tabernacle : ce seront des ais d'acacia… Dix coudées seront la longueur de chaque solive ; une coudée et demi la largeur de chacune. (Ex. XXVI, 1-16)

Et ainsi de suite. Mais quel besoin avons-nous de connaître les dimensions du tabernacle ? Il n'était pas destiné à remplir ses fonctions à perpétuité, mais principalement pendant les années dans le désert. Il fut ensuite remplacé par le Temple, édifice à la fois plus imposant et plus majestueux. Quelle est donc la signification éternelle des dimensions de cette modeste construction portable ?

Ou, pour formuler la question de façon encore plus abrupte : l'idée même de la taille précise de la demeure de la *Shekhina*, la Présence divine, ne risque-t-elle pas de nous égarer ? Un Dieu transcendant ne peut être contenu dans l'espace. Comme l'a dit Salomon :

> Mais, en vérité, Dieu résiderait-Il sur la terre ? Alors que le ciel et tous les cieux ne sauraient Te contenir, combien moins ce temple que je viens d'édifier ! (I Rois VIII, 27)

Isaïe exprime la même chose au nom de Dieu Lui-même :

> Le ciel est mon trône, et la terre mon marchepied : quelle est la maison que vous pourriez me bâtir, le lieu qui me servirait de résidence ? (Isaïe LXVI, 1)

Ainsi, aucun espace physique, si spacieux soit-il, n'est assez grand. Par ailleurs, aucun espace n'est trop restreint. C'est ce que dit un midrash tout à fait saisissant :

> Lorsque Dieu dit à Moïse, « fais-Moi un tabernacle », Moïse s'étonna : « La gloire du Saint béni soit-Il emplit le ciel et la terre, et pourtant, Il m'ordonne : 'Fais-moi un tabernacle' ? »… Dieu répondit : « Tes pensées ne sont pas les miennes. Vingt coudées au nord, vingt au sud et huit à l'ouest suffisent. Assurément, Je descendrai et contracterai Ma présence même dans une coudée carrée. » (Shemot Rabbah 34 :1).

Que le tabernacle soit grand ou petit, quelle différence ? D'une façon ou d'une autre, c'était un symbole, un centre, de la Présence divine qui est partout, partout où les hommes ouvrent leur cœur à Dieu. Ses dimensions importaient peu.

Il y a quelques années, de façon indirecte et tout à fait inattendue, j'ai trouvé une réponse. Je m'étais rendu à l'université de Cambridge pour participer à un colloque sur la religion et la science. À la fin de la séance, un homme calme, modeste qui se trouvait dans l'assistance est venu me dire : « J'ai écrit un livre qui pourrait, à mon avis, vous intéresser. Je vous l'enverrai. » À l'époque, je ne savais pas de qui il s'agissait.

Une semaine plus tard, le livre est arrivé. Il s'intitulait *Just Six Numbers*, et son sous-titre était : *Les forces profondes qui façonnent l'univers*. Je découvris avec stupéfaction que l'auteur était Sir Martin, aujourd'hui Baron Rees, astronome royal, par la suite président de la Royal Society, l'instance scientifique la plus ancienne et la plus prestigieuse au monde, et directeur du Trinity College de Cambridge. En 2011, le prix Templeton lui fut décerné. J'avais parlé au chercheur le plus éminent de Grande-Bretagne.

Son livre était passionnant. Il expliquait que l'univers est façonné par six constantes mathématiques qui, si elles avaient varié d'un millionième ou d'un milliardième de degré, n'auraient pas permis l'existence de l'univers ou, du moins, la présence de vie. Si la force de gravité avait été légèrement différente, par exemple, l'univers se serait dilaté ou aurait implosé, empêchant la formation des étoiles ou des planètes. Si l'énergie des noyaux des atomes avait été légèrement plus faible, le cosmos serait composé uniquement d'hydrogène ; aucune vie n'aurait apparu. Si elle avait été légèrement plus élevée, il se serait produit une rapide évolution stellaire, suivie d'une disparition qui n'aurait pas laissé de temps à la vie de se développer. La combinaison des improbabilités était immense.

Les commentateurs de la Torah, notamment la regrettée Nehama Leibowitz, a attiré l'attention sur la similitude de la terminologie employée pour décrire la construction du tabernacle et pour décrire la création de l'univers par Dieu. En d'autres termes, le tabernacle était un microcosme, un rappel symbolique du monde créé par Dieu. Le fait que la Présence divine y résidait ne signifiait pas que Dieu était ici et pas ailleurs, en ce lieu et pas en tel autre. C'était destiné à indiquer, de façon puissante et manifeste, que Dieu existe dans l'ensemble du cosmos. C'était une construction faite par l'homme pour refléter et attirer l'attention sur l'univers créé par Dieu. C'était, dans l'espace, ce que le Shabbat est au temps : un rappel de la création.

Les dimensions de l'univers sont précises, mathématiquement exactes. Si elles avaient été différentes ne serait-ce qu'au plus faible degré, il n'y aurait eu ni univers ni vie. Ce n'est que maintenant que les chercheurs commencent à réaliser à quel point elles sont précises, et ce savoir lui-même semblera rudimentaire aux générations futures. Nous sommes au seuil d'un bond prodigieux dans notre compréhension dans toute sa profondeur du verset : « Que tes œuvres sont grandes, ô Seigneur ! Toutes, tu les as faites avec sagesse » (Ps. CIV, 24). Le mot « sagesse » ici – comme lors de ses nombreuses occurrences dans le récit de la construction du tabernacle – signifie « dextérité manuelle, précise, exacte » (voir Maïmonide, *Le Guide des égarés*, III, 54).

Dans un autre passage de la Torah, on retrouve le même souci des dimensions précises, à propos de l'arche de Noé : « Fais-toi une arche de bois de cyprès. Tu distribueras cette arche en cellules, et tu l'enduiras, en dedans et en dehors, de poix. Et voici comment tu la feras : trois cents coudées seront la longueur de l'arche ; cinquante coudées sa largeur, et trente coudées sa hauteur. Tu donneras du jour à l'arche, que tu réduiras, vers le haut, à la largeur d'une coudée » (Gen. VI, 14-16). La raison est la même que pour le tabernacle. L'arche de Noé symbolisait le monde et son ordre voulu par Dieu, ordre que les humains avaient bouleversé par leur violence et leur corruption. Dieu allait détruire ce monde, ne laissant que Noé, l'arche et son contenu, à titre de symboles du vestige de l'ordre restant, sur la base duquel Dieu allait façonner un nouvel ordre.

La précision importe. L'ordre importe. Le déplacement de quelques-unes seulement des 3,1 milliards de lettres dans le génome humain peut mener à une situation génétique catastrophique. Le fameux « effet papillon » – le battement d'ailes d'un papillon à un endroit donné peut provoquer un tsunami ailleurs, à des milliers de kilomètres – nous rappelle que d'infimes actions peuvent avoir d'immenses conséquences. Tel est le message que le tabernacle était destiné à transmettre.

Dieu crée un ordre dans l'univers de la nature. Nous sommes chargés de créer un ordre dans l'univers des hommes. Cela implique de veiller scrupuleusement à ce que l'on dit, à ce que l'on fait et à ce qu'on devrait s'abstenir de faire. C'est une chorégraphie précise de la vie morale et spirituelle, tout comme il existe une architecture précise du tabernacle. Être bon, ou plus précisément être saint, ce n'est pas agir en fonction de notre état d'esprit. C'est nous aligner sur la Volonté qui a créé le monde. Loi, structure, précision : c'est de ces éléments que le cosmos est fait, et sans eux, il cesserait d'être. C'est pour nous enseigner que la même chose s'applique au comportement de l'homme que la Torah fournit les dimensions précises du tabernacle et de l'arche de Noé.

Trouma
Le don de donner

Ce fut le premier lieu de culte hébreu, la première demeure que les Juifs bâtirent pour Dieu. Mais l'idée même est lourde de paradoxe, voire de contradiction. Comment peut-on construire une demeure pour Dieu ? Il est infiniment plus grand que tout ce que nous pouvons imaginer ; comment concevoir de Lui construire une demeure ?

Le roi Salomon formula cette idée lorsqu'il inaugura une autre maison de Dieu, le premier Temple : « Mais, en vérité, Dieu résiderait-Il sur la terre ? Alors que le ciel et tous les cieux ne sauraient Te contenir, combien moins cette maison que je viens d'édifier ! » (I Rois VIII, 27). Isaïe, lui aussi, dit au nom de Dieu : « Le ciel est mon trône, et la terre mon marchepied : quelle est la maison que vous pourriez me bâtir, le lieu qui me servirait de résidence ? » (Isaïe LXVI, 1)

Non seulement il semble impossible de bâtir une résidence pour Dieu, mais ce devrait être inutile. Dieu qui est partout peut être accessible n'importe où, aussi aisément dans la fosse la plus profonde que sur la plus haute montagne, dans un taudis comme dans un palace recouvert de marbre et d'or.

La réponse – et c'est fondamental – c'est que Dieu ne réside pas dans des bâtiments. Il vit dans les bâtisseurs. Il vit, non dans des édifices de pierre, mais dans le cœur de l'homme, ce que les sages et les mystiques juifs ont retenu de notre *parasha* : Dieu dit « Ils me construiront un sanctuaire pour que Je réside au milieu d'eux » (Ex. xxv, 8), non pas « que Je réside en *lui.* »

Dans ces conditions, pourquoi Dieu ordonne-t-il au peuple de lui faire un sanctuaire ? La réponse donnée par la plupart des commentateurs, et suggérée par la Torah elle-même, c'est que Dieu donna ce commandement juste après la faute du veau d'or.

Le peuple fabriqua le veau lorsque Moïse resta sur la montagne pendant quarante jours pour recevoir la Torah. Tant que Moïse demeurait parmi eux, les enfants d'Israël savaient qu'il communiquait avec Dieu, et Dieu avec lui ; Dieu était donc accessible, proche. Mais après une absence de près de six semaines, ils furent pris de panique. Qui d'autre pouvait combler l'abîme entre le peuple et Dieu ? Comment pourraient-ils entendre les instructions divines ? Par quel intermédiaire pourraient-ils établir un contact avec la divine Présence ?

C'est pourquoi Dieu dit à Moïse : « Ils me construiront un sanctuaire pour que Je réside au milieu d'eux ». Le mot clé ici est le verbe *sh-kh-n*, résider. Jamais auparavant il n'avait été utilisé en liaison avec Dieu. Il devint par la suite un mot clé du judaïsme lui-même. De sa racine découle le mot *mishkan*, sanctuaire, et *Shekhina*, Présence divine.

L'idée de proximité est centrale dans sa signification. *Shakhen* en hébreu désigne un voisin, la personne qui habite la porte à côté. Ce dont les Hébreux avaient besoin et que Dieu leur donna, c'était un moyen de se sentir aussi près de Lui que de leur voisin de palier.

C'est ce que connaissaient les patriarches et les matriarches. Dieu parlait à Abraham, Isaac et Jacob, Sarah, Rebecca, Rachel et Léa, personnellement, comme à des amis. Il annonça à Abraham et Sarah qu'ils auraient un enfant. Il expliqua à Rebecca pourquoi elle souffrait tellement pendant sa grossesse. Il apparut à Jacob aux moments décisifs de sa vie, lui disant de ne pas avoir peur.

Ce n'est pas ce que les Hébreux avaient connu jusqu'à présent. Ils avaient vu Dieu infliger des plaies aux Égyptiens. Ils L'avaient vu diviser la mer. Ils L'avaient vu envoyer la manne du ciel et faire surgir l'eau d'un rocher. Ils avaient entendu Sa voix impérieuse au mont Sinaï et l'avaient trouvée presqu'insoutenable. Ils dirent à Moïse : « Parle-nous toi-même et nous écouterons. Mais que Dieu ne nous parle pas ou nous mourrons. » Dieu leur était apparu comme une présence écrasante, une force irrésistible, une lumière si éblouissante qu'elle en devenait aveuglante, une voix forte au point de rendre sourd.

Que Dieu soit accessible, pas seulement aux pionniers de la foi – les patriarches et les matriarches – mais à chaque membre d'une grande nation, c'était une gageure, pour ainsi dire, pour Dieu. Il dut procéder à ce que les mystiques juifs appellent le *tsimtsoum*, une « contraction » de Lui-même, filtrer Sa lumière, adoucir Sa voix, cacher Sa gloire dans une épaisse nuée, et permettre à l'infini d'emprunter les dimensions du fini.

Mais, pourrait-on dire, c'était la partie facile. La partie difficile n'avait rien à voir avec Dieu et tout à voir avec nous. Comment en arrivons-nous à ressentir la présence de Dieu ? Il n'est pas difficile d'y parvenir au pied du mont Everest ou en contemplant le Grand Canyon. Il n'est nul besoin d'être très religieux, ni même seulement religieux pour ressentir un respect mêlé d'admiration en présence du sublime. Le psychologue Abraham Maslow, que nous avons rencontré il y a quelques semaines au cours de ces pages, parlait d'« expériences paroxystiques » et les considérait comme l'essence même de la rencontre spirituelle.

Mais comment ressentir la présence de Dieu dans la vie quotidienne ? Pas au sommet du mont Sinaï, mais depuis la plaine en contrebas ? Pas lorsqu'il est environné par le tonnerre et les éclairs comme ce fut le cas lors de la grande Révélation, mais au cours d'une journée parmi d'autres ?

Tel est le secret contenu dans le nom de la *parasha*, de ces secrets qui transforment une vie, Trouma. Il signifie « contribution ». Dieu dit à Moïse : « Invite les enfants d'Israël à me préparer une offrande de la part de quiconque y sera porté par son cœur, vous recevrez mon offrande. » (Ex. XXV, 2) La meilleure façon de rencontrer Dieu, c'est de donner.

Le simple fait de donner mène à la compréhension que ce que nous donnons fait partie de ce qui nous est donné. Il résulte de cette compréhension et il y conduit. C'est une façon de rendre grâce, un acte de gratitude. C'est là la différence, dans l'esprit de l'homme, entre la présence de Dieu et l'absence de Dieu.

Si Dieu est présent, cela signifie que ce que nous avons est à Lui. Il a créé l'univers. Il nous a créés. Il nous a donné la vie. Il a insufflé en nous l'air même que nous respirons. Nous sommes environnés de la majesté, de la plénitude, de la générosité de Dieu : la lumière du soleil, l'or de la pierre, le vert des feuilles, le chant des oiseaux. C'est ce que nous ressentons à la lecture des psaumes sur la grandiose création, récités chaque matin à l'office. Le monde est la galerie d'art de Dieu et Ses chefs-d'œuvre sont partout.

Lorsque la vie est un don, on exprime sa reconnaissance par un don en retour.

Mais si la vie n'est pas un don parce qu'il n'y a point de Donneur, si l'univers est apparu uniquement par suite d'une fluctuation aléatoire du champ des particules, s'il n'y a rien dans l'univers qui connaisse notre existence, s'il n'y a rien d'autre dans le corps humain qu'une séquence de lettres dans le code génétique, rien d'autre dans l'esprit humain que des impulsions électriques dans le cerveau, si nos convictions morales sont des moyens égoïstes de l'instinct de conservation, et nos aspirations spirituelles de simples illusions, il est alors difficile de ressentir de la gratitude pour le don de la vie. Il n'y a pas de don s'il n'y a pas de donneur. Il n'y a qu'une série d'événements fortuits dénués de sens, et il est difficile d'éprouver de la gratitude pour un événements fortuit.

La Torah nous dit donc quelque chose de simple et de pratique. Donnez, et vous en arriverez à considérer la vie comme un don. Vous n'avez pas besoin de prouver que Dieu existe. *Il vous suffit d'être reconnaissant pour le fait même que vous existiez ; le reste suivra.*

C'est par la construction du sanctuaire que Dieu en arriva à être proche des Hébreux. Ce n'était pas par la qualité du bois, des métaux et des tentures. Ce n'était pas par l'éclat des pierres précieuses enchâssées sur le pectoral du grand prêtre. Ce n'était pas la splendeur de l'architecture ou l'odeur des sacrifices. C'était le fait qu'il avait été construit grâce aux dons de « quiconque y était porté par son cœur » (Ex. xxv, 2). *C'est là où les hommes donnent spontanément à autrui et pour des causes saintes que réside la Présence divine.*

D'où le mot particulier qui donne son nom à la *parasha* de cette semaine : *Trouma*. Je l'ai traduit par « contribution », mais il a en fait une signification légèrement différente qui n'a pas d'équivalent simple en français. Il signifie « quelque chose qu'on élève » en le consacrant à une cause sainte. *Vous l'élevez, et alors, elle vous élève.* Le meilleur moyen de s'élever dans les hauteurs spirituelles, c'est tout simplement de donner avec gratitude parce que vous avez reçu.

Dieu ne vit pas dans une demeure de pierre. Il vit dans les cœurs de ceux qui donnent.

Tetsavé

Prêtres et prophètes

Comme les commentateurs l'ont signalé, Tetsavé est la seule *parasha*, depuis la naissance de Moïse au début du livre de l'Exode jusqu'au livre des Nombres, qui ne contient pas le nom de Moïse. Dans la majeure partie du récit, il occupe le devant de la scène. Ici, il est en arrière-plan. Pour quelle raison ? Plusieurs interprétations ont été avancées.

Le Gaon de Vilna laisse entendre que cette absence est liée au fait que, la plupart du temps, la *parasha* de Tetsavé est lue pendant la semaine du 7 Adar, jour de la mort de Moïse. Durant cette semaine, nous ressentons la perte du plus grand dirigeant de l'histoire juive – et la disparition de son nom dans la *parasha* exprime cette perte[1].

Le Baal HaTourim (Rabbi Jacob ben Asher, 1270-1340) établit un lien avec la requête adressée par Moïse à Dieu dans la *parasha* suivante, pour qu'Il pardonne à Israël. « Sinon, dit Moïse, efface-moi du livre que Tu as écrit » (Ex. XXXII, 32). Il existe un principe selon lequel « la malédiction d'un sage se réalise, même si elle était conditionnelle [et que la condition n'était pas remplie[2]] ». Son nom fut donc « effacé » de la Torah pendant une semaine[3].

---

1. Dov Eliach, éd., *Peninim MiShulḥan HaGra al HaTorah*, Jérusalem, 1997, p. 129.
2. Makkot 11 a.
3. Commentaire du Ba'al HaTourim sur Exode XVII, 20.

Le livre de Shemot

Le *Panea'h Raza*[4] se réfère à un autre principe : « Il n'est pas de colère qui ne laisse une trace[5]. » La dernière fois que Moïse avait décliné l'invitation de Dieu à faire sortir les Hébreux d'Égypte en disant : « De grâce, Seigneur ! Donne cette mission à quelque autre », Dieu « se mit en colère contre Moïse » (Ex. IV, 13-14) et lui dit que son frère Aaron l'accompagnerait. C'est ainsi que Moïse perdit le mérite de devenir le premier prêtre d'Israël, rôle qui fut confié à Aaron. C'est la raison pour laquelle le nom de Moïse ne figure pas dans la *parasha* de Tetsavé consacrée au rôle des prêtres.

Les trois explications portent toutes sur l'absence. Cependant, l'explication la plus simple est peut-être que Tetsavé est consacrée à une présence qui exerça une influence décisive sur le judaïsme et sur l'histoire juive.

Le judaïsme a quelque chose d'atypique en ce qu'il ne reconnaît pas une seule forme de leadership religieux, mais deux : le *navi* et le *cohen*, le prophète et le prêtre. Le personnage du prophète a toujours captivé l'imagination. Il (ou elle) est un personnage de théâtre, « disant la vérité au pouvoir en place », ne craignant pas, au nom d'idéaux élevés, voire utopiques, de remettre en cause rois et tribunaux, ou la société dans son ensemble. Aucun autre type de personnalité religieuse n'a eu l'impact des prophètes d'Israël, dont le plus grand fut Moïse. Les prêtres, en revanche, étaient pour la plupart des personnages plus discrets, apolitiques, effectuant leur service dans le sanctuaire, plutôt qu'en vedette dans le débat politique. Ce sont eux pourtant qui, non moins que les prophètes, préservèrent Israël en tant que nation sainte. En fait, bien que les enfants d'Israël aient été appelés à devenir « un royaume de prêtres » (Ex. XIX, 6), ils ne furent jamais appelés à devenir un peuple de prophètes (Moïse certes déclara « Ah ! Plût au Ciel que tout le peuple de Dieu se composât de prophètes » [Nbres XI, 21], mais c'était un vœu, pas une réalité).

Considérons alors les différences entre un prophète et un prêtre.

La fonction du prêtre était héréditaire, se transmettant de père en fils. La fonction de prophète ne l'était pas. Les successeurs de Moïse ne furent donc pas ses propres fils, mais son disciple Josué.

La mission du prêtre était liée à son service. Par essence, elle ne dépendait pas du caractère de la personne ou de son charisme. Les prophètes, en revanche,

---

4. Le *Panea'h Raza* fut rédigé par R. Isaac ben Judah Halevi. Une grande partie de ce texte se fonde sur les commentaires de R. Isaac ben Samson Katz, gendre de R. Judah Loewe (Maharal) de Prague (1525-1609).
5. *Zeva'him* 102 a.

transmettaient chacun leur personnalité. « Deux prophètes ne s'expriment pas dans un même style[6] ».

Les prêtres portaient un vêtement spécial, pas les prophètes.

Il existe des règles concernant le *kavod* (respect) dû à un *cohen*. Il n'existe pas de règles similaires pour le respect dû à un prophète. On respecte un prophète en l'écoutant, pas selon des formes protocolaires de respect.

Les prêtres étaient tenus à l'écart du peuple. Ils servaient dans le Temple. Ils avaient interdiction de se souiller. Ils étaient soumis à certaines restrictions quant au choix de leur femme. Les prophètes, eux, faisaient généralement partie du peuple. Ils pouvaient être bergers comme Moïse ou Amos, ou paysans comme Élisée. Jusqu'à ce que survienne la parole ou la vision, rien ne les distinguait dans leur travail ou leur classe sociale.

Le prêtre offrait des sacrifices en silence. Le prophète servait Dieu par la parole.

Ils vivaient dans deux modes de temporalité différents. Le prêtre officiait dans un temps cyclique – le jour (ou la semaine ou le mois) qui ressemble à hier ou à demain. Le prophète vivait dans le temps de l'alliance (parfois qualifié à tort de linéaire) – le jour d'aujourd'hui, radicalement différent de celui d'hier ou de demain. Le service du prêtre ne changeait pas ; le rôle du prophète fluctuait sans cesse. On pourrait l'exprimer autrement en disant que le prêtre œuvre à sanctifier la nature, le prophète à réagir à l'histoire. Le prêtre représente donc le principe de structure dans la vie juive, tandis que le prophète représente la spontanéité.

Les mots clés du lexique du *cohen* sont *kodesh* et *'hol*, *tahor* et *tamé* ; saint et profane, pur et impur. Les mots clé du lexique du prophète son *tsédek* et *mishpat*, *'hessed* et *ra'hamim* ; droiture et justice, bonté et compassion.

Les verbes par excellence de la prêtrise sont *lehorot*[7] et *lehavdil*[8], enseigner et établir une distinction. L'activité majeure du prophète consiste à proclamer « la parole du Seigneur[9]. » La distinction entre conscience sacerdotale et conscience prophétique (*torat coahnim* et *torat neviim*) est fondamentale pour

---

6. *Sanhedrin* 89 a. C'est d'ailleurs pourquoi il y eut des prophétesses, mais pas de prêtresses : c'est lié à la différence entre un service formel et une autorité personnelle. Voir R. Eliyahu Bakshi-Doron, *Responsa Binyan Av* 1 : 65.
7. Voir, entre autres, Lévitique XIV, 57 ; Deutéronome XXIV, 8, XXXII, 10 ; Ézéchiel XLIV, 23.
8. Lévitique XI, 47 ; Ézéchiel XLII, 20.
9. Isaïe I, 10 ; Jérémie I, 2 ; Ézéchiel I, 3, etc.

le judaïsme et se reflète dans les différences entre loi et narration, *halakha* et *aggada*, création et rédemption. Le prêtre exprime la parole de Dieu pour tous les temps ; le prophète, la parole de Dieu pour son temps.

Un extraordinaire passage aggadique permet de mieux comprendre cette idée. Elle porte sur le « grand principe » sur lequel se fonde le judaïsme, dans l'esprit de la célèbre maxime de Hillel : « Ce qui est détestable à tes yeux, ne le fais pas à autrui. Le reste n'est que commentaire : va et étudie[10]. » On le verra, ce texte particulier emporte le sujet dans une direction inattendue :

> Ben Zoma a dit : « Nous trouvons un verset plus général qui englobe les autres, à savoir 'Écoute Israël' » (Deut. VI, 4). Ben Nannas a dit : « Il y a un autre verset encore plus global : 'Tu aimeras ton prochain comme toi-même' (Lév. XIX, 18). Ben Pazzi dit : « Il y a un verset encore plus général : 'Prépare un agneau le matin et un autre vers le soir' » (Nbres XXVIII, 4). Un sage se leva pour déclarer : « la loi est selon Ben Pazzi[11]. »

Les deux premiers avis sont prévisibles. « Écoute Israël » exprime en deux mots l'une des plus grandioses synthèses de la quintessence de la foi juive. « Aime ton prochain comme toi-même » est le résumé le plus concis de l'éthique juive. Mais « Prépare un agneau le matin et un autre vers le soir » – verset précisant les sacrifices quotidiens du matin et du soir – n'est pas un texte que beaucoup de personnes auraient choisi pour illustrer l'ensemble du judaïsme. Ben Pazzi soutient cependant – et c'est fondamental – que sans le service quotidien à Dieu, il n'y aurait ni foi juive ni éthique juive. Le fondement sur lequel tout le reste s'est construit était le service quotidien des prêtres, essentiel quoique peu spectaculaire, qui consistait à offrir des sacrifices dans le sanctuaire et le Temple lorsqu'ils existaient. C'est le lien vivant du peuple juif avec Dieu.

Au fond, le judaïsme est une religion sacerdotale. On le perçoit dans l'organisation même des livres de Moïse. Ils s'ordonnent selon une structure de chiasme ou d'image inversée, sous la forme ABCBA. Voici la façon la plus simple de la décrire :

---

10. Shabbat, 31 a.
11. Ce passage figure dans la préface de *HaKotev* au livre *Ein Yaakov*, Vb (R. Jacob ben Solomon ibn Habib, 1445-1516).

A. Genèse : préhistoire d'Israël
B. Exode : le périple au Sinaï
C. Lévitique : prêtrise, sacrifices et sainteté
B1. Nombres : le périple depuis le Sinaï
A1. Deutéronome : l'avenir d'Israël

Dans un chiasme, le terme clé est celui du milieu. Le livre du milieu dans le Pentateuque, le Lévitique, traite des prêtres et du service dans le sanctuaire. C'est également le cas du dernier tiers de l'Exode (XXV-XL) et du premier tiers des Nombres (I-X). On a tendance à l'oublier, parce que la trame narrative est ailleurs, mais aussi, parce que, depuis près de deux mille ans, nous n'avons plus ni Temple ni sacrifices.

Le judaïsme est une religion de rituel, d'actes répétés quotidiennement. C'est une religion de sainteté dont l'axe est la demeure du culte, institution qui a succédé au *Mishkan*. C'est une religion de l'éducation, et les prêtres furent les premiers éducateurs[12]. Toutes les grandes réalisations des rois d'Israël et l'ardente ferveur morale des prophètes d'Israël n'auraient pas été possibles sans la constance et le dévouement des prêtres.

Sans le prophète, le judaïsme ne serait pas une religion d'histoire et de destinée. Mais sans le prêtre, les enfants d'Israël ne seraient pas devenus le peuple de l'éternité. C'est superbement résumé dans les premiers versets de Tetsavé :

> Ordonne aux enfants d'Israël de te choisir une huile pure d'olives concassées pour le luminaire, afin d'alimenter les lampes en permanence [*lehaalot ner tamid*, littéralement, « élever une lumière éternelle »]. C'est dans la tente de la rencontre, en dehors du voile qui abrite le Témoignage, qu'Aaron et ses fils les disposeront, pour brûler du soir jusqu'au matin en présence du Seigneur : règle invariable pour leurs générations, à observer par les enfants d'Israël. (Ex. XVII, 20-21)

Moïse le prophète domine quatre des cinq livres qui portent son nom. Mais dans la *parasha* de Tetsavé, pour une fois, c'est Aaron, le premier des prêtres,

---

12. Voir Deut. XXX, 10 ; Malachie II, 4-7.

qui occupe le devant de la scène, sans être diminué par la présence rivale de son frère. Car, tandis que Moïse allumait le feu dans l'âme du peuple juif, Aaron entretenait la flamme et la transformait en « lumière éternelle ».

Tetsavé

L'éthique de la sainteté

Avec la *parasha* Tetsavé, quelque chose de nouveau intervient dans le judaïsme : *Torat cohanim*, le monde du prêtre et sa conception du monde, qui deviennent rapidement une dimension centrale du judaïsme. Cette *Torat cohanim* domine le livre suivant de la Torah, Vayikra. Jusqu'à présent, cependant, les prêtres de la Torah n'avaient eu qu'une présence marginale.

La *parasha* de cette semaine est la première où nous rencontrons l'idée d'une élite héréditaire au sein du peuple juif – Aaron et ses descendants mâles – et leur rôle dans le service du sanctuaire. Pour la première fois, la Torah parle de *vêtements de fonction* : ceux des prêtres et du grand prêtre portés lorsqu'ils officient dans le lieu saint. Pour la première fois aussi, nous rencontrons l'expression utilisée à propos des vêtements : *lekavod oule-tiféret*, « insignes d'honneur et de majesté » (Ex. XXVIII, 2). Jusqu'alors, le mot *kavod*, au sens de gloire ou honneur, n'avait été attribué qu'à Dieu. Quant à *tiféret*, il apparaît pour la première fois dans la Torah. Il ouvre toute une dimension du judaïsme, à savoir l'esthétique.

Toutes ces caractéristiques sont liées au *mishkan*, le tabernacle, sujet des chapitres précédents, concernant le projet de construire une « demeure » pour le Dieu infini dans un espace fini. La question qui se pose donc ici est la suivante : ont-ils quelque chose à voir avec la morale ? Avec le genre de vie que les Hébreux étaient appelés à mener et leurs relations les uns envers les autres ? S'il en est ainsi, quel est le lien avec la morale ? Et pourquoi la prêtrise apparaît-elle spécifiquement à ce stade du récit ?

On divise communément la vie religieuse dans le judaïsme en deux dimensions. D'un côté, la prêtrise et le sanctuaire, et de l'autre, les prophètes et le peuple. Les prêtres s'attachaient à la relation entre le peuple et Dieu, *mitsvot bein adam leMakom*. Les prophètes à la relation entre les personnes, *mitsvot bein adam le'havero*. Les prêtres supervisaient le rituel et les prophètes parlaient d'éthique. Les premiers se préoccupaient de sainteté, les seconds de vertu. Il n'est pas nécessaire d'être saint pour être bon. Il est nécessaire d'être bon pour être saint, mais c'est une condition requise au départ, et non la définition de la sainteté. La fille de Pharaon, qui sauva Moïse nouveau-né, était empreinte de bonté, mais pas de sainteté. Ce sont deux idées distinctes.

Je voudrais ici remettre en question cette conception. La prêtrise et le tabernacle ont établi une différence d'ordre moral, et pas seulement d'ordre spirituel. Comprendre cela est important non seulement pour notre appréhension de l'histoire, mais pour la façon dont nous menons notre vie aujourd'hui. On peut le voir en examinant de récents travaux expérimentaux réalisés dans le domaine de la psychologie morale.

Nous commencerons avec le psychologue américain Jonathan Haidt et son livre, *The Righteous Mind*[1]. » Haidt soutient que, dans les sociétés laïques contemporaines, le *champ* de notre sensibilité morale s'est considérablement rétréci. Il appelle ces sociétés WEIRD (Western, Educated, Industrialised, Rich and Democratic). Elles tendent à considérer que les cultures traditionnelles sont rigides, bornées et répressives. Ceux qui appartiennent à ces cultures traditionnelles considèrent comme étrange l'abandon par les Occidentaux d'une grande partie des richesses de la vie morale.

Prenons un exemple qui n'est pas d'ordre moral : il y a un siècle, dans la plupart des familles britanniques et américaines (non-juives), le dîner était une occasion sociale conventionnelle. La famille mangeait ensemble et ne commençait pas tant que tout le monde n'était pas à table. Tous les membres de la famille récitaient d'abord les grâces, remerciant Dieu pour le repas qu'ils allaient prendre. Il y avait un ordre dans lequel ils étaient servis ou se servaient. La conversation autour de la table respectait certaines conventions.

---

1. Jonathan Haidt, *The Righteous Mind: Why Good People Are Divided by Politics and Religion*, New York, Pantheon Books, 2012.

On pouvait discuter de certains sujets, d'autres étaient jugés non appropriés. Aujourd'hui, tout cela a complètement changé. De nombreuses maisons britanniques n'ont plus de table de salle à manger. Une récente étude a montré qu'en Grande-Bretagne, la moitié des repas sont pris en solitaire. Les membres de la famille arrivent à différentes heures, sortent un plat du congélateur, le réchauffent au micro-ondes et mangent en regardant la télévision ou un écran d'ordinateur. Ce n'est plus un dîner, mais du broutage à la chaîne.

Haidt s'est intéressé au fait que ses étudiants américains réduisaient la moralité à deux principes, l'un concernant les torts causés, l'autre à l'équité. À propos des torts, ils rejoignaient John Stuart Mill pour dire que « la seule raison légitime que puisse avoir une communauté pour user de force contre un de ses membres est de l'empêcher de nuire aux autres[2]. » Pour Stuart Mill, c'était un principe politique, mais c'est devenu un principe moral : si cela ne nuit pas aux autres, nous avons moralement le droit de faire ce que nous voulons.

L'autre principe est l'équité. Nous n'avons pas tous la même idée de ce qui est équitable et de ce qui ne l'est pas, mais nous sommes tous attachés à des règles fondamentales de justice : ce qui est juste pour certains devrait l'être pour tous, fais à autrui ce que tu voudrais qu'on te fasse, ne plie pas les règles à ton avantage, etc. Souvent, la première phrase du registre moral que prononce un petit enfant est : « C'est pas juste ». John Rawls a formulé la définition aujourd'hui la plus connue de l'équité : Toute personne à un droit égal aux libertés les plus étendues compatibles avec des libertés similaires pour les autres[3].

Telles sont les façons de penser des sociétés WEIRD. Si c'est juste et que cela ne nuit pas, c'est moralement acceptable. Cependant – et c'est l'argument fondamental de Haidt – il existe trois autres dimensions de la vie morale telle qu'elle est comprise dans les cultures non-WEIRD à travers le monde.

L'une est la *loyauté*, et son contraire, la trahison. La loyauté signifie que je suis prêt à faire des sacrifices pour ma famille, mon équipe, mes coreligionnaires et mes concitoyens, tout l'entourage qui contribue à faire de moi la personne que je suis. Je prends leurs intérêts au sérieux, et pas seulement les miens.

Une autre dimension est le *respect de l'autorité* et son contraire, la subversion. Sans lui, aucune institution n'est concevable, et probablement aucune

---

2. *On Liberty and Other Writings*, éd. Stefan Collini, New York, Cambridge University Press, 1989, p. 13. En français, *La liberté*, traduit par M. Dupont-White, Guillaumin et Cie, 1877, p. 123.
3. *A Theory of Justice*, Cambridge, MA, Belknap Press, 2005, p. 60. En français, *Théorie de la justice*, traduit par Catherine Audard, Seuil, 1977.

culture non plus. Le Talmud illustre cela par la célèbre histoire d'un prosélyte en puissance venu consulter Hillel et lui disant : « Convertis-moi au judaïsme à condition que je n'accepte que la Torah écrite, pas la Torah orale. » Hillel entreprit de lui enseigner l'hébreu. Le premier jour, il lui enseigna *aleph, beth, guimmel*. Le lendemain, il lui enseigna *guimmel, beth, aleph*. L'homme protesta : « Hier, tu m'as enseigné le contraire. » Hillel répliqua : « Tu vois, tu dois me faire confiance même pour apprendre l'*aleph-beth*. Fais-moi confiance aussi pour la Loi orale. » (Shabbat 31 a). Les écoles, les armées, les tribunaux, les associations professionnelles, et même les sports, dépendent du respect de l'autorité.

La troisième dimension découle de la nécessité d'ériger une clôture autour de certaines valeurs que nous considérons comme non négociables. Il ne m'appartient pas d'agir à ma guise. Ce sont les choses que nous appelons *sacrées*, sacrosaintes, à ne pas traiter à la légère ni à profaner.

Pourquoi la loyauté, le respect et le sacré (ou crainte révérencielle) ne sont-ils pas considérés comme des éléments fondamentaux de l'éthique dans la perspective des élites libérales de l'Occident ? La réponse primordiale, c'est que les sociétés WEIRD se définissent comme des groupes ou des individus autonomes en quête de leurs propres intérêts en limitant au maximum l'ingérence d'autrui. Chacun de nous s'autodétermine, et nous avons notre propre volonté, nos propres besoins et nos propres désirs. La société devrait nous laisser réaliser ces désirs autant que possible, sans interférer dans notre vie ou celle des autres. À cette fin, nous avons développé des principes de droits, de liberté et de justice qui nous permettent de coexister en paix. Nous sommes prêts à condamner moralement un acte injuste ou causant des souffrances, mais pas en tant que tel.

La loyauté, le respect et le caractère sacré de certaines valeurs ne se développent pas naturellement dans les sociétés laïques fondées sur l'économie de marché et la politique démocratique libérale. L'économie de marché sape la loyauté. Elle nous invite non pas à rester fidèle au produit que nous avons utilisé jusqu'à présent, mais à passer à un autre qui est meilleur, moins cher, plus rapide, plus récent. La loyauté est la première victime de la « destruction créatrice » du capitalisme de marché.

Le respect pour les figures de l'autorité – hommes politiques, banquiers, journalistes, directeurs d'entreprise – décline depuis plusieurs années. Nous vivons dans un monde où la confiance et la déférence se perdent. Même Hillel, si patient, aurait vraisemblablement éprouvé des difficultés à traiter avec une personne élevée dans le credo des Pink Floyd de 1979 : « Nous n'avons pas besoin d'éducation, nous n'avons pas besoin de contrôle de la pensée. »

Quant au sacré, lui aussi a disparu. Le mariage n'est plus un engagement sacré, une alliance. Au mieux, il est considéré comme un contrat. La vie elle-même est en passe de perdre son caractère sacré avec la généralisation de l'avortement à la demande en début de vie, et la « mort médicalement assistée » à la fin.

Ce qui fait de la loyauté, du respect et de la sainteté des valeurs clés, c'est qu'elles créent une *société morale*, et non un groupe d'individus autonomes. La loyauté relie l'individu au groupe. Le respect crée des structures d'autorité qui permettent aux personnes de fonctionner efficacement en tant qu'équipes. La sainteté relie les hommes dans un univers moral partagé. Le sacré, c'est là où nous pénétrons dans le royaume de ce-qui-est-plus-grand-que-soi. L'acte même de se rassembler en communauté peut nous élever jusqu'à développer un sens de la transcendance dans laquelle notre identité fusionne avec celle du groupe.

Une fois que nous avons compris cette distinction, nous pouvons voir comment l'univers moral des Hébreux a évolué avec le temps. Abraham fut choisi par Dieu « afin qu'il prescrive à ses fils et à sa maison après lui d'observer la voie de l'Éternel en pratiquant la vertu et la justice. » (*tsedaka oumishpat*, Gen. XVIII, 19). Ce que recherchait le serviteur d'Abraham dans le choix d'une épouse pour Isaac, c'était la bonté, le '*hessed*. Ce sont là les vertus prophétiques essentielles. Comme le dit Jérémie au nom de Dieu :

> « Que le sage ne se glorifie pas de sa sagesse, que le vaillant ne se glorifie pas de sa vaillance, que le riche ne se glorifie pas de sa richesse ! Que celui qui se glorifie se glorifie uniquement de ceci : d'être assez intelligent pour Me comprendre et savoir que Je suis l'Éternel, exerçant la bonté, le droit et la justice (*'hessed mishpat outsedaka*) sur la terre, que ce sont ces choses-là auxquelles j'aspire. » (Jer. IX, 22-23)

Faire preuve de mansuétude, c'est manifester de la sollicitude, l'inverse de la malveillance. La justice et la droiture sont les formes spécifiques de l'équité. En d'autres termes, les vertus prophétiques sont proches de celles qui prévalent aujourd'hui dans les démocraties libérales de l'Occident. On mesure là l'impact de la Bible hébraïque sur l'Occident, mais c'est une autre histoire, pour une autre fois. Ce qui compte ici, c'est que la bonté et l'équité concernent les relations entre individus. Jusqu'au Sinaï, les Hébreux *n'étaient* que des individus, quoique faisant partie de la même famille au sens large qui avait vécu ensemble l'exode et l'exil.

Après la Révélation au mont Sinaï, les Hébreux devinrent un peuple lié par une alliance. Ils avaient un souverain : Dieu. Ils disposaient d'une constitution écrite : la Torah. Ils avaient accepté de devenir « un royaume de prêtres et une nation sainte » (Ex. XIX, 6). Mais l'incident du veau d'or montra qu'ils n'avaient pas encore compris ce qu'était une nation. Ils s'étaient comportés comme une meute. « Moïse vit que le peuple était *livré au désordre* ; qu'Aaron l'y avait *abandonné*, le dégradant ainsi devant ses ennemis. » (Ex. XXXII, 25). Le sanctuaire et la prêtrise furent la réponse à cette crise. Ils firent des Juifs une nation.

Le service du sanctuaire accompli par les *cohanim* dans leurs vêtements portés *lekavod* « en l'honneur » établit le principe de respect. Le *mishkan* lui-même incarne le principe de *sainteté*. En érigeant le sanctuaire au milieu du camp et en y pratiquant le culte, les Hébreux ont formé un cercle dont Dieu était le centre. Et, bien que, après la destruction du Second Temple, il n'y eût plus de sanctuaire ou de prêtrise en fonction, les Juifs trouvèrent des substituts qui jouaient le même rôle. Sainteté et respect introduits par la Torat Cohanim dans le judaïsme servirent aux Juifs de chorégraphie qui les aida à marcher et à danser ensemble en tant que nation.

Deux autres résultats de recherches sont ici pertinents. Richard Sosis a analysé une série de communautés constituées volontairement au cours du XIXe siècle par divers groupes, certains religieux, d'autres non. Il découvrit que les communautés religieuses avaient une durée de vie *plus de quatre fois supérieure* en moyenne à celles de leurs homologues non religieuses. La dimension religieuse porte en elle quelque chose qui s'avère important, voire déterminant, pour maintenir une communauté[4].

D'importants travaux neuroscientifiques nous apportent désormais la preuve que nous effectuons nos choix en fonction de l'émotion plutôt que de la raison. Les personnes dont les centres émotionnels (en particulier le cortex préfrontal ventromédian) ont été endommagés peuvent analyser des alternatives dans le détail, mais elles ne peuvent prendre de bonnes décisions. Une

---

4. « Religion and Intragroup Cooperation: Preliminary Results of a Comparative Analysis of Utopian Communities », *Cross Cultural Research* 34, n° 1, 2003, p. 11-39.

expérience intéressante a révélé que les ouvrages universitaires sur l'éthique sont plus souvent volés ou jamais restitués aux bibliothèques que les livres portant sur les autres branches de la philosophie[5]. En d'autres termes, être expert en réflexion morale ne nous rend pas nécessairement moraux. La raison en est souvent quelque chose que nous utilisons pour rationaliser des choix effectués en fonction de l'émotion.

C'est ce qui explique la présence de la dimension esthétique dans le service du sanctuaire. Il était empreint de splendeur, de gravité et de majesté. À l'époque du Temple, il y avait aussi de la musique, les chœurs des Lévites chantant les psaumes. La beauté s'adresse à l'émotion, et l'émotion parle à l'âme, nous élevant, comme la raison ne pourrait pas nous élever, à des hauteurs d'amour et de crainte révérencielle, nous emportant au-delà des étroites limites du moi vers le cercle dont le centre est Dieu.

Le sanctuaire et la prêtrise ont introduit dans la vie juive l'éthique de la *kedousha*, sainteté, qui renforça les valeurs de loyauté, de respect, en créant un environnement de crainte révérencielle, laquelle traduit l'humilité ressentie par les hommes dès lors qu'ils ont en leur sein ces symboles de la Présence divine. Comme l'écrivit Maïmonide dans un célèbre passage du *Guide des égarés* (III, 51), nous n'agissons pas en présence d'un roi comme nous le faisons lorsque nous sommes simplement en compagnie de nos amis ou de notre famille. Dans le sanctuaire, les fidèles avaient le sentiment de se trouver en présence du Roi.

La révérence confère de la puissance au rituel, aux cérémonies, aux conventions sociales et aux civilités. Elle contribue à transformer des individus autonomes en un groupe collectivement responsable. On ne peut maintenir une identité nationale, ni même un mariage, sans loyauté. Sans respect pour les figures de l'autorité, on ne peut élever plusieurs générations et les éduquer à la vie sociale. On ne peut défendre la valeur non négociable de la dignité humaine sans un sens du sacré. C'est pourquoi l'éthique prophétique de justice et de compassion devait être complétée par l'éthique sacerdotale de la sainteté.

---

5. Jonathan Haidt, *The Righteous Mind*, op. cit., p. 89.

Tetsavé

Inspiration et transpiration

Beethoven se levait chaque matin à l'aube et préparait lui-même son café. Il était très tatillon sur ce sujet : il veillait à ce que chaque tasse soit préparée avec exactement soixante grains, qu'il comptait à chaque fois. Puis, il s'asseyait à sa table et composait jusqu'à deux ou trois heures de l'après-midi. Ensuite, il partait pour une longue promenade, emportant avec lui quelques feuilles de papier à musique pour y noter les idées qui lui venaient en chemin. Chaque soir, après le dîner, il prenait une bière, fumait une pipe et se couchait tôt, à 22 heures au plus tard.

Anthony Trollope qui, dans la journée, travaillait pour le service des Postes, payait un valet d'écurie pour le réveiller chaque matin à 5 heures. À 5 heures 30, il était à sa table et se mettait à écrire pendant exactement trois heures, travaillant contre la montre pour produire 250 mots tous les quarts d'heure. Il écrivit ainsi 47 romans, dont plusieurs comportaient trois volumes, ainsi que seize autres livres. S'il achevait un roman avant la fin de ses trois heures quotidiennes de travail, il prenait immédiatement une nouvelle feuille pour commencer le suivant.

Emmanuel Kant, le philosophe le plus brillant des temps modernes, était connu pour sa routine. Comme Heinrich Heine l'écrivit : « Se lever, boire le café, écrire, faire son cours, dîner, aller à la promenade, tout avait son heure fixe, et les voisins savaient exactement qu'il était deux heures et demie, quand

Emmanuel Kant, vêtu de son habit gris et son jonc d'Espagne à la main, sortait de chez lui[1]. »

Ces détails, ainsi que plus de 150 autres sur de grands philosophes, artistes, compositeurs et écrivains, sont extraits d'un ouvrage de Mason Currey intitulé *Daily Rituals: How Great Minds Make Time, Find Inspiration, and Get to Work*[2]. L'argument du livre est simple. La plupart des créateurs ont des rituels quotidiens qui constituent le terreau où germeront les graines de leur inventivité.

Dans la plupart des cas, ils prirent délibérément des emplois dont ils n'avaient pas besoin, uniquement pour structurer leur vie par une routine. Le poète Wallace Stevens, qui, jusqu'à sa mort, occupa un emploi chez un avocat d'assurance à la Hartford Accident and Indemnity Company, en offre un exemple caractéristique. Il déclara que cet emploi était l'une des meilleures choses qui lui soient arrivées parce qu'il « introduisait discipline et régularité dans la vie. »

On remarquera le paradoxe. Ils étaient tous des innovateurs, des pionniers, des avant-gardistes, des révolutionnaires, des précurseurs, qui formulèrent de nouvelles idées, créèrent de nouvelles formes d'expression, réalisèrent des choses que personne n'avait faites auparavant de cette façon-là. Ils brisèrent le moule, sortirent des sentiers battus. Ils modifièrent le paysage. Ils s'aventurèrent dans l'inconnu.

Et pourtant, leur vie quotidienne était aux antipodes : ritualisée et routinière, voire monotone. Pour quelle raison ? Parce que – la formule est célèbre sans que nous en connaissions l'auteur – *le génie, c'est un pour cent d'inspiration, quatre-vingt-dix-neuf pour cent de transpiration*[3]. La découverte scientifique qui par excellence bouleverse les paradigmes, la recherche révolutionnaire, le nouveau produit qui fait fureur, le roman génial, le film primé, sont presque toujours le résultat de nombreuses années de labeur, de longues heures de travail et d'attention portée au détail. Être créatif requiert un travail acharné.

L'ancien mot hébreu désignant un dur labeur est *avodah*. C'est aussi le mot qui signifie « servir Dieu ». Ce qui s'applique aux arts, à la science, aux affaires

---

1. Heinrich Heine, *De l'Allemagne*, Michel Lévy frères, éditeurs, 1877, p. 119. [N.d.T.]
2. Mason Currey, *Daily Rituals,* New York, Knopf, 2013. En français, *Tics et tocs des grands génies : 100 rituels farfelus à l'origine des plus grandes création*, traduit par Aline Weill, Points, 2016.
3. La phrase aurait été prononcée par Thomas Edison en septembre 1932 au cours d'une interview pour le *Harper's Monthly Mazagine*. Le rav Sacks y fait allusion dans son commentaire de la *parasha* Mishpatim [N.d.T.]

et à l'industrie, s'applique également à la vie de l'esprit. Parvenir à toute forme d'évolution spirituelle nécessite un effort soutenu et des rituels quotidiens.

D'où le remarquable passage aggadique dans lequel différents sages présentent leur idée du *klal gadol ba-Torah*, « le grand principe de la Torah ». Ben Azzaï dit que c'est le verset « Ceci est l'histoire des engendrements de l'humanité : le jour où Dieu créa l'être humain, Il le fit à Sa ressemblance » (Gen. v, 1). Ben Zoma dit qu'il existe un principe plus général : « Écoute Israël, l'Éternel est notre Dieu, l'Éternel est Un. » Ben Nannas dit qu'il existe un principe encore plus global : « Tu aimeras ton prochain comme toi-même. » Ben Pazzi trouve un principe encore plus global. Il cite un verset de la *parasha* de cette semaine : « L'un des agneaux tu l'offriras le matin et tu offriras le second vers le soir » (Ex. xxix, 39) ou, comme nous pourrions dire de nos jours ; *sha'harit, min'ha et maariv*. En un mot : « routine ». Le passage conclut : La loi suit l'avis de Ben Pazzi[4].

La signification de la déclaration de Ben Pazzi est claire : dans le monde, tous les idéaux élevés – l'homme à l'image de Dieu, la croyance en l'Unité divine, et l'amour du prochain – comptent peu s'ils ne deviennent pas des habitudes d'action qui deviennent elles-mêmes des habitudes du cœur. Nous pouvons tous nous rappeler des moments de grande perspicacité où nous avons une idée sublime, une pensée susceptible de transformer les choses, un aperçu d'un projet qui pourrait changer notre vie. Un jour, une semaine ou une année plus tard, la pensée a été oubliée ou n'est plus qu'un lointain souvenir, au mieux un espoir déçu.

Les personnes qui changent le monde – que ce soit par des moyens infimes ou grandioses – sont celles qui transforment des expériences paroxysmiques en routines quotidiennes, qui savent que chaque détail compte, et qui ont acquis la discipline du dur labeur, sur une longue durée.

La grandeur du judaïsme, c'est de prendre des idéaux élevés et des visions exaltantes – image de Dieu, foi en Dieu, amour du prochain – et d'en faire des normes de comportement. La *halakha* (loi juive, littéralement la marche à suivre), comporte une série de routines qui – à l'instar de celles des grands esprits créateurs – reconfigure le cerveau, conférant à nos vies une discipline et modifiant notre façon de ressentir, de penser et d'agir.

---

4. Ce passage est extrait de l'introduction au commentaire HaKotev sur le *Ein Yaakov*, recueil des passages aggadiques du Talmud. Il est également cité par le Maharal in *Netivot Olam, Ahavat Re'a* 1.

Le livre de Shemot

Une bonne part du judaïsme doit sembler aux outsiders, et parfois aussi à ceux qui le connaissent de l'intérieur, ennuyeux, fastidieux, banal, répétitif, routinier, obsédé par les détails et, en grande partie, dénué de passion ou d'inspiration. Mais c'est précisément ce qu'est, la plupart du temps, l'écriture d'un roman, la composition d'une symphonie, la réalisation d'un film, la mise au point d'une application fabuleuse ou le montage d'une affaire d'un milliard de dollars. C'est une question de travail acharné, de concentration et de rituels quotidiens. C'est de là que provient toute grandeur stable et pérenne.

En Occident, nous avons une étrange conception de l'expérience religieuse : ce serait ce qui nous submerge lorsque survient quelque chose de totalement extérieur au cours normal des choses. Vous escaladez une montagne et regardez en bas. Vous échappez miraculeusement à un danger. Vous vous retrouvez faire partie intégrante d'une immense foule enthousiaste. C'est ainsi que Rudolf Otto (1869-1937), théologien luthérien allemand définit « la sainteté » : comme un mystère (*mysterium*) à la fois terrible (*tremendum*) et fascinant (*fascinans*). Vous êtes écrasé par la présence de quelque chose d'immense. Nous avons tous eu de telles expériences.

Mais ce ne sont que des expériences. Elles persistent dans notre mémoire, mais elles ne font pas partie de notre vie quotidienne. Elles ne sont pas tissées dans la trame de notre personnalité. Elles n'affectent pas ce que nous faisons ou réalisons ou devenons. Le judaïsme aspire à nous changer afin que nous devenions des artistes créateurs dont la plus grande création est notre propre vie[5]. Et cela requiert des rituels quotidiens : *sha'harit, min'ha, maariv*, les repas que nous prenons, la façon dont nous nous comportons au travail ou à la maison, la chorégraphie de la sainteté qui est la contribution spéciale de la dimension sacerdotale du judaïsme, présentée dans la *parasha* de cette semaine et tout au long du livre de Vayikra.

Ces rituels exercent une influence. Nous savons aujourd'hui, grâce aux PET-scan et aux fMRI (imagerie par résonance magnétique fonctionnelle) qu'un exercice spirituel répété reconfigure le cerveau. Il nous donne une résilience intérieure. Il nous rend plus reconnaissants. Il nous apporte un sentiment de confiance fondamentale en la Source de notre être. Il façonne notre identité, la façon dont nous agissons, parlons et pensons. Le rituel est à la grandeur

---

5. C'est ce qu'explique le rav Joseph Soloveitchik dans son ouvrage, *Halakhic Man*, en français, *L'homme de la Halakha*.

spirituelle ce que l'entraînement représente pour un joueur de tennis, la discipline de l'écriture quotidienne pour un romancier et la lecture des comptes de la société pour Warren Buffet. Ils sont la condition sine qua non de grandes réalisations. Servir Dieu est une *avoda*, qui signifie dur labeur.

Si vous recherchez une inspiration subite, alors travaillez-y chaque jour pendant un an ou pendant toute votre vie. C'est ainsi qu'elle viendra. Comme le disait un célèbre golfeur interrogé sur le secret de ses victoires : « J'ai seulement de la chance. Mais, c'est marrant, plus je m'entraîne, plus j'ai de chance. » Plus vous aspirez à des hauteurs spirituelles, plus vous avez besoin du rituel et de la routine de la *halakha*, la « voie » juive menant vers Dieu.

Ki Tissa

Compter les Juifs

La *parasha* de cette semaine commence par l'injonction de Dieu à Moïse de recenser le peuple. Mais elle est formulée de façon très curieuse. En effet, Moïse ne doit pas compter le peuple directement, mais de façon indirecte. Chaque personne devait donner un demi-sicle, et ce n'est qu'ainsi que leur nombre pouvait être calculé. Voici le verset qui contient l'ordre :

> Quand tu feras le dénombrement général des enfants d'Israël, chacun d'eux paiera au Seigneur le rachat de sa personne lors du dénombrement, afin qu'il n'y ait point de mortalité parmi eux à cause de cette opération. (Ex. xxx, 12)

De toute évidence, il est dangereux de compter les Juifs. Ce sera confirmé par un épisode ultérieur de l'histoire juive rapporté dans le chapitre xxiv du deuxième livre de Samuel. Le roi David décida à un moment donné d'effectuer un recensement du peuple. Joab, son chef d'état-major, le lui déconseilla formellement :

> Joab répondit au roi : « Ah ! Que l'Éternel, ton Dieu, multiplie cette population au centuple de ce qu'elle est maintenant, sous les yeux de

Le livre de Shemot

mon maître ! Pourquoi le roi mon maître éprouve-t-il ce désir ? (II, Samuel XXIV, 3)

David passa outre. Une fois le recensement effectué, il réalisa qu'il avait commis une grave erreur ; il fut pris de remords après avoir fait le décompte des combattants et dit au Seigneur : « J'ai gravement fauté par ma conduite. Et maintenant, Seigneur, daigne pardonner le méfait de Ton serviteur, car j'ai agi bien follement ! » (XXIV, 10). Le repentir de David n'empêcha cependant pas le drame. Une épidémie frappa le peuple, faisant de nombreuses victimes.

Il y a là une énigme troublante. Pourquoi est-il dangereux de compter les Juifs ? Les commentateurs de Ki Tissa avancent de nombreuses interprétations. Selon Rashi, le décompte risque d'attirer « le mauvais œil[1] ». Rabbenou Ba'hya explique que, lors du décompte, les habitants sont comptés un par un, et non tous ensemble. Pendant un instant, ce sont des individus, séparés de la communauté. Il y a donc un risque que le mérite individuel ne suffise pas pour lui épargner un jugement défavorable[2]. Sforno dit qu'un recensement nous rappelle ce qui change : il attire l'attention à la fois sur ceux qui sont morts et sur ceux qui sont encore en vie. Ce fait aussi est dangereux, parce qu'il soulève la question : en vertu de quoi suis-je ici, et d'autres non[3] ? Pour écarter ce risque, nous devons donner, en guise de rachat, une offrande au Temple et au service divin.

Dans le style du midrash, et sans prétendre que ce soit là le sens obvie du verset, je propose une autre interprétation. D'une façon générale, pourquoi les nations procèdent-elles à un recensement de leur population ? Pour connaître leur force : militaire (le nombre d'hommes qui peuvent être enrôlés dans l'armée), économique (le nombre de contribuables) ou simplement démographique (croissance ou déclin numérique de la nation). Derrière tout recensement se profile l'idée que la force est dans le nombre. Plus un peuple est nombreux, plus fort il est.

Voilà pourquoi il est dangereux de compter les Juifs. Nous sommes un peuple numériquement infime. Le regretté Milton Himmelfarb a écrit un jour que la population totale des Juifs dans le monde est inférieure à la marge d'erreur statistique d'un recensement en Chine[4]. Nous constituons 0,2 % de la popula-

---

1. Rashi, commentaire sur Exode XXX, 12.
2. Rabbenou Ba'hya, commentaire sur Exode XXX, 12.
3. Sforno, commentaire sur Exode XXX, 12.
4. Milton Himmelfarb, *Jews and Gentiles*, New York, Encounter Books, 2007, p. 141-142.

tion du monde, soit selon toutes les normes un chiffre trop petit pour revêtir la moindre importance. Ce n'est pas le cas seulement maintenant. Ce l'était alors. À l'occasion d'un de ses discours de clôture dans le Deutéronome, Moïse dit :

> Si l'Éternel vous a préférés, vous a distingués, ce n'est pas que vous soyez plus nombreux que les autres peuples, car vous êtes le moindre de tous. (Deut. VII, 7)

Le décompte présente un danger inhérent : les Juifs auraient depuis longtemps cédé au désespoir s'ils avaient pu croire, ne serait-ce qu'un instant, que la force réside dans le nombre.

Dans ces conditions, comment estime-t-on la force du peuple juif ? La Torah apporte une réponse d'une exceptionnelle beauté. *Demandez aux Juifs de donner, et comptez alors leurs contributions.* Numériquement, nous sommes un petit peuple, mais à l'aune de nos contributions à la civilisation et à l'humanité, nous sommes incommensurablement grands. Considérez seulement qui se distingue dans la pensée moderne : en physique, Einstein ; en philosophie, Wittgenstein ; en sociologie, Durkheim ; en anthropologie, Lévi-Strauss ; en psychiatrie, Freud, en économie, toute une série de grands penseurs de David Ricardo à Milton Friedman, Alan Greenspan ou Joe Stiglitz (y compris 40 % des lauréats du prix Nobel d'économie). En littérature, on trouve des écrivains comme Proust ou Kafka, Agnon et Isaac Bashevis Singer ; en musique, des compositeurs classiques comme Mahler et Schönberg, et des compositeurs d'autres genres musicaux comme Irving Berlin et George Gershwin, ainsi que certains des plus grands solistes et chefs d'orchestre du monde.

Les Juifs ont remporté quarante-huit prix Nobel de médecine. Ils ont apporté une remarquable contribution au droit (en Grande-Bretagne, où ils représentent un demi pour cent de la population, ils ont fourni deux des trois derniers présidents de la Haute cour de justice, la fonction la plus élevée dans la hiérarchie judiciaire du pays : lord Peter Taylor et lord Harry Woolf). Sans mentionner la contribution des Juifs au monde de l'industrie, de la finance, de l'université, des médias et de la politique (sous le Premier ministre britannique John Major, deux ministres étaient juifs : Michael Howard à l'Intérieur, et Malcom Rifkind aux Affaires étrangères. Au moment de la rédaction de ce livre – début 2010 – les deux présidents du Parlement, de la chambre des

Communes et de la chambre des Lords, sont Juifs (John Bercow et la baronne Hayman).

En Amérique également, les Juifs ont fait partie des juristes les plus distingués : Louis Brandeis, Benjamin Cardozo, Felix Frankfurter et Ruth Bader Ginsburg. La psychothérapie – une invention juive – continue à être dominée par des praticiens juifs, entre autres, Aaron T. Beck, créateur de la thérapie cognitive, et Martin Seligman, pionnier de la psychologie positive. Hollywood est pratiquement une création juive, et les Juifs américains ont apporté des contributions qui vont bien au-delà de leur importance numérique au monde des arts, de la musique, de la médecine et de l'université[5].

Mais il s'agit là, bien sûr, de la contribution juive à la vie de l'esprit, laquelle est non seulement unique en son genre, mais a façonné le cours même de la civilisation occidentale[6]. D'une manière ou d'une autre, ce peuple minuscule a produit une kyrielle de patriarches, prêtres, poètes et prophètes, maîtres de la *halakha* et de la *aggada*, des codificateurs et des commentateurs, des philosophes et des mystiques, des sages et des saints, dans des proportions qui défient l'entendement. Plus d'une fois, l'imagination juive s'est enflammée, siècles après siècles, parfois dans les pires conditions de persécution jamais connues chez les autres nations de la terre. À maintes reprises, après un drame, le peuple juif a connu un regain de vigueur et une explosion de créativité. La destruction du Premier Temple a donné naissance à l'étude systématique de la Torah en Babylonie. La destruction du Deuxième Temple a précipité l'émergence des grands textes de la Tradition orale : Midrash, Mishna et Talmud. La rencontre avec les karaïtes, et plus tard les chrétiens, a produit les grands commentaires de la Torah. Le défi lancé par le néo-platonisme et le néo-aristotélisme islamiques a induit l'une des grandes époques de la philosophie juive en Espagne du XIIe au XIVe siècle.

Si vous voulez connaître la force du peuple juif, demandez-leur de donner, et comptez alors leurs contributions. Telle est l'idée grandiose qui ouvre la *parasha* de cette semaine.

Ce n'est pas une simple conjecture. Un épisode biblique au moins semble corroborer cette assertion. Il est relaté dans les sixième et septième chapitres

---

5. Deux études dignes d'intérêt : voir Andrew R. Heinze, *Jews and the American Soul*, Princeton University Press, 2004 ; et Yuri Slezkine, *The Jewish Century*, Princeton University Press, 2004.
6. Voir Thomas Cahill, *The Gifts of the Jews*, New York, Nan Talese, 1998.

du Livre des juges. Les Hébreux venaient de subir une série d'attaques meurtrières de la part des Midianites. Dieu demande au guerrier Gédéon de mener la guerre contre eux. Celui-ci rassemble alors trente-deux mille hommes. Dieu répond par ce qui est certainement l'une des lignes les plus étranges du récit : « Ton armée est trop nombreuse pour que Je lui livre Midian. » (Juges VII, 2) Dieu ordonne à Gédéon d'annoncer que quiconque souhaite rentrer chez lui, rentre. Vingt-deux mille hommes partent ; il n'en reste que dix mille. C'est encore trop, selon Dieu.

Dieu demande à Gédéon d'emmener ses hommes à un point d'eau et d'observer la façon dont ils boivent. Neuf mille sept cents s'agenouillent pour boire directement en se penchant. Seuls, trois cents recueillent l'eau dans leurs mains et restent debout. Dieu ordonne à Gédéon de renvoyer la grande majorité de ses soldats, de n'en garder que trois cents, chiffre ridiculement restreint pour n'importe quel combat, a fortiori pour mener une guerre contre un puissant ennemi. Alors seulement, Dieu dit à Gédéon : « C'est par ces trois cents hommes qui ont bu dans leurs mains que Je vous donnerai la victoire et que Je livrerai Midian en ta main. » (VII, 7). Organisant une attaque-surprise de nuit, et recourant à une tactique ingénieuse pour faire croire à la présence d'une importante armée, Gédéon frappa et remporta la victoire.

De toute évidence, il ne s'agit pas seulement d'une histoire de guerre. Le Tanakh est un texte religieux, non militaire. Ce que Dieu disait à Gédéon – ce qu'Il nous disait implicitement à nous et à nos ancêtres depuis des siècles – c'est que, chez les Juifs, pour l'emporter dans un combat, le combat de l'esprit, la victoire du cœur, de l'esprit et de l'âme, il n'est nul besoin d'être en nombre. Cela requiert dévouement, sens de l'engagement, étude, prière, vision, courage, idéaux et espoir. Il faut des hommes instinctivement enclins à donner, à apporter leur contribution. Donnez, comptez alors les contributions : la plus belle manière jamais imaginée pour mesurer la force d'un peuple.

Ki Tissa

La proximité de Dieu

Plus j'étudie la Torah, plus je prends conscience de l'immense énigme que constitue le chapitre XXXIII de l'Exode. C'est le chapitre inséré au milieu du récit du veau d'or, entre le chapitre XXXII décrivant la faute et ses conséquences, et le chapitre XXXIV, celui de la révélation de Dieu à Moïse et des « treize attributs de miséricorde », de la deuxième série de tables de la loi et du renouvellement de l'alliance. C'est, à mon avis, cette énigme qui façonne la spiritualité juive.

Ce qui rend le chapitre XXXIII troublant, c'est d'abord que son thème n'est pas du tout clair. Que faisait Moïse ? Dans le chapitre précédent, il avait déjà prié à deux reprises pour obtenir que le peuple soit pardonné. Dans le chapitre XXXIV, il prie de nouveau pour le pardon. Que tentait-il donc d'obtenir au chapitre XXXIII ?

Ensuite, les requêtes de Moïse sont étranges. Il dit : « Daigne me révéler Tes voies » et « Découvre-moi donc Ta gloire » (XXXIII, 13, 18). Elles ressemblent davantage à des requêtes de compréhension métaphysique ou d'expérience mystique qu'à une demande de pardon. Elles concernent Moïse en tant qu'individu, et non le peuple pour lequel il priait. C'était un moment de crise nationale. Le courroux divin grondait. Le peuple était en état de choc. La nation tout entière était en désarroi. Ce n'était guère le moment pour Moïse de réclamer un séminaire de théologie.

Le livre de Shemot

Enfin, plus d'une fois, le récit semble retourner en arrière dans le temps. Au verset 4, par exemple, il est dit : « « Nul ne se para de ses ornements », puis au verset suivant, Dieu ordonne : « Maintenant, déposez vos ornements ». Au verset 14, Dieu dit : « Ma face te guidera et J'irai avec toi. » Au verset 15, Moïse dit : « Si Ta face nous guide, ne nous fais pas sortir d'ici. » Dans les deux cas, le temps semble inversé : la réponse à la deuxième phrase précède la réponse à la première. Très nettement, la Torah attire notre attention sur quelque chose, mais quoi ?

Ajoutons à cela l'épisode du veau lui-même – s'agissait-il ou non d'une idole ? Le texte précise que le peuple dit : « Voilà tes dieux, ô Israël, qui t'ont fait sortir du pays d'Égypte » (XXXII). Mais il est dit également qu'ils demandèrent le veau parce qu'ils ne savaient pas ce qui était arrivé à *Moïse*. Cherchaient-ils à le remplacer ou à remplacer Dieu ? Quelle fut leur faute ?

Tout cela est enveloppé dans la problématique plus vaste de l'ordre précis des événements relatés dans les longs passages sur le *mishkan*, avant et après l'épisode du veau d'or. Quelle était la relation entre le tabernacle et le veau ?

Au cœur de l'énigme, il y a le détail étrange et troublant des versets 7 à 11. Ceux-ci expliquent que Moïse prit sa tente et la planta *hors du camp*. Quel rapport avec le sujet traité, à savoir la relation entre Dieu et le peuple, après le veau d'or ? De toute façon, c'était assurément la chose la pire que pouvait faire Moïse à ce moment-là, dans de telles circonstances. Dieu venait d'annoncer « Je ne monterai point au milieu de toi » (XXXIII, 3). Le peuple en semblait profondément affligé. « Il prit le deuil » (XXXIII, 4). Le départ de Moïse hors du camp avait donc dû être doublement démoralisant. En temps de détresse collective, un chef doit être proche du peuple.

Il existe plusieurs façons de lire ce texte en profondeur, mais il me semble que l'interprétation la plus simple et la plus puissante est la suivante. Moïse prononçait sa prière la plus audacieuse, si audacieuse que la Torah ne la mentionne pas directement ni explicitement. Nous devons la reconstituer à partir d'éléments insolites et d'indices du texte même.

Le chapitre précédent laissait entendre que le peuple entra en panique en raison de l'absence de son chef Moïse. Dieu lui-même en entendait autant lorsqu'il dit à Moïse : « Va, descends ! car on a perverti *ton* peuple que *tu* as tiré du pays d'Égypte » (XXXII, 7). Il semble dire que c'est l'absence ou l'éloignement de Moïse qui a provoqué la faute. Il aurait dû rester plus près du peuple. Moïse comprit et descendit. Il punit les coupables. Certes, il pria Dieu de pardonner au peuple. C'était le thème du chapitre XXXII. Mais au chapitre XXXIII, après avoir restauré l'ordre, Moïse entreprit une ligne d'approche entièrement nouvelle. Il dit, en fait, à Dieu : Ce dont le peuple a besoin, ce n'est pas que *je* sois près d'eux. Je ne suis qu'un être humain, ici aujourd'hui, parti demain. Mais Tu es éternel. Tu es leur Dieu. Ils ont besoin que *Tu* sois près d'eux.

C'était comme si Moïse avait dit : « Jusqu'à présent, ils Te connaissaient comme une force fondamentale, terrifiante, assenant aux Égyptiens les plaies l'une après l'autre, mettant à genoux le plus grand empire du monde, divisant la mer, bouleversant l'ordre même de la nature. Au mont Sinaï, le seul fait d'entendre Ta voix les a écrasés au point de penser qu'ils allaient mourir s'ils continuaient à l'écouter (Ex. XX, 16). Les enfants d'Israël, dit Moïse, ont besoin de connaître non la *grandeur* de Dieu, mais la *proximité* de Dieu, non pas Dieu entendu dans le tonnerre et les éclairs au sommet de la montagne, mais comme une perpétuelle Présence dans la vallée, en contrebas.

Moïse a donc déplacé sa tente pour la planter hors du camp, comme pour dire à Dieu : ce n'est pas ma présence dont le peuple a besoin en son sein, mais la *Tienne*. C'est pourquoi Moïse voulut comprendre la nature même de Dieu. Dieu peut-Il être proche de là où se trouve les hommes ? La transcendance peut-elle se faire immanence ? Le Dieu qui est plus vaste que l'univers, peut-Il vivre au sein de l'univers de façon prévisible, compréhensible, et pas seulement sous forme d'interventions miraculeuses ?

À ces questions, Dieu répond de façon extrêmement structurée. Tout d'abord, dit-Il, tu ne peux pas comprendre Mes voies. « Je ferai grâce à qui je devrai faire grâce et Je serai miséricordieux pour qui Je devrai l'être. » (XXXIII, 19) Il y a un élément de la justice divine qui échappera toujours à la compréhension humaine. On ne peut entrer pleinement dans l'esprit d'un autre être humain, a fortiori dans l'esprit du Créateur.

Ensuite, « Tu ne saurais voir Ma face ; car nul homme ne peut Me voir et vivre » (XXXIII, 20). Les hommes peuvent au mieux « Me voir par derrière ». Même lorsque Dieu intervient dans l'histoire, on ne peut s'en rendre compte que rétrospectivement. Steven Hawking avait tort[1]. Même si nous décodons

---

1. Il avait écrit à la fin d'*Une brève histoire du temps* (traduit par Isabelle Naddeo-Souriau, Flammarion, 1989) – et la formule est restée célèbre – que si nous parvenions à une pleine compréhension scientifique du cosmos, « nous saurions l'esprit de Dieu. »

le moindre mystère scientifique, nous ne connaîtrons toujours pas l'esprit de Dieu.

Enfin, cependant tu *pourras* voir Ma « gloire ». C'est-à-dire, ce que Moïse a demandé lorsqu'il a réalisé qu'il ne pourrait jamais connaître les « voies » de Dieu ou voir Sa « face ». C'est ce qui a déterminé Dieu à passer tandis que Moïse se tenait « dans la cavité du rocher » (v. 22). À ce stade, nous ne savons pas exactement ce que signifie la « gloire » de Dieu, mais nous la découvrons en cette fin du livre de l'Exode. Les chapitres XXXV à XL décrivent la façon dont les Hébreux construisirent le *mishkan*. Lorsque celui-ci est terminé et assemblé, nous lisons :

> Alors, la nuée enveloppa la Tente de la rencontre, et la gloire du Seigneur emplit le tabernacle. Et Moïse ne put pénétrer dans la Tente de la rencontre, parce que la nuée reposait au sommet et que la Gloire divine remplissait le tabernacle. (Ex. XL, 34-35)

On comprend maintenant le drame déclenché par la fabrication du veau d'or. Moïse implora Dieu de se rapprocher du peuple afin qu'Il le rencontre, pas seulement à des moments uniques sous la forme de miracles, mais régulièrement, quotidiennement, et pas seulement comme une force menaçant d'effacer tout ce qu'elle touche, mais comme une Présence pouvant être ressentie au cœur du camp.

C'est pourquoi Dieu ordonna à Moïse d'enjoindre au peuple de construire le *mishkan*. C'est ce qu'Il veut dire par les mots : « Qu'ils Me construisent un sanctuaire et Je résiderai (*veshakhanti*) parmi eux. » (Ex. XXV, 8). C'est à partir de ce verbe qu'on obtient le mot *mishkan*, tabernacle, ainsi que le mot post-biblique *Shekhina*, signifiant la Présence divine. Un *shakhen* est un voisin, celui qui habite la porte à côté. Appliqué à Dieu, cela signifie « la Présence qui est proche. » S'il en est ainsi – et c'est d'ailleurs de cette façon que Judah Halevi comprend le texte[2] – l'institution même du *mishkan* fut la réponse divine à la faute du veau d'or, et une acceptation par Dieu de la requête de Moïse qu'Il se rapproche du peuple. Nous ne pouvons pas voir la *face* de Dieu ; nous ne pouvons pas comprendre les *voies* de Dieu ; mais nous pouvons rencontrer la *gloire*

---

2. Judah Halevi, *Le Kouzari*, 1 : 97.

de Dieu chaque fois que nous construisons pour Sa présence une demeure sur la terre.

Tel est le miracle continu de la spiritualité juive. Personne avant la naissance du judaïsme n'avait envisagé Dieu de façon aussi abstraite et aussi imposante : Dieu est plus distant que l'astre le plus éloigné et plus éternel que le temps lui-même. Pourtant, aucune religion n'a jamais ressenti une telle proximité avec Dieu. Dans le Tanakh, les prophètes débattent avec Dieu. Dans le livre des Psaumes, le roi David s'adresse à Lui en termes de la plus grande intimité. Dans le Talmud, Dieu écoute les débats entre les sages et accepte leurs décisions, même lorsqu'elles vont à l'encontre d'une voix céleste. Les prophètes ont comparé la relation de Dieu avec Israël à celle d'un parent avec son enfant, ou d'un mari avec sa femme. Dans le Cantique des Cantiques, il en est ainsi entre deux amants passionnés. Le Zohar, texte clé du mysticisme juif, recourt au langage de la passion le plus audacieux, comme également *Yedid nefesh*, le poème attribué au kabbaliste de Safed rabbi Elazar Azikri.

C'est l'une des différences frappantes entre les synagogues et les cathédrales du Moyen-Âge. *Dans une cathédrale, on ressent l'immensité de Dieu et la petitesse de l'humanité. Mais dans l'Altneushul à Prague ou les synagogues du Ari et de R. Joseph Karo à Safed, on ressent la proximité de Dieu et la grandeur potentielle de l'humanité.* De nombreuses nations servent Dieu, mais les Juifs sont le seul peuple à se compter parmi Ses proches. (« Mon fils, mon aîné, Israël », Ex. IV, 22).

Une lecture attentive, entre les lignes du chapitre XXXIII de l'Exode, nous permet de ressentir l'une des caractéristiques les plus marquantes et les plus paradoxales de la spiritualité juive. Aucune religion n'a jamais placé Dieu plus haut, mais aucune ne L'a jamais senti plus proche. C'est ce que Moïse recherchait et a obtenu dans ce chapitre, au cours de son entretien le plus audacieux avec Dieu.

Ki Tissa

La compassion est-elle possible sans justice ?

Au paroxysme du drame du veau d'or, se déroule une scène puissante et déconcertante. Moïse a obtenu que le peuple soit pardonné. Mais désormais, de nouveau sur le mont Sinaï, il réclame davantage. Il demande à Dieu d'être avec le peuple. Il Lui demande « enseigne-moi Tes voies » et « montre-moi Ta gloire » (Ex. XXXIII, 13, 18). Dieu répond :

> C'est Ma bonté tout entière que Je veux dérouler à ta vue, et, toi présent, Je nommerai de son vrai nom l'Éternel ; Je ferai grâce à qui Je devrai faire grâce et Je serai miséricordieux pour qui Je devrai l'être. Il ajouta : « Tu ne saurais voir Ma face ; car nul homme ne peut Me voir et vivre. » (Ex. XXXIII, 19-20)

Dieu place alors Moïse dans une cavité de la paroi rocheuse, lui disant qu'il pourra « voir Mon dos » mais pas Sa face, et Moïse entend Dieu prononcer ces mots :

> Adonaï est l'Être éternel, clément, miséricordieux, tardif à la colère, plein de bienveillance et d'équité ; Il conserve sa faveur à la millième

génération ; Il supporte le crime, la rébellion, la faute, mais Il ne les absout point. (Ex. XXXIV, 6-7)

Ce passage est appelé les « Treize attributs de la miséricorde divine ».

Les sages interprètent cet épisode comme le moment où Dieu a enseigné à Moïse, et par son intermédiaire, à toutes les générations futures, comment prier pour expier une faute (Rosh Hashanah 17 b). Moïse lui-même a employé ces mots avec de légères variations au cours de la crise suivante, celle des explorateurs. Par la suite, ils devinrent la base des prières spéciales, les *seli'hot* ou prières de repentir. C'est comme si Dieu s'obligeait à pardonner au repentant à chaque génération, en guise de définition de Lui-même[3]. Dieu est compatissant et vit dans l'amour et le pardon. C'est un élément essentiel de la foi juive.

Mais il y a un avertissement. Dieu ajoute : « *Mais Il ne les absout pas* ». Il existe une clause supplémentaire concernant le report des fautes des parents sur les enfants, qui requiert une attention particulière, mais ce n'est pas notre sujet ici. L'avertissement nous dit que s'il y a pardon, il y a aussi punition. La compassion n'exclut pas la justice.

Pourquoi en est-il ainsi ? Pourquoi la justice doit-elle accompagner la compassion, et la punition le pardon ? Les sages expliquent :

> Lorsque Dieu créa l'univers, Il le fit en vertu de l'attribut de justice, mais vit alors qu'il ne pouvait survivre. Que fit-Il donc ? Il ajouta la compassion à la justice et créa le monde. » (voir Rashi sur Genèse I, 1)

Cette phrase soulève la même question. Pourquoi Dieu ne renonce-t-Il pas à la justice ? Pourquoi le pardon seul ne suffit-il pas ?

De récents travaux tout à fait fascinants réalisés dans divers domaines, de la philosophie morale à la psychologie évolutionniste, et de la théorie des jeux à l'éthique de l'environnement, fournissent une réponse extraordinaire et inattendue.

---

3. Dans le traité Rosh Hashanah 17 b, le Talmud précise que Dieu a conclu une alliance sur la base de ces mots, Le contraignant à pardonner à ceux qui, repentants, en appellent à ces attributs. D'où leur centralité dans les prières précédant Rosh Hashanah et Kippour, et également le jour de Kippour.

Le point de départ est le célèbre article écrit en 1968 par Garrett Hardin sur « la tragédie des communs[4] ». Il nous demande d'imaginer un bien sans propriétaire particulier : un pâturage qui appartient à tout le monde (biens communaux), par exemple, ou la mer et les poissons qu'elle contient. Ce bien assure la subsistance de nombreuses personnes, des paysans ou des pêcheurs. Mais par la suite, il attire trop de gens. C'est le surpâturage ou la surpêche, qui épuise les ressources. Le pâturage risque de devenir une terre en friche. Les poissons sont en voie d'extinction[5].

Que se passe-t-il alors ? L'intérêt général nécessite que chacun désormais restreigne son activité. Il faut limiter le nombre d'animaux menés au pâturage ou le nombre de poissons pêchés. Mais certains individus s'y refusent. Ils continuent à surpâturer et à surpêcher. Ils se justifient en se disant que le gain pour eux est considérable, alors que la perte pour les autres est réduite puisqu'elle est répartie entre de nombreuses personnes. L'intérêt personnel prend le pas sur l'intérêt général, et si un certain nombre de personnes suivent leurs instincts, le désastre est assuré.

Tel est le drame des communs, et ce drame explique comment surviennent les catastrophes environnementales et autres désastres. Le problème, c'est le *profiteur*, celui qui recherche son intérêt personnel sans verser sa quote-part au bien commun. Ce type de situation se retrouve dans de nombreux problèmes contemporains, et a fait l'objet d'études approfondies de la part de biologistes mathématiciens comme Anatol Rapoport et Martin Nowak, ou d'économistes comportementaux comme Daniel Kahneman et le regretté Amos Tversky[6].

---

4. Garrett Hardin, « The Tragedy of the Commons », vol. *Science* n° 162, 13 décembre 1968, n° 3859 p. 1243-1248.
5. Bien avant Garrett Hardin, une vieille histoire hassidique racontait l'histoire d'un village où les habitants étaient priés de donner une certaine quantité de vin pour remplir une grande cuve à offrir au roi lors de sa prochaine visite. Chaque villageois offrit secrètement de l'eau au lieu du vin, pensant qu'une aussi petite dilution ne serait pas remarquée dans une telle offrande. Le roi arriva, les villageois lui offrirent la cuve, il but et dit : « ce n'est que de l'eau ». Je suppose que plusieurs traditions populaires ont des histoires semblables. C'est, fondamentalement, la tragédie des biens communs.
6. Voir Robert Axelrod, *The Evolution of Cooperation*, New York, Basic, 1984 ; en français, *Donnant donnant*, traduit par Michèle Garène, Odile Jacob, 1992, republié sous le titre *Comment réussir dans un monde d'égoïstes*, Odile Jacob 1996. Matt Ridley, *The Origins of Virtue*, Penguin, 1996. Daniel Kahneman, *Thinking, Fast and Slow*, Allen Lane, 2011 ; en français *Système 1 / Système 2 : Les deux vitesses de la pensée*, traduit par Raymond Clarinard, Flammarion, 2012. Martin Nowak et Roger Highfield, *Super Cooperators: Evolution, Altruism and Human Behaviour or Why We Need Each Other to Succeed*, Edinburgh, Canongate, 2011.

Ils ont créé, entre autres, des situations expérimentales simulant ce genre de problème. En voici un exemple. Quatre joueurs reçoivent chacun 8 dollars. On leur dit qu'ils ont le choix d'investir peu ou beaucoup dans un fonds commun. L'expérimentateur recueille les contributions, les ajoute, ajoute 50 % (le gain du paysan ou du pêcheur s'il avait utilisé les communs), et distribue la somme également aux quatre joueurs. Donc, si chacun donne la totalité des 8 dollars au fonds, ils reçoivent à la fin chacun 12 dollars. Mais si l'un des joueurs ne donne rien, le fonds s'élèvera au total à 24 dollars qui, augmentés des 50 % deviendront 36 dollars, soit 9 dollars chacun après une répartition égalitaire. Trois d'entre eux auront ainsi gagné 1 dollar, tandis que le quatrième, le profiteur, en aura gagné 9.

Cependant, ce n'est pas une situation stable. Au cours du jeu, les participants réalisent qu'il y a parmi eux un franc-tireur, même si l'expérience est conçue de telle façon qu'ils ne peuvent le repérer. Deux scénarios sont alors possibles : soit les joueurs cessent de contribuer au fonds commun (c'est-à-dire à l'intérêt général), soit ils conviennent, s'ils en ont le choix, de punir le franc-tireur. Les gens sont souvent enclins à punir, même au prix de leur propre perte, phénomène appelé parfois « punition altruiste. »

Certains ont relié les participants à des appareils d'IRM pour détecter quelles parties du cerveau sont stimulées par de tels jeux. Précision intéressante : la punition altruiste est liée, dans le cerveau, aux centres du plaisir. Comme l'écrit Kahneman :

> Apparemment, le maintien de l'ordre social et la défense des règles de la justice sont en eux-mêmes des récompenses. La punition altruiste pourrait bien être le ciment de la cohésion sociale[7].

Ce n'est pourtant guère une situation satisfaisante. La punition s'abat sur tous : le coupable souffre, mais également les auteurs de la punition qui doivent dilapider un temps ou un argent qu'ils auraient pu utiliser autrement pour améliorer le revenu commun. Dans des études interculturelles, il s'avère que ce sont les personnes originaires de pays où l'on trouve le plus de profiteurs qui punissent le plus durement. Les gens sont les plus sévères dans les sociétés les

---

7. Kahneman, *Thinking, Fast and Slow*, p. 308. En français, p. 346.

plus corrompues et les moins animées de sens civique. Autrement dit, la punition est la solution du dernier recours.

Ce qui nous amène à la religion. Toute une série d'expériences ont mis en lumière le rôle de la pratique religieuse dans de telles circonstances. Des tests ont été réalisés dans lesquels les participants ont l'occasion de tricher et d'en tirer profit. Si, indépendamment de tout lien avec l'expérience en cours, les participants étaient incités à avoir des réflexions religieuses – on leur montrait par exemple des mots évoquant Dieu, ou en leur rappelant les Dix commandements – ils trichaient nettement moins[8]. Ce qui est fascinant dans ces tests, c'est que les résultats ne montrent aucun lien avec les convictions des participants. Ce qui fait la différence, ce n'est pas la *croyance* en Dieu, mais le fait qu'on leur *rappelle* Dieu avant le test. C'est peut-être ce qui explique l'importance de la prière quotidienne et autres rituels réguliers. Ce qui nous affecte, dans les moments de tentation, ce n'est pas tant la croyance de fond, que l'acte d'intégrer cette croyance dans notre conscience.

Bien plus importantes ont été les expériences destinées à tester l'impact des différents modes de pensée à propos de Dieu. Pensons-nous principalement en termes de pardon divin, ou de justice et de punition divines ? Certains courants des grandes confessions mettent l'accent sur le premier, d'autres sur le second. Certains prédicateurs prêchent la damnation de l'enfer, d'autres parlent de la petite voix douce de l'amour. Lesquels sont les plus efficaces ?

Inutile de préciser que lorsque les sujets de l'expérience sont athées ou agnostiques, il n'y a guère de différence. Ils ne sont affectés ni d'une façon ni de l'autre. Parmi les croyants, en revanche, la différence est significative. *Ceux qui croient en un Dieu du châtiment trichent et volent moins que ceux qui croient en un Dieu de pardon*. Des expériences ont alors été réalisées pour observer l'attitude des croyants à l'égard des profiteurs dans des situations de bien commun comme celles qui ont été décrites plus haut. Étaient-ils enclins à pardonner, ou punissaient-ils ces profiteurs, même à leur détriment ? Là, les résultats sont révélateurs. *Ceux qui croient en un Dieu de châtiment, punissent moins les profiteurs que ceux qui croient en un Dieu de pardon*[9]. Ceux qui croient, comme le dit la Torah, que Dieu « n'absout pas les coupables » sont plus enclins à laisser le

---

8. Ara Norenzayan, *Big Gods: How Religion Transformed Cooperation and Conflict*, Princeton University Press, 2013, p. 34-35.
9. *Ibid.*, p. 44-47.

châtiment à Dieu. Ceux qui privilégient l'idée d'un Dieu de pardon sont plus disposés à recourir au châtiment de l'homme ou à la vengeance.

Il en va de même dans les sociétés. Ici, les expérimentateurs recourent à des termes guère pertinents pour le judaïsme : ils comparent les pays en termes de pourcentage de population qui croit au paradis et à l'enfer. « Les nations où la population croit le plus à l'enfer, et le moins au paradis, connaissent les taux de criminalité les plus faibles. En revanche, les nations qui privilégient le paradis par rapport à l'enfer ont des taux records de criminalité. Ces modèles prédominent dans les principales confessions religieuses, notamment diverses religions syncrétiques, chrétiennes, hindoues qui sont un mélange de plusieurs systèmes de croyance[10]. »

C'était une découverte si surprenante que certains posèrent la question : dans ce cas, pourquoi y a-t-il des religions qui minimisent l'importance du châtiment divin ? Azim Shariff propose l'explication suivante :

« Parce que, bien que l'enfer soit probablement plus efficace pour inciter les gens à bien se comporter, le paradis réussit bien mieux à ce qu'ils se sentent bien. » Donc, si une religion souhaite faire des convertis, « il est beaucoup plus facile de vendre une religion qui promet un paradis divin qu'une religion qui menace les fidèles des feux de l'enfer[11]. »

On comprend désormais pourquoi, dès lors qu'Il proclame sa compassion, sa grâce et son pardon, Dieu insiste pour affirmer qu'Il n'about pas les coupables. *Dans un monde sans justice divine, il y aurait plus de ressentiment, de châtiments et de crimes, et moins de civisme et de pardon, même parmi les croyants.* Plus nous croyons que Dieu punit les coupables, plus nous devenons enclins au pardon. Moins nous croyons que Dieu punit les coupables, plus nous devenons rancuniers et vengeurs. C'est une vérité totalement contre-intuitive, mais de celles qui nous permettent en fin de compte de voir la profonde sagesse de la Torah qui nous aide à créer une société humaine et compatissante.

---

10. *Ibid.*, p. 46.
11. *Ibid.*

Vayakhel

Le Shabbat, premier ou dernier jour ?

Le récit extrêmement long et détaillé de l'élaboration du tabernacle figure à deux reprises dans la Torah : d'abord comme un ordre divin (Ex. XXV, 1-31, 17), puis comme une réalisation humaine (ch. XXXV-XL). Dans les deux cas, cette construction est juxtaposée au commandement de respecter le Shabbat (XXXI, 12-17 ; XXXV, 1-2).

Il y a là des implications halakhiques et théologiques. Tout d'abord, selon la tradition juive, la juxtaposition est destinée à établir la règle de la préséance du Shabbat sur l'édification du tabernacle[1]. Non seulement le septième jour est un temps où le travail profane prend fin, mais il marque aussi une pause dans le plus saint des travaux : construire une demeure pour Dieu. En fait, la tradition orale définit la *melakha*, « le travail créateur, le travail manuel » qu'il est interdit d'accomplir le Shabbat, en fonction des trente-neuf activités impliquées dans la construction du tabernacle.

À un niveau plus métaphysique, le Tabernacle reflète la divine création de l'univers et en est la contrepartie humaine[2]. Si la création divine culmine

---

1. *Shabbat* 4 9b ; voir Rashi, commentaire de l'Exode III,13, XXXV, 2.
2. Voir l'article « The Home We Make for God », in *Covenant and Conversation*, p. 199.

Le livre de Shemot

dans le Shabbat, c'est également le cas pour la création humaine. La sainteté du lieu occupe la seconde place après la sainteté du temps[3].

Il y a cependant une nette différence entre le récit de l'ordre donné par Dieu à Moïse de construire le sanctuaire, et l'ordre donné par Moïse au peuple. Dans le premier cas, dans la *parasha* de Ki Tissa, le commandement du Shabbat apparaît à la fin, après les détails de la construction. Dans le second, dans Vayakhel, il apparaît au début, avant d'entrer dans les détails. Pour quelle raison ?

Le Talmud pose la question suivante : Que se passe-t-il si on se trouve loin de toute habitation humaine et qu'on a oublié quel jour on est ? Comment observe-t-on le Shabbat ? Deux réponses sont proposées :

> R. Houna dit : « Si on voyage sur une route ou dans le désert et qu'on ne sait pas quand tombe le Shabbat, on doit compter six jours [depuis le jour où il se rend compte de son oubli] et observer un jour. » R. 'Hiyya b. Rav dit : « On doit observer un jour, puis compter six jours [de la semaine]. En quoi diffèrent-ils ? Selon l'un des maîtres, c'est comme la création du monde. L'autre affirme que c'est comme [le cas d']Adam[4].

Du point de vue de Dieu, le Shabbat était le septième jour. Du point de vue des premiers êtres humains – créés le sixième jour – le Shabbat était le premier. Le débat porte sur la perspective à adopter. Ainsi, au niveau le plus simple nous comprenons pourquoi le Shabbat arrive en dernier lorsque Dieu parle du tabernacle, et pourquoi il vient en premier lorsque c'est Moïse, un être humain, qui en parle. Pour Dieu, le Shabbat était le dernier jour de la création ; pour les êtres humains, c'était le premier.

Quelque chose de plus fondamental est cependant en cause. En matière de création divine, il n'y a aucun hiatus entre intention et exécution. Dieu a parlé et le monde a existé[5]. Le prophète Isaïe rapportant la parole de Dieu dit : « Dès le début, J'annonce les choses futures, et longtemps d'avance ce qui n'est pas encore accompli ; Je parle, Ma décision demeure, et tout ce que Je veux, Je le réalise » (Is. XLVI, 10). Dieu sait à l'avance comment les choses s'agenceront.

---

3. Pour plus amples détails sur ce point, voir A. J. Heschel, *The Sabbath*, Farrar, Straus and Giroux, 1983.
4. Shabbat 69 b.
5. La phrase est extraite de la prière *Baroukh she-amar*, de l'office du matin.

Pour les humains, il en va autrement. Souvent, nous ne pouvons pas voir la fin, au tout début, l'issue dès le départ. Un grand romancier peut fort bien ne pas savoir comment son histoire va évoluer avant de l'avoir écrite, ou un compositeur une symphonie, ou un artiste un tableau. La créativité est lourde de risques. À plus forte raison l'histoire humaine. La « loi des conséquences involontaires » nous dit que les révolutions évoluent rarement telles qu'elles avaient été planifiées. Les politiques destinées à aider les pauvres aboutissent à l'effet inverse[6]. Hayek a forgé l'expression « la présomption fatale » pour désigner ce qu'il considérait comme l'échec presque inévitable de la machine sociale – l'idée qu'on pourrait planifier à l'avance le comportement humain[7]. C'est impossible. Une entreprise sociale à grande échelle est donc vouée à l'échec[8].

Une alternative consiste simplement à laisser les choses se produire. Ce type de résignation, cependant, est aux antipodes de la conception juive de l'histoire. Les sages disent : « Le mot *vayehi* ['et il advint'] est toujours le prélude à un drame[9]. » Lorsque les choses se contentent d'advenir, elles finissent rarement bien.

L'autre solution – pour autant que je sache, propre au judaïsme – consiste à révéler la fin dès le début. Telle est la signification du Shabbat. Le Shabbat n'est pas simplement un jour de repos. Il est une anticipation de « la fin de l'histoire », l'ère messianique. Nous recouvrons grâce à lui les harmonies perdues du jardin d'Eden. Nous ne nous efforçons pas de faire ; nous nous contentons d'être. Nous ne sommes pas autorisés à agir sur le monde ; nous le célébrons au contraire comme la suprême œuvre d'art de Dieu. Nous ne sommes pas autorisés à exercer un pouvoir ou une domination sur d'autres êtres humains, ni même sur des animaux domestiques. Riches et pauvres, tous vivent le Shabbat, dans une même dignité et une même liberté.

Aucune utopie n'a jamais été réalisée (le mot « utopie » lui-même signifie « sans lieu »), à une exception près : « le monde à venir ». La raison en est que nous nous y préparons chaque semaine, un jour sur sept. Le Shabbat est une

---

6. Un exemple classique est celui de l'échec de la politique sociale adoptée dans les années 1960 en Amérique et en Grande-Bretagne pour réduire le nombre de pauvres. Dans les années 1980, il était plus élevé qu'auparavant. Voir Charles Murray, *Losing Ground,* Basic Books, 1984.
7. Friedrich Hayek, *The Fatal Conceit*, Londres, Routledge, 1988. En français, *La présomption fatale*, traduit par Raoul Audouin, PUF, 1993.
8. C'était aussi le point de vue de Karl Popper, *The Poverty of Historicism*, Routledge and Kegan Paul, 1961. En français, *Misère de l'historicisme*, traduit par Hervé Rousseau, Plon, 1956, Presses-Pocket, 1988.
9. Meguilla 10 b ; Vayikra rabba 11, 7.

préparation solennelle à une société idéale qui n'est pas encore advenue, mais qui adviendra, parce que nous savons vers quoi nous nous dirigeons – parce que nous l'avons vécu au tout début.

Nous commençons maintenant à appréhender toute la symbolique de la construction du tabernacle. Dans le désert, bien avant de franchir le Jourdain pour pénétrer en terre promise, Dieu dit aux Hébreux de construire un univers en miniature. Ce sera un lieu d'ordre calibré – tout comme l'univers est un lieu d'ordre soigneusement calibré. De nos jours, les scientifiques appellent cela le « principe anthropique », la découverte que les lois de la physique et de la chimie sont parfaitement réglées pour l'émergence de la vie[10]. De même, le tabernacle devait être soumis à des règles précises régissant sa construction et ses dimensions.

La construction du tabernacle était le prototype symbolique de la construction d'une société. Tout comme il constituait une demeure terrestre pour la Présence divine, c'est ce que devait devenir la société si les Hébreux respectaient les lois de Dieu. La finalité ultime d'une telle société est l'harmonie de l'existence que nous n'avons pas encore connue, vivant comme nous le faisons dans un monde de travail et d'efforts, de conflits et de compétitions.

Dieu, cependant, voulait que nous sachions ce à quoi nous aspirons, afin que nous ne nous perdions pas dans le désert du temps. C'est pourquoi, en ce qui concerne la réalisation par les hommes de la construction, le Shabbat est prioritaire, bien qu'en termes généraux, l'ère messianique, le « Shabbat de l'histoire » viendra en dernier. Dieu « annonce les choses futures dès le début » (Isaïe XLVI, 10), le repos satisfait qui suit le travail créateur ; la paix qui, un jour, prendra la place du conflit – afin que nous puissions entrevoir un aperçu de la destination avant d'entreprendre le voyage.

Seuls ceux qui savent où se diriger atteindront leur but, qu'ils cheminent lentement ou rapidement.

---

10. Voir John Barrow, *The Anthropic Cosmological Principle*, Oxford University Press, 1988 ; Paul Davies, *The Goldilocks Enigma*, Allen Lane, 2006 ; Martin Rees, *Just Six Numbers: The Deep Forces That Shape the Universe*, Phoenix, 2000.

Vayakhel

Édification d'une nation : réponse d'hier, problématique d'aujourd'hui

Il arrive que les circonstances dans lesquelles nous parvenons à une nouvelle interprétation de la Torah soient aussi intéressantes que l'interprétation elle-même. Voici l'histoire d'une aventure de ce type. Grâce à elle, j'ai appris quelque chose sur la structure du livre de l'Exode dans son ensemble, et sur la place du long récit consacré à la construction du tabernacle. J'ai également découvert quelque chose qui n'est pas moins important : que la Torah a encore beaucoup à nous apprendre – et pas seulement à nous autres Juifs – pour créer une société meilleure, plus accueillante.

J'ai eu l'occasion de rencontrer Tony Blair plusieurs années avant qu'il ne devienne Premier ministre de Grande-Bretagne. C'était – et c'est encore – un homme profondément religieux animé d'un inépuisable amour de la Bible. À l'époque, il me confia qu'il la lisait tous les soirs. Notre premier long entretien porta en fait sur l'étude de la Bible. En compagnie du prince Charles, nous revenions en avion des obsèques à Jérusalem du défunt Premier ministre Yitzhak Rabin, le 6 novembre 1995. Pendant le vol, j'étudiai la *parasha* de la semaine, utilisant une édition classique des *Mikraot guedolot*, le texte biblique imprimé enrichi des principaux commentaires : Rashi, Rashbam, Ibn Ezra, Nahmanide, etc. Tony Blair fut intrigué par l'agencement des pages : un texte central entouré de commentaires. Il n'existe aucun livre en anglais organisé de cette manière. Il me demanda de quoi traitait le livre et pourquoi il était disposé ainsi. J'expliquai ce qu'était chacun des textes, qui étaient les commentateurs, leur contexte historique et leurs différentes approches. J'ajoutai que, pour nous, le texte biblique doit toujours être interprété dans le contexte d'un commentaire illustrant la façon dont la Torah a été comprise à différentes époques de la vie juive.

Il était captivé et me demanda de lui enseigner précisément le texte que j'étudiais. De l'autre côté de l'allée, le prince Charles écoutait avec attention. Pendant une heure, je donnai un *shiour*, un cours, au futur roi de Grande-Bretagne et à son prochain Premier ministre. À la fin du cours, je rappelai le verset du psaume CXIX, 46 : « Je ferai de Tes vérités l'objet de mes discours, en face des rois, sans aucune fausse honte » et remerciai Dieu de m'avoir donné l'occasion d'accomplir ce qui est écrit dans ce verset. Dès lors, Tony Blair et moi-même devînmes amis et, lorsqu'il devint Premier ministre, nous poursuivîmes cette nouvelle tradition. Au cours de nos rencontres, une fois terminé l'objet prévu de notre entretien, nous terminions toujours par une brève étude d'un passage biblique.

Je ne savais jamais à l'avance de quel sujet il s'agirait : c'était toujours le passage qu'il avait lu la veille au soir. Nous en arrivâmes ainsi à discuter du livre de Job, du prophète Jérémie et de divers autres textes. Au cours de notre dernière séance ensemble, alors qu'il avait déjà annoncé sa démission, nous discutâmes du sixième chapitre de Michée (Mikha), et de son résumé important et stimulant de la vie juive : « Homme, on t'a dit ce qui est bien, ce que le Seigneur demande de toi : rien que de pratiquer la justice, d'aimer la bonté et de marcher humblement avec ton Dieu ! » (VI, 8). Je lui rappelai qu'un président américain, Jimmy Carter, avait cité ce verset dans son discours d'investiture[1].

Un jour, il m'annonça : « Je viens d'arriver au passage ennuyeux. » « Quel passage ennuyeux ? » demandai-je. « Vous savez, dit-il, le passage sur le tabernacle, à la fin de l'Exode. Il tire en longueur, non ? »

J'acquiesçai, utilisant l'analogie de la façon dont les hommes politiques jugent de l'importance d'un article de presse en termes de « taille des

---

1. Disponible sur le site http://www.bartleby.com/124/pres60.html

colonnes », de longueur de l'article. Je lui expliquai les parallèles linguistiques entre le récit biblique de la construction du tabernacle et celui de la création de l'univers par Dieu, puis évaluai en chiffres la différence. Le récit de la création se résume à trente-quatre versets seulement, alors que celui de la construction du tabernacle en compte environ cinq cents.

Je proposai ensuite l'explication donnée dans un chapitre précédent « La demeure que nous construisons pour Dieu » (p. 199 de la version en anglais). Je précisai qu'il n'est pas difficile pour un Dieu omniscient et omnipotent de créer une demeure pour l'humanité. Ce qui est difficile pour des êtres humains limités et faillibles, c'est de créer une demeure pour Dieu. Ce qui nous enseigne que la Bible n'est pas le livre de l'homme sur Dieu, mais le livre de Dieu sur l'humanité. Ce qui intéresse Dieu, c'est la façon dont *nous* créons, pas celle dont Il crée. Ce que nous dit le dernier tiers du livre de l'Exode, c'est que notre tâche première consiste à édifier une demeure pour la Présence divine. J'ai alors prononcé la bénédiction que Moïse avait donnée aux constructeurs du tabernacle : « Dieu veuille que Sa présence réside dans l'œuvre de vos mains. »

L'histoire aurait pu se terminer là, sauf sur un point : je n'étais pas entièrement satisfait de cette réponse. Je me souvins d'un célèbre midrash dans lequel Rabban Yo'hanan ben Zakkaï donne une explication du rite de la vache rousse à un Romain, l'interprétant comme une forme d'exorcisme. Une fois le Romain parti, satisfait, les élèves s'adressèrent à Rabban Yo'hanan : « Maître, tu lui as donné une réponse superficielle qui le satisfait, mais que nous répondras-tu[2] ?

La réponse était peut-être satisfaisante, mais seulement jusqu'à un certain point. Mais, de toute évidence, une question demeurait : Pourquoi ce long récit était-il inclus dans le livre de l'Exode qui traite de *l'élaboration d'une nation* ? Il aurait trouvé sa place plus naturellement dans le livre du Lévitique, qui traite du service du tabernacle. Que fait-il dans le livre consacré à la libération des Hébreux et à leur naissance en tant que nation sous la souveraineté de Dieu ? La question subsista dans mon esprit, et demeura sans réponse pendant des années.

Entre-temps, une question politique et sociale d'envergure se posa en Grande-Bretagne et dans d'autres pays européens, notamment aux Pays-Bas. Après avoir adopté le multiculturalisme – l'idée qu'il ne devrait pas y avoir de culture dominante dans les sociétés de l'Europe contemporaine caractérisées

---

2. *Bemidbar Raba* 19, 8.

par la diversité ethnique – ces pays découvrirent que, loin d'atténuer les conflits sociaux, cette nouvelle doctrine l'exacerbait. Loin de promouvoir l'intégration sociale, elle menait à la ségrégation. Elle ne rendait pas les sociétés plus tolérantes, bien au contraire. Les Néerlandais l'exprimèrent fort bien : La tolérance ignore les différences ; le multiculturalisme les met en exergue à chaque occasion[3].

Existait-il un moyen – se demandait-on – de dépasser le multiculturalisme sans sacrifier l'idée d'une société d'intégration ? C'est alors que je me suis reposé la question demeurée sans réponse sur la place du récit du tabernacle dans le livre de l'Exode. Si le thème de l'Exode est l'édification de la nation, alors c'est le livre vers lequel nous devrions nous tourner pour connaître la perspective biblique concernant la fragmentation contemporaine de la société.

Pour Moïse, la gageure était précisément celle-ci : comment faire d'un groupe d'esclaves en fuite une nation soudée ? Dans le chapitre I de l'Exode, on trouve la première description des Hébreux en tant que nation. Pharaon les qualifie de *am*, peuple. Mais un *am*, comme l'a souligné le rav Soloveitchik, est une communauté de destin, pas encore une communauté de foi. Pour cette dernière, la Torah emploie le mot *edah*[4]. Un *am* partage un passé ; une *edah* partage un avenir, un ensemble d'idéaux et d'aspirations. La voie menant au statut de nation dans le livre de l'Exode pourrait être décrite comme le périple menant du *am* à la *edah*.

Le peuple que Moïse dirige présente deux caractéristiques frappantes. Tout d'abord, ses membres sont divisés en douze tribus ou clans. La Torah le rappelle à maintes occasions. Ils ne sont pas encore unis par un sentiment d'identité fédérateur. Ensuite, ils comprennent une « foule mêlée » non précisée (Exode XII, 13), un groupe hétérogène qui, ethniquement, ne sont pas des Hébreux. En d'autres termes, Moïse était confronté à un problème guère différent de celui des États multiethniques et multiculturels.

Ce qui est frappant également dans le cours du récit, c'est que les Hébreux n'ont pas la maturité morale voulue pour devenir une nation libre. À chaque étape, ils se plaignent. Ils protestent après la première intervention de Moïse qui aggrave encore leur sort (V, 21). Ils se lamentent en arrivant à la mer des

---

3. Sur ce point et sur le reste de ce passage, voir Jonathan Sacks, *The Home We Build Together*, Continuum, 2007.
4. Voir « Kol dodi dofek", in J. Soloveitchik, *Divrei Hagout veha'arakhah*, Jérusalem, 1982, notamment p. 41-43.

Joncs (XIV, 11-12). Après la traversée de la mer, ils se plaignent à deux reprises du manque d'eau (XV, 23-24 ; XVII, 2), puis du manque de nourriture (XVI, 2-3). Le tableau que brosse la Torah est celui d'un peuple à la mentalité d'esclave. Ce n'est pas encore un peuple de foi, de confiance en Dieu, de responsabilité et de retenue. Ils ne peuvent voir au-delà du présent. Et, rappelons-le, c'est le peuple qui vient d'être témoin des dix plaies et de l'ouverture de la mer des Joncs, les plus grands miracles de l'histoire.

Ce qui se produit ensuite, c'est la révélation au mont Sinaï, événement sans précédent où Dieu apparut à un peuple tout entier. La Torah précise que « tout le peuple fut témoin de ces tonnerres, de ces feux, de ce bruit de cor, de cette montagne fumante, et le peuple à cette vue, trembla. » (Ex. XX, 14). Or, à peine quarante-et-un jours plus tard, lorsque Moïse « tarda à descendre de la montagne » (XXXII, 1), il fit le veau d'or. La Torah dit qu'après la fabrication du veau d'or : « Moïse vit que le peuple était livré au désordre, qu'Aaron l'y avait abandonné, le dégradant dans l'opprobre devant ses ennemis » (XXXII, 25). C'était devenu un ramassis d'individus. Que faudrait-il de plus pour transformer un tel peuple en un groupe soudé, animé du sens de son identité et de sa mission ? Il ne pouvait se produire de plus grands miracles que la division de la mer et la révélation au Sinaï. Que leur fallait-il de plus ?

C'est à ce moment, au début de Vayakhel, que Moïse ordonne au peuple de construire le tabernacle – et c'est là un coup de génie. C'est comme si Dieu avait dit à Moïse : si tu veux créer un groupe ayant une forte identité collective, fais-leur construire quelque chose ensemble. *Ce n'est pas ce qui nous arrive, mais ce que nous faisons qui nous confère identité et responsabilité.* Ce qui transforma les Hébreux, ce n'est pas ce que Dieu fit pour eux, mais ce qu'ils firent pour Dieu.

Jusqu'à l'édification du tabernacle, l'histoire des Hébreux est une succession d'événements où Dieu agit en faveur des enfants d'Israël. Il les libère, divise la mer pour eux, leur donne de l'eau à partir d'un rocher et de la nourriture venant du ciel. Pendant tout ce temps, ils se disputent et se plaignent. Mais, tout au long de la construction du tabernacle, querelles et plaintes prennent fin. Les enfants d'Israël donnent leurs richesses, leur temps et leur savoir-faire. Ils donnent tant que Moïse doit leur donner l'ordre d'arrêter (XXXVI, 5-7). C'est un comportement que nous n'avons pas vu auparavant. Les Hébreux furent en fait transformés, non par un miracle, mais par leurs propres efforts. C'est ce que nous faisons, pas ce qui est fait pour nous, qui nous change.

La raison pour laquelle l'histoire du tabernacle se trouve dans l'Exode, et non dans le Lévitique, était désormais évidente pour moi : c'est parce qu'il s'agit de l'histoire d'une nation en devenir. La façon la plus efficace de transformer des individus en un groupe, c'est de les atteler à une tâche qu'ils ne peuvent réaliser qu'en tant que groupe. Cela met fin à toutes les autres divisions, tribales, sociales et culturelles. Une nation ne dépend pas d'une ethnicité partagée. Elle peut émerger simplement du sens de la responsabilité collective qui se dégage de la réalisation d'une tâche en commun.

Autrement dit, la Torah propose un moyen remarquable de sortir des dilemmes du multiculturalisme. Elle suggère que les citoyens d'une nation se perçoivent comme cocréateurs d'une société considérée comme *la demeure que nous construisons ensemble*. C'est alors devenu le titre du livre que j'ai publié en 2007[5]. C'est une alternative radicale à la plupart des autres philosophies politiques contemporaines – celles qui se fondent sur l'ethnicité, par exemple, ou sur la citoyenneté en tant qu'ensemble de droits, ou sur une société conçue comme l'incarnation d'un consensus moral. La Torah confère une valeur positive à la différence ethnique et religieuse tout en accordant un poids égal à la cohésion sociale. Elle nous invite à apporter nos différents héritages à titre de contributions au bien commun. Elle dit en effet : *en étant ce que je suis de manière unique, je donne ce que moi seul peut donner*. Cela établit un lien puissant entre construction et cohésion, ce que j'appelle la *diversité intégrée*, et elle provient du récit biblique sur le tabernacle dont la longueur et les détails avaient tant intrigué Tony Blair.

Je raconte cette histoire non seulement pour montrer comment un passage biblique peut contribuer à résoudre un problème social et politique contemporain, mais également pour préciser un point fondamental pour l'étude de la Torah. La Torah ne doit pas simplement être étudiée. Elle a besoin d'être vécue. La Torah n'est pas juste un code de conduite privée. Elle concerne notre façon de construire une société. En instaurant un dialogue entre Torah et société contemporaine, nous serons éclairés par de nouveaux aspects de la lucidité du texte biblique sur la condition humaine.

Je terminerai par un autre corollaire de l'argument développé ici. Le rav Norman Lamm, ancien président de la Yeshiva University, fit un jour remarquer qu'il ne connaissait qu'une seule plaisanterie dans la Mishna, à savoir que « les

---

5. Voir plus haut, note 3.

disciples des sages contribuent à la paix dans le monde[6]. » Il est sûr, disait-il, que cela n'a pas pu être dit sérieusement, parce que les rabbins sont connus pour le nombre de disputes qu'ils suscitent.

J'ai répondu : ce n'est pas une plaisanterie, mais pour comprendre cette mishna, il faut lire la fin du passage. Il cite un verset d'Isaïe (LIV, 13) : « Tous Tes enfants seront les disciples de l'Éternel ; grande sera la concorde de Tes enfants », et elle poursuit : « ne lis pas *banaïkh*, Tes enfants, mais *bonaïkh*, Tes bâtisseurs. » Lorsque les dirigeants deviendront des bâtisseurs, ils apporteront la paix ; sinon, ils n'apportent que des dissensions. Le tabernacle en est la preuve. Tant que les Hébreux furent des bâtisseurs, la paix régna entre eux. Comme l'écrit John Ruskin, « La plus haute rétribution du labeur de l'homme n'est pas ce qu'il en retire, mais ce qu'il devient grâce à ce travail. » La formule adoptée par les premiers pionniers sionistes était cependant plus simple : ils étaient venus dans le pays *livnot ou-lehibanot*, « construire et se construire[7] ». Nous sommes faits de ce que nous faisons.

---

6. Berakhot 64 a.
7. Voir Eric Zakim, *To Build and be Build: Landscape, Literature, and the Construction of Zionist Identity*, University of Pennsylvania Press, 2006.

Vayakhel
L'animal social

Au début de Vayakhel, Moïse effectue un *tikoun*, une réparation du passé, plus précisément de la faute du veau d'or. La Torah le mentionne en employant le même mot au début des deux épisodes. Il devint par la suite un mot clé de la spiritualité juive : *k-h-l*, « réunir, assembler, lier. » À partir de cette racine, on obtient les mots *kahal* et *kehilah* qui signifient « communauté ». Loin d'être une simple préoccupation du passé, ce thème demeure au cœur de notre humanité. On le verra, de récents travaux scientifiques confirment l'extraordinaire puissance des communautés et des réseaux sociaux dans notre vie.

Commençons par le récit biblique. L'épisode du veau d'or commençait par ces mots : « Le peuple, voyant que Moïse tardait à descendre de la montagne, s'attroupa [*vayikahel*] autour d'Aaron... » (Ex. XXXII, 1). Au début de la *parasha* de cette semaine, après avoir obtenu le pardon de Dieu et rapporté les deuxièmes tables de la Loi, Moïse entreprit de raffermir la dévotion du peuple : « Moïse assembla [*vayakhel*] toute la communauté des enfants d'Israël... » (Ex. XXXV, 1). Ils avaient fauté en tant que communauté. Ils devaient maintenant se reconstruire en tant que communauté. La spiritualité juive est d'abord et avant tout une spiritualité communautaire.

Observons dans la *parasha* de cette semaine, tout ce que Moïse entreprend : Il dirige l'attention des Hébreux vers les deux grands centres de la communauté dans le judaïsme, l'un dans le temps, le Shabbat, l'autre dans l'espace, le *mishkan*, le tabernacle, qui conduisit par la suite au Temple et plus tard à la synagogue. C'est lors du shabbat, lorsque nous mettons de côté nos machines et instruments, nos envies et nos désirs personnels pour nous rassembler en tant que communauté, que la *kehilah* vit le plus intensément. Et c'est dans la synagogue que la communauté trouve sa demeure.

Le judaïsme attache une importance considérable à l'individu. Toute vie est comme un univers. Chacun de nous, bien que nous soyons tous à l'image de Dieu, est différent, donc unique et irremplaçable. Pourtant, la première fois que les mots « pas bon » apparaissent dans la Torah c'est dans le verset « Il n'est pas bon que l'homme soit seul » (Gen. 11, 18). Une grande partie du judaïsme porte sur la forme et la structure de notre solidarité. Il fait grand cas de l'individu, sans toutefois souscrire à l'individualisme.

Notre religion est celle d'une communauté. Nos prières les plus saintes ne peuvent être récitées qu'en présence d'un *minyan*, le quorum minimum requis pour définir une communauté. Martin Buber parlait du Je-et-Tu, mais le judaïsme est en fait une question de Nous-et-Toi. En conséquence, pour racheter la faute commise par les Hébreux en tant que communauté, Moïse voulut sanctifier la communauté dans le temps et dans l'espace.

C'est devenu l'une des différences fondamentales entre tradition et culture contemporaine de l'Occident. On le retrouve dans les titres de trois livres phares sur la société américaine. Dans les années 1950, David Riesman, Nathan Glazer et Reuel Denney publièrent un livre révélateur sur le caractère fluctuant des Américains, intitulé *The Lonely Crowd*, traduit en français sous le titre *La foule solitaire*. En 2000, Robert Putnam, de Harvard publia *Bowling Alone*, une analyse précisant que les Américains étaient de plus en plus nombreux à jouer au bowling, mais de moins en moins nombreux à fréquenter des clubs et des ligues de ce sport. En 2011, Sherry Turkle, du MIT, publia un livre intitulé *Alone Together* – traduit en français par *Seuls ensemble* – sur l'impact des smartphones et des logiciels de réseaux sociaux.

Considérons tous ces titres. Chacun porte sur la marée montante de la solitude, étapes successives dans le long et lent effondrement de la communauté dans la vie moderne. Robert Bellah l'a formulé avec éloquence en disant que « l'écologie sociale est endommagée non seulement par les guerres, les génocides et les répressions politiques, mais aussi par la destruction des liens subtils qui lient les hommes les uns aux autres, les laissant angoissés et seuls[1]. »

D'où l'actualité brûlante des deux thèmes de Vayakhel, le Shabbat et le *Mishkan*, aujourd'hui la synagogue. Ce sont des antidotes à l'affaiblissement des liens communautaires. Ils contribuent à restaurer « les liens subtils qui lient les hommes les uns aux autres. » Ils nous rattachent à la communauté.

Prenons l'exemple du Shabbat. Michael Walzer, philosophe politique de Princeton, attire notre attention sur la différence entre les congés (*holidays*) et les jours saints (*holy days*) (ou, comme il le formule, entre les vacances et le Shabbat[2]). L'idée de vacances conçues comme un jour de congé privé est relativement récent. Walzer le fait remonter aux années 1870. Elle est, fondamentalement de nature individualiste (ou familiale). Chacun organise ses propres vacances, se rend où il veut, fait ce qu'il veut, écrit-il. Le Shabbat, en revanche, est essentiellement collectif : « toi, ton fils ni ta fille, ton esclave mâle ou femelle, ton bœuf, ton âne, ni tes autres bêtes, non plus que l'étranger qui est dans tes murs. » Il est public, partagé ; il appartient à tous. Les vacances sont comme une marchandise qu'on achète. On ne peut acheter le Shabbat. Il est disponible à tout un chacun, dans les mêmes conditions : « enjoint à tout le monde et tout le monde en profite. » Nous prenons des vacances à titre individuel ou familial. Nous célébrons le Shabbat en tant que communauté.

Il en va à peu près de même de la synagogue, institution juive unique en son genre à l'époque, adoptée ultérieurement par le christianisme et l'islam sous la forme de l'église et de la mosquée. On a rappelé plus haut l'argument avancé par Robert Putnam dans *Bowling Alone*, selon lequel les Américains devenaient de plus en plus individualistes. Il s'est produit, dit-il, une perte de « capital social », c'est-à-dire des liens qui nous unissent dans la responsabilité partagée, pour l'intérêt général.

Une dizaine d'années plus tard, Putnam révisa sa thèse[3]. Le capital social, affirma-t-il, existe toujours, et on le trouve dans les églises et les synagogues. Les

---

1. Robert Bellah *et al.*, *Habits of the heart: individualism and commitment in American life*, Berkeley, University of California Press, 1985, p. 284.
2. Michael Walzer, *Spheres of Justice*, Oxford, Blackwell, 1983, p. 190-196 ; en français, *Sphères de justice*, traduit par Pascal Engel, Seuil, 1997.
3. Robert Putnam et David E. Campbell, *American Grace: How Religion Divides and Unites Us*, New York, Simon & Schuster, 2010.

fidèles fréquentant régulièrement un lieu de culte étaient – selon ses travaux – plus susceptibles que les autres de donner de l'argent à des associations caritatives, de s'engager dans des activités bénévoles, de donner du sang, de passer du temps avec une personne déprimée, d'offrir leur place à un étranger, d'aider quelqu'un à trouver un travail, et nombre d'autres activités civiques, morales et philanthropiques. Ils sont tout simplement plus sensibles à l'intérêt général que les autres. La fréquentation régulière d'un lieu de culte est le meilleur indice de l'altruisme, plus que tout autre facteur, qu'il s'agisse du sexe, de l'éducation, du niveau de revenu, de la race, de la région, du statut marital, de l'idéologie ou de l'âge.

Le plus fascinant dans ses découvertes, c'est que le facteur clé soit *l'appartenance à une communauté religieuse*. Ce qui se révèle être non pertinent, ce sont les convictions. Selon les conclusions de l'étude, il y a plus de chance qu'un athée qui se rend régulièrement dans un lieu de culte (peut-être pour accompagner un conjoint ou un enfant) soit bénévole dans une soupe populaire qu'un fervent croyant qui prie seul. De nouveau, le facteur clé est la communauté.

L'une des fonctions les plus importantes de la religion à une époque laïque, c'est probablement de conserver la communauté. La plupart d'entre nous ont besoin d'une communauté. Nous sommes des animaux sociaux. Les biologistes évolutionnistes ont dernièrement montré que l'immense accroissement de la taille du cerveau chez l'Homo sapiens était spécifiquement destiné à nous permettre de former des réseaux sociaux plus étendus. Plus que les facultés de la raison, c'est la capacité humaine à coopérer en équipes d'une certaine taille qui nous distingue des autres animaux. Comme le dit la Torah, il n'est pas bon d'être seul.

De récents travaux ont également montré un autre aspect. La personne avec laquelle vous vous associez exerce un puissant impact sur ce que vous faites et ce que vous devenez. En 2009, Nicholas Christakis et James Fowler ont réalisé une analyse statistique sur un groupe de 5 124 sujets et leurs 53 228 liens avec leurs amis, leur famille et leurs collègues de travail. Ils ont constaté que si l'une de vos relations commence à fumer, cela augmente considérablement (de 36 %) les chances que vous commenciez aussi. Il en va de même pour la boisson, la minceur, l'obésité et autres modèles de comportement[4]. Un phénomène de mimétisme s'instaure entre nous et notre entourage.

---

4. Nicholas Christakis et James H. Fowler, *Connected: The Surprising Power of Our Social Networks and How They Shape Our Lives*, New York, Little, Brown, 2009.

Une étude menée en 2000 auprès des étudiants du Collège de Dartmouth a montré que si vous partagez une chambre avec quelqu'un qui a de bonnes habitudes d'étude, il est fort probable que vos propres résultats s'amélioreront. Une étude effectuée à Princeton en 2006 a montré que si votre frère ou votre sœur a un enfant, il y a 15 % de chances de plus que vous en ayez un aussi dans les deux années suivantes. Il existe une véritable « contagion sociale ». Nous sommes profondément influencés par nos amis – comme le soutient Maïmonide dans son code de loi, le *Mishneh Torah* (Lois sur les traits de caractères, 6, 1).

Ce qui nous ramène à Moïse et à *Vayakhel*. En plaçant la communauté au cœur de la vie religieuse et en lui donnant une demeure dans l'espace et dans le temps – la synagogue et le Shabbat – Moïse démontrait les bienfaits de la puissance de la communauté, tout comme l'épisode du veau d'or a montré son pouvoir néfaste. La spiritualité juive est en grande partie profondément communautaire. On peut donc aussi définir la foi juive comme une tentative de nous libérer de notre solitude.

Pekoudei

Intégrité dans la vie publique

Il est un verset qui nous est si familier que, trop souvent, nous ne prenons pas le temps de réfléchir à sa signification. Il se trouve dans le premier paragraphe du *Shema* : « Tu aimeras l'Éternel ton Dieu de tout ton cœur, de toute ton âme et de tout ton *me'od* (Deut. VI, 5). Le dernier mot est généralement traduit pas « force » ou « pouvoir ». Mais Rashi, suivant le Midrash et le Targoum, le traduit par « de toute ta richesse ».

Le verset semble alors inintelligible, du moins dans l'ordre dans lequel il est écrit. « De toute ton âme » a été interprété par les sages comme signifiant « au prix de ta vie » si besoin est. Dans certaines circonstances, Dieu merci très rares, il nous est ordonné de renoncer à la vie elle-même plutôt que de commettre une faute ou un crime. S'il en est ainsi, il va sans dire que nous devrions aimer Dieu de toute notre richesse, ce qui signifie, même au prix d'un sacrifice financier considérable. Or, Rashi et les sages disent que la phrase s'applique à ceux « qui font passer la richesse avant la vie elle-même. »

Certes, la vie importe plus que la richesse. Les sages savent que, pour reprendre leurs propres mots, *Adam bahoul al mamono*, ce qui signifie : les gens font des choses étranges, hâtives, mal considérées et irrationnelles dès lors qu'il est question d'argent (Shabbat 117 b). Le gain peut constituer une tentation colossale et mener à des actes qui causent du tort à autrui et finalement à nous-mêmes. Ainsi, lorsqu'il s'agit de questions financières, en particulier lorsque des fonds publics sont impliqués, il ne doit pas y avoir de place pour la tentation ; aucun doute non plus sur la question de savoir s'ils ont été utilisés aux fins pour lesquelles ils ont été donnés. Les comptes doivent être scrupuleusement vérifiés, et une transparence totale s'impose, faute de quoi le risque moral est grand : tentation maximale et maximum d'occasions.

La *parasha* de Pekoudei donne précisément un compte rendu détaillé de l'emploi des dons effectués pour la construction du *mishkan* :

> Telle est la distribution du tabernacle, résidence du Témoignage, comme elle fut établie sur ordre de Moïse ; tâche confiée aux lévites, sous la direction d'Itamar, fils d'Aaron le prêtre. » (Ex. XXXVIII, 21)

Vient ensuite l'énumération des montants exacts de l'or, de l'argent et du bronze recueillis, et leur affectation. Pourquoi Moïse agit-il ainsi ? Le midrash propose une réponse :

> « Ils suivaient Moïse du regard » (Ex. XXXIII, 8). Des gens critiquaient Moïse, se disant les uns aux autres : « Regarde ce cou. Regarde ces jambes. Moïse mange et boit ce qui nous appartient. Tout ce qu'il a nous appartient. » Un autre répondait : « Un homme qui est chargé du travail pour le tabernacle – que peut-on en attendre ? Qu'il ne s'enrichisse point ? » Dès qu'il entendit cela, Moïse répliqua : « Sur votre vie, dès que le tabernacle sera achevé, je vous rendrai compte de tout[1]. »

Moïse fournit un décompte détaillé afin d'éviter d'être soupçonné de s'être approprié une partie des dons. Notons l'importance accordée au fait que le décompte a été effectué non par Moïse lui-même, mais « par les lévites sous la direction d'Itamar », autrement dit par des vérificateurs indépendants.

Il n'est pas fait allusion à ces accusations dans le texte même, mais le midrash se fonde peut-être sur la remarque faite par Moïse pendant la révolte de Korah :

> Je n'ai jamais pris à un seul d'entre eux son âne, je n'ai jamais fait de mal à un seul d'entre eux. (Nbres XVI, 15)

---

1. Tan'houma, Buber, Pekoudei, 4.

Des accusations de corruption et d'enrichissement personnel ont souvent été lancées à l'encontre de dirigeants, justifiées ou non. On pourrait penser que, puisque Dieu voit tout ce que nous faisons, c'est une garantie suffisante pour prévenir les actes répréhensibles. Le judaïsme cependant ne s'y fie pas. Le Talmud rapporte une scène qui se déroule près du lit de mort de Rabban Yo'hanan ben Zakkaï. Le maître repose, entouré de ses disciples :

> Ils lui dirent : « Notre maître, bénis-nous. » Il leur répondit : « Que Dieu vous inspire la crainte du ciel, autant que la crainte des êtres de chair et de sang. » Ses disciples demandèrent : « Est-ce tout ? » Il répliqua : « Si seulement vous atteigniez ce niveau de crainte ! Vous constatez vous-mêmes la véracité de mes propos : quand un homme s'apprête à commettre une transgression, il se dit : Pourvu que personne ne me voit. » (Berakhot 28 b).

Lorsque qu'on commet une faute, on s'inquiète à l'idée d'être vu par d'autres. On oublie que Dieu, certainement, nous voit. La tentation trouble l'esprit, et personne ne devrait se croire à l'abri de ce genre de pensées.

Un passage ultérieur du Tanakh semble indiquer que le rapport financier de Moïse ne s'imposait pas vraiment. Le livre des Rois rapporte un épisode survenu pendant le règne de Yehoash, lors d'une collecte de fonds pour la restauration du Temple :

> « On ne demandait pas de comptes aux hommes à qui l'on confiait l'argent pour le remettre aux ouvriers, parce qu'ils agissaient avec honnêteté. » (II Rois XII, 16)

Moïse, homme d'une honnêteté irréprochable, aurait ainsi agi « au-delà des strictes exigences de la loi[2]. »

C'est précisément le fait que Moïse n'avait *pas besoin* d'agir ainsi qui confère toute sa force à cet épisode. Dès lors qu'il est question de fonds publics, il est impératif de rendre des comptes et d'en assurer la transparence, quelle que soit l'excellente réputation dont jouissent les personnes concernées. Ceux qui

---

2. Concept fondamental de la loi juive (voir par exemple, Berakhot, 7 a, 45 b, Baba Kamma, 99 b), signifiant surérogation, c'est-à-dire aller au-delà, dans un sens positif, de ce que la loi requiert.

occupent un poste de confiance doivent être d'une parfaite intégrité morale et être *considérés comme tels*. Jethro, l'avait déjà expliqué lorsqu'il conseilla à son gendre Moïse de nommer des subordonnés en vue de l'aider dans la tâche de diriger le peuple. Ceux-ci devaient être, dit-il, « des hommes éminents, craignant Dieu, amis de la vérité, ennemis du lucre » (Ex. XVIII, 21)

Sans une réputation d'honnêteté et d'incorruptibilité, les juges ne peuvent garantir que justice sera rendue. Ce principe général, nos sages le font découler de l'épisode du livre des Nombres où Réouvénites et Gadites formulèrent le vœu de s'installer sur la rive est du Jourdain où les pâturages étaient abondants pour leur bétail. (Nbres XXXII, 1-33). Moïse leur dit qu'en agissant ainsi, ils décourageraient le reste de la nation. Ils donneraient l'impression qu'ils hésitaient à traverser le Jourdain et à combattre avec leurs frères pour conquérir le pays.

Réouvénites et Gadites exprimèrent clairement leur intention d'être en première ligne dans les combats et de ne retourner sur la rive est du Jourdain qu'une fois le pays entièrement conquis. Moïse accepta leur proposition, disant que, s'ils tenaient parole, ils seraient « quittes [*veheyitem nekiim*] devant Dieu et envers Israël » (Nbres XXXII, 22). Cette phrase est entrée dans la loi juive sous la forme du principe que « chacun doit s'acquitter de ses obligations devant les hommes et devant Dieu[3]. » Il ne suffit pas de faire ce qui est juste. Il faut *que l'on voie* que nous agissons avec rectitude, notamment s'il y a risque de rumeur et de suspicion.

La littérature rabbinique ancienne fournit plusieurs exemples d'applications de cette règle. Ainsi par exemple, lorsque les préposés venaient chercher des pièces de monnaie pour les sacrifices dans la salle des shekels où l'argent était gardé :

> On ne pénétrait pas dans la salle en portant un vêtement bordé d'un ourlet, ni avec des chaussures, des sandales, ni avec des tefillins ou une amulette, de crainte que, s'il devenait pauvre, des gens disent que c'était à cause d'une indélicatesse commise dans la salle, ou s'il s'enrichissait, on en vienne à dire qu'il s'était approprié des biens dans la salle. Car on doit être exempt de faute devant les hommes comme devant Dieu, comme il est dit : « soyez quittes devant Dieu et devant Israël » (Nbres XXXII,

---

3. Mishnah, Shekalim 3:2.

22), et également : « Tu trouveras faveur et bon vouloir aux yeux de Dieu et des hommes » (Prov. III, 4[4]).

Ceux qui pénétraient dans la salle ne devaient pas porter le moindre vêtement dans lequel ils auraient pu cacher et dérober des pièces. De même, lorsqu'il restait des fonds aux contrôleurs des dons caritatifs, ils n'étaient pas autorisés à changer des pièces de cuivre contre des pièces d'argent leur appartenant en propre : ils devaient faire l'échange avec une tierce partie. Les contrôleurs d'une soupe populaire n'étaient pas autorisés à acheter le surplus de nourriture lorsqu'il ne restait plus de pauvres auxquels la distribuer. Les surplus devaient être vendus à d'autres afin de ne pas prêter le flanc à la suspicion que les contrôleurs tiraient profit des fonds publics. (*Pessa'him* 13 a).

Le Shoulkhan Aroukh stipule que les collectes de dons doivent toujours être effectués par deux personnes au minimum, afin que chacun puisse constater ce que fait l'autre[5]. Rabbi Yossef Karo et Rabbi Moshé Isserlès sont en désaccord quant à la nécessité de fournir des comptes rendus détaillés. Le premier se fonde sur un passage des Rois (livre II) « On ne demandait pas de compte aux hommes à qui l'on confiait l'argent pour le remettre aux ouvriers, car ils agissaient avec honnêteté. » (II Rois, XII, 16) – pour soutenir qu'aucun compte n'est réclamé aux personnes d'une honnêteté inattaquable. Rabbi Moshé Isserlès, lui, affirme qu'il faut le faire à cause du principe « Soyez quittes devant Dieu et devant Israël[6]. »

La confiance s'impose dans la vie publique. Une nation qui soupçonne ses dirigeants de corruption ne peut pas fonctionner correctement en tant que société ouverte, libre et juste. C'est la marque d'une société harmonieuse que le leadership soit considéré comme une forme de service plutôt que comme un moyen d'accéder au pouvoir, porte ouverte à tous les abus. Le Tanakh est un guide d'apprentissage sur l'importance des normes les plus élevées dans la vie publique. Les prophètes, les premiers critiques sociaux au monde, étaient mandatés par Dieu pour dire la vérité aux pouvoirs en place et pour remettre en question les dirigeants corrompus. Le défi lancé par le prophète Élie au roi Ahab, et les protestations d'Amos, Osée, Isaïe et Jérémie contre les pratiques

---
4. *Ibid.*
5. Shoulkhan Aroukh, Yoreh Deah 257:1.
6. *Ibid.*, 257:2.

immorales de leur époque sont des classiques de cette tradition, établissant définitivement les idéaux d'équité, de justice, d'honnêteté et d'intégrité. Une société libre est édifiée sur des fondements moraux, lesquels doivent être inébranlables.

L'exemple personnel de Moïse qui rendait compte des fonds recueillis pour le premier projet collectif du peuple juif a établi un précédent fondamental pour tous les temps.

Pekoudei

La puissance de l'éloge

Pour mettre en valeur ce qu'il y a de meilleur chez ceux qu'ils dirigent, les dirigeants doivent leur donner une chance de montrer qu'ils sont capables de grandes choses, *et ils doivent alors faire l'éloge de leurs réalisations*. C'est ce qui se produit à un moment déterminant vers la fin de notre *parasha*, qui conclut de manière sublime le livre de l'Exode, après toutes les épreuves survenues auparavant.

Les Hébreux ont enfin achevé la construction du tabernacle. On lit alors :

> Ainsi fut *terminé* toute l'*œuvre* du tabernacle de la Tente d'assignation ; les Hébreux l'avaient exécuté en agissant en tout point selon ce que l'Éternel avait enjoint à Moïse... Moïse examina toute l'*œuvre* : or, ils l'avaient exécuté conformément aux prescriptions du Seigneur. Et Moïse les *bénit*.
> (Ex. XXXIX, 32, 43)

Ce passage semble simple, mais pour une oreille exercée, il rappelle un autre texte biblique, de la fin du récit de la création dans la Genèse :

> Ainsi furent *terminés* les cieux et la terre, avec tout ce qu'ils renferment. Dieu mit fin, le septième jour, à l'*œuvre* faite par Lui ; et il se reposa, le

septième jour, de toute l'œuvre qu'il avait faite. Dieu *bénit* le septième jour et le proclama saint, parce qu'en ce jour Il se reposa de l'*œuvre* entière qu'il avait produite et organisée (Gen. II, 1-3).

Trois mots clés apparaissent dans les deux passages : « œuvre », « terminé » et « bénit ». Ces répétitions ne sont pas fortuites. C'est ainsi que la Torah signale l'intertextualité, c'est-à-dire une allusion que telle loi ou tel récit peut être lu dans un autre contexte. Dans ce cas, la Torah souligne que l'Exode prend fin comme la Genèse a commencé, par une œuvre de création. On remarquera les différences ainsi que les similitudes. La Genèse commence par un acte de création divine. L'Exode prend fin par un acte de création humaine.

Plus on examine les deux textes, plus on se rend compte à quel point le parallèle a été établi avec finesse. Le récit de la création dans la Genèse est étroitement organisé autour d'une série de sept. Il y a sept jours de la création. Le mot « bien » figure à sept reprises, le mot « Dieu » trente-cinq fois, et le mot « terre » vingt-et-une fois. Le verset d'ouverture de la Genèse contient sept mots, le second quatorze, et les trois derniers 35. Au total, le texte comprend 469 mots (7 x 67).

Le récit de l'édification du tabernacle dans Vayakhel-Pekoudei est construit de même autour du chiffre sept. Le mot « cœur » apparaît sept fois dans Exode XXXV, 5-29, lorsque Moïse précise les matériaux à utiliser dans la construction, et sept fois, de nouveau aux chapitres XXXV, 34 et XXXVI, 8, lors de la description des modalités du travail par les artistes Betsalel et Oholiav. Le mot *trouma*, « contribution » figure à sept reprises dans cette section. Au chapitre XXXIX qui décrit la confection des vêtements sacerdotaux, l'expression « comme Moïse l'avait ordonné » revient sept fois. Elle apparaît de nouveau sept fois au chapitre XL.

Un remarquable parallèle est établi entre la création de l'univers par Dieu et la création du tabernacle par les Hébreux. On comprend désormais ce que représentait le tabernacle. C'était un microcosme, un univers en miniature, construit avec la même précision et la même « sagesse » que l'univers lui-même, un lieu d'ordre par opposition au caractère informe du désert et au chaos toujours menaçant du cœur humain. Le tabernacle était un rappel visible de la Présence divine dans le camp, elle-même métaphore de la Présence divine dans l'univers.

Une idée essentielle et grandiose prend forme. Les Hébreux, décrits pendant une grande partie de l'Exode comme des hommes ingrats et peu enthousiastes, reçoivent maintenant l'occasion, après la faute du veau d'or, de montrer qu'ils ne sont pas irrémédiablement perdus. Ils sont capables de grandeur. Ils ont montré qu'ils peuvent être créatifs. Ils ont employé leur générosité et leur savoir-faire à construire un mini-univers. Par cet acte symbolique, ils ont prouvé qu'ils étaient capables de devenir, selon la puissante expression rabbinique, des « partenaires de Dieu dans l'œuvre de la création. »

C'était fondamental pour leur reconstruction morale et pour l'image qu'ils avaient d'eux-mêmes en tant que peuple de l'alliance divine. Le judaïsme ne sous-estime pas les capacités l'homme. Nous ne croyons pas être entachés à tout jamais par le « péché originel ». Nous ne sommes pas incapables de grandeur morale. Au contraire, le fait même que nous soyons à l'image du Créateur signifie que nous – et nous seuls parmi toutes les formes de vie – avons la capacité d'être créateurs. Alors que la première réalisation des enfants d'Israël atteint son point culminant, Moïse les bénit en disant, selon les sages : « Dieu veuille que Sa présence réside dans l'œuvre de vos mains[1]. » Notre grandeur potentielle réside dans le fait que nous pouvons créer des édifices, des relations et des vies qui deviennent des demeures pour la Présence divine.

En les bénissant et en faisant leur éloge, Moïse leur montrait ce qu'ils pouvaient être. C'est là une expérience susceptible de changer une vie. Voici un exemple contemporain.

En 2001, peu après le 11 septembre, je reçus à Londres la lettre d'une femme dont je ne reconnus pas immédiatement le nom. Le matin de l'attentat perpétré contre le World Trade Center, j'avais donné une conférence sur les moyens d'améliorer le statut des enseignants, et elle en avait lu un compte rendu dans la presse. Cette lecture la détermina à m'écrire et à me rappeler une rencontre que nous avions eue huit ans plus tôt.

En 1993, elle était alors directrice d'une école en difficulté. Elle avait entendu certaines de mes émissions, avait ressenti une certaine affinité avec ce que je disais et pensait que j'avais peut-être la solution à son problème. Je l'invitai chez moi en compagnie de deux de ses adjoints. Voici ce qu'elle me raconta : le moral au sein de l'école, tant parmi les enseignants, que parmi les élèves et les parents, était au plus bas. Des parents avaient retiré leurs enfants.

---
1. Sifré, Bamidbar, Pinhas, 143.

Les effectifs étaient tombés de mille à cinq cents élèves. Les résultats des examens étaient désastreux : seulement 8 % des élèves obtenaient de bonnes notes. Il était évident qu'à moins d'un changement spectaculaire, l'école allait fermer ses portes.

Nous discutâmes pendant environ une heure sur des thèmes généraux : l'école en tant que communauté, comment créer un système de valeurs, etc. Je me rendis compte soudain que nous ne réfléchissions pas dans la bonne direction. Le problème auquel elle était confrontée était d'ordre pratique, non philosophique. Je lui dis : « Je voudrais que vous mettiez en pratique un mot – *l'éloge*. » Elle soupira : « Vous ne comprenez pas – il n'y a pas d'éloge à faire. Tout va mal à l'école. » « Dans ce cas, répondis-je, *trouvez* quelque chose. Si un seul élève a mieux réussi cette semaine que la semaine dernière, félicitez-le. Si quelqu'un a son anniversaire, fêtez-le. Si c'est mardi, fêtez-le. » Elle sembla peu convaincue, mais promit d'essayer.

Puis, huit ans plus tard, elle m'écrivait pour me raconter ce qui s'était passé. Le nombre d'élèves obtenant d'excellents résultats aux examens était passé de 8 à 65 %. Les effectifs scolaires étaient revenus à un millier. Gardant la meilleure nouvelle pour la fin, elle ajouta qu'elle venait d'être faite Dame de l'Empire britannique – l'une des plus hautes distinctions décernées par la reine – pour sa contribution à l'éducation. Elle concluait en me disant qu'elle avait seulement voulu me faire savoir comment un mot avait changé son école et sa vie.

C'était une merveilleuse enseignante, qui n'avait certainement pas besoin de mes conseils. Elle aurait, tôt ou tard, découvert elle-même la réponse. Mais je n'avais eu aucun doute que cette stratégie serait couronnée de succès. Nous grandissons pour répondre aux attentes qu'ont les autres, à notre égard. Si elles sont médiocres, nous demeurons petits. Si elles sont élevées, nous marchons la tête haute.

L'idée que chacun de nous dispose d'un montant fixe d'intelligence, de mérite, de capacités scolaires, de motivations et de dynamisme est absurde. Nous ne pouvons pas tous peindre comme Monet ou composer comme Mozart. Mais nous avons tous des dons, des capacités, qui peuvent demeurer en latence jusqu'à ce que quelqu'un les éveille. Nous pouvons atteindre des hauteurs dont nous ne nous serions pas crus capables. Il nous suffit *de rencontrer quelqu'un qui croit en nous, nous lance des défis, puis, lorsque nous avons relevé le défi, nous félicite et loue nos réalisations*. C'est ce que fit Moïse pour les Hébreux après la faute du veau d'or. D'abord, il fit en sorte qu'ils créent, puis il les bénit eux et leur création, par la plus simple et la plus émouvante des bénédictions : que la *Shekhina* réside dans le travail de leurs mains.

    La louange est une partie essentielle de la motivation. Elle remit sur pied une école. À une époque bien plus lointaine, dans un contexte bien plus sacré, elle remit les Hébreux dans le droit chemin. En louant les réalisations d'autrui, nous changeons des vies.

Pekoudei

Le livre de l'Exode : structure narrative

Le moment est venu pour nous d'étudier la structure du livre de l'Exode. À première vue, ce livre ressemble à un récit historique, ponctué de différentes lois et dominé, dans le dernier tiers, par une description du tabernacle qui ne s'harmonise pas très bien avec ce qui s'est passé auparavant. Une lecture séquentielle semble dire : ceci et cela se sont produits, dans un certain ordre chronologique, et voici un compte rendu de ces événements.

Le texte se lit plus précisément comme l'histoire d'une intervention divine dans le cours de l'histoire humaine, la modifiant à tout jamais. Les Hébreux étaient esclaves ; Dieu les libéra. Les miracles relatés dans l'Exode sont d'une ampleur inégalée dans tous les autres livres de la Bible, à n'importe quelle époque de l'histoire juive, et dans toute autre littérature religieuse. Les dix plaies, l'ouverture de la mer des Joncs, la révélation au mont Sinaï, la manne descendue du ciel, l'eau jaillie d'un rocher : ce sont là des événements surnaturels qui ont, depuis lors, laissé leur empreinte dans la conscience juive. Et pas seulement dans la conscience juive : le livre de l'Exode inspira la révolution anglaise au XVIIe siècle, la révolution américaine au XVIIIe siècle et les mouvements de libération depuis l'Amérique du Sud jusqu'à l'Afrique du Sud

Le livre de Shemot

au XXᵉ siècle. L'exode est le métarécit de l'espoir de l'Occident, et de sa quête perpétuelle de la liberté.

Mais la Torah ne se contente jamais de rapporter de simples événements historiques. L'Exode représente une histoire dotée d'un sens, d'un thème sous-jacent, d'une structure morale, d'un point de départ et d'une destination. C'est une histoire qui ne se fait pas seulement par des décisions humaines de protagonistes humains. Car Dieu fait lui aussi partie intégrante du récit, à la fois comme réalisateur et acteur principal. Rien n'y est fortuit. L'Égypte, la « maison de l'esclavage » où un peuple entier est asservi et menacé d'anéantissement, c'est ce qui se produit lorsque des êtres humains – pharaons, dirigeants, tyrans – se prennent pour des dieux : lorsque le législateur est au-dessus de la loi. Cela se produit encore aujourd'hui. Il suffit de penser à l'Allemagne nazie, à la Russie stalinienne et aux nombreux régimes sanguinaires au pouvoir aujourd'hui, pour comprendre en quoi l'histoire de l'exode n'est pas simplement une histoire, digne d'intérêt seulement parce qu'elle s'est produite il y a longtemps. Les thèmes de la Torah sont éternels et conserveront leur pertinence tant que des êtres humains aspireront à en dominer d'autres par le recours au pouvoir.

Pourtant, l'Exode – lu attentivement, en se concentrant sur les nuances et la structure – n'est pas un simple drame divin dans lequel tous les actes importants sont le fait de Dieu. Un sous-texte, un contre-récit, parcourt le livre, qui raconte une histoire bien différente. Cette seconde histoire porte sur le transfert récurrent de la responsabilité de Dieu aux hommes. Il concerne moins la puissance divine que l'octroi du pouvoir par Dieu. C'est comme si Dieu avait dit aux Hébreux : Je vous sauverai, et ensuite Je vous enseignerai comment vous sauver vous-mêmes. Je vous ferai accéder à la liberté, et ensuite Je vous enseignerai comment créer une société libre. Dieu Éducateur est autant présent dans l'Exode que Dieu Libérateur, et il en va de même du personnage central de ce drame, Moïse. Il y a beaucoup de surnaturel dans l'Exode, mais aussi, beaucoup de naturel. Dieu nous montre la voie, mais attend de nous que nous la suivions et apprenions à lire la carte de la délivrance, à suivre notre propre voie à travers le désert du temps et les dangers qui menacent constamment la poursuite de la liberté.

En parcourant le livre dans son intégralité, on constate que le récit se divise en deux grands arcs, de structure chiastique, ou d'image en miroir. Le premier, du chapitre I au chapitre XXIV, présente un récit qu'on pourrait intituler « De l'esclavage à la liberté ». Il se déroule ainsi :

Société injuste (chapitres I à VI)
    Libération : les dix plaies (chapitres VII à XIII)
        Ouverture de la mer des Joncs (chapitres XIV à XVIII)
    Liberté : les dix commandements (chapitre XIX à XX)
Société juste (chapitres XXI à XXIV)

L'histoire débute par l'esclavage en Égypte. Elle se termine par un code de lois qui comprend la libération des esclaves la septième année et un certain nombre d'autres lois mentionnant explicitement l'expérience vécue en Égypte par les Hébreux. « Tu n'affligeras point l'étranger ni ne le molesteras, car vous-mêmes avez été étrangers en Égypte. » (XXII, 20). « Tu ne malmèneras point l'étranger. Vous connaissez, vous, le cœur de l'étranger, vous qui avez été étrangers dans le pays d'Égypte. » (XXIII, 9) La société que les Hébreux reçoivent l'ordre d'édifier n'aurait rien de la grandeur impériale de l'Égypte. Elle serait une anti- ou une contre-Égypte, fondée non sur la puissance, mais sur le respect de la liberté et de la dignité humaine.

La Torah n'abolit pas l'esclavage, mais elle le tempère et le restreint de façon à guider la nation vers son abolition ultérieure. Nous avons tendance à oublier combien de temps il a fallu aux sociétés les plus développées pour libérer les esclaves : en Grande-Bretagne et aux États-Unis, l'esclavage n'a été aboli qu'au XIXe siècle, et en Amérique au prix d'une guerre civile. Le levier le plus puissant pour atteindre ce but fut le Shabbat : « Durant six jours tu travailleras et tu t'adonneras à toutes tes occupations, mais le septième jour est le Shabbat de l'Éternel ton Dieu : tu n'y feras aucun travail, toi, ton fils ni ta fille, ton esclave mâle ou femelle, ton bétail, ni l'étranger qui est dans tes murs » (XX, 8-9). Un jour sur sept un esclave respirait l'air de la liberté. Rien n'était plus révolutionnaire que cette transformation de l'esclavage, fait et destin de naissance, en une condition temporaire et révocable.

Tel est le premier récit, éminemment structuré autour de l'axe de l'ouverture de la mer des Joncs, lorsque le peuple passe de l'Égypte, domaine de Pharaon, au désert – no man's land – dans lequel rien n'interfère entre les Hébreux et Dieu. Deux scènes similaires se produisent au début et à la fin. Dans la première, on voit Moïse au « Horeb, la montagne de Dieu » (III, 1), seul avec Dieu au buisson ardent. Dans la seconde, Moïse, sur la même montagne (Horeb, c'est-à-dire le Sinaï), est seul avec Dieu, tandis que « la majesté divine apparaissait comme un feu dévorant au sommet de la montagne, à la vue des enfants d'Israël » (XXIV, 17). Entre ces deux événements, tout a changé. Moïse est devenu un chef. Le peuple a été libéré. Des miracles se sont produits. Un tyran a été vaincu. Or, comme pour souligner la symétrie en image inversée du récit, l'histoire se termine comme elle commence, Dieu s'adressant à Moïse sur la montagne au milieu des flammes. La distribution du scénario est impressionnante – la nation égyptienne et les enfants d'Israël désormais nombreux – mais à l'avant-scène, il n'y a qu'un seul homme, Moïse, et la voix divine, comme pour dire que c'est ainsi que l'histoire change, par le dialogue intérieur entre une seule âme et le Dieu de la liberté et de la dignité.

Le second arc porte moins sur le politique que sur le spirituel et sur la place de Dieu dans la société. Son symbole est le tabernacle, et sa structure se présente ainsi :

Tabernacle : instructions (XXV-XXXI, 11)
    Shabbat (XXXII, 12-18)
        Veau d'or (XXXII-XXXIV)
    Shabbat (XXXV, 1-3)
Tabernacle : construction (XXXV, 4-40)

Ici, la structure tourne autour de l'épisode du veau d'or, et le problème dont elle traite est ce que Max Weber appelait la « routinisation du charisme[1] ». Comment transforme-t-on des événements grandioses en routines quotidiennes ? Comment entretenir l'inspiration lorsque le chef charismatique n'est plus ? L'épisode du veau d'or s'est produit à un moment où l'impact de la Révélation au mont Sinaï commençait à s'estomper, en l'absence de Moïse dont on craignait peut-être qu'il ne soit parti pour toujours. C'est cette peur de l'absence, plutôt que l'idolâtrie, qui explique la fabrication du veau.

Dans un contexte tout à fait différent, Freud a donné un point de vue qui nous transporte au cœur du problème. Pour Freud, le drame central des hommes, c'est la tension entre les pères et les fils. Les enfants n'acceptent pas la présence du père qui détourne l'attention de la mère envers l'enfant. Mais lorsque le père est absent, ils ressentent un mélange de culpabilité et de peur, et se construisent une sorte de substitut du père[2].

---

1. Max Weber, *Theory of Social and Economic Organization*, traduit par A.R. Anderson et Talcott Parsons, New York, Oxford University Press, 1947. En français, *Économie et société*, 1995, traduit par Julien Freund, Pierre Kamnitzer *et al.*, *Économie et société*, Paris, Pocket (2 volumes), p. 326.
2. Sigmund Freud a développé cet argument dans *Totem et Tabou* (1923) ; *L'avenir d'une illusion* (1932) ; *Malaise dans la culture* (1934) ; et *Moïse et le monothéisme* (1948). [Les dates mentionnées entre parenthèses sont

C'est ce que fut le veau d'or : le substitut d'un Dieu invisible, du chef absent et de la figure du père, Moïse.

Nous sommes, selon Freud, des enfants qui, tout en éprouvant une certaine rancœur, recherchent la figure du père, ce qui a des conséquences pour les nations. Cela explique le besoin impérieux de dirigeants forts – un Staline, un Hitler, un Mao – qui nous font ressentir une certaine sécurité, même s'ils nous volent notre liberté. Ainsi, en un sens, le veau d'or a également une dimension politique. Lorsqu'une nation se désintègre faute de dirigeant fort, c'est le signe qu'elle n'est pas prête pour la liberté.

Le tabernacle revêt donc deux significations fort différentes. La première était le tabernacle lui-même, symbole visible de la présence de Dieu au sein des Hébreux. Il les rassurait sur le fait que Dieu était parmi eux et qu'ils n'avaient pas à craindre Son absence ou Son abandon.

La seconde, non moins riche de conséquences, était la *construction* du tabernacle. Jusqu'alors, tout avait été fait *pour*, et presque rien *par*, le peuple lui-même. On l'a vu dans un chapitre précédent, c'est ce que nous faisons, pas ce qui est fait pour nous, qui nous change. Car, dès lors que les Hébreux furent chargés d'une tâche constructive, à laquelle chacun pouvait contribuer, leur réaction fut remarquable. Bien que les dons fussent spontanés, le peuple manifesta une telle générosité que Moïse dut ordonner de mettre un terme à la collecte. Les dons étaient déjà trop abondants. La construction du sanctuaire fut la première occasion donnée aux Hébreux d'agir en hommes libres et créatifs. Ce fut un élément de leur apprentissage de la liberté.

Le tabernacle, avec l'ordonnancement quotidien du culte, constitua la routinisation du charisme. C'était une sorte de Sinaï portable, et il signifiait que le Feu divin était avec eux, pas seulement au moment de la Révélation, mais chaque jour, partout où ils se trouvaient. Il signifiait aussi un nouveau type de leadership : celui du prêtre, par opposition à celui du prophète. Les prophètes communiquaient la parole de Dieu à un moment donné et en un lieu donné. Les prêtres vivaient la parole de Dieu en tout temps et en tous lieux. Les prophètes étaient charismatiques, les prêtres non. La fonction sacerdotale n'est pas de spontanéité, mais de continuité.

À première vue, les première et deuxième parties du livre de l'Exode ne sont pas liées, mais il n'en est pas ainsi. La thèse fondamentale de l'Exode, et

---

celles des premières traductions en français des ouvrages]

de l'ensemble du judaïsme, est qu'une société a besoin de la présence de Dieu en son sein si elle entend éviter répression et corruption, tyrannie et injustice. Par nature, l'alliance au mont Sinaï, unique en son genre dans les annales de la religion, est qu'Israël est *une nation placée sous la souveraineté de Dieu*. Elle peut avoir des dirigeants humains : Moïse en est un certain type, les juges un autre, les rois un troisième, et dans l'État d'Israël contemporain, nous avons une Knesset démocratiquement élue. Mais dans le judaïsme, tout pouvoir humain est circonscrit par l'autorité suprême de Dieu. La puissance est secondaire par rapport à la justice. Un prophète peut critiquer un roi. Aucun dirigeant n'est au-dessus de la loi. Il y a des limites d'ordre moral imposées au pouvoir. Ce sont les fondements mêmes d'une société libre, à l'époque comme de nos jours.

Lorsque les hommes oublient de vénérer Dieu, ils se mettent à vénérer des êtres humains, et il n'y a alors qu'un pas jusqu'à la tyrannie. La législation sociale de l'Exode (chapitres XXI à XXIII) est donc intimement liée à la construction du tabernacle, symbole de la Présence divine au centre du camp, le cœur d'une société libre.

Un autre arc narratif demeure caché jusqu'à l'extrême fin du livre. On l'a vu à propos de « La demeure que nous construisons pour Dieu », c'est précisément à la fin du long récit sur le tabernacle que nous entendons les mots qui nous ramènent au début de la Torah et à la création de l'univers.

Création de l'Univers	Construction du tabernacle
Et Dieu examina tout ce qu'Il avait réalisé et voici que c'était éminemment bien… Dieu termina, le septième jour, l'œuvre faite par lui ; et Il se reposa le septième jour de toute l'œuvre qu'Il avait faite. Dieu bénit le septième jour et le proclama saint, parce qu'en ce jour Il se reposa de l'œuvre entière qu'Il avait produite et organisée. (Gen. I, 31, II, 2-3).	Moïse examina toute l'œuvre : et voici qu'ils l'avaient réalisée conformément aux prescriptions du Seigneur. Et Moïse les bénit. (Ex. XXXIX, 43) Ainsi, Moïse termina son œuvre. Alors la nuée enveloppa la Tente d'assignation, et la majesté du Seigneur remplit le tabernacle. (Ex. XL, 33-34)

Les résonances textuelles sont manifestes. « Examina », « tout », « voici », « termina », « œuvre », « bénit » – ces sept mots reviennent dans les deux passages. On l'a vu, le chiffre sept joue un rôle déterminant dans les derniers chapitres de l'Exode. L'expression « comme Dieu l'avait ordonné à Moïse » revient sept fois dans le récit de la confection des vêtements sacerdotaux (XXXIX, 1-31), et sept fois dans le récit de Moïse préparant le tabernacle (XL, 17-33). La consécration des prêtres et de l'autel prit sept jours (XXIX, 35-37). Ils correspondent aux sept jours de la création et aux sept fois où il est dit : « Dieu vit que c'était bien. »

La construction du tabernacle par les Hébreux reflète la création de l'univers par Dieu. De fait, la date de l'achèvement du tabernacle – premier jour du premier mois (XL, XVII) – est l'anniversaire de la création, ainsi que le jour où la terre ferme apparut après le Déluge (Gen. VIII, 13), début de l'univers recréé après la grande destruction. La création humaine reflète ainsi la création divine. La demeure que crée Dieu pour l'humanité fait pendant à la demeure que l'humanité crée pour Dieu. La fin de l'Exode nous ramène au début de la Genèse.

C'est véritablement une surprise du texte. Tout au long du livre de l'Exode, nous sommes très loin des thèmes métaphysiques des chapitres d'ouverture de la Genèse. L'Exode porte sur l'histoire ; la Genèse I et II portent sur la cosmologie. Mais ce tour inattendu révèle quelque chose de remarquable à propos du récit biblique jusque-là : la Genèse et l'Exode sont liés comme le sont les éléments symétriques d'une image en miroir dont la structure est la suivante :

> Création de l'univers (Gen. I-III)
>   L'humanité et ses défaillances (III-VI)
>   Le déluge (VII-X)
>   Orgueil démesuré : la tour de Babel (XI)
>   La famille de l'alliance (XII-L)
>   Le peuple de l'alliance (Ex. I-IV)
>   Orgueil démesuré : Pharaon (V-VI)
>   Les plaies (VII-X)
>   Le peuple et ses défaillances (XII-XVIII ; XXXII-XXXIII)
> Création du tabernacle (XXV-XXXI, XXXIV-XL)

On le voit, la différence entre la Genèse et l'Exode réside dans la transformation de la famille de l'alliance en peuple de l'alliance. Mais l'orgueil démesuré de Pharaon fait écho à celui des bâtisseurs de la tour de Babel qui pensaient pouvoir prendre la place de Dieu. Les plaies sont à l'Égypte ce que fut le déluge pour le monde. La violence des hommes, qui conduit Dieu à regretter de les avoir créés, correspond à l'inconstance des Hébreux qui conduit Dieu à regretter de les avoir choisis (Ex. XXXII, 9-10). Deux scènes parallèles encadrent le récit dans son ensemble : l'univers et le tabernacle, macrocosme et microcosme, tous deux ordonnancés avec précision dans trois domaines (jour / nuit, eaux d'en haut et eaux d'en bas, mer / terre ferme ; enceinte extérieure, enceinte intérieure et saint des saints). Tous deux sont le résultat d'un ordre de Dieu, et tous deux sont remplis de la Présence divine.

Au cœur de la Genèse et de l'Exode, il y a des périples : depuis l'Est, Abraham dans la Genèse, depuis l'Ouest, Moïse dans l'Exode. Le récit sous-entend qu'il existe un moyen de revenir de la faute à l'harmonie, de l'exil au retour. Appréhendé sous cet angle, le tabernacle est bien davantage qu'une réparation pour la faute du veau d'or. C'est une sorte de réparation pour la faute d'Adam et Ève en Eden. Après le Déluge, Dieu accepte la faillibilité des hommes. Après le veau d'or, Il accepte la faillibilité d'Israël. Lorsque le peuple offre des sacrifices – c'est-à-dire lorsqu'il offre quelque chose de lui à Dieu – Dieu accorde le pardon. Les secondes Tables qui demeurèrent dans l'Arche en signe permanent de pardon divin sont donc, pour Israël, la contrepartie de l'arc-en-ciel de l'époque de Noé, avec la promesse que Dieu ne détruira plus jamais le monde. Dieu est juste, mais Dieu pardonne. Les êtres humains fautent, mais ils peuvent être pardonnés.

Le thème majeur des deux livres est la tension entre ordre et chaos. À cet égard, la Torah n'a rien d'unique. L'ordre et le chaos sont les polarités jumelles de la réflexion humaine depuis la naissance de la civilisation, et ils le demeurent aujourd'hui, qu'il s'agisse de la société ou de la nature (la science moderne a produit une nouvelle discipline appelée la théorie du chaos). Ce qui rend la Torah unique, c'est la façon dont elle conceptualise les deux.

Dans la mythologie, comme dans la science, le chaos est inscrit dans la structure de l'univers. Les dieux combattent ; les éléments s'affrontent ; les plaques tectoniques se déplacent. L'entropie – le potentiel de désordre – augmente avec le temps. L'ordre est donc toujours fragile. Le judaïsme, avec sa conviction que l'univers est le résultat d'une unique volonté créatrice, soutient au contraire que l'ordre est naturel, et qu'il est menacé essentiellement par l'égarement de l'humanité. C'est nous qui créons le chaos par nos fautes, lesquelles mènent à la violence et aux abus de pouvoir, et par la suite au meurtre ou à l'asservissement, privant d'autres hommes de leur vie ou de leur liberté.

Mais *il existe un ordre moral dans l'univers*. C'est ce que signifie le chapitre I de la Genèse avec la répétition du mot « bien » au cours de la description de la création. C'est aussi ce que sous-tend la forme littéraire d'une grande partie de la Torah, à savoir le chiasme ou la symétrie de l'image inversée : A-B-C-B-A. Elle nous montre que, ce qui nous arrive est le reflet de ce que nous faisons. Si nous faisons le bien, le bien nous est fait. Si nous faisons le mal, le mal nous est fait. C'est sur ce thème que portent la Genèse et l'Exode. Vers la fin de la Genèse, les frères de Joseph cherchent à le tuer, puis le vendent comme esclave. Au début de l'Exode, Pharaon cherche à tuer les Hébreux, du moins les enfants mâles, puis il les asservit. Toute l'expérience de l'esclavage en Égypte a pour finalité d'enseigner aux Hébreux ce que c'est que d'être asservi afin qu'ils n'asservissent pas autrui.

Selon la Torah, la société idéale est une *liberté ordonnée*, garantie par le règne de la loi. Ainsi, la présence du tabernacle avec ses espaces ordonnancés avec précision au cœur du camp n'est pas seulement un symbole de la Présence divine, mais également un ordre voulu par Dieu, ordre qui caractérise à la fois la création (ordre naturel, science) et la délivrance (ordre social, justice). La société bien ordonnée que les Hébreux sont enjoints de créer aboutit à une sorte de conclusion de l'histoire par laquelle commençait la Torah, la création par Dieu d'un univers ordonné.

La beauté du récit réside précisément dans le parallèle suivant : tout comme nous devons peiner pour appréhender sa structure parfaitement unifiée sous l'apparent chaos des événements, dans la vie, nous devons peiner pour saisir l'unité de Dieu sous le caractère apparemment aléatoire de l'histoire et des circonstances. La Genèse-Exode constitue une seule unité littéraire dans laquelle la signification de l'univers et notre place en son sein sont explorées au travers d'une série de drames, les uns personnels, d'autres politiques, qui se cumulent pour former une proposition d'une importance capitale : tout comme Dieu a créé un ordre dans l'univers, nous sommes appelés à créer un ordre dans notre vie personnelle et dans l'ensemble de la société. Nous sommes créés à l'image de Dieu ; nous sommes les enfants de Dieu ; nous sommes les partenaires de Dieu. En nous, il y a le souffle divin. Autour de nous, la Présence divine. Près de nous est la demeure que nous construisons pour Dieu. Devant nous, la mission qui nous est assignée par Dieu : être Ses émissaires de justice et de compassion. Jamais un récit plus noble de la condition humaine n'a été donné, et il nous invite toujours à nous dépasser.

Les éditions Maggid
Le fleuron de la pensée juive contemporaine
Éditions Koren, Jérusalem